明清禪宗文獻叢書 第一輯

黃繹勳 成慶 主編

密雲圓悟禪師天童直説校注

成慶 校注

本叢書由上海寶山永福庵資助出版

總序：明清禪宗之活力

黄繹勳、成　慶

近代明清佛教的學術研究是以衰敗觀和僧諍的討論啓幕的。本叢書之出版意不在於質疑這些主張所呈現的部分事實，而是着眼於近年來大量明清禪宗珍稀文獻之陸續發現，冀望在既有的看法之外，藉由整理、出版和研究這些文獻，爲世人提供重新思索明清禪宗之活力的契機。

本總序之題名，乃受美國學者葛利高理（Peter Gregory）所撰"The Vitality of Buddhism in the Sung"（《宋代佛教之活力》）一文所啓發。西方學術界對於宋代漢傳佛教的研究，在葛利高理所編的 *Buddhism in the Sung*（《宋代的佛教》）一書中，已獲得學者們以新的視角重審唐代和宋代佛教的價值和定位的共識。葛利高理更於其"The Vitality of Buddhism in the Sung" 一章中，具體地檢驗所謂"唐代以後漢傳佛教衰敗的刻板印象"的三個來源，分别爲：1. 宋代佛教中特别是禪宗僧人對己身禪門反省的負面言詞；2. 日本學術界基於宗派和國族思想立場對漢傳佛教的偏頗評論；3. 宋代儒者和歷史學者企圖邊緣化佛教的成見。①

佛教自宋而後，傳衍至明清時期亦有數百年的歷史，同樣地，明清佛教亦背負著衰敗的普遍印象，因此，筆者以爲葛利高理上述有關"唐代以

① Peter Gregory ed. *Buddhism in the Sung*. Honolulu：University of Hawai'i Press，1999，pp. 1－20；黄繹勳《明清佛教研究新文獻與新審思——以碩揆禪師尺牘爲例》，《佛法與方法：明清佛教及周邊》，復旦大學出版社，2021 年，第 119—131 頁。

後漢傳佛教衰敗的刻版印象”的檢驗内容，也適用於幫助我們重新審思明清佛教之刻版印象。

首先，例如明末湛然圓澄（1561—1627）於《慨古録》之所陳述：“自嘉靖間，迄今五十年，不開戒壇。而禪家者流，無可憑據，散漫四方，致使玉石同焚，金鍮莫辨。”①臨濟禪僧漢月法藏（1573—1635）於《提智證傳序》慨嘆當時情形：“禪道式微，不獨無典之妙不傳，抑且宗門奥典幾致滅裂。”②曹洞禪僧永覺元賢（1578—1657）亦説：“入明以來，二百餘載，聖賢隱伏，法脉久湮。”③這些明代禪宗僧人對於禪門反省的言詞、褒古抑今的語調，成爲了明清禪宗的普遍負面印象之濫觴。

繼而，關於學術界對明清佛教史的叙事問題，吴疆認爲始於梁啓超（1873—1929）《論中國學術思想變遷之大勢》一文，學者將中國學術史的宋元明階段評斷爲“儒佛混合時代”，清朝則爲“衰落時代”；進而通過陳觀勝（Kenneth Ch'en；1907—1986）的英文著作《中國佛教史概論》（*Buddhism in China: A Historical Survey*），影響到歐美學術界。④ 同樣地，日本學界如鐮田茂雄（1927—2001）亦於其《中國佛教通史》中統括：“明清以後的近代佛教，可以説是佛教的衰頽期。”⑤因而，此簡單概括化的衰落史觀，根深蒂固地盤踞於東西方學術界超過一個世紀之久。

明清儒者對於佛教的態度较複雜。明朝初中期朱學獨盛而反佛立場鮮明，正如荒木見悟所言：“反映當時思想狀况的大部分現存資料，都充斥著以儒家正統爲認識之基調的論述，一旦對佛教抱有好意、親近佛典，幾

① 《慨古録》，《卍新纂續藏經》(65)，頁 369 上。

② 黄繹勳《漢月法藏禪師珍稀文獻輯注初編》，《於密滲提寂音尊者智證傳・提智證傳序》，上海古籍出版社，2024 年。

③ 《永覺元賢禪師廣録・送本立上人歸山序》，《卍新纂續藏經》(72)，頁 455 上。

④ 吴疆《佛法與方法：明清佛教及周邊》導言，復旦大學出版社，2021 年，第 2—3 頁。陳觀勝於其書中，將起至宋朝迄至現代的佛教皆列於衰敗期，參其 *Buddhism in China: A Historical Survey*. New Jersey: Princeton University Press，1964，pp.389－470。

⑤ 鐮田茂雄著，關世謙譯《中國佛教通史》，臺北新文豐出版社，1987 再版，第 241 頁。

乎都會得到‘不純狂蕩’的評價，這些親近佛教者在人性論方面的艱苦探索也好，其獨創性思想的由來也罷，幾乎都可能被輕易抹殺。”[①]中後期因王陽明（1472—1529）之學興起，佛教亦隨著有了復興的機緣，值得注意的是，王陽明雖近禪，但仍堅據闢佛的本位。[②] 以士人群體而言，如管東溟（1536—1608）、錢謙益（1582—1664）、黄宗羲（1610—1695）、方以智（1611—1671）等，皆是明清之際出入儒佛的代表，而他們在佛門内部的僧諍與人事糾葛之中也扮演著重要的角色。按照陳玉女的分析，明代佛教的一個重要特色就是世俗化，也就是説，當時佛教界與社會各階層有着較多互動往來，因而佛教内部的許多諍論也勢必與士紳之網絡形成密切的關聯。而過去對於明清佛教的研究，多局限於僧侶角色上，對於有著强烈佛教背景的士人往往輕描淡寫，描繪成歷史上的“失意者”與“邊緣者”，而未能看到轉折時代士人身份的豐富性與多歧性。[③] 簡而言之，明清鼎革之際，禪、儒的關係複雜密切且相互資長。

誠如以上所簡述，明清佛教情況的負面評斷或主張雖不容全盤否認，但是，明清二朝（1368—1911）横跨五百多年，在其榮衰起伏之間，若僅以禪宗典籍而言，收録於現已出版的《卍續藏經》（新文豐版）、《嘉興大藏經》（新文豐版；民族出版社版）和《徑山藏》（國家圖書館藏本）等等，以及珍藏於中國、日本和越南等各大圖書館與寺院藏經樓的數量，便累積計千部以上。[④] 吴疆於其《禪悟與僧諍：17 世紀中國禪宗的重構》一書中便主張，

---

① 荒木見悟著，陳曉傑譯《明代思想研究——明代的儒佛交流》序，山東人民出版社，2022 年，第 3 頁。

② 范佳玲《明末曹洞殿軍：永覺元賢禪師研究》，臺北花木蘭文化出版社，2010 年，第 271—277 頁。

③ 參看陳玉女《明代佛門内外僧俗交涉的場域》，臺北稻鄉出版社，2010 年，第 28—31 頁。另有關“狂禪”，參吴疆《演繹本真——李贄、佛教以及前近代中國文字境界的興起》（中譯文），《宗教與歷史》，宗教文化出版社，待刊；有關“逃禪”遺民，參廖肇亨《忠義菩提：晚明清初空門遺民及其節義論述探析》，臺北“中研院”中國文哲研究所，2013 年。

④ 《卍續藏經》，臺北新文豐出版社，1994 年；《嘉興大藏經》，臺北新文豐出版社，1987 年；《嘉興大藏經》，民族出版社，2008 年；《徑山藏》，國家圖書館出版社，2016 年。

由於此時期禪宗各類文獻的數量豐盛，代表此時期禪宗發展之繁茂，因而可將第十七世紀稱爲禪宗歷史上的“第三個黄金時期”。① 近期適逢珍藏於各處的明清稀見佛教文獻陸續被重新發現，此時正是我們重新檢驗明清漢傳佛教固有印象的絶佳時機。②

明清佛教研究以陳垣先生之著作爲開端，其所言著名僧諍内容，以“宗旨學説之争”爲上，“門户派系之争”爲次，“意氣勢力之争”爲下，“墓地田租之争”爲下之下，概述了明清叢林之紛紛擾擾。③ 而日本學者野口善敬則開始注意到“僧諍”背後的“法諍”内涵，如明清曹洞壽昌派與臨濟天童派關於高峰原妙禪師“主人公”的諍論，以及密雲圓悟與漢月法藏關於六祖偈“本來無一物”理解的分歧，均是將“僧諍”的研究進一步拓展與深化。但是，關於這些非常有價值的議題，學界尚缺乏足夠的文獻以供深入研究。④ 本叢書第一輯即收録了上述僧諍之一所涉及的關鍵人物——密雲圓悟（1567—1642）和漢月法藏（1573—1635），以及三峰派後代禪師之珍稀文獻。

第一册成慶的《密雲圓悟禪師天童直説校注》，以杭州圖書館所藏明崇禎年間《天童直説》初刻本（存八卷）爲底本，以上海圖書館藏崇禎間重刻本補齊第九卷，并校以其他相關之本。内容包含了《闢妄七書》和《三録》，爲密雲圓悟對漢月法藏《五宗原》和提語《智證傳》的批評，我們可以

---

① 吴疆《禪悟與僧諍：17 世紀中國禪宗的重構》，中西書局，2023 年，第 4 頁。

② 紀華傳於其《20 世紀以來的清代漢傳佛教研究》一文中，詳細統計和簡述了有關清代漢傳佛教的論文、專著和專題研究的著作，并且提出幾點問題，最後亦建議學者：“廣泛收集各種原始資料，綜合已有的研究成果，把清代佛教研究實質性地推上一個新臺階。”《中國宗教研究年鑒（2005—2006 年）》，宗教文化出版社，2008 年。

③ 陳垣《明季滇黔佛教考》（上册），河北教育出版社，2000 年版，第 275 頁。

④ 野口善敬《明末に於ける“主人公”——密雲円悟の臨済禅の性格を巡って》，《九州大學哲學年報》第 45 期，1986 年，第 149—182 頁；《關於明末“本来無一物”是“外道法”的論争》，張立文、町田三郎主編《傳統文化與東亞社會》，中國人民大學出版社，1992 年，第 136—152 頁；野口善敬撰，李賀敏譯《雪關智誾與“主人公”論争》，《中國佛學》2021 年第 1 期，第 115—139 頁。

從這些文獻中去釐清密雲圓悟與漢月法藏論諍的真實脉絡，并且也可以藉此深入了解密雲圓悟當時所廣泛參與的其他論諍情形。特别是，天童派與三峰派之紛争，最終由雍正帝以《揀魔辯異録》將三峰派定調爲"宗徒敗類"與"魔外知見"而告終，使得本來盛極一時的三峰派迅速失去影響力，同時亦終結了明清時期禪宗内部透過交辯和磋議檢視和重整"宗旨學説"的機會。如今藉由密雲圓悟珍稀文獻的整理與出版，我們得以超越僧諍的負面外在表相或意氣之争，重獲進一步釐清禪宗發展至明清時期的各家"宗旨學説"和教法異同的時機。①

第二册和第三册黄繹勳的《漢月法藏禪師珍稀文獻輯注初編》和《漢月法藏禪師珍稀文獻輯注續編》，共收録了蘇州西園寺藏經樓、蘇州鄧尉山天壽聖恩寺藏經樓、上海圖書館等處所藏十三種珍稀文獻，包含在密漢師徒之諍中扮演關鍵角色却長久未被關注或發現的《於密滲提寂音尊者智證傳》，以及漢月駐錫或講法於蘇杭多座寺院的語録，其内容爲漢月上堂、小參、普説、懺法、法語、頌古和詩偈等等，涉及不同主題與體裁，爲我們系統地了解漢月法藏的禪教、戒律、懺法、净土思想或參禪看話頭的指導，以及其與在家居士和蘇杭寺院互動交流等等面向提供了豐富且重要的材料。②

第四册釋法幢的《具德弘禮禪師珍稀文獻輯注》，選録和點校具德弘禮(1600—1667)所撰述語録及相關文獻，收録了蘇州西園寺藏經樓、南京圖書館、首都圖書館所藏以及《徑山藏》、《禪宗全書》、《中國佛寺志叢刊》

---

① 參成慶《密雲圓悟禪師天童直説校注》，附録《〈天童直説〉與密雲圓悟、漢月法藏論諍再考》，上海古籍出版社，2024年。

② 以漢月法藏之珍稀文獻爲材料，筆者之一黄繹勳已發表了以下成果：《漢月法藏禪師珍稀文獻輯注初編》，附録《漢月法藏〈於密滲提寂音尊者智證傳〉略探》，上海古籍出版社，2024年；《明末漢月禪師〈三峰和尚心懺〉略探和點校》，《佛光學報》新七卷，2021年，第1—45頁；《明末漢月禪師和嘉興真如寺》，日本花園大學《禪學研究》第100號，2022年，第183—203頁；《明代漢月禪師的精神歷程》，《人文宗教研究》第十三輯，宗教文化出版社，2022年，第144—165頁；《明末漢月法藏禪師之看話禪思想》，《宗教與歷史》，宗教文化出版社，待刊。

等所收的語録和文獻共八種。具德弘禮爲漢月法藏法嗣，是三峰派第二代傑出的禪僧，十坐道場包括廣孝、安隱、杭州佛日、靈隱、徑山等寺，具德生平結制和廣開禪期，致力於傳法和教化弟子，以法脉傳承延展三峰派的僧團勢力。此書描繪了具德弘禮的生平行誼與人物面貌，可爲學界研究具德禪師的禪法教學、禪學思想、生平事迹與弘法影響，乃至探討分析清初三峰派的蓬勃發展現象等，提供豐富的材料。①

第五册王啓元的《碩揆原志禪師珍稀文獻輯注初編》，收録國家圖書館藏《碩揆禪師語録》（尺牘十二卷），以及常熟圖書館藏《借巢集》（三卷）。碩揆原志（1628—1697），屬漢月法藏三峰派第三代，歷主江南徑山寺、三峰寺、靈隱寺等著名禪寺，爲三峰派傳衍至清初第三代的重要禪師之一。《碩揆禪師語録》包含碩揆原志的尺牘和書啓，《借巢集》爲碩揆的詩作，此兩部文獻包含了關於碩揆生平和禪法思想、清代禪宗以及三峰派於清代的發展軌迹、法門紛争所展現的禪門省思意義，以及康熙年間靈隱寺寺史等課題的諸多珍貴史料，學者借此可更深入地分析探討明清佛教之時代特色和價值。②

簡言之，禪宗發展至明清時期，與社會各階層之士人、居士和民衆互動頻繁，展現出多元精彩的面貌。雖然明清佛教過去總是給人們一種衰敗的普遍印象，但是明末佛教的復興景象，又是不容我們忽視的事實。如果以傳統佛教戒、定、慧三學的範疇，來重審明清禪宗之活力的話，漢月在禪宗教團内推行三壇大戒，並著《弘戒法儀》一書，詳細説明了三壇大戒的流程。通過漢月和其他禪師的努力，三壇大戒儀式明清之時經常在禪宗

---

①　參釋法幢《具德弘禮禪師珍稀文獻輯注》，附録一《三峰派第二代具德禮禪師生平著述及傳承譜系考》，上海古籍出版社，2024 年。

②　參王啓元《碩揆原志禪師珍稀文獻輯注初編》，附録《碩揆原志禪師生平與尺牘研究》，上海古籍出版社，2024 年。黄繹勳《明清佛教研究新文獻與新審思——以碩揆禪師尺牘爲例》，《佛法與方法：明清佛教及周邊》，第 119—131 頁；《靈隱碩揆禪師的住山歷程和禪門省思——從上方、徑山、三峰到靈隱》，《獅子吼》第 24 期，2022 年，第 11—24 頁。

教團内進行並由禪師主持，是爲推動漢傳戒律之一大創舉。① 雲棲袾宏(1535—1615)《禪關策進》、漢月《於密滲禪病偈》《於密滲参禪諸偈》和晦山戒顯(1610—1672)《禪門鍛鍊説》等著作，皆是明清禪僧對参禪學道之重要省思和指導。② 此外，在明清之際所爆發的多次"僧諍"，除開一些佛門内部的人事意氣之争外，大量僧諍仍然與對"禪門宗旨"理解的分歧有關，比如曹洞壽昌派與臨濟天童派關於高峰原妙對於"主人公"的諍論，③ 以及漢月法藏與密雲圓悟對於"五家宗旨"的激辯等等，均透露出明清對於禪門宗旨和傳統公案進行再詮釋的努力和活力。另外，由於正德、嘉靖年間古學之風始開，讀書與考證重新被重視，在儒學界也掀起了一股回歸原典的思潮。晚明，此種回歸經典的思潮亦影響佛教之學術風氣，明末禪僧注釋佛教經、律、論的種類和數量遽增。④ 這些著作都明白揭示明清禪僧對傳統佛教戒、定、慧三學的承繼與重視，並且展現了明清禪宗之創新活力。

因此，現代學界對明清佛教應以更全面和多元的角度進行探討與分析，例如盛行於江南湖湘的、有著千餘位傳法弟子的密雲圓悟以及所屬的天童系和四川破山系，對清代江浙禪宗影響至深的磬山一系，位居常熟和蘇杭重要寺院的漢月法藏和其後幾代衆多弟子的三峰派，甚而對於現代佛教影響廣大的曹洞壽昌系和福建鼓山系，等等。這些當時具有重大影響的禪師，却因爲著作不見於世，在明清佛教歷史研究中被忽略，也因此

① 吴疆《禪悟與僧諍：17 世紀中國禪宗的重構》，第 31 頁。

② 雲棲袾宏《禪關策進》，《大正新修大藏經》(48)；漢月《於密滲禪病偈》和《於密滲参禪諸偈》，参本叢書第一輯第二册，黄繹勳《漢月法藏禪師珍稀文獻輯注初編》；晦山戒顯《禪門鍛鍊説》，《卍新纂續藏經》(63)。

③ 野口善敬《明末に於ける"主人公"——密雲円悟の臨済禅の性格を巡って》，《九州大學哲學年報》第 45 期，1986 年，第 149—182 頁；野口善敬《"本来無一物"は外道の法》，《禪文化研究所紀要》，1992 年第 5 期，第 1—50 頁；野口善敬撰，李賀敏譯《雪關智誾與"主人公"論争》，《中國佛學》2021 年第 1 期，第 115—139 頁。

④ 范佳玲《紫柏大師生平及其思想研究》，臺北法鼓文化，2001 年，第 24—32 頁；聖嚴法師《明末佛教研究》，臺北法鼓文化，2000 年，第 44—48 頁。

影響我們對明清佛教的全面了解。

欣幸的是，近年來由於資訊技術發達，收藏於海内外的明清禪宗珍稀文獻相繼被重新發現、獲取。這些禪宗文獻體例豐富多元，除了常見的禪師上堂或小參的機緣問答和參禪指導以外，更包含如行由、行實、行狀、行脚、行録和塔銘等禪師生平史傳，尺牘和書信等僧俗往來記載，文集、序、記、引、疏和雜著等涉及寺院情況與社會交流相關信息，頌古、拈古、詩偈和頌贊等表達精神境界或文學意涵的作品。與唐宋相較，明清禪宗與現代佛教時間上更爲接近，許多内容對我們而言更顯熟悉和親切，特别是相似之關懷議題，正是現代佛教可汲取或參考的豐碩活力泉源。因而，基於探究和闡發明清漢傳佛教的時代意義和價值之需要，將這些新發現的稀見明清佛教文獻整理出版，正是現代學者亟需加强努力的方向。

本"明清禪宗文獻叢書"系列正是以出版明清禪宗珍稀文獻的深度整理和研究爲目標，將多元地包含天童密雲系、漢月三峰派、四川破山系、磬山系、曹洞壽昌系和福建鼓山系等的相關文獻，爲明清禪宗專題研究提供新的文獻材料。今日漢傳佛教的發展，已逐漸跳脱過去"追溯唐宋"的視野，而更注意到明清佛教留下的各項傳統，如寺廟建築、清規儀軌、修行實踐等等，而這些都代表了明清佛教尚待發掘的諸多面向。希望將來能有更多學者以其專業特長，如以社會、文化、歷史、經濟、政治等多元視角，更進一步運用和探討此類稀見文獻的珍貴内容，促使漢傳佛教的學術研究向前推進，更臻完善。

目　録

密雲圓悟禪師天童直說　卷三

密雲圓悟禪師天童直說　卷四

密雲圓悟禪師天童直說　卷五

凡　　例

一、本“明清禪宗文獻叢書”系列所收之文獻，多爲新文豐版《嘉興藏》所未收，明清時期寺院自行刊印的珍稀傳本，版本價值極高。

二、總序説明本叢書之出版緣起和校注明清禪宗珍稀文獻的目標。第一輯以陳垣先生著作所述的僧諍中，著名的密漢之諍——密雲圓悟(1567—1642)和漢月法藏(1573—1635)二位禪師，以及漢月禪師後代弟子的語録文獻爲開端，之後將多元地包含天童密雲系、漢月三峰派、四川破山系、磬山系、曹洞壽昌系和福建鼓山系等的相關文獻，爲明清禪宗專題研究提供新的文獻材料。

三、導論包含每一册文獻作者的生平簡介，諸種文獻排序之理路和重要價值。

四、解題提供文獻版本信息和内容簡要説明，意在於提供讀者將來可進一步探索的研究方向。

五、文獻正文校點之通則如下：

1. 古今字、異體字、正俗字原則上改爲通行字。

2. 原書明顯錯字或缺字以〔〕校改補正。

3. 原書有殘缺或難識者，以□表示之。

4. 謹斟酌原書句讀、訓讀符號，以及文意，施以現代標點，幫助讀者閲讀。

六、注釋主要爲校改所據、引用出處,以及禪宗公案和詞語典故之簡要釋義,方便讀者理解。

七、附録爲作者使用該册文獻資料的研究專論之例。

八、校注定多疏誤之處,希望讀者不吝指正。

導　　論

成　慶

密雲圓悟禪師(1566—1642),俗姓蔣,字覺初,江蘇宜興人。自幼就常誦佛號,感世事無常。後讀《六祖壇經》而知宗門之事。30歲親近龍池幻有禪師,擔任寺内苦役,得號圓悟。33歲始剃度出家。38歲於宜興銅官山悟入。生平曾駐錫宜興龍池山禹門禪院、台州天台山通玄禪寺、嘉興金粟山廣慧禪寺、福州黄檗山萬福禪寺、寧波鄮山育王廣利禪寺及寧波天童山景德禪寺。崇禎十五年(1642)七月初七,圓寂於天台山通玄禪寺。密雲圓悟弟子曾編集《語録》,分爲二種。分别爲:費隱通容、五峰如學等人所編十二卷《密雲禪師語録》,收録於《嘉興藏》;木陳道忞編録上進的《密雲圓悟禪師語録》,收録於《乾隆藏》。另外,尚有因與漢月法藏起諍而流通的《天童密雲和尚闢妄七書》(簡稱《七書》)、《闢妄三録》(簡稱《三録》或《三書》),將《七書》、《三録》與其他内容合刊的《密雲圓悟禪師天童直説》(簡稱《天童直説》)十卷,因潭吉弘忍所作《五宗救》而撰作的《闢妄救略説》,以及崇禎十二年(1639)在嘉興孫集公宅的問道集《梅溪録》。

三峰派與天童派之紛争,是明末清初禪宗史上非常重要的一次僧諍,最終演化爲夾雜道統之争、人事意氣的禪門裂解。這場論争最終由雍正帝以《揀魔辯異録》將三峰派定調爲“宗徒敗類”與“魔外知見”而告終,使得本來盛極一時的三峰派迅速失去影響力。三峰派與天童派之間的紛争,源自漢月法藏與密雲圓悟關於“臨濟宗旨”的認知差别。其中最關鍵之處,在於漢月法藏藉自悟心得提倡惠洪覺範之《智證傳》,而與密雲圓悟對於臨濟宗旨的體認存在巨大差異。因此,圓悟雖一方面對法藏殷勤付法,另一方面則對法藏撰寫《五宗原》與提唱《智證傳》持激烈反對之態度,且有書信勸諫乃至筆伐之舉。

二人争論的焦點之一就是密雲圓悟對漢月法藏《五宗原》的批評,集中在《闢妄七書》和《三録》:

> (崇禎)七年甲戌……時藏公執吝如故,乃因書復劉孝廉中,痛斥其非,故有《闢妄七書》出焉。①

《三録》則是漢月法藏入滅之後,密雲寫給漢月的得法弟子頂目弘徹與劉道貞二人的書信以及駁斥漢月的評説。關於《七闢》與《三録》的刊行時間,根據潭吉弘忍《五宗救》中所載,“《七闢》出於七年(1634),《三闢》(即《三録》)出於九年(1636)”②。

由於二書長期未經關注,過去學者在研究漢月法藏與密雲圓悟的争論時,多只間接引用《五宗救》與《闢妄救略説》中的相關内容。但是《五宗救》與《闢妄救略説》中所引用的《七書》與《三録》的内容有限,無法完整了解密雲圓悟相關評論的具體細節。《闢妄救略説》雖署名圓悟,但被懷疑爲木陳道忞代筆,雖能代表圓悟的立場,但畢竟非親撰之文,因此也無法作爲討論二人争論的關鍵性文獻。

在現有的研究當中,連瑞枝的《漢月法藏與晚明三峰宗派的建立》是比較完整分析漢月法藏與密雲圓悟争論的研究。這篇文章分析了漢月法藏與密雲圓悟之間非常微妙的師徒關係,依靠《五宗救》、《闢妄救略説》、《密雲禪師年譜》以及《宗統編年》等史料,將二人關係如何逐步走向破裂作出了分析。不過由於未見《七書》、《三書》,該文對二人決裂的過程仍然

---

① 《密雲禪師語録》,新文豐版《嘉興藏》(10),頁 83 下。

② 《五宗救》,藍吉富主編《禪宗全書》(33),北京圖書館出版社,頁 360。

無法給出清晰的解釋説明。[1] 長谷部幽蹊在《三峰一門の隆替》中提出質疑，認爲弘儲既然不避諱密雲圓悟對漢月法藏的批評，而在崇禎十五年重刻《七書》，因此所謂的《七闢》和《七書》一定有所出入。[2] 而潭吉弘忍之所以在《五宗救》中懷疑《七闢》與《三闢》均爲僞書，對密雲圓悟如此嚴厲的指責表示懷疑，并且認爲《闢妄救略説》也非密雲之原意。但是長谷部先生的這一分析由於缺乏《七書》與《三録》等關鍵文獻證據，也無法作出確切的結論。

2019年，筆者在黄繹勳教授與上海古籍出版社編輯虞桑玲的協助下，在上海圖書館和杭州圖書館陸續發現了三個版本的《天童直説》，之後在嘉興圖書館也尋覓到與上圖所藏版本不同的《天童直説》。2022年，筆者又在南京圖書館發現了長期佚失的單行本《天童密雲和尚闢妄七書》。這意味著，我們可以通過這些文獻釐清密雲圓悟與漢月法藏論諍的真實脉絡，并且也可以藉此深入了解密雲圓悟當時所廣泛參與的其他論諍情形。

雖然《七書》與《三録》最初的單行刊本長期佚失，但此二書後由道忞、通布等人整理合刊爲《天童直説》。在道忞主持刊行、黄毓祺編纂的《密雲圓悟禪師語録》所附《天童密雲禪師年譜》中，有一段關於《天童直説》成書過程的記載：

> 其《闢妄》、《據評》、《辯天》、《判語》諸説亦忞與白山布、季牙璜録出，介子黄毓祺編爲十卷，離五册，與《闢救説》共刊行，以壽於世。[3]

除此之外，在費隱通容主持編撰的《密雲禪師語録》中，費隱在家弟子

---

① 連瑞枝：《漢月法藏(1573～1635)與晚明三峰宗派的建立》，《中華佛學學報》，第9期，1996。

② 長谷部幽蹊：《三峰一門の隆替》，《愛知學院大學論叢一般教育研究》1984年第31(3)期，頁705—745。

③ 釋道忞編《密雲禪師語録・天童密雲禪師年譜》，新文豐版《乾隆大藏經》(154)，頁615下。

王谷所撰寫的《密雲圓悟行狀》也提到《天童直説》的相關成書情況，與年譜所載基本一致：

門人編師語録若干卷，別裒師《闢妄七書》、《後録》、《三録》、《據評説》、《辯天説》、《判語》、《復徐一我居士書》、《判朝宗説》八種爲《直説》若干卷，并師所著《闢妄救略説》若干卷，俱盛行於世。①

王谷文中將《天童直説》的目録全部列出，可知其中所收不僅有《七書》與《三録》，還包含曾以單行本流通的《辯天説》，以及目前未見的評説朝宗通忍關於禪宗旨要的《判朝宗説》等。②

《天童直説》的首刻時間，首先可以確定是在崇禎九年（1636）之後。根據《密雲禪師語録》記載，《天童直説》"與《闢救説》共刊行"，則二書基本上同時刊行。而圓悟在《天童和尚闢妄救略説緣起》一文中標明撰序日期爲"崇禎戊寅長至日"，即崇禎十一年（1638），也就意味著，《闢妄救略説》應是在崇禎十一年之後刊行。在《直説》中，出現的最晚撰文日期爲圓悟在《復一我徐居士》信中所提到的"庚辰季冬初三，化主持居士手教并《法讞》二册"，即崇禎十三年十二月初三（1641），那麽便意味著《天童直説》的刊行時間延後至崇禎十三年之後。另外一個關鍵時間點，則是徐之垣在崇禎十七年（1644）爲密雲圓悟撰寫的塔銘中提到的"觀師所行《語録》、《闢妄》諸録、《據評説》、《辯天説》、《判語》、《直説》、《闢妄救略説》，其於向上最後之旨，法筵梵袷，灌頂熏心"，由此可見《直説》在崇禎十七年之前已刊行流通。因此可以大致推斷，《天童直説》的最初刊行時間約在崇禎十

① 《密雲禪師語録》，新文豐版《嘉興藏》（10），頁71中。

② 據密雲圓悟〈與朝宗忍上座〉信中所載："汝二番來懺悔，固當曲從所請，只因汝步步不肖，請問六祖當年乞什麽人書得住曹溪？此便是千百世下兒孫標榜，故吾不敢曲從汝者，亦爲千百世下標榜故也，故欲汝深思密想，一行一步當爲後人之標榜者，是我之本誓願也。且曹溪開堂，一味只以聰明之資説聰明之話者，蓋世人做得出者多、看得出者少，我當要判刻之出也。"可知確有《判朝宗説》的刊刻，但在木陳道忞編修的乾隆版《密雲禪師語録》中，此封信則被删除。

三年(1641)至十七年(1644)之間。

整體而言,《天童直説》是集中展現密雲圓悟晚年參與明末數次諍論的珍貴文獻,不僅涉及與漢月法藏之間這場晚明重要的關於"臨濟宗旨"的争論,而且還包括與華嚴學派背景的空印鎮澄之間關於《肇論》的一次交鋒。尤其值得關注的是,密雲圓悟在《天童直説》中比較完整地呈現他對包括博山元異、湛然圓澄、瑞白明雪等曹洞僧對於禪門宗旨的不同看法。如果説陳垣《清初僧諍記》之研究主要聚焦在清初禪門關於門户譜系乃至意氣之争的層面,那麽《天童直説》其實展現出明末清初的僧諍背後所含括的非常豐富的關於禪門宗旨的討論内容,這對於我們釐清明末清初禪宗思想史的演變,具有重要的參考價值。

密雲圓悟禪師天童直説

解　　題

一、版本

《密雲圓悟禪師天童直説》(後簡稱《天童直説》)一書,諸種大藏經均未收録。明清兩代的版本情況,依筆者所見,共有四個版本,分别爲:(一)明崇禎年間初刻本,存八卷殘本一件;(二)明崇禎年間重刻本兩種,分别存有四卷殘本与九卷全本各一;(三)清末重刻本一種。依次敘述如下:

明崇禎年間初刻本,僅見杭州圖書館藏有一件,但封面書名誤標爲《密雲禪師語録》,編目爲普通古籍(索書號:255－5080－37806),目録標爲十卷,但此本僅存前四册,共八卷,第九卷與第十卷佚失。每半頁十行,每行二十字,版心有"支那撰述"字樣,應爲寺院自行雕版,參考了《嘉興藏》的版式。卷首有"雲生"、"一粟草堂珍藏"等藏書章。(參圖版一至三)

這是目前所發現的最接近《天童密雲禪師年譜》中所描述的,"其《闢妄》、《據評》、《辯天》、《判語》諸説亦悉與白山布、季牙璜録出,介子黄毓祺編爲十卷,離五册,與《闢救説》共刊行"的《天童直説》版本。除缺失第九、十卷之外,其所收録的内容,是目前所見各版本中最爲完備的。

明崇禎年間重刻本之第一種,依筆者所見僅有一殘本,存四卷(卷三至卷六),藏於上海圖書館,編目爲普本(索書號:線普長83285－86)。

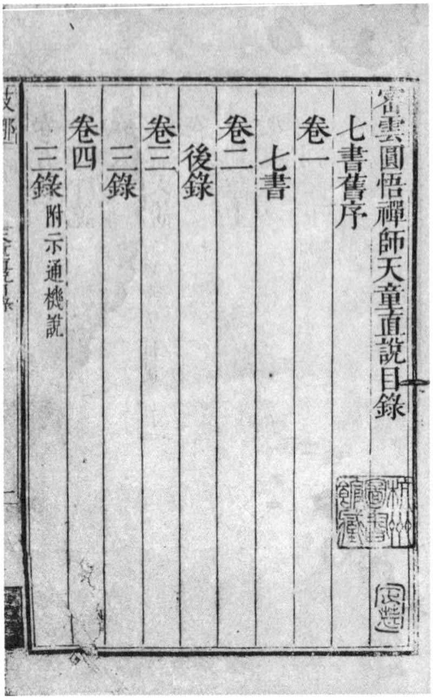
密雲圓悟禪師天童直說目錄
七書舊序
卷一
七書
卷二
後錄
卷三
三錄
卷四
三錄 附示通機說

圖版一　杭州圖書館藏普本

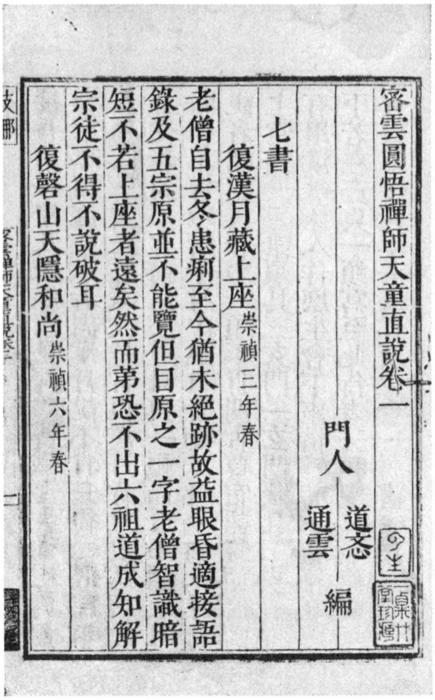
密雲圓悟禪師天童直說卷一
門人 道忞 通雲 編
七書
復漢月藏上座 崇禎三年春
老僧自去冬患痢至今猶未絕跡故益眼昏適接語錄及五宗原並不能覽但目原之一字老僧智識暗短不若上座者遠矣然而弟恐不出六祖道戍知解宗徒不得不說破耳
復磬山天隱和尚 崇禎六年春

圖版二　杭州圖書館藏普本

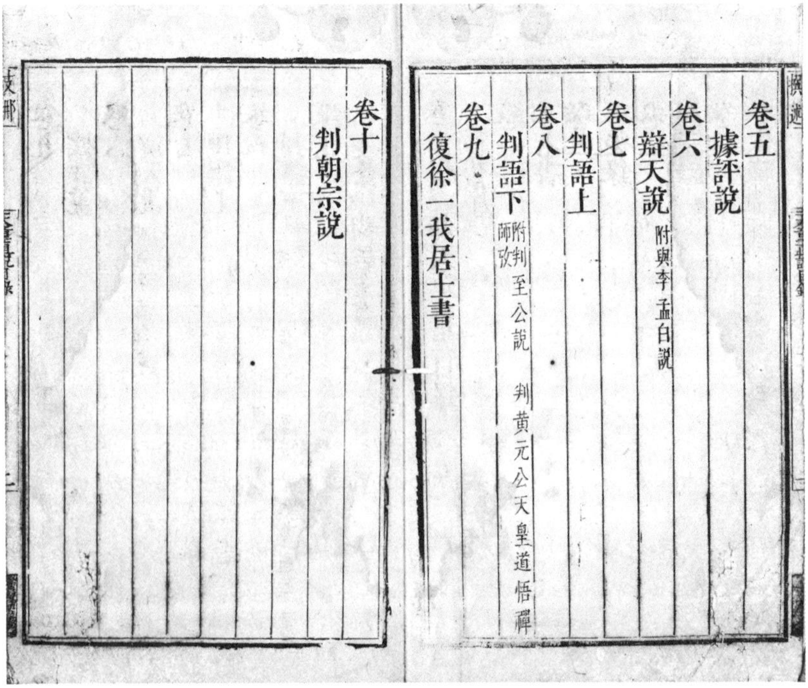
卷五
據評說
卷六
辯天說 附與李孟白說
卷七
判語上
卷八
判語下 附判至公說 判黄元公天皇道悟禪師攷
卷九
復徐一我居士書
卷十
判朝宗說

圖版三　杭州圖書館藏普本

正文半頁十行，每行二十字，版心有“支那撰述”字樣。此版本字體清晰，與明崇禎年間初刻本質版式、行格、字體極相似。卷五後附有“音釋”部分，標明爲“天童直說音釋終重增”，此爲“明崇禎年間初刻本”所未有，應爲後刻增補。與明崇禎年間初刻本相比，此版本雖在卷四後收録有密雲回復僧人通機的三封書信，却將初刻本中所附的三封通機來信中的後兩封刪除了。由於此版本未見目録頁，因此無法確定版本完整情形。（參圖版四）

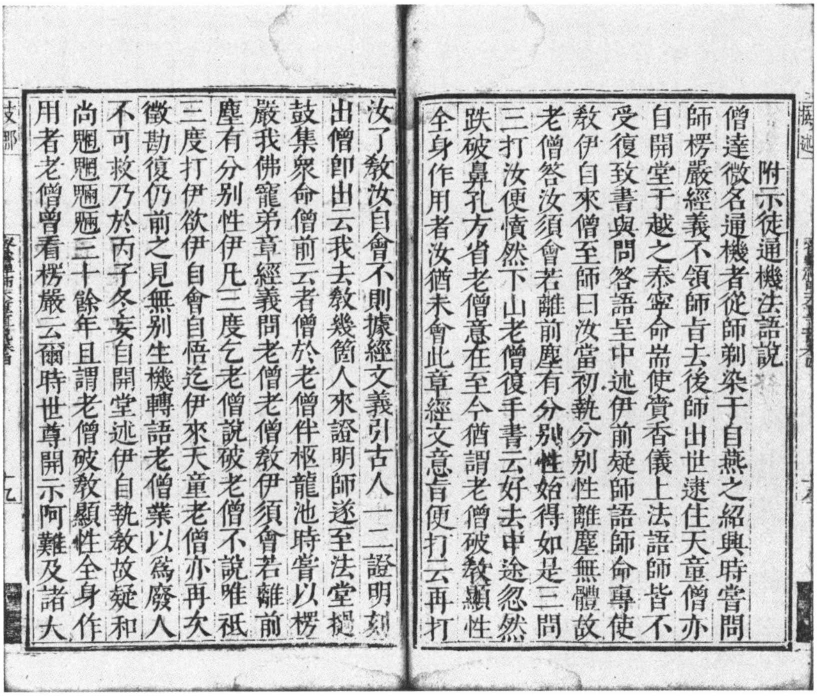

附示徒通機法語說
僧達微名通機者從師剃染于自燕之紹興時嘗問師楞嚴經義不領師旨去後師出世遷住天童僧亦自開堂于越之秦寧命耑使賫香儀上法語師皆不受復致書與問答語呈中述伊前疑師語師命專使教伊自來僧至師曰汝當初執分別性離塵無體故老僧答汝須會若離前塵有分別性始得如是三問三打汝便憤然下山老僧復手書云好去中途忽然跌破鼻孔方省老僧意在至今猶謂老僧破教顯性全身作用者汝猶未會此章經文意旨便打云再打汝了教汝自會不則據經文義引古人一二證明刻出僧即出云我去教幾箇人來證明師遂至法堂擡鼓集衆命僧前云者僧於老僧住樞龍池時嘗以楞嚴我佛寵弟章經義問老僧老僧教伊須會若離前塵有分別性伊凡三度乞老僧說破老僧不說唯祇三度打伊欲伊自會自悟迄伊來天童老僧亦再次徵勘復仍前之見無別生機轉語老僧業以爲廢人不可救乃於丙子冬妄自開堂遶伊自執教故疑和尚魍魍魎魎三十餘年且謂老僧破教顯性全身作用者老僧曾看楞嚴云爾時世尊開示阿難及諸大

圖版四　上海圖書館普殘本　卷四後附《示徒通機法語說》

明崇禎年間重刻本之第二種，現存一個九卷本，藏於上海圖書館，編目爲明善本（索書號：線善 T374669－72）。每半頁十行，每行二十字，共四册，版心有“支那撰述”字樣，應是寺院自行雕印時，參考《嘉興藏》的部分版式。卷首有“王培孫紀念物”、“慈通”、“慶明之印”、“南洋中學圖書館章”、“上海圖書館藏”等印。（參圖版五、六）

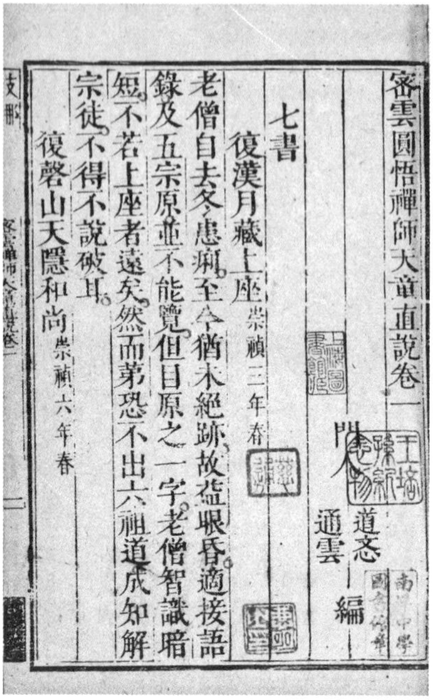
密雲圓悟禪師天童直説卷一
門人　道忞　通雲　編
七書
復漢月藏上座　崇禎三年春
老僧自去冬患痢至今猶未絕跡故益眼昏適接語
錄及五宗原並不能覽但目原之一字老僧智識暗
短不若上座者遠矣然而弟恐不出六祖道成知解
宗徒不得不說破耳
復磬山天隱和尚　崇禎六年春

圖版五　上海圖書館藏善本

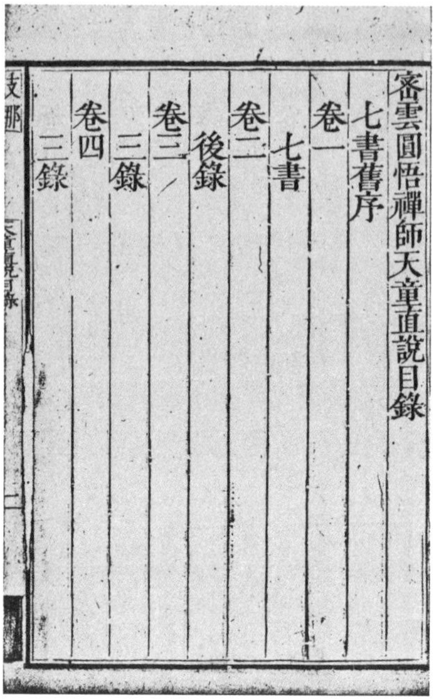
密雲圓悟禪師天童直説目錄
七書舊序
卷一　七書
卷二　後錄
卷三　三錄
卷四　三錄

圖版六　上海圖書館藏善本

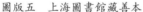

從目録上看，明崇禎年間重刻九卷本卷首原有《七書舊序》，但檢此本，並無此序。另外明崇禎年間重刻九卷本的目録中，卷八《判語下》後標有“附《判至公説師考》、《判黄元公天皇悟禪師考》”，但正文内容未有收入，而明崇禎年間初刻本中則保留這兩篇附録全文。另外王谷所撰寫的密雲圓悟“行狀”記載《天童直説》曾收録有批駁朝宗通忍的《判朝宗説》，但崇禎重刻九卷本目録未見，而在崇禎年間初刻本的目録中，則可見第十卷的《判朝宗説》。

另與崇禎年間初刻本相比，此版本删減較多内容，如在初刻本卷四後附有《寓天童密雲老僧示徒通機説》，内容包括五篇密雲寫給僧人通機的書信或文章，分别爲《法語》（上海圖書館普殘本作《示徒通機法語説》）、《復通機説》、《又復》、《又復》、《判法語辯證》，此部分内容爲崇禎年間九卷重刻本所未見。另外該版本未收的内容，还包括卷六附録的《與孟白李居士説》，以及卷八附録的《判至公説師考》、《判黄元公天皇悟禪師考》。

以上三個版本，均存在明顯的提行現象，如卷六中就出現“聖（提行）天資頒之辟雍庠序，與天下之臣民世守之。高（提行）祖（換行）成（提行）祖定爲南北二藏，任天下之自信者請焉弗禁也。”將明高祖（朱元璋）、明成祖（朱棣）的廟號進行特别的提行處理。

而從史諱角度看，這三個版本中也都存在明顯的避崇禎皇帝朱由檢的“由”、“檢”諱的現象。如卷三《與瑞光頂目》中“豈得自繇自在”，即是避“由”字諱；又如卷九《又復》中“若簡點不出，且莫亂説”，則是避“檢”字諱。

此外，浙江圖書館、嘉興圖書館以及日本東方文化學院東京學院均藏有《密雲圓悟禪師天童直説》（臺灣佛光大學佛教研究中心保存之影印本即據日藏本影印）。此三本均爲四册九卷，正文每半頁十行，每行二十字，版式、行格、字體等完全一致，爲同一版本，而與明崇禎年間的三個版本相異。據查，應爲清末同治、光緒年間所刻。（參圖版七）

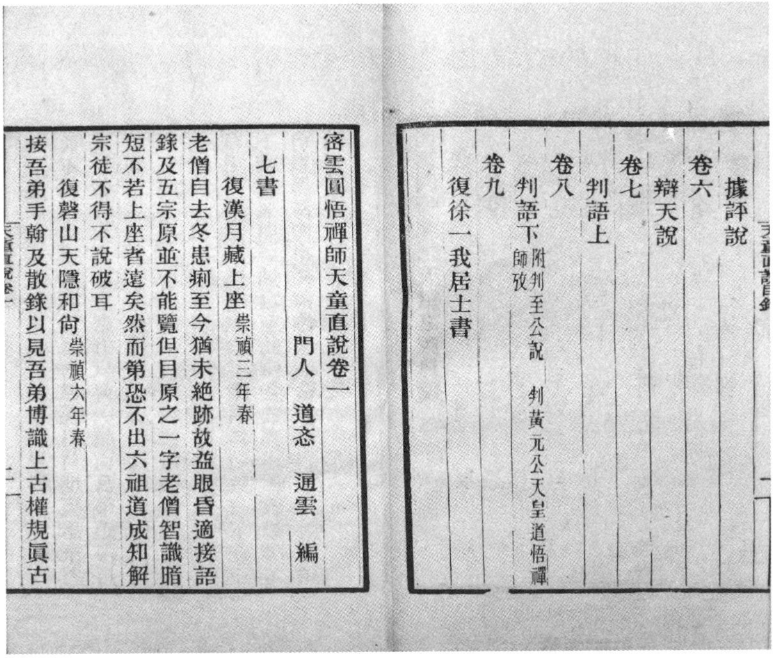
天童直說目錄
據評說
卷六　辯天說
卷七　判語上
卷八　判語下　附判至公說　判黃元公天皇道悟禪師攷
卷九　復徐一我居士書

密雲圓悟禪師天童直說卷一　門人　道忞　通雲　編
七書
復漢月藏上座　崇禎三年春
老僧自去冬患痢至今猶未絕跡故益眼昏適接語
錄及五宗原並不能覽但目原之一字老僧智識暗
短不若上座者遠矣然而第恐不出六祖道成知解
宗徒不得不說破耳
復磬山天隱和尚　崇禎六年春
接吾弟手翰及散錄以見吾弟博識上古權規眞古
天童直說卷一　二

圖版七　嘉興圖書館藏本

其中,東方文化學院本目録頁有“東方文化學院東京學院圖書之印”與“浙江省立圖書館寄贈”印。“嘉興圖書館本”保留有“印送書目”的相關信息,分别爲《天童直説》、《中庸直指》、《心相全編注釋》、《明袁了凡四訓》、《延生育子集》、《新增願體集》、《戒殺放生文》,並標有每部書所用紙張類型,分别爲“重太”、“連史”與“官堆”。

有學者在引用東方文化學院本《天童直説》時,標注此本爲崇禎年間版本,但從提行與避諱的情况,版式、行格、字體,以及所用紙張的信息來看,此本與明代的三個版本均不類。①

首先,此版本未遵循提行原則,書中涉及明代官諱的内容,雖多數仍沿襲明刻本原貌,但也有部分回改。這明顯是清代重刻時所做的改動。

其次,“官堆紙”的大量運用主要在晚清同治年間之後,如曾國藩成立的金陵書局就主要采用“官堆紙”。根據顧志興、蔣德閑的研究,晚清浙江書局曾有刊刻過《天童直説》的記録,但具體年代不詳。而據丁申《武林藏書録》記載,浙江書局是太平天國運動之後浙江巡撫馬新貽主持建立的印書機構,“自丁卯(同治六年,1867)開局,至光緒乙酉(光緒十一年,1885)凡二十年,先後刊刻二百余種”。② 東方文化學院本目録頁上存有“浙江省立圖書館寄贈”印,而浙江書局正是在民國二年(1913)被並入浙江圖書館。綜合以上信息判斷,浙江圖書館、嘉興圖書館、東方文化學院本三處所藏的《天童直説》,均爲清末同治、光緒年間浙江書局刻本,其中東方文化學院藏本則是浙江圖書館寄贈給日本學術機構的。

綜合以上的分析,我們大概可以得出這樣的初步結論:《天童直説》

---

① 野口善敬在《明末清初僧諍研究資料について》一文中也提出過類似的懷疑,因爲按照王谷在密雲圓悟《行狀》中所提到的信息,《天童直説》最初爲五册刊行,而“東方文化學院本”只有四册,且多有以□來替代正文闕漏處,不似最初流通的版本。但野口善敬並未給出明確的版本結論,也未提到更早的版本。野口善敬《明末清初僧諍研究資料について》,《第一届中國域外漢籍國際學術會議論文集》,1987年11月,頁41。

② 顧志興、蔣德閑《浙江書局始末及其所刊書籍初探》,中國近代現代出版史編纂組編《中國近代現代出版史學術討論會文集》,北京:中國書籍出版社,1990年,頁236。

最初刊行時間約在崇禎十三年(1641)至十七年(1644)間,而過去未被學界發現的杭州圖書館藏本與上海圖書館的兩個藏本,均可判定爲崇禎年間刻本。其中杭州圖書館編目的普本爲初刻本,上海圖書館編目的善本與普本分别爲兩次重刻本。到了清末同治、光緒年間,浙江書局主持重刻《天童直説》,浙江圖書館、嘉興圖書館及日本東方文化學院東京學院所藏,均爲清末重刻本。

本書的整理工作,以杭州圖書館所藏《天童直説》初刻本爲底本,以上海圖書館崇禎年間重刻九卷本補齊第九卷,並以上海圖書館藏崇禎年間重刻四卷本以及日本東方文化學院所藏清末重刻本爲校本。另因南京圖書館所藏《天童密雲和尚闢妄七書》之"後録"中的《復漢月藏上座》一信,與《天童直説》中所收同一篇之文字内容相比,删改之處甚多,故將全文附之於後。

二、内容説明

《天童直説》中涉及與漢月法藏及其門下弟子的討論集中於《七書》(卷一)、《後録》(卷二)、《三録》(卷三、卷四)。密雲圓悟於崇禎三年(1630)致信漢月法藏,對其提唱《五宗原》表達不滿,從此展開了二人長達數年的辯駁。而直到崇禎六年(1633)到崇禎七年間(1634),密雲圓悟與漢月法藏、頂目弘徹、劉墨仙頻繁通信,聚焦於漢月法藏對"臨濟宗旨"的提唱詮釋問題來往辯駁。在《七書》中,收録有密雲在崇禎七年冬寫給漢月的"與漢月上座書",這封信是撰於回書劉墨仙之後,其主要内容仍集中在是否要立"三玄三要"的臨濟宗旨的問題上。而《後録》則收録密雲圓悟《復漢月藏上座》一文,此信應爲崇禎八年所寫,是密雲在漢月圓寂前與其所作的最後一次交流。①

《三録》(卷三、卷四)的主要内容根據《天童密雲禪師年譜》記載"與頂目弘徹書,與劉孝廉道貞書,洎駁藏公語合二萬言——即今之《闢妄三録》也",

---

① 有關《後録》所涉漢月法藏與密雲圓悟諍論之專題討論,參本書附録《〈天童直説〉與密雲圓悟、漢月法藏論諍再考》。

乃崇禎九年(1636年)密雲圓悟在漢月法藏圓寂之後所作,分别是對頂目弘徹、劉墨仙的回信以及再度對漢月法藏《五宗原》的駁語。卷四後附有密雲圓悟與達微通機之間關於《楞嚴經》中"若分别性,離塵無體"諍論的來往書信。

《據評説》(卷五)則是關於密雲圓悟對空印鎮澄《物不遷正量論》的評論。明末華嚴僧空印鎮澄著《物不遷正量論》批评僧肇之《肇論》,崇禎二年(1632),密雲圓悟讀到此書,遂作文批駁,聚焦於"物不遷"與"性住"的關鍵問題。關於鎮澄對僧肇之批評,學界多有研究,而密雲圓悟的意見或許可以給晚明般若思想史的研究增加新的角度。

《辯天説》(卷六)收録了密雲圓悟對明末流行於士人之間的天主教的批評。崇禎八年(1635),因福建居士黄貞(天香)持天主教著作轉交密雲圓悟,遂有密雲對天主教的系列辯駁文。更有張廣湉等居士將密雲之文轉貼杭州乃至天主教堂前,則引發第二輪針對葡萄牙天主教士傅汎際以及楊廷筠的辯論。雖然此番争論皆是由居士代爲傳遞,未形成正面交鋒,但由此可窺探出當時佛教内部對於天主教之態度,可作爲晚明討論天主教與佛教關係問題的重要參考資料。卷六後附有密雲圓悟批評李孟白居士關於龍池幻有法義教導的駁論。

《判語上》(卷七)則主要是密雲圓悟對黄元公(端伯)的回應。事情緣起於黄元公指責圓悟門下所新編《禪燈世譜》中將天皇道悟改爲天王道悟,使得雲門、法眼二宗遂歸於南嶽一系,這也是晚明清初臨濟、曹洞二家的重要僧諍議題,所涉人物極廣,直到清初仍持續發酵。

《判語下》(卷八)則是密雲圓悟對博山元異所著之《宗教答嚮》、《歸正録》的評議,其中涉及"見知聞知,先後一揆"的宗門傳承之問題,以及對博山關於"棒喝"之説的評議,以及對湛然圓澄、瑞白明雪以及歷然净相關於高峰主人公話之辯駁。① 卷八後附有余集生居士就《禪燈世譜》中關於天

① 關於高峰"主人公話"的諍論問題,可參考野口善敬《明末に於ける'主人公'—密雲円悟の臨済禅の性格を巡って》,《九州大學哲學年報》第45期,1986年2月。

皇、天王道悟之諍論寫於黄端伯的書信，以及密雲圓悟對余集生之駁議。另收有黄端伯關於《禪燈世譜》所寫之《天皇道悟禪師考》以及密雲圓悟之回應。

《復徐一我居士》（卷九）則是密雲圓悟對徐一我（觀復）《逢渠解》的回復，内容仍主要集中於高峰“主人公話”的争議。

杭州圖書館所藏明崇禎年間初刻本缺失第五册，而明崇禎年間重刻本二種以及清末重刻本也未收入駁斥朝宗通忍之《判朝宗説》，此爲一憾。

七書舊序[①]

天童老人書問不滅徑山大慧禪師，兹獨見其七者，何也？蓋爲漢月藏公之故也。間有非與藏公而亦見之者，何也？其事則皆爲藏公也。然則獨表而出之者，何也？明老人之不得已也。老人之於藏公，或正言焉，或旁言焉，或隱言焉，或顯言焉，或垂涕泣而道焉，不以藏公之妄悖而外之也。及見公門人墨仙劉居士論宗旨書，遂汪洋萬餘言若鳴鼓而攻之不遺餘力者，何也？憂宗旨墜滅故也。昔者麟經作，游、夏之徒不能贊一辭，矧老人此書發揮從上佛法的的大意，如揭日月於中天，余小子又何敢贅一言哉？唯述其表而出之之意於左，若夫章而明之，引而伸之，則俟乎知言之君子焉。

門人道忞題[②]

---

① 南京圖書館所藏《天童密雲和尚七書》（以下簡稱"崇禎王朝式本《七書》"）單行本，爲密雲圓悟門人王朝式所編。《密雲圓悟禪師天童直説》（後簡稱《天童直説》）中所收《七書》内容，以下皆以王朝式本加以校勘。

② 此篇落款，崇禎王朝式本《七書》作"匡山黄巖寺道忞題"。

密雲圓悟禪師天童直説　卷一

門人道忞、通雲編

七　書[①]

復漢月藏上座　崇禎三年春

老僧自去冬患痢，至今猶未絶迹，故益眼昏，適接《語録》[②]及《五宗原》，[③]并不能覽。但目"原"之一字，老僧智識暗短，不若上座者遠矣。然而第恐不出六祖道"成知解宗徒"，[④]不得不説破耳。

復磬山天隱和尚　崇禎六年春

接吾弟手翰及散録，以見吾弟博識上古權規，真古今罕事。復據往來者，

---

① 據《天童密雲禪師年譜》所記："（崇禎）七年甲戌……時藏公執吝如故，乃因書復劉孝廉中痛斥其非，故有闢妄七書出焉。"見《嘉興藏》(10)，頁 83 下。

② 此《語録》非目前可見刻板流通之《三峰和尚語録》，據《三峰和尚語録》中曉清序文記載，漢月法藏圓寂前"親持稿本以結集，囑我和尚（弘儲）"，"而受秘重大法藏笥篋者二十餘年"，弘儲、曉清與南潛作序時間皆爲辛丑(1661 年)，且未提及是重刻再版。

③ 據《五宗原》後記："萬峰學人嚴拱，法名上履，捐貲刻五宗原，暨濟宗頌語全卷。伏願了知宗旨，證入真乘。更願得見得聞同參同薦者。時大明崇禎龍飛元年歲次戊辰四月佛誕日識。"可知《五宗原》的初刻時間爲崇禎元年(1628 年)。

④ 語出《六祖大師法寶壇經》，《大正新修大藏經》(48)，頁 359 下。

謂漢月説不肖只得一條棒打人，不識三玄三要，①誠哉是言！但漢月背地裏恁麽道，且從，若到不肖前恁麽道，只與一頓。而吾弟謂漢月暗刺不肖乃獅子身中蟲，自食獅子身中肉，②未免傍觀者哂，亦與吾弟一頓。不肖閲《古尊宿語録》，謂臨濟上堂云："'一句語須具三玄門，一玄門須具三要。有權有用。汝等諸人作麽生會？'下座。"③惜當時不肖不在座下，若在，亦與一頓。寫至此，侍者云："和尚棒教誰喫？"不肖以筆當頭卓云："汝作麽生會？"一并書上，不識吾弟以爲何如？

復漢月上座　六年夏

吾徒命貫之④賫儀，雖是分當，亦是分外。何以？彼此既忝爲佛祖兒孫，唯以道契爲主，豈可以勤省儀供爲事而云慢惰哉？如云破殿雨淋、茆徑不闢，亦住山之常分。然老僧猶願吾徒爲衆當以直心直意，本色本分，不可私有别法加於衆，是老僧之所望也。而老僧於天童雖有造殿之舉，蓋因天童舊僧請。老僧之意無他，惟爲佛殿虚空，故不得已而爲之。至於成與不成，亦隨緣分，豈敢固必也哉。

---

①　"三玄三要"爲臨濟義玄接引弟子之方法，語出《鎮州臨濟慧照禪師語録》："上堂，僧問：'如何是第一句？'師云：'三要印開朱點側，未容擬議主賓分。'問：'如何是第二句？'師云：'妙解豈容無著問，漚和争負截流機。'問：'如何是第三句？'師云：'看取棚頭弄傀儡，抽牽都來裏有人。'師又云：'一句語須具三玄門，一玄門須具三要，有權有用。汝等諸人作麽生會？'"《大正新修大藏經》(47)，頁 497 上。

②　引自《梵網經》："若佛子，以好心出家，而爲名聞利養，於國王百官前説七佛戒，横與比丘比丘尼菩薩弟子作繫縛事，如師子身中蟲自食師子肉，非外道天魔能破。"《大正新修大正藏》(24)，頁 1009 中。

③　《古尊宿語録·鎮州臨濟慧照禪師語録》，《卍新纂大日本續藏經》(68)，頁 23 下。

④　貫之，即貫之傳。《三峰頂目徹禪師塔銘》，《三峰清凉寺志》卷十三："師有語録十卷行世，法嗣中興範、自天佑、貫之傳、佛音曇、眉山霈、虚一森、佛眉月、蓮子生、尉堂照、涵真源、笠雲筠、淡明囦、一足恩、蔚昭森，後先付授凡十四人。"《中國佛寺志叢刊》，第四十册，廣陵書社，2011 年，頁 428。

復頂目徹禪人　六年夏

貫之持吾孫書遠來，承念承惠承助，奈老僧無德，誠愧難當。及睹《瑞光語》，①比前録語覺順暢，而中有爲慈雲舉揚正法，似乎太生穿鑿。然老僧老老大大，固不當預其辨，兼而智識暗短，不見誰是賓、誰是主，何自有三玄三要等種種存於胸次，與汝較量得失？衹因汝既謂是吾孫，若不略提一提，則傍人後世皆謂是老僧之過矣。衹如當時兩堂首座同時喝，僧便問臨濟："還有賓主也無？"濟云："賓主歷然。"②老僧試問吾孫：二人既同時喝，汝試簡點那箇是賓，那箇是主？若簡點得出，汝可分主分賓，説賓説主；若簡點不出，切莫亂説亂分。即當初洪覺範雖於此而有見處，而錯以爲三玄三要，是以自古至今未免識者笑。然有過汝之處，云："細看即是陷虎機，忽轟一聲塗毒鼓。"③又斷洞山以主中主爲驚異可疑也。汝不見佛果和尚曾請問五祖演和尚云："臨濟賓主怎生？"演云："也是程限，是甚麽閑事。我者裏恰是馬前相撲，倒便休。"④老僧想汾陽昭和尚時，已有如汝妄執定三玄三要，故著頌以警云："三玄三要事難分，得意忘言道易親。一句明明該萬象，重陽九日菊花新。"⑤既謂忘言，豈如汝謂自古至今自悟三玄三要者，一一舉示諸人，爲師資印可，而自謂"深之又深，密之又密"者乎？老僧問汝面皮厚多少？蓋三玄三要出自臨濟上堂語云："'一句語須

---

① 瑞光，即漢月法藏之法嗣頂目弘徹。《瑞光語》應指《清凉頂目徹禪師語録》，本書卷三《與瑞光頂目》亦提及此。

② 引自《鎮州臨濟慧照禪師語録》，《大正新修大藏經》(47)，頁496下。原文爲"是日，兩堂首座相見，同時下喝。僧問師：'還有賓主也無？'師云：'賓主歷然。'"

③ 《智證傳》，《大正新修大藏經》(63)，頁189上。

④ 引自《大慧普覺禪師宗門武庫》，《大正新修大藏經》(47)，頁956中。原文爲："圓悟和尚請益五祖：'臨濟四賓主怎生？'祖云：'也秖箇程限，是什麽閑事。'祖云：'我這裏恰似馬前相撲，倒便休。'"

⑤ 《古尊宿語録·汾陽昭禪師語録》，《卍新纂大日本續藏經》(68)，頁59上。

具三玄門，一玄門須具三要。有權有用。汝等諸人作麽生會？'下座。"①老僧道：好箇"汝等諸人作麽生會"，只是吾孫未曾夢見在。何以？若也見得，汝爲簡點看那裏是他有權處？那裏是他有用處？當時慈明曾因僧請益三玄三要，明雖一一頌過，復總收云："報汝通玄士，棒喝要臨時。若明親的旨，半夜太陽輝。"②慈明既如是收歸，何曾有三玄三要之影落，賺③汝們來？老僧再試問：汝既自悟，何以有三玄三要？既悟三玄三要，何以爲自悟？豈不自語相違、自相乖戾者乎？且汝謂舉揚正法，胡不看臨濟云："誰知正法眼藏，向者瞎驢邊滅却。"④又云："沿流不止問如何，真照無邊説似他。離相離名人不稟，吹毛用了急須磨。"⑤豈若汝執定三玄三要名言爲舉揚正法？汝敢爲臨濟兒孫？吾孫當深思之，得非心意識邊事，用時猶有微細生死無明障翳者乎？老僧略言如此，其中一一俟傍人後世識者明之。

與漢月上座　七年春

祖師西來，秉教外單傳，别行一路。自佛果作《碧巖集》，大慧謂宗門至此一大變，故特毁其板。後曹洞宗人入少室，無本分爲人，而提唱評唱。少室絶無本分衲僧出者，天下共知之。今吾徒提《智證傳》，則臨濟宗至吾徒又一大變，爲講席矣。且教中尚忌所知障，⑥即智障，吾徒到處提《智證傳》，爲出人之表，擬臨濟正傳而貶剥他人者乎？故老僧去夏與吾徒云"當以本色本分"者，此也。但本色本分，行之在吾儕，信與不信在學者，寧可

① 《古尊宿語録·鎮州臨濟慧照禪師語録》，《卍新纂大日本續藏經》(68)，頁23下。

② 《石霜楚圓禪師語録》，《卍新纂大日本續藏經》(69)，頁195下。"輝"原文爲"暉"。

③ "賺"，方言，欺騙之意。

④ 《鎮州臨濟慧照禪師語録》，《大正新修大藏經》(47)，頁506下。

⑤ 《景德傳燈録·鎮州臨濟義玄禪師》，《大正新修大藏經》(51)，頁291上。

⑥ 所知障，又譯爲智障。例見於馬鳴《大乘起信論》："染心者，是煩惱障，能障真如根本智故。無明者，是所知障，能障世間業自在智故。"《大正新修大藏經》(32)，頁586中。

遵上古之規繩餓死於林下，不可好熱鬧而耻辱於先聖。大端吾徒病在好自高，賣學識以要名，故録中每扯正篇書以配之，妝妝點點，老僧不料吾徒不肖以至如此。然則老僧固不識一字，無一所長，固不在吾徒眼裏看得上者，固宜如是作者，可矣。而吾徒胡不翻思：從上古人難道學識都不及吾徒？多知多解多見都不如吾徒？因甚不垂此式者？請吾徒深思之。雖然，説與不説在老僧分上，信與不信，改與不改，亦在吾徒分上。意待面説，因老僧頓覺衰敗，恐不及死日將近之言，不覺忉怛如此。

復墨仙劉居士諱道貞　七年秋

讀《聖恩問道録》，足見居士根性脱略，出語爽然，宛有超師之作。第不無受師之習氣，故頌世尊初生，一手指天，一手指地云："開場演出五家宗。"貧道謂正搔著老僧癢處。復云："言不妄發，儱侗狐禪失却踪。"甚麽處去也？復云："不打自招，却後金棺重洩漏。"猶較些子。復云："可謂首尾不移，雙趺首尾定蛇龍。"以何爲驗？復云："錯認不少。"何以詳？居士頌語祇認舉手伸足爲首尾一定之旨，而未會"一手指天，一手指地，周行七步，目顧四方，天上天下，唯我獨尊"覿體渾然大全之旨。未免令人向舉手伸足處作窠窟，何異盲人摸象與？至於《論宗旨》一書，則不過附會漢月之説。殊不知漢月因貧道夏初有書復伊，云："破殿雨淋，茅徑不闢，亦住山人之常分。然老僧尤願吾徒爲衆當以直心直行本色本分，不可私有别法加於衆，是老僧之所望也。"故漢月遂爲梵伊①繼絶上堂等語，至以高峰爲得心之師，覺範爲印法之師，而真師則臨濟矣。因嗣高峰、覺範而盡法焉。然貧道曾見《林間録》云："古塔主去雲門之世無慮百年而稱其嗣。青華嚴未識大陽，特以浮山遠公之語故，嗣之不疑。二老皆以傳言行之自若，其

---

① 梵伊，諱弘致，字梵伊，常熟陶氏子，師事三峰，參竹篦話。梵伊殁後，漢月法藏以冰懷濟能爲梵伊法子，故有繼絶一説："按梵伊法嗣一人曰冰懷能，此梵伊殁後漢老人代爲繼絶。"參王伊輯《三峰清涼寺志》，廣陵書社，民國排印本，頁379。

於己甚重，於法甚輕。古之人於法重者，永嘉、黄檗是也。永嘉因閲《維摩經》悟佛心宗，而往見六祖曰：‘吾欲定宗旨也。’黄檗悟馬祖之意而嗣百丈，故百丈歎以爲不及也。”①此覺範之訓也。而漢月既以覺範爲印法之師，何得反違其訓？不唯違其訓，抑且違其旨。不見覺範撰《臨濟宗旨》中張無盡謂覺範云：“吾頃見謝師直稱吴僧簡程者，有大知見，親見慈明，蓋是真點胸。楊岐道吾之流亞，接人多舉汾陽十智同真，願遂聞其説。”②覺範云：“十智同真與三玄三要同一關捩。”③遂舉了乃作偈曰：“十智同真面目全，於中一智是根源。若人欲見汾陽老，劈破三玄作兩邊。”④此據汾陽爲十智同真，故曰“劈破三玄作兩邊”。既謂劈破三玄作兩邊，則何有三玄三要之實法哉？而漢月扯盡三擊等三法以配三玄三要者，則不唯三玄三要，即三擊、三撼門扇皆成實法矣，豈不有愧於覺範？乃敢以覺範爲印法之師，印法既非，足見得心無據，豈非漢月捏造以傍高峰耶？如此，則不唯昧己欺人，實欺二老矣。抑亦不出玄策道底：“威音王已前即得，威音王已後，無師自悟，盡是天然外道。”⑤若夫貧道，打盡三世諸佛、歷代祖師，乃至四生九有一切含靈，直使藏身無地，豈争漢月嗣與不嗣哉？故漢月昔投法嗣書，謂以高峰、覺範及貧道炷作一爐燒却。貧道復云：“衹恐不是玉，是玉也大奇。”然則貧道此語，豈有意於漢月嗣不嗣來？今漢月尚然攀仰三老，指爲師承，則何嘗炷作一爐燒却？又何嘗出得貧道“衹恐不是玉”之語？不唯天然外道，抑且狐假虎威，其何以塞天下後世之口耶？

然居士實不知漢月與貧道始末相見因緣，不免舉似一過。蓋漢月初見貧道時，問：“濟上門庭即不問，如何是堂奥中事？”貧道云：“你即今在甚麽處？”此是貧道覿體提持漢月，而漢月乃云：“此猶是門庭邊事。”即此一句，

---

① 《林間録》，《卍新纂大日本續藏經》(87)，頁 254 下。“維摩經”原文無“經”字。
② 《臨濟宗旨》，《卍新纂大日本續藏經》(63)，頁 168 下。
③ 同上，頁 168 下。
④ 同上，頁 169 上。
⑤ 《六祖大師法寶壇經》，《大正新修大藏經》(48)，頁 357 下。

便是漢月病根。正是伊口款蓋唯昧己，故不顧貧道語脉，所以作門庭耳。而貧道復指座云："且坐。"此是貧道轉提漢月。漢月禮拜起云："咦?"蓋是漢月之門庭，故貧道休去，正是殺活齊行，縱奪同用，豈不是又一提漢月耶？次日，漢月請陞座，示"臨濟宗旨"來源。一僧出問："如何是和尚惡水潑人?"貧道便打。僧擬議，貧道直打出法堂，云："者便是臨濟宗旨。"復陞座云："我禪門一事，自世尊説法四十九年，臨末梢頭於靈山會上拈花，默顧大衆。時百萬人天皆不知落處，唯迦葉尊者破顔微笑。世尊云：'吾有清浄法眼，不立文字。付囑摩訶迦葉，廣流傳化，毋令斷絶，謂之教外别傳。'[①]至二十八祖，至東震旦國，乃云：'直指人心，見性成佛。'一日索門人各呈所見，各説道理。唯慧可大師，只禮三拜，歸位而立，謂之得髓。傳至六祖，出南嶽、青原二派，有以言句疏通直指，有以全機大用直指。雖總爲直指，言句直指，令人多著意見，蹉過直指之旨。唯南嶽受六祖囑，謂：'西天般若多羅尊者讖汝足下出一馬駒，踏殺天下人，應在汝躬，不須速説。'於言句中通機用，謂馬祖云：'如牛駕車，車若不行，打牛即是？打車即是?'[②]後人尚多以意解，以牛喻心，以車喻身。若如此解，豈可謂單傳直指哉？不見馬祖與百丈行次，見野鴨子飛過，祖云：'是甚麽?'丈云：'野鴨子。''甚麽處去也?'丈云：'飛過去也。'祖扭丈鼻，負痛失聲。祖云：'又道飛過去也！'丈乃有省。[③]丈再參時，祖以目視繩床角拂子。丈云：'即此用，離此用。'祖云：'你向後開兩片皮，將何爲人?'丈取拂子竪起。祖云：'即此用，離此用。'丈挂拂舊處，祖震威一喝，丈乃悟旨。[④]後因黄檗

---

① 此世尊拈花公案，禪門語録所載甚廣，與密雲禪師此處所引相近者，可見於《無門關》，《大正新修大藏經》(48)，頁293下。

② "駕牛車喻"出自《大莊嚴經論》："如牛駕車，車若不行，乃須策牛，不須打車。身猶如車，心如彼牛，以是義故，汝應炙心，云何暴身?"《大正新修大藏經》(4)，頁266上。懷讓所引此喻文字相近者，見於《古尊宿語録·南嶽大慧行狀》："師云：'譬牛駕車，車若不行，打牛即是？打車即是?'"《卍新纂大日本續藏經》(68)，頁3中。

③ 《指月録》，《卍新纂大日本續藏經》(83)，頁475中。

④ 《指月録》，《卍新纂大日本續藏經》(83)，頁475下。

辭參馬祖去，丈云：'馬祖已過去了。'檗問：'馬祖存日有何言句？'丈云：'老僧被他一喝，直得三日耳聾。'檗乃吐舌。① 丈云：'子後莫承嗣馬祖去麽？'檗云：'不然。今日因師舉，得見馬祖大機之用，且不識馬祖，若嗣馬祖，已後喪我兒孫。'②故後臨濟三度問佛法的的大意，檗只棒三頓。後出世唯以棒喝接人，不得如何，若何只貴單刀直入？"時漢月出衆禮拜起便喝，貧道云："好一喝！"漢月又喝。貧道云："你更試喝一喝看。"漢月禮拜歸衆。貧道顧漢月，復舉僧問古德云："朗月當空時如何？"古德云："猶是階下漢。"僧云："請師接上階。"古德云："月落後來相見。"③且道："既是月落後，又如何相見？"漢月便出法堂，貧道便下座。此乃漢月底好處，故貧道後來有枚拂子付他者，蓋不敢昧他好處耳。又次日開爐上堂云："大地分明一箇爐，看來渾似火柴頭。老僧信手輕挑撥，便解翻身動地流。"驀拈拄杖云："還有恁麽人麽？試出來跨跳看。"僧問："海衆雲臻，慈霖天霔，現躍騰飛即不問。如何是驅雷掣電句？"貧道便喝。僧云："恁麽則金粟花開，寶林果熟去也。"貧道又喝，僧禮拜歸衆。蔡居士④問："'一拳打破黄鶴樓，一脚踢翻鸚鵡洲'，打破踢翻即不問，如何是一拳一脚？"貧道云："今日且放過你。"士作禮退。貧道舉起杖云："舉一不得舉二，放過一著，落在第二。"擲下杖云："落二了也，且一又如何舉？"時漢月向前拿杖而出。此乃貧道明明向道，漢月尚自不會，故不愜貧道意，所以付拂時遂有旁出之説。蓋貧道生平一味直心直行，不敢昧己，所以不肯欺人。殊不像漢月妝妝點點，委委曲曲，有許多不楷心識。如貧道付拂後，漢月疑貧道行實尋

---

① 此段公案内容引自《指月録》，文字多有删削改寫："丈云：'何處去？'師云：'禮拜馬大師去。'丈云：'大師已遷化去也。'師云：'某甲特去禮拜，福緣淺薄，不及一見，未審平日有何言句？'丈舉再參被一喝三日耳聾語，師聞不覺吐舌。"《卍新纂大日本續藏經》(83)，頁510中。

② 《古尊宿語録·黄檗斷際語録》，《卍新纂大日本續藏經》(68)，頁14上。

③ 《古尊宿語録·趙州真際禪師語録并行狀卷上》，《卍新纂大日本續藏經》(68)，頁87上。

④ 蔡聯璧，字子穀，浙江海寧人。曾任鹽官（海寧）文學官職，曾參與校正《五燈嚴統》。

嘗，特對侍僧棲蓮道："和尚行實須改改好。"故貧道有書與伊云："行實者，原述生平所得之實據。若非述其實據而改好得底，則佛祖龍天可欺矣。縱使佛祖龍天可欺，自心可欺乎?"想上座行實都是做好出者，此書尚存，而貧道并前機緣俱不録出者，蓋不欲暴揚其短耳。

至於貧道昔年曾許漢月行其宗旨者，蓋貧道閉關時，先師同我衆兄弟至關前佇立有間，曰："佛法二字雖不是偶然，亦非特意會得。但有箇悟入處，不妨信意拈來，自然貼體。隨分道出，自然恰好。所以爲道迴别，纔趧得源頭，到手撩起便行，不問如何若何。老僧憶昔居臺山，有僧問：'三賢尚未明斯旨，十聖那能達此宗。未審如何是斯旨?'老僧嗚指一下，云：'會麽?'僧云：'不會。'又嗚指一下，云：'知麽?'僧云：'不知。'老僧但向伊道：'具足凡夫法，凡夫不知；具足聖人法，聖人不會。聖人若會，即同凡夫；凡夫若知，即同聖人。'其僧矍然致敬，倒身三拜，直趨而去，更不回顧。俊哉!"云云。此是我先師提宗旨者也，貧道敢謂先師不見説起宗旨？特非漢月之所謂宗旨耳。今居士既不識漢月心行，又不見貧道與漢月始終一期之事，乃隨例顛倒，云"以一棒硬陷三關，入無尾巴隊中，爲中下根開一便門"，復云"近日狂禪遍世，盲拳瞎棒相襲成風"，又云"若棒可傳授，則宗旨亦可傳授"者，請居士試看貧道與漢月始末因緣，果貧道以一棒傳授漢月耶？果使漢月展轉傳授于人也耶？此不唯漢月贓誣貧道，而居士又與漢月逐塊，無異正盲瞎者矣。且貧道一向有言："你若唤作棒，入地獄如箭。"既不得唤作棒，又何曾有打棒之事爲傳授？豈不是居士實未知棒頭落處，故謗大機大用，正令全提大法綱宗者乎？既曰論宗旨，胡不看臨濟初至河北，謂普化、克符云："我欲於此建立黄檗宗旨，你二人成褫我。"二人一齊珍重下去。三日後普化上來，謂臨濟云："三日前和尚道甚麽?"濟便打。後三日克符上來，謂臨濟云："和尚三日前因甚打普化?"濟亦打。① 此乃臨濟建立黄檗宗旨底根本。自後雖有四料揀等，非

① 《人天眼目》，《大正新修大藏經》(48)，頁300中。

於宗旨外另有别法。不見道“一句中具三玄三要”，故當時慈明禪師因僧請益三玄三要，明雖一一頌過，復總收云：“報汝通玄士，棒喝要臨時。若明親的旨，半夜太陽輝。”①據此，豈不是一棒一喝爲至要？所以百丈老人被馬師一喝，直得三日耳聾，黄檗聞舉，便乃吐舌。蓋向上全提大法大用，綱宗從此而顯，至臨濟、德山大行大震，自後變變化化，而全提大法之綱宗者，蓋數十世。近百年來稍稍無聞，亦幾希息矣。唯貧道力行此令，自亦不知其何以耳。又不見南院謂風穴云：“有問臨濟如何是第一句。濟云：‘三要印開朱點窄，未容擬議主賓分。’”②故曰：“一喝分賓主，照用一時行。”③一喝既分賓主，則一棒豈非“三要印開朱點窄，未容擬議主賓分”者乎？如是，則汾陽一句明明該萬象、馬大師一口吸盡西江水、六祖吾有一物、初祖一花開五葉、世尊天上天下唯我獨尊、貧道一橛頭硬禪、雲門一棒打殺與狗子喫，貴圖天下太平，乃至歷代宗師、天下老和尚與一切含靈，無不禀唯我獨尊之旨，秖爲人不自薦，故不能證得。唯我世尊乘大願力，一出母胎，作大獅子吼，一手指天，一手指地，周行七步，目顧四方，云：“天上天下，唯我獨尊。”豈但於天上天下境界中不易不異唯我獨尊，正欲天上天下四生九有一切含靈皆證唯我獨尊。上無攀仰，下絶己躬，憎愛心盡，取捨情忘，作一橛頭硬禪，隨處作主。如獅子遊行，不求伴侣，做箇無尾巴獨脱底出格大丈夫漢，豈不快哉暢哉！所以龐老云：“日用事無别，唯吾自偶諧，頭頭非取捨，處處弗張乖。”④云云。豈若漢月自謂乘夙願力，妄稱再來，如繼絶所云“如法滅仰必再來接脉”，所謂“將此深心奉塵刹，是則名爲報佛恩”者是也。貧道道以仰山譬漢月，稱漢月再來則可；以漢月等首山，稱仰山再來則不可也。何也？仰山以有遇大風而止之讖，而首山實續風穴之後之故也。首山則何讖而徵漢月哉？如以阿難贊佛二語爲證，則人

---

① 原文“輝”作“暉”，《石霜楚圓禪師語録》，《卍新纂大日本續藏經》(69)，頁195下。

② 《古尊宿語録·風穴禪師語録》，《大正新修大藏經》(68)，頁44下。

③ 《人天眼目·慈明頌》，《大正新修大藏經》(48)，頁304下。

④ 《龐居士語録》，《卍新纂大日本續藏經》(69)，頁131上。

人皆當立如是志，發如是願，人人皆可得而稱之，又何獨至於漢月哉？稱漢月再來則可者，以人人從本以來具足故也。故貧道盡觀大地，無不是再來者。所以但有來者即與一頓，令伊直下，無去來今古之相，彼此人我之異。豈有滅有興，有絶有繼，及真不真等，作諸妄語而誑嚇閭閻者乎？

又云："佛讖記五百年元有真子知有此法，但法密道尊，人不之信，故我法爲之輕微，真子爲之屈辱，所以佛爲之痛哭耳。"漢月此説名爲真可憐愍者，豈但佛爲之痛哭，即貧道亦爲之痛哭。何也？經言："佛身充滿於法界，普現一切群生前。"①古人云："衹爲分明極，翻令所得遲。"②即孔子亦曰："吾無隱乎爾。"今漢月反謂"法密道尊，人不之信"，則何欺而昧至作如是之言？而佛祖而貧道又何心而忍而不爲痛哭者哉？又云："山僧乘宿願力，見臨濟室中諸法，迄今欲滅者。"臨濟室中，貧道不妨許伊説。而謂室中而有諸法，則漢月贓誣諂辱臨濟而謂真師，則臨濟者不亦無恥之甚乎？你還見臨濟云："第一莫取山僧説處。何故？説無憑據，一期間塗畫虚空，如彩畫像等喻。"③又云："山僧無一法與人，衹是治病解縛。"④則臨濟室中豈有諸法密傳於人？豈非漢月以己方人，諂辱臨濟者乎？猶且妄誕不已，將古人機語一味穿鑿，動扯整篇儒書以配之。胡不思古人謂傍教説禪尚不可，况儒書乎？故其中杜撰不可枚舉。即如謂多子塔前以袈裟遮圍，則又以袈裟中法數爲傳法之楷模，以其從一而至二十五條，每條而五，各各四長一短，顛倒開合，參錯變化，此宗旨之至細至密處也。不知世尊至多子塔前，命摩訶迦葉分座，令坐以僧伽梨圍之者，正要人著眼耳。故我笑巖師祖提云："以正法眼藏付迦葉便了，以袈裟圍之作

---

① 《大方廣佛華嚴經》，《大正新修大藏經》(9)，頁 408 上。

② 此句一般認爲取自宋代禪僧無門慧開(1183—1260)所作禪詩，但在更早前之大慧宗杲語録、年譜中皆有此句，如《大慧普覺禪師語録》中："山僧未離泉州時，已與諸人相見了也，臨安府亦與諸人相見了也，及乎來到山中擊動法鼓，坐立儼然，眼眼相覷。爲甚麼却不相識？只爲分明極，翻令所得遲。"《大正新修大藏經》(47)，頁 812 上。

③ 《古尊宿語録・鎮州臨濟慧照禪師語録》，《卍新纂大日本續藏經》(68)，頁 29 中。

④ 《古尊宿語録・鎮州臨濟慧照禪師語録》，《卍新纂大日本續藏經》(68)，頁 27 中。

甚麽?”此事且置。貧道試問漢月：即今披袈裟者與紫羅帳裏撒珍珠佛果，謂“金鴨香銷錦繡幃，笙歌叢裏醉扶歸”，乃至穿短衣，批破草薦，挂破席片，及亂草中赤脚鬔頭，至於鱗甲羽毛，凡有血氣者，是何法？是多少數？是何宗旨？

又判六祖“本來無一物”，云“以其從前後際斷，忽得心空，遂墮空邊，正外道法”者，胡不看《真淨語》云：“前後際斷，被正知見障却，神通光明不得現前。”①一日五祖演和尚看見，呼圓悟謂：“你看前後際斷能有幾人得到者田地?”②他猶道被正知見障却，神通光明不得現前。又不見大慧未見圓悟時問答如流，曾未見有人奈何得他下，只有湛堂説破他的病。大慧云：“正是我疑處。”後湛堂將寂時，囑見圓悟。因悟舉雲門諸佛出身處，悟自答云：“薰風自南來，殿閣生微凉。”大慧於此始得瞥地，呈似圓悟。悟云：“也難得到你者田地，只是可惜死了不得活。”者便是前後際斷、偷心死盡處。悟云：“不疑言句，是爲大病。”乃教慧看“有句無句，如藤倚樹”。大慧種種下語，經半載，悟總不諾，逼得發極云：“聞和尚曾問五祖，不知祖如何答?”悟亦不與説。大慧云：“當人天衆前問，説亦何妨?”悟云：“老僧問：‘有句無句，如藤倚樹時如何?’祖云：‘描也描不成，畫也畫不就。’‘忽然樹倒藤枯時如何?’祖云：‘相隨來也。’”大慧於是得活悟，連舉一絡索公案詰之，大慧得路便行。③ 者便是神通光明現前底事。既曰得路便行，豈正知見外另有神通光明？祇是體用同行。死中得活，豈死外另有活路？祇是

---

① 語出《古尊宿語録·真淨語録》：“前後際斷。一念萬年去，休去歇去。似古廟裏香爐去，冷湫湫地去，便爲究竟。殊不知却被此勝妙境界障蔽自己，正知見不能現前，神通光明不得發露。”《卍新纂大日本續藏經》(68)，頁 296 上。

② 語出《大慧普覺禪師語録》，原文爲：“五祖一日廊下見僧把一册文字。祖曰：‘爾手中是甚文字?’僧曰：‘是真淨和尚語録。’祖遂取讀，即贊歎曰：‘慚愧末世中有恁地尊宿。’乃唤首座。我老和尚時在後架洗襪，聞呼很忙走出來。祖曰：‘我得一本文字，不可思議。所謂善説法要。爾試看，休去歇去。一念萬年，前後際斷。諸方如今有幾箇得到這田地，他却唤作勝妙境界。’”《大正新修大藏經》(47)，頁 882 中。

③ 此段乃大慧宗杲於圓悟克勤座下受教之公案，大意出自《大慧普覺禪師語録》，原文較長，且非直引，此處略去。《大正新修大藏經》(47)，頁 883 上。

死活同用耳。即臨濟所謂“離相離名人不稟，吹毛用了急須磨”①者，便是“描也描不成，畫也畫不就”者是也。據《真浄》，前後際斷是正知見。漢月謂：“前後際斷，忽得心空，遂墮空邊，正外道法。”然則六祖且不必論，即漢月自謂深於高峰，睡中主上了却末後因緣等，以爲得心之師者，亦外道法矣。何也？前後際斷則無夢無想，無夢無想即前後際斷，故高峰直得無言可對，無理可伸，豈非死了不得活乎？至於枕子墮地，廓然大徹，自謂如網羅中跳出，元來只是舊時，人不改舊時行履處，又豈非正知見現前之驗乎？如此足見漢月偷心未死，未實到前後際斷無夢無想處，未得正知見，故一味妄議佛祖，一味要説偷心夢話。何也？既曰無夢無想，睡中之主上豈有先前末後因緣之夢事？既有先前末後因緣之夢事，豈非夢中説夢？又何曾夢見睡中之主，而夢見高峰乃依傍以爲得心之師耶？語云“鼠竊狗偷，借人簷下”，其漢月之謂乎？殊不知“本來無一物”，正治漢月輩多知多解種種妄説病痛者之良藥耳。何也？不見六祖道：“吾有一物，無頭無尾，無背無面，無名無字，諸人還識否？”時神會出曰：“諸佛之本源，神會之佛性。”祖曰：“向汝道無名無字，汝又喚作本源佛性。汝後衹成箇知解宗徒。”②若據無名無字，則凡玄妙心性、一切名字，皆六祖之所訶者。衹因本來上初無一切之名，若立一名，引人隨語生解作窠窟，即落邊見外道。若離本來，即落空見外道。唯一棒不作一棒用，一喝不作一喝用，始稱本來全體作用。所以臨濟云：“道流，把得便用，不著名字，號之爲玄旨。”③

又謂：“馬祖以扭鼻示百丈，百丈於捩轉鼻處便知不住一橛頭禪，故能哭能

---

① 《景德傳燈録》，《大正新修大藏經》(51)，頁 300 下。

② 引自《六祖大師法寶壇經》，“無背無面”與“無名無字”引用順序前後錯置，且有幾處文字增闕情形。原文爲：“師告衆曰：‘吾有一物，無頭無尾，無名無字，無背無面。諸人還識否？’神會出曰：‘是諸佛之本源，神會之佛性。’師曰：‘向汝道無名無字，汝便喚作本源佛性。汝向去有把茆蓋頭，也只成箇知解宗徒。’”《大正新修大藏經》(48)，頁 359 中。

③ 《古尊宿語録·鎮州臨濟慧照禪師語録》，《卍新纂大日本續藏經》(68)，頁 24 下。

笑,能開席能卷席,能竪拂能挂拂,大法幾希乎! 但未得到底耳。又從馬祖末後一喝處大悟,會道三日耳聾。此非三棒之法而何?”三棒之法自有人闢之。馬祖大暢其旨,捩轉百丈鼻則許漢月説。如謂能哭能笑,乃至能竪拂能挂拂,謂之不住一橛頭禪,則漢月正未夢見馬祖、百丈在。何也?百丈當時衹哭衹笑,衹卷席衹竪拂衹挂拂,何嘗道能與不能? 漢月加一能字,擬破貧道一橛頭禪,殊不知百丈哭笑卷席竪拂挂拂者,衹顯者一橛頭耳。不信試看汾陽問首山百丈卷席意旨如何,山曰:“龍袖拂開全體現。”汾云:“師意如何?”山曰:“象王行處絶狐踪。”①如此,則百丈何嘗哭笑卷席竪拂挂拂者哉? 看他加一能字,屈他先聖猶可,其賺誤將來,認識神,不省大全之旨,害豈細耶?

又謂“世出世間只有三等句,故法身説法有無言三句,即目前山河大地、明暗色空等熾然時説”者,是殊不知唤作目前山河大地、明暗色空等,早箇有言第二、第三句了也。又注云:“假如問如何是佛,其面前之石屹然而立,此無言而具三句。”貧道道: 即假如問如何是佛,早箇有言第二、第三句了也。若唤石,亦早箇有言第二、第三句了也。何也? 山河大地、明暗色空及石,何曾向漢月道是山河大地、明暗色空及石來? 豈非漢月妄生分别者乎? 貧道曾閲龐公語,則有庶幾譬之無言熾然時説者,云:“但自無心於萬物,何妨萬物常圍繞? 鐵牛不怕獅子吼,恰似木人見花鳥。木人本體自無情,花鳥逢人亦不驚。心境如如只者是,何慮菩提道不成?”②如是,但舉目了然,不用分别明相則熾然常説,無有間歇,豈有一句、二句、三句者哉? 雖然衹斷漢月顛倒耳,若果要會直指無言之説,何不看風穴上堂,舉世尊以青蓮目顧視大衆,乃曰:“正當恁麽時,且道世尊説箇甚麽? 若道不説而説,又是埋没先聖,且道説箇甚麽?”首山乃拂袖下去。穴擲下拄杖歸方丈。次日又問山曰:“如何是世尊不説説?”山曰:“動容揚古

---

① 《古尊宿語録·汾陽昭禪師語録》,《卍新纂大日本續藏經》(68),頁 58 中。

② 《龐居士語録》,《卍新纂大日本續藏經》(69),頁 142 下。“只者”原文作“衹箇”。

路，不墮悄然機。”①於此見得，方許漢月説無言之句，正好喫貧道棒。於此不明，須向貧道棒頭下會取始得。

至若臨濟四喝而漢月判云“若是出格漢子，探竿在手，大地無人”者，貧道即不然。若是出格漢子，一喝不作一喝用，則金剛王寶劍、踞地師子、探竿影草，祇前人分上差别病痛而分定耳。若人廉纖不斷，以一喝不作一喝用，是人忽然脱却，則爲金剛王寶劍。若人未知脚跟點地，以一喝不作一喝用，是人知恩有地，則爲踞地師子。若人一無動静，以一喝不作一喝用，是人知有不知、有自然露現，則爲探竿影草。至謂：“若人會得四喝，方可入我賓主之奥，故兩堂同喝爲四賓主之母。”若恁麽判斷，不唯毁他臨濟之言，抑見漢月不識臨濟語脉之則。豈非明明向道尚自不會，而謂臨濟之真子，不亦可發一笑哉？何以？臨濟云：“賓主歷然。”漢月分疏不下，則謂四賓主之母，豈非蓋覆抹殺臨濟賓主歷然之言，不明賓主歷然之旨，只顧自家杜撰，不管古人之語脉者乎？因記得曾有僧問貧道：“兩堂同喝，賓主歷然，未審誰是賓、誰是主。”貧道答云：“賓則總賓，主則總主。”進云：“賓主歷然，意旨如何？”貧道打云：“還見麽？”漢月若會得貧道打底意旨，便薦得賓主歷然底意旨。若薦賓主歷然，方見賓則總賓，主則總主。如是，則賓何嘗賓？主何嘗主？賓非賓，主非主，則喝何嘗喝？喝非喝，則一喝不作一喝用，豈不了然哉？雖然，貧道打底意旨，畢竟作麽生？試爲你舉看。不見興化在三聖會裏爲首座，常曰：“我向南方行脚一遭，拄杖頭不曾撥著一箇會佛法底人。”三聖聞得，問曰：“你具箇甚麽眼，

---

① 語出《古尊宿語録・汝州首山念和尚語録》，引用較略，原文爲：“是風穴上堂，舉世尊以青蓮目顧視大衆：‘迦葉正當與麽時，且道説箇什麽？若道不説而説，又是埋没先聖。且道説箇什麽？’師乃拂袖而退，穴擲下拄杖便歸方丈。侍者隨後入室請益：‘念法華爲什麽不祇對和尚？’穴云：‘念法華會也。’次日師與真園頭同上問訊次，穴又問真曰：‘作麽生是世尊不説説？’真曰：‘鵓鳩樹頭鳴。’穴云：‘你作許多癡福作什麽，何不體究言句。’又問師曰：‘汝作麽生？’師曰：‘動容揚古路，不墮悄然機。’”《卍新纂大日本續藏經》(68)，頁 50 下。

便恁麽道?”化便喝。聖曰:“須是你始得。”後大覺聞舉,遂曰:“作麽生得風吹到大覺門裏來。”化①後到大覺爲院主。一日,覺唤云:“我聞你道向南方行脚一遭,拄杖頭不曾撥著一箇會佛法底人。你憑箇甚麽道理與麽道?”化便喝,覺便打;化又喝,覺又打。化來日從法堂過,覺召云:“院主,我直下疑你昨日者兩喝。”化又喝,覺又打;化再喝,覺又打。化曰:“某甲於三聖師兄處學得箇賓主句,總被師兄折倒了也。願與某甲箇安樂法門。”覺云:“者瞎漢來者裏納敗闕,脱下衲衣,痛打一頓。”化於言下薦得臨濟當時於黄檗處喫棒底道理。② 漢月若薦得臨濟喫棒底道理,便會得興化悟處。會得興化悟處,便見得貧道打底意旨。如是,則見你喝我喝,喝牛喝馬,亦是賓主歷然,又何有賓中賓而可墮哉?唯漢月以喝爲喝,以打爲打,則業識茫茫,無本可據,又争怪他分疏不下而蓋覆抹殺者乎?

蓋唯不薦臨濟喫棒底道理,故不見貧道打底意旨,所以支支離離,一味識情測度。如臨濟《示滅偈》,他把逐句逐字細細拆散,不唯知見謬妄,抑且文理不貫。你居士家尋常讀書難道語脉不識?如必欲拗曲作直,以無根之譚爲縱横光大辨才無礙,我爲法王,於法自在,則水潦鶴之事復見今日。貧道老昏矣,又怎奈何哉?如今貧道且爲居士作訓詁看:“沿流不止問如何”者,此蓋垂示傳持法道之人。沿流不止者,謂從流而下,源源不息之意。不見臨濟復謂衆曰:“吾滅後不得滅却吾正法眼藏。”不識漢月何據,

---

① 此段公案,崇禎王朝式本《七書》中“化”皆作“師”。

② 語出《五燈會元·魏府興化存獎禪師》,原文爲:“在三聖會裏爲首座,常曰:‘我向南方行脚一遭,拄杖頭不曾撥著一箇會佛法底人。’三聖聞得,問曰:‘你具箇甚麽眼,便恁麽道?’師便喝。聖曰:‘須是你始得。’後大覺聞舉,遂曰:‘作麽生得風吹到大覺門裏來。’師後到大覺爲院主。一日覺唤院主:‘我聞你道,向南方行脚一遭,拄杖頭不曾撥著一箇會佛法底,你憑箇甚麽道理與麽道?’師便喝,覺便打;師又喝,覺又打。師來日從法堂過。覺召院主:‘我直下疑你昨日這兩喝。’師又喝,覺又打;師再喝,覺又打。師曰:‘某甲於三聖師兄處學得箇賓主句,總被師兄折倒了也。願與某甲箇安樂法門。’覺曰:‘這瞎漢來這裏納敗缺,脱下衲衣,痛打一頓。’師於言下薦得臨濟先師於黄檗處喫棒底道理。”《卍新纂大日本續藏經》(80),頁 223 中。“納敗闕”一詞,意爲吃虧,吃苦頭。

乃云："可見你者一棒是流。"貧道道：你唤作棒，早箇執名認相逐塊而流矣。又誰與你理會一棒、二棒哉？"真照無邊説似他"者，此蓋垂示傳持法道之則。真照者，如洞山所謂"直饒頭頭上了，物物上通，祇唤作了事人，終不唤作尊貴。當知尊貴一路自别"。① 第其當機妙叶回互，視臨濟覿體全提，大用有間耳。邊者，量也，際也。凡有名相皆有格量，有格量則有邊際，有邊際則有依倚。唯爾我無邊，真照迥然獨脱，故百丈大師云："靈光獨耀，迥脱根塵，體露真常，不拘文字。"②臨濟亦云："唯有聽法，無依道人。是諸佛之母。"③所以佛從無依生，此蓋據其爾我之體而提之也。説似他者，舉似他也，即説向你道之謂。後兩句者，謂離相離名之真照，人若不稟，則用全體大用截斷彼之名相，所謂"金剛寶劍當頭截"者是也。大端約其臨機用處，而名之曰"吹毛用了急須磨"耳。

今漢月乃謂從者一棒至於玄要，賓主還是真照，非是出格大用。且問漢月唤甚麽作真照？唤甚麽作出格大用？此漢月不會臨濟意旨，故不識他語脉，貧道且不怪他。若逐"似"之一字，便謂"有證有悟，皆落四相，只不過相似他而已"者，不亦無根妄誕之甚乎？其餘説人、説法、説亡、説透，祇爲不見古人意旨，一味杜撰，自成顛倒。故於臨濟四照用中人法上反增四相，而謂亡人亡法，乃至消釋以盡，謂之精細。殊不知照用即人法，而於應機之時，人不法不立，法不人不則。法不則即用無準的，人不立即照無定格。故以人照人，故名照；以法則人，故名用。總之不離人别有法以驗前人，而力則在未舉之先，一切臨時。故曰："我有時先

① 此處洞山所言，也有記爲雲居道膺語。如《五燈會元·洪州雲居道膺禪師》："如人頭頭上了，物物上通，祇唤作了事人，終不唤作尊貴。將知尊貴一路自别。"《卍新纂大日本續藏經》(80)，頁 268 上。但據《景德傳燈録·袁州洞山良价禪師法嗣》，却記有相似文句："設使攢花簇錦，事事及得及盡一切事，亦只唤作了事人無過人。終不唤作尊貴，將知尊貴邊，著得什麽物。"

② 《古尊宿語録·百丈懷海語録》，《卍新纂大日本續藏經》(68)，頁 5 中。

③ 《古尊宿語録·鎮州臨濟慧照禪師語録》，《卍新纂大日本續藏經》(68)，頁 25 中。

照後用，有時先用後照。有時照用同時，有時照用不同時。”所謂“先照後用有人在”者，如古人舉僧問佛法大意，濟云：“你試道看。”豈不是先照以人者乎？僧便喝，濟亦喝。豈不是後以一喝不作一喝用，以人照人者乎？其僧不解而又喝，濟便打。豈不是以一棒不作一棒用，以人接人者乎？所謂“先用後照有法在”者，如僧問：“如何是佛法大意？”濟便喝。豈不是先以一喝不作一喝用，以法則人者乎？復云：“汝道好喝麽？”豈不是後照以法徵人者乎？僧便喝，濟亦喝。豈不是轉以法則人者乎？僧又喝，豈不是不識一喝不作一喝用，故不解轉機通消息。而濟便打者，又豈不是以一棒不作一棒用，以法則人者乎？至於“照用同時”，則即人即法，即照即用。照外無别用，人外無别法。即一喝不作一喝用，一棒不作一棒用，不容停囚長智。故云：“驅耕夫之牛，奪饑人之食。敲骨取髓，痛下針錐。”直下了然。獅子遊行，不求伴侣，只解咬人，不逐閑塊。據其正令，人法無二而已。其“照用不同時”者，則雖不離人法照用，而放一線道，隨機問答，開導前人。故臨濟云“有問有答，立主立賓。合水和泥，應機接物”者是也。却又總結云：“若是過量人，向未舉已前，撩起便行，猶較些子。”①則豈待亡人法以至消釋，盡謂之精細者哉？且問漢月，既待亡人法，唤甚麽作過量人？又何以謂撩起便行者耶？不見道“一喝分賓主，照用一時行。會得箇中意，日午打三更”，②而貧道則“極麤一棒分賓主，而以照用一時行，若遇相逢不下馬，定然各自奔前程”，始稱臨濟所謂“過量人撩起便行”者矣。所以貧道昔年上堂，舉起杖云：“舉一不得舉二，放過一著，落在第二。”擲下杖云：“落二了也。”且一又如何舉？豈不是貧道向未舉已前提持漢月？而漢月不能撩起便行，遂乃逐塊向前，拿杖而出，及至遞還貧道云：“打盡天下人，拄杖還和尚。”貧道便打云：“從爾打起。”直打出方丈。又豈不是貧道敲骨取髓，痛下針錐以提持漢月者

---

① 此段臨濟“照用”相關引文皆出自《人天眼目》，《大正新修大藏經》(48)，頁304上。

② 《人天眼目》，《大正新修大藏經》(48)，頁304下。

乎？若據漢月務要亡人亡法，則問漢月又唤甚麽作照、作用、作耕夫、作驅牛、作饑人、作奪食、作敲、作骨、作取、作髓、作下針錐、作針錐落處、作問、作答、作主、作賓、作合水和泥、作應、作機、作接、作物者哉？不信漢月昏迷以至如此，豈非臨濟所謂"依草附木竹葉精靈，野狐精魅，向一切糞塊上亂咬"[①]者乎？又争怪得他錯認真照而不謂之相似他耶？雖然，貧道不妨就漢月顛倒而斷之：如漢月謂亡人亡法，乃至消釋以盡者，袛不過證成其極精極細耳。殊不知祖宗門下正喫棒未有了日在。不見僧問古德云："萬里無片雲時如何？"古德云："青天也須喫棒。"[②]如是，直饒漢月以一重破一重，以至單用"吹毛用了急須磨"而已者，亦是能所邊事，何曾夢見本分事來？若據爾我本分，直饒將來亦無處著。若著者"吹毛用了急須磨"，早是逐名相成能所了也。故臨濟云："云何是法？法者，是心法，心法無形，通貫十方，目前現用。人信不及，便乃認名認句，向文字中求，意度佛法，天地懸殊。道流，山僧説法，説甚麽法？説心地法，便能入凡入聖，入浄入穢，入真入俗。要且不是你真俗凡聖能與一切真俗凡聖安著名字，真俗凡聖與此人安著名字不得。道流，把得便用，不著名字，號之爲玄旨。"[③]既是把得便用，不著名字，則大用現前，不存軌則，豈著"吹毛用了急須磨"之句？漢月既認著他名字，則有能用之人所用之法，如是，則人法宛然，四相未泯，又安能永離心法諸患處哉？漢月果要一一細細透過諸法等，貧道但與他極麤一棒。倘若知得棒頭落處，則自無依倚，不待亡證亡悟，而證悟自無覓處矣。何以？試問漢月還曾夢見棒頭落處也無？若知，更試問漢月棒頭落處是從證悟而有耶？從不證不悟而有耶？抑從亡法亡人而有耶？從不亡人亡法等至透過諸法、永離心法諸患處而有耶？漢月若[④]曾

---

① 語出《古尊宿語録·鎮州臨濟慧照禪師語録》，此處略有出入，原文爲"皆是依草附葉竹木精靈"，《卍新纂大日本續藏經》(68)，頁 27 中。

② 語出《景德傳燈録》，有僧問鎮州寶壽沼和尚："問：'萬里無片雲時如何？'師曰：'青天亦須喫棒。'"《大正新修大藏經》(51)，頁 294 下。

③ 《古尊宿語録·鎮州臨濟慧照禪師語録》，《卍新纂大日本續藏經》(68)，頁 24 下。

④ 崇禎王朝式本《七書》"若"作"還"。

夢見棒頭指處，覓心且了不可得，况有心生種種知見者哉？故古人云："棒頭點出金剛眼。"[①]又云："棒頭有眼明如日，要識真金火裏看。"[②]又何嘗作麤作細看，作了不了看？而漢月謂"今人將極麤一棒便了"者，且問漢月極麤一棒打在甚麽處？極細一棒又打在甚麽處？試爲分析看。若分析不出，切莫瞎説妄語以爲極麤一棒。説甚極麤，直是没量大，故不見有人有佛有祖有前有後，所以從頭棒將去，忽若因棒著而省，豈不慶快平生一出格没量大人者乎？古人云："到處逢人覿面欺。"然則貧道豈有别法哉！祇識面而已。不見臨濟云："赤肉團上有一無位真人，常在諸人面門出入。"[③]既嘗在面門出入，漢月何不自摸面上還有三有一、有麤有細、有人法四相、有小法大法、大法之大法、賓主玄要、料揀堂奥、花中脉脉、袈裟縷縷、星樹師法、柯枝花果，乃至我法真子、過去再來、法密道尊、新宗舊旨、威音一圈、七佛交截、雙頭獨結、横開竪合、河雒理數等也無？豈非漢月逐於名言，自生妄想，自不識羞，不知慚愧，乃至種種妝點塗污自家面門，以塗污别人面門者乎？我笑巖師祖云"妙義玄言春細雨，莫教污我本來心"者，此也。若有，便請漢月向赤肉團上試一一拈出來看。若拈得出，許他是臨濟真子、仰山再來。若拈不出，且問漢月面皮向甚麽處著？所以貧道實自知羞，故不敢以别法妄加於人，唯拈條白棒向赤肉團上，直指伊父母未生前本來面目，令伊識取無位真人。所謂"己所不欲，勿施於人"者是也。故漢月嘗謂貧道一橛頭硬禪，我道：不妨被伊道著。祇是漢月用心不同。以何見得？漢月專要與人説書，胡不引"果能此道矣，雖柔必强"以證硬禪耶？"吾道一以貫之"，自古至今，咸謂孔聖人傳道之則，又胡不引

---

① 此句未見於明前禪師語録中，多見諸於明末清初禪師語録，曹洞、臨濟皆有，如《大休珠禪師語録》、《季總徹禪師語録》、《香嚴禪師語録》等，此句或爲明清禪宗叢林流行之語，誤傳爲古德之語。

② 《圓悟佛果禪師語録》，《大正新修大藏經》(47)，頁765上。此句也見於《圓悟佛果禪師語録》其他處，爲佛果禪師提點弟子的常用語。

③ 《古尊宿語録・鎮州臨濟慧照禪師語録》："赤肉團上有一無位真人，常從汝等諸人面門出入。"《卍新纂大日本續藏經》(68)，頁23中。

以證一橛頭禪者乎？若此則可謂“道之所在”，法如是故，理使然也，非强爲也。而貧道亦曾有言一棒打伊徹骨徹髓，縱使不悟，管教永劫不忘。正所謂“心不負人，面無慚色”①者矣。況貧道力行此令，蓋是從上宗旨。不見臨濟大師栽松次，黄檗問：“深山裏栽許多作甚麽？”濟云：“一與山門作境致，一與後人作標榜。”道了，將钁頭打地三下。黄檗云：“雖然如是，子已喫吾三十棒了也。”濟又以钁頭打地三下，作嘘嘘聲。黄檗云：“吾宗到汝，大興於世。”②又臨濟一日同普化赴施主家齋次，濟問：“毛吞巨海，芥納須彌，爲是神通妙用本體如然。”普化踏倒飯床。濟云：“太麤生。”化云：“者裏是甚麽所在，説麤説細。”來日又同化赴齋次。問：“今日供養何似昨日？”化依前踏倒飯床。濟云：“得即得，太麤生。”化云：“瞎漢，佛法説甚麽麤細。”濟乃吐舌。③ 據臨濟以钁頭一味直打到底，作後人之標榜，故黄檗證行“吾宗到汝大興於世”，而漢月則謂欺人、欺佛、欺祖、欺前、欺後。説麤説細，普化叱爲瞎漢者，而漢月反以爲臨濟之真子。果貧道無恥之甚耶？抑漢月無恥之甚耶？總而言之，一味昧己欺人。其前後贓誣貧道處不必計論，至謂廣通説破室中之陋，則欺昧猶甚，蓋因見廣通《序》中述我師祖笑巖和尚聯芳偈敘之意。夫自世尊傳迦葉，歷我師祖則六十三世矣，自我師祖逆溯以上，至於曹溪則三十一世矣，故曰不肖上承迦葉六十三世之元祖，下繼曹溪三十一葉之真孫，豈不自上而下，繇後之前，世系連絡，血脉貫通？抑何間於臨濟者乎？恁麽青天白日光明正大底事，反謂室中之陋？則駕虚望空、無根懸繼、妄攀三老者，又且如何？如此不自忖其陋，只顧誣人以自高，而欲諂魅今之英靈、後世豪傑。若果英靈豪傑，怎不掩鼻而笑哉？何也？不見道“丈夫自有衝天志，不向如來行處行”，況臨濟乎？所以謂有超師之作方堪傳授，此之謂也。如是，則普天匝地阿誰不是青天白日之光？有何遮障？有何蓋覆？請漢月指出看。若指不出，切莫坐在黑暗

---

① 《古尊宿語録·睦州和尚語録》，《卍新纂大日本續藏經》(68)，頁 35 中。

② 《古尊宿語録·鎮州臨濟慧照禪師語録》，《卍新纂大日本續藏經》(68)，頁 32 上。

③ 《古尊宿語録·鎮州臨濟慧照禪師語録》，《卍新纂大日本續藏經》(68)，頁 30 上。

裏説黑暗話，欺己謾人。故貧道前書與漢月有云：“老僧固不識一字，一無所長，固不在吾徒眼裏者。”是以貧道從來不眼華縱目，所觀無不是真聖真賢，故一任漢月贓誣貶剥，正是仰天而唾。何以故？以一無所長故。至若贓誣憨山師，謂馬祖非禪而其語惡俗，後來公案都是人做出者，不足信，此三尺童子所不敢道，而謂出之憨山之口乎？憨山師雖不主張宗門，然亦僧中間氣，海内人士户知之，抑何冤至此哉？九原如可作，吾將起憨山而質之。請問居士上下今古，歷稽往籍，曾見有落此筆、發此言，刻之語録，行之天下，如漢月之用此心行、垂此法式者乎？不識漢月何所希圖？以居士之稱揚見許如此也，則必知其故矣。若夫東扯西拽，穿鑿配合，其中種種杜撰不可枚舉，貧道不與他絮絮説破者，蓋爲護惜。從上宗旨不得不略提一提者，誠爲居士有法孫之稱，請正之説，抑恐宗旨混濫，而大法大用綱宗未免從此而隱耳。即如居士論中亦衹説無實法之綱宗大法，而不據綱宗大法之的旨，第恐只者無實法令人亂説亂謂之。無實法則非唯狂亦且愚，其害非細，故貧道一味論實不論虚，故一味力據其綱宗大法，覿體全提大用，使人無迴避處，直下歸根復本。所謂“棒打石人頭，曝曝論實事”，①則不唯不被世間一切法蓋覆，一切法回换，而亦不逐他變變化化，室中别傳之實塊矣。雖然，此就漢月與居士耳。若貧道不識，以何爲變？以何爲化？以何爲變變化化？以何爲實法？以何爲無實法？以何爲綱宗？以何爲大法？以何爲小法？以何爲大法之大法？以何爲真聖真賢？以何爲臨濟青天白日之光？以何爲欺人、欺佛、欺祖、欺前、欺後？以何爲精？以何爲麤？以何爲細？以何爲流？以何爲落四相？以何爲相似他？以何爲三頓、三拳、三玄、三要？以何爲四料、四賓、四照、四喝、五位一心？以何爲三段二打？以何爲無言三句？以何爲星樹師法？以何爲花中脉脉、袈裟縷縷？以何爲紹佛祖之真師承？以何爲深深透底堂奥之法？以何爲破“本來無一物”之外道？

① 此句見諸於宋以後各禪師語録，最早可見於《圓悟佛果禪師語録》，《大正新修大藏經》(47)，頁 741 下。

以何爲法本法無法之曲折？以何爲我法？以何爲真子？以何爲新宗？以何爲舊旨？以何爲法密道尊？以何爲臨濟室中諸法迄今欲滅者？以何爲真師？以何爲印法師？以何爲得心師？以何爲再來人？以何爲中下根？以何爲首？以何爲尾？以何爲無尾巴？以何爲一橛頭硬禪？寫至此，不覺失笑擲筆。

與漢月上座　七年冬

前復劉居士書，意猶未盡，因便人之迫，故録去冬舊稿，先通消息。今略增其意而以刻出，意亦未盡。何也？尚未以極麤一棒從頭整頓你在。祇如昔年老僧問："臨濟謂一句中具三玄，一玄中具三要，三玄三要即且置，如何是一句？"汝答云"雪寒江水冱"者，正好與你極麤一棒。若知棒頭落處，則不向雪寒江水冱處垛根。① 又説："甚麽是第一句？""團也團不圓，劈也劈不破。"老僧道："日出後你自一場懡㦬。"②又汝問："和尚道一句。"老僧道："老僧没氣力。"汝又道："何不問三玄三要？"老僧道："正好與你極麤一棒。你若唤作極麤一棒，入地獄如箭射，何况唤作三玄三要乎？"略提此而已，其餘任你妝點做造，而老僧生平爲人人皆見聞耳。至於汝拈起瓶中花云："諸仁者會麽？"老僧道：不妨正好與你極麤一棒，打你面門，使你知耻，始稱世尊拈花之旨，則不敢説花中脉脉、説佛、説祖、説心、説堂奥、説深深透底、説紹佛祖之真師承，狐魅人家男女，不信汝不識羞以至如此，看汝面皮厚多少。何也？祇如世尊道清净法眼還著得你者些污言污語也

---

① 垛根，禪門用語，意爲執著文句知解。如《古尊宿語録·舒州龍門佛眼和尚語録》中："上堂。僧問：'德山入門便棒，臨濟入門便喝，未審師如何接人？'師云：'不虧不欠。'進云：'便恁麽去時如何？'師云：'第一不得垛根。'"《卍新纂大日本續藏經》(68)，頁174中。

② 一場懡㦬，禪門用語，懡㦬爲梵文音譯，意爲慚愧。如《古尊宿語録·慈明禪師語録》中："問：'大通智勝佛，十劫坐道場，佛法不現前，不得成佛道。未審意旨如何？'師云：'一場懡㦬。'"《卍新纂大日本續藏經》(68)，頁65下。

無？豈不是你自顢頇之甚者乎？請你細思之。至於判注世尊傳法偈云云者，殊不知世尊直據其一切含靈之本法不可得而名之之意，以囑其遞代禀受之人，欲使人人自悟其本法不屬名言，不從他得，是爲傳法之楷模，正六祖所謂"本來無一物"者是也。而我先師老人偈云"法本不自付，付竟還如故。今付如故法，故法無差互"①者，亦豈不是惟要人自悟本法所謂"悟了同未悟"，而爲付法之楷模者乎？故世尊云"法本法無法，無法法亦法。今付無法時，法法何曾法"②耳。若據其要，則老僧唯以榧櫐一棒打，云：你唤作榧櫐一棒，入地獄如箭。故臨濟三度問佛法的的大意，則黄檗唯只打三頓，使其自悟而已。所以初祖云"吾本來兹土，傳法救迷情"者，豈不是唯以救迷情而已？何有别法傳人，謂之傳法者乎？觀汝始言則"無師不傳法，無法不明心"，末言則"法之密也固如此，而今人短闇，竟欲滅之抹之可乎"者，抑見你"有别法傳人謂之真師承"者，豈非外道也？古云"心外有法即外道"者是也。汝又舉前百丈因人問"大修行人還落因果也無"，答云"不落因果"，因而墮五百生野狐身，此破"本來無一物"之外道者；舉後百丈答"不昧因果"，此破執"身是菩提樹"爲非者。老僧道：你若如是判，豈止墮狐身五百生？敢道你墮無窮劫也，無有出時在。何也？你未識因果正人之本來分上無一物之名可立者，是所以道如是因、如是緣、如是果、如是報、如是本末究竟等者，此之謂也。只因昧是，故道"不落"，所以致墮野狐耳。汝今反以"本來無一物"爲昧因果謂外道者，豈非汝昧之甚者？正外道見也。則榧櫐一棒，你喫之何有盡日者歟？你若知榧櫐一棒落處，則自不昧者矣。若四料揀，老僧且不理論你長短。衹如"料揀"二字，汝訓："料者，物料。揀者，揀擇。揀擇成料，以載大法。"誠如汝訓，則合"揀料"，何以臨濟而立"料揀"之名？若道你是臨濟，則左者矣；若臨濟是你，則顛倒者矣。然則據老僧料理揀擇，唯舉古人謂："處處真，處處真，塵塵盡是

① 《幻有傳禪師語録》，《乾隆大藏經》(153)，頁 630 中。

② 引自禪宗燈録中常見之"七佛傳法偈"。《景德傳燈録》，《大正新修大藏經》(51)，頁 205 下。

本來人。真實説時聲不現,正體堂堂没却身。”①故老僧只以極毉一棒直指堂堂正體,迥出前後際斷等。至於隱微之際,不昧本來,則不見有隱微之相,誰更有清浄不清浄,入法不入法,亂與不亂哉?你於本來無物上著“清浄”二字,早箇一物之名了也。不知“本來無一物”即南嶽“説似一物即不中”。所以臨濟明明向道,三即一,皆爲空名而非實有。你反説佛、説法、説事、説道、説浄光合一等繫綴他人,豈不與臨濟相忤者乎?自此而至於法相法心者,總之你不過要發明“一句中具三玄三要謂之精細”耳。然據汝所答,不唯不能指出三玄三要别有長處,抑見你虚張三玄三要之名,誑嚇於人,而老僧直打你到底。如你曰:“第一玄,石頭向汝言。”老僧道正好與你極毉一棒。“第二玄,冷火爆三千。”也好與你極毉一棒。“第三玄,劈頭開尾做成團。”也好與你極毉一棒。“第一要,四子出格傳斯道。”也好與你極毉一棒。“第二要,踏倒四洲天頂掉。”也好與你極毉一棒。“第三要,倒顛飛舞百龍攢。”也好與你極毉一棒。“首尾俱無人不到。”也好與你極毉一棒。何也?老僧極毉一棒偏到得。即謂:“何爲大法之大法,前一棒,後一棒,折作炭灰發光亮。”也好與你極毉一棒,打你眼睛火出。至於汝道:“黄鶴樓前鸚鵡洲。”也與你極毉一棒。引劉居士道:“只在湖廣武昌府。”也與他極毉一棒。畫箇圓相,也與他極毉一棒。道箇普,也與他極毉一棒。然則老僧且收拾横擔,直入千峰萬峰去也。於是擲筆。筆已擲矣,意亦未盡,更寫數行。故老僧只據極毉一棒,儘你做盡伎倆來,老僧只與你極毉一棒,打你上天無路,入地無門,無處藏竄,無處逃避,計窮力竭,汝之面門自露,則方知老僧極毉一棒,棒棒有眼,不打别處,直指你面門一橛頭而已。若離你面門一橛頭外别有三玄三要等,則皆是外道魔説。何以?臨濟從黄檗三頓棒拂著處,故立四料揀等,皆爲發揮三頓棒拂著處故也。你還知老僧者棒只可觸你,你不可觸棒麽?你觸棒,你則犯觸背等之六路;棒觸你,你則

① 《祖堂集》,《大藏經補編》(25),頁623上—中。

不犯觸背等之六路。故臨濟云:“我被黄檗六十棒,如蒿枝拂著相似耳。”①所以老僧獨拔單提向上一橛頭硬禪,於世出世一切法上不取不捨,無罣無礙,我爲法王,於法自在,迥出你觸背等之六路。你唤作棒,早箇犯觸背等矣。况更謂極麤極細,豈不是你觸之又觸等者乎?據是,抑見你尋常舉竹篦子,一味學人之套。何故?你道令人於境上解脱,因甚你於者棒上却不解脱?豈不是你自語相違,自相乖戾?足見你謂主賓互换,落落可觀,賓擒主,王擒賊等,皆是學古人説話,妝門面,揚己長而已。你不知者些子貴在一切臨時,不期然而自恰好,則天下後世自然服你。不然,直饒你説得塞滿虚空,中有一語不相應,則其餘皆爲虚妄之談。所以道“一著不到處,滿盤皆是空”,②斯之謂歟。故汝衹圖説,老僧只貴用。汝言“被人一脚踞地,而師子無出頭分”,老僧也與你極麤一棒,方知極麤一棒出過你頭上。若是“出格漢子,探竿在手,大地無人”,也與你極麤一棒,打你眼開,則見大地無不是人,無不是踞地者,則不見彼此賓主之相,無有你强他弱之理。不見千巖和尚示萬峰云:“無賓主句輕拈出,一喝千江水逆流。”③如是,則照用同時,時時現前,故一棒不作一棒用,一喝不作一喝用。非唯一棒一喝,至於一動一静,開口動舌,無非衹用此事。所以龐公則謂“日用事無别”,維摩則謂“不二法門”。如此方好作家相見,賓則始終賓,主則始終主。主擒賓,賓擒主,主賓互换者,不在説死套頭話。正所謂貴在一切臨時,不期然而自恰好。衹如你昔年請老僧舉揚臨濟宗旨,你出禮拜起便喝。老僧道:“好一喝。”你又喝。老僧道:“你試更喝一喝看。”你禮拜歸衆。豈不是你看老僧而被老僧反看你了也?而老僧復顧你,舉僧問古德云:“朗月當空時如何?”

---

①　此語大意出自《古尊宿語録·鎮州臨濟慧照禪師語録》,原文爲:“我二十年在黄檗先師處,三度問佛法的的大意,三度蒙佗賜杖,如蒿枝拂著相似。”《卍新纂大日本續藏經》(68),頁23下。密雲圓悟誤作“六十棒”。

②　此語最早見於《真歇清了禪師語録》,原文字句略有不同:“一著不到處,滿盤空用心。”《卍新纂大日本續藏經》(71),頁787上。

③　《五燈會元續略·蘇州鄧尉山萬峰時蔚禪師》,《卍新纂大日本續藏經》(80),頁514下。

古德云:“猶是階下漢。”僧云:“請師接上階。”古德云:“月落後來相見。”①老僧道:“既是月落後,又如何相見?”汝便出堂去。老僧便下座。豈不是賓主相見底意?次日老僧上堂,舉起杖云云,汝向前拿杖而出者,豈不是老僧看你,你不能作賓中之主者乎?又如你問:“濟上門庭則不問,如何是堂奥中事?”老僧道:“你即今在甚麽處?”豈不是老僧覿體提你堂奥中事?你却道“猶是門庭邊事”者,豈不是你自不薦離了堂奥中事,出外别作伎倆者乎?老僧以手指座云:“你且坐。”又豈不是直指你堂奥中事?你禮拜起,“咦”一聲,又似别作伎倆,故老僧休去。然則此等機用説話而老和尚實不曾教我,我亦實不曾學,亦實不曾著意於其間,不過臨機而用。所謂“道之所在,法如是”,故理使然也,非强爲也。今因汝衹襲古人説過底套頭,而鬥凑刻出,爲你長處作張本,教壞人家男女,築一肚皮,障却正法眼藏不得現前,故老僧不得不説破耳。然則末後一句,老僧終不説破。

---

①　密雲此處所舉爲曹山本寂禪師公案,可見於《續古尊宿語録》,原文爲:“問:‘朗月當空時如何?’師云:‘猶是階下漢。’進云:‘請師接上階。’師云:‘月落後來相見。’”《卍新纂大日本續藏經》(68),頁 377 上。

密雲圓悟禪師天童直説　卷二

門人通雲、通門編

後　　録

復漢月藏上座

前《七書》之刻，蓋見老僧從頭與汝惟理從上來佛法的的大意，綱宗大旨，即直指爾我一切人本來、本法、本色處，不從人得之正眼。適濟昌禪人持上人書至，讀之，謂老僧"逐句重翻，指辭摘字，若再來復我，我騎牛行歌於梅花之下"者。老僧道：不枉老僧整頓汝一番，故出此語，不蹈古人種種之窠窟矣。然而祇可閑思形於紙筆，若當機來，汝擬恁麼道時，則極粗一棒已到汝頭上矣。汝謂老僧以一棒評"物不遷"爲非者，浄因以一喝入五教，[①]則老僧以一棒入"物不遷"，何非之有？且浄因與老僧皆因事而證，豈若汝特地建期執本而提唱者乎？至謂其中千言萬語，不過老僧要抹殺五宗，而汝要建立五宗者。汝不知老僧正爲汝虛假五宗之名，而不明不行五宗的實之正旨，恐天下後世參禪學道者靡所適從，墮邪落外，自汝作始，

① 浄因繼成禪師"一喝透五教"之公案，見於《五燈會元・東京浄因蹣菴繼成禪師》，《卍新纂大日本續藏經》(80)，頁 258 中—頁 259 上。

關係老僧，故不惜作箇知解宗徒，寧可冒死於汝分上，不可不指詞摘字，一一理到宗旨清處而後已耳。此是老僧爲法忘軀之必志也。

又謂老僧“絶滅祖宗，是法無所生，是無父之身”云云者，此正見汝深之又深之妙計，密之又密之良策，擬鼓動天下人以罪老僧。殊不知無父等事皆汝自占盡，正諺所謂“丘旺告貧，自陷自身”者也。何以見得？衹如汝作《三要頌》“倒顛飛舞百龍攢，首尾俱無人不到”者，豈不是汝於法無所生，是無父之身之逆乎？老僧且問汝：汝又不是神，不是鬼，因甚却倒顛飛舞？且一切人不能倒顛飛舞，不得百龍攢，則皆證不得三玄三要之旨乎？即臨濟亦衹道：“一句語須具三玄門，一玄門須具三要。”復云：“有權有實，有照有用，汝等諸人作麼生會？下座。”①何曾像汝穿套得來大驚小怪者耶？足見汝假臨濟之名，反臨濟之道，滅臨濟之宗旨。一味顛顛倒倒，矯矯亂亂，靡所旨歸，便道將折竹聲打殺臊胡種族。② 則汝不惟風天下之格殺，亦見汝絶滅祖宗矣。且既打殺臊胡種族，因甚汝却倚高峰爲得心之師、覺範爲印法之師、臨濟爲真師？豈臨濟、覺範、高峰獨非臊胡種族耶？若非臊胡種族，則皆外道種族，而汝亦外道者也。則汝要建立宗旨，亦非臊胡種族之宗旨，乃外道種族之宗旨也。於我曹溪正脉本來本法不從人得之本宗本旨，又何預哉？如是，則見汝不識不明五宗正旨，不從人得本來本法本色之旨，一味妄假五宗之名，無有的實，無有根據，則汝豈不是於法無所生，是無父之身之逆者？老僧可袖手坐視，不與整頓，使遺害天下後世乎？

又謂老僧“所悟既淺，龍池又不見説有堂奥中深深旨趣，復得廣通作《笑巖集序》，一味抹殺臨濟五宗，數臨濟等傑法爲厥旁岐，呼臨濟所悟爲乞兒冒聖者，指三玄等法爲邪風，令天下後世截去臨濟，只接六祖，謂之挽真祖、

---

① 《古尊宿語録·鎮州臨濟慧照禪師語録》，《卍新纂大日本續藏經》(68)，頁 23 下。

② 臊胡種族，即“老臊胡”，本義爲胡人種族，禪門以此指代達摩祖師。如《續古尊宿語要》中：“不見德山道：‘這裏無佛無祖，達磨是老臊胡，釋迦老子是乾屎橛。文殊普賢是擔糞漢。’”《卍新纂大日本續藏經》(68)，頁 519 上。

迴邪風。此笑巖室中傳授廣通之秘旨。自廣通唱出，則龍池以爲得計，和尚以爲有憑，遂明目張膽，公然以抹殺爲事”者。老僧道：善哉言也。何以故？六祖乃五宗公然共宗之祖也，六祖真正，則五宗皆真正也。吾笑巖師翁見五宗末季各執彼我是非，以致天下後世靡所適從，宗門正旨將墜於地，故曰“挽真祖，迴邪風，俾後世之五宗復共宗無異之旨”者，是吾師翁公然之秘旨也。故老僧見墨仙劉居士頌世尊初生因緣云“開場演出五家宗”，便著語云：“正搔著老僧癢處。”復云：“言不妄發。”而汝反謂聞此“五家宗”三字故發此書乎？又且汝既貶六祖“本來無一物”是落空邊，正外道法者，則五宗皆外道，汝亦外道者也。據是，則見汝一味假五宗之名，不識五宗之正旨。妄謂建立五宗，而實滅五宗之宗本者，自汝作始也。廣通《序》云：“自二十四世師子尊者得婆舍斯多付法訖，復攝達磨，達始有旁出之名。達磨以來，二祖可師、三祖燦師、四祖信師、五祖忍師，亦有正傳旁出之事。暨曹溪之下，厥旁岐縱横肆出，厥奇名異相，涯岸各封，以羅天下學者，致使晚進無知靡所適從。前代格法漸遠，末世相承漸僞，輒成駕虚望空授受，何異漚泡明珠之嘆，乞兒聖主之誅者耶？師得絶學老人不傳之旨，望臨濟二十六代之祖，而弗專臨濟之稱者何也？見諸天下浸蔓泛繁，久假而莫知歸，故截枝溯流，以復本源，惟曰曹溪正脉某十某代，俾天下後世無根據者竟不墮於紛紜妄號之責，迴祖風真淳之舊，寧不以爲宜乎者哉？”①此必吾祖時或有此等之輩，故有此等之序。老僧據汝所爲，益驗之於今日矣。蓋汝一味以虚妄之名爲異，一味不遵上古格法爲異，一味望空授受爲異，一味妄譏人不識宗旨爲異，一味妄稱仰山再來爲異，一味妄誣人抹殺五宗、妄尊己建立五宗爲異。及乎考訂將來，無一旨歸，無一的據，一味顛顛倒倒，矯矯亂亂，遮遮掩掩，混混濫濫，但見其墮邪落外，又妄稱

---

① 引自《笑巖寶祖語録·笑巖集序》，此版本乃劉明緘依據《月心和尚笑巖集》校訂，約在天啓年間刊刻。《笑巖集》舊序共五篇，分别爲歸源、惟中、廣通、定宇居士、沈與鶩所撰，此處所引爲廣通所撰序文。“自二十四世”一句，“自”原文作“至”；“達始有旁出之名”一句，“達”字原文無。

爲真師承，望空授受，意羅天下學者，殊不知此等之事皆吾祖翁之所訶者，又何怪汝不愁憂怖畏，而教老僧毀其板耶？且汝何人者，直教老僧毀其板？老僧與汝惟理論當與不當，尚不直教汝毀其板，況吾祖之事，而汝教老僧毀其板？使老僧從汝以逆祖，可乎？不可乎？據汝發此言，其絶滅祖宗，豈不益驗之於今日？至如老僧所悟不悟底有甚麽淺深？若有淺深，正是汝無夢説夢耳。汝初見老僧，嘗問："濟上門庭即不問，如何是堂奧中事？"老僧直指："汝即今在甚麽處？"今試問汝，汝於即今處試拈出箇堂奧中深深旨趣，及汝真悟來看作麽模樣？汝更離了汝即今處，試别指箇堂奧中深深旨趣，及汝真悟出來看作麽模樣？若於即汝又拈不出，離汝又别指不出，則切莫道汝别有堂奧中深深旨趣爲真悟，又切莫道老僧不解堂奧中事。老僧且問汝：堂奧中是甚麽人？試指出看。汝若省得，則方信老僧前指汝處元來即是堂奧中，更無别堂奧中深深旨趣，則自不敢妄説别有堂奧中事，亦不敢妄欺老僧，不敢妄欺一切人矣。老僧又問：汝試離了汝即今處，即今老僧直指汝處，别指箇賓主處出來看？當知汝參問老僧即爲是賓，老僧答指汝即爲是主。并二次上堂徵勘汝，即爲賓主相見。故老僧不若汝一味假臨濟賓主爲張本，妄誇真子之名誑嚇閭閻爲事。老僧更問汝：離了老僧直指汝即今在甚麽處，汝又唤甚麽作五宗之旨？又唤甚麽貫五宗之旨？汝若離了汝即今處，别説五宗之名爲汝宗旨者，則是汝無根本，落空外道之見也。所以老僧教汝爲衆當以直心、直意、本色、本分，不可私有别法加於衆。汝反謗老僧恣一人之見，殊不知據人爲宗旨。故世尊則曰："天上天下，唯我獨尊。"迦葉則破顔微笑。乃至二十七祖則曰："貧道入息不居陰界，出息不涉衆緣。"①達磨則曰："外息諸緣，内心無喘。心如牆壁，可以入道。"②二祖則

---

① 《宏智禪師廣録》："舉東印土國王請二十七祖般若多羅齋。王問：'云何不看經？'祖云：'貧道入息不居陰界，出息不涉衆緣。常轉如是經，百千萬億卷。'"《大正新修大藏經》(48)，頁18下。

② 《少室六門·二種入》："(達摩)説偈言：'外息諸緣，内心無喘。心如牆壁，可以入道。明佛心宗，等無差誤。行解相應，名之曰祖。'"《大正新修大藏經》(48)，頁370上。

曰：“覓心了不可得。”①乃至六祖則曰：“本來無一物。”②南嶽則曰：“説似一物則不中。”③青原則曰：“聖諦亦不爲。”④石頭則曰：“不慕諸聖，不重己靈。”⑤藥山則曰：“千聖亦不識。”⑥雲巖則曰：“祇者是。”⑦洞山則曰：“縱使頭頭上了，物物上彰，祇喚作了事人。”⑧曹山則曰：“從上先德，推此一位，最妙最玄，無著真宗。”⑨德山則曰：“若論此事，直得三世諸佛口挂

① 語出二祖惠可公案，《祖堂集》中有載：“又問：‘請和尚安心？’師曰：‘將心來，與汝安心。’進曰：‘覓心了不可得。’師曰：‘覓得豈是汝心？與汝安心竟。’”《大藏經補編》(25)，頁335上。

② 語出六祖惠能公案，見於《六祖大師法寶壇經》：“惠能偈曰：‘菩提本無樹，明鏡亦非臺；本來無一物，何處惹塵埃？’”《大正新修大藏經》(48)，頁349上。

③ 此句出自南嶽懷讓公案，見於《六祖大師法寶壇經》：“懷讓禪師，金州杜氏子也。初謁嵩山安國師，安發之曹溪參扣。讓至禮拜，師曰：‘甚處來？’曰：‘嵩山。’師曰：‘什麼物？恁麼來？’曰：‘説似一物即不中。’”《大正新修大藏經》(48)，頁357中。

④ 語出青原行思公案，見於《六祖大師法寶壇經》：“行思禪師，生吉州安城劉氏。聞曹溪法席盛化，徑來參禮，遂問曰：‘當何所務，即不落階級？’師曰：‘汝曾作什麼來？’曰：‘聖諦亦不爲。’”《大正新修大藏經》(48)，頁357中。

⑤ 語出石頭希遷公案，見於《景德傳燈録》：“師令希遷持書與南嶽讓和尚，曰：‘汝達書了速迴。吾有箇鈯斧子，與汝住山。’遷至彼，未呈書便問：‘不慕諸聖不重己靈時如何？’讓曰：‘子問太高生，何不向下問。’遷曰：‘寧可永劫沉淪，不慕諸聖解脱。’讓便休。”《大正新修大藏經》(51)，頁240中。

⑥ 語出藥山惟儼公案，可見於《景德傳燈録》：“一日師坐次，石頭睹之問曰：‘汝在遮裏作麼？’曰：‘一切不爲。’石頭曰：‘恁麼即閑坐也。’曰：‘若閑坐，即爲也。’石頭曰：‘汝道不爲，且不爲箇什麼？’曰：‘千聖亦不識。’”《大正新修大藏經》(51)，頁311中。

⑦ 語出雲巖曇晟公案，可見於《瑞州洞山良价禪師語録》：“師辭雲巖。雲巖云：‘甚麼處去？’師云：‘雖離和尚，未卜所止。’雲巖云：‘莫湖南去。’師云：‘無。’云：‘莫歸鄉去。’師云：‘無。’云：‘早晚却回。’師云：‘待和尚有住處即來。’云：‘自此一别，難得相見。’師云：‘難得不相見。’臨行又問：‘百年後，忽有人問，還邈得師真否，如何祇對？’雲巖良久云：‘祇這是。’”《大正新修大藏經》(47)，頁520上。

⑧ 此句應爲雲居道膺句，可見於《人天眼目》：“雲居弘覺禪師曰：‘頭頭上了，物物上通。只喚作了事人，終不喚作尊貴。將知尊貴一路自别。’”《大正新修大藏經》(48)，頁317下。

⑨ 語出曹山本寂公案，引用略有出入，可見於《指月録》：“僧問曹山寂五位君臣旨訣。山曰：‘正位即空界，本來無物；偏位即色界，有萬象形。正中偏者，背理就事；偏中正者，捨事入理；兼帶者，冥應衆緣，不墮諸有。非染非淨，非正非偏。故曰虚玄大道，無著真宗。從上先德，推此一位，最妙最玄。’”《卍新纂大日本續藏經》(83)，頁572上。

壁上，更有一人呵呵大笑。若識此人，參學事畢。"①睦州則掩門夾折雲門足，雲門則曰："者老漢頂上鐵枷何不"②……亦不立。溈曰："汝信了不立，不信不立。"仰曰："只是某甲，更信阿誰？"③法眼則曰："眼色耳聲，□法成辨。"④至於我宗南嶽下出一馬駒，踏殺天下人，□扭百丈鼻頭，復與震威一喝，百丈則曰："直得三日耳聾。"故黄檗聞舉則吐舌。⑤ 臨濟則曰："赤肉團上有一無位真人，常在諸人面門出入。"⑥又臨終時則曰："吾滅後不得滅却吾正法眼藏。"三聖曰："争敢滅却和尚正法眼藏。"臨濟曰："忽有人問，汝又作麽生？"三聖則喝。何嘗言如何是臨濟宗旨傳與他者乎？臨濟則曰："誰知吾正法眼藏向者瞎驢邊滅却。"⑦又何嘗言有正法眼藏宗旨

---

① 語出德山宣鑒公案，可見於《指月録》："上堂：'及盡知也，直得三世諸佛口挂壁上，猶有一人呵呵大笑。若識此人，參學事畢。'"《卍新纂大日本續藏經》(83)，頁 568 中。

② 筆者按：此處文句有闕失，内容應爲雲門文偃二公案，均見於《雲門匡真禪師廣録》："師初參睦州蹤禪師。州纔見師來，便閉却門。師乃扣門，州云：'誰？'師云：'某甲。'州云：'作什麽？'師云：'已事未明，乞師指示。'州開門，一見便閉却。師如是連三日去扣門，至第三日，州始開門，師乃拶入。州便擒住云：'道！道！'師擬議，州托開云：'秦時轅轢鑽。'師從此悟入。"《大正新修大藏經》(47)，頁 573 中。"師到雪峰莊見一僧。師問：'上座今日上山去那？'僧云：'是。'師云：'寄一則因緣問堂頭和尚，秖是不得道是别人語。'僧云：'得。'師云：'上座到山中，見和尚上堂衆纔集，便出握腕立地云，這老漢項上鐵枷何不脱却？'"《大正新修大藏經》(47)，頁 573 中。

③ 此處文句闕失，據後文推測，應爲溈山靈佑公案，可見於《景德傳燈録》："師謂仰山曰：'寂子速道！莫入陰界。'仰山云：'慧寂信亦不立。'師云：'子信了不立，不信不立。'仰山云：'只是慧寂，更信阿誰。'"《大正新修大藏經》(51)，頁 265 上。

④ 語出清凉文益偈頌，可見於《景德傳燈録》："三界唯心，萬法唯識。唯識唯心，眼聲耳色。色不到耳，聲何觸眼。眼色耳聲，萬法成辨。萬法匪緣，豈觀如幻。大地山河，誰堅誰變。"《大正新修大藏經》(51)，頁 454 上。

⑤ 語出黄檗斷際公案，可見於《古尊宿語録・黄檗斷際語録》："我再參馬大師，侍立次，大師顧繩床角拂子。我問：'即此用，離此用。'大師云：'汝他後開兩片皮，將何爲人？'我取拂子竪起，大師云：'即此用，離此用。'我挂拂子舊處，被大師震威一喝，我直得三日耳聾。"《卍新纂大日本續藏經》(68)，頁 14 上。

⑥ 《古尊宿語録・鎮州臨濟慧照禪師語録》，《卍新纂大日本續藏經》(68)，頁 23 中。

⑦ 語出臨濟公案，可見於《古尊宿語録・鎮州臨濟慧照禪師語録》："師臨遷化時，據坐云：'吾滅後不得滅却吾正法眼藏。'三聖出云：'争敢滅却和尚正法眼藏。'師云：'已後有人問你，向他道什麽？'三聖便喝。師云：'誰知吾正法眼藏向這瞎驢邊滅却。'"《卍新纂大日本續藏經》(68)，頁 34 上。

傳與三聖者乎？又臨濟謂普化、克符云:“吾欲於此建立黄檗宗旨,汝二人當成褫我。”而普化、克符便珍重下去。三日後却來問臨濟:“和尚三日前道甚麽?”臨濟便打而已,[①]何嘗言黄檗宗旨又如何？如何是黄檗宗旨者乎？又曰“沿流不止問如何,真照無邊説似他。離相離名人不禀,吹毛用了急須磨”[②]者,亦只是叮嚀教誡,欲得流長。唯單提離相離名之真照,而用之以之斷彼名相,則其利如吹毛。復曰“用了急須磨”,不厭再四叮嚀,惟恐刹那異念於其間而流轉名相也。故於四喝,則前三喝似有名相,第四喝則曰“一喝不作一喝用”,此惟臨濟能發明六祖“本來無一物”。而以用其“本來無一物”之全旨之極致,故云“一喝不作一喝用”也。

今汝謂老僧一棒,扯“一喝不作一喝用”,印住“將淫不作淫用,乃至酒埕滿庫”云云者,此蓋老僧患久痢,因汝道只以一味川牛膝用酒煮喫可愈,故老僧即於閶門[③]買酒煮牛膝。入天童來,於四肢背上間發似黑麻瘋者,亦以酒浸稀薟草喫。且天童寺廢日久,十方雲水相依,或出坡,或抬石,或拽木挑沙,或運瓦做磚,或上山砍柴,或冒風雨,或冒寒暑,應用酒醫治,則或城或市沽之,此皆因藥病而用,元非特地,又何嘗瞞人掩人,待汝發爲過端者乎？至如“相聚拳荒,小唱行歌,赤蝦白鴿,占斷天童古寺”等語,老僧且不與汝理論有無。據汝所見,汝眼抑何其小哉！不知老僧於銅棺山頂忽覺情與無情,焕然等現,見盡十方虚空法界渾是老僧一箇。古寺其中,水鳥樹林,人與非人,凡有血氣者,莫不雍雍相對,同天共戴,又何間於盡十方淫房酒肆、柳巷花街,乃至無邊香水海之赤蝦白鴿、魚鱉蛟龍,無不占斷老僧,古寺莫不是老僧庫房中之物也。而汝眼抑何其小哉？不見張拙秀才

---

① 語出臨濟公案,可見於《人天眼目》:“師初至河北住院,見普化克符二上座,乃謂曰:‘我欲於此建立黄檗宗旨。汝可成褫我。’二人珍重下去。三日後,普化却上來問云:‘和尚三日前説甚麽?’師便打。三日後,克符上來問:‘和尚昨日打普化作甚麽?’師亦打。”《大正新修大藏經》(48),頁300中。

② 《景德傳燈録·鎮州臨濟義玄禪師》,《大正新修大藏經》(51),頁291上。

③ 閶門,即蘇州古城西門。

偈云:“光明寂照遍河沙,凡聖含靈共一家。一念不生全體現,六根纔動被雲遮。斷除妄想重增病,趣向真如亦是邪。隨順世緣無罣礙,涅槃生死等空花。”①此所以老僧初有箇省發,覺得昭昭靈靈光景,雖不從前塵所起,但舉念則有,不舉則無,故於生死中未免看作兩橛,弗得安穩。歷一十三載於銅棺山頂,忽然打翻昭昭靈靈者,一念便覺,情與無情焕然等現,則不見有男女名字等差别之相,所以道:“凡所有相,皆是虚妄。若見諸相非相,即見如來。”②如來者,即本來也,即六祖所謂“本來無一物”,臨濟所謂“離相離名”,達磨對梁王云“不識”者。故不起男女名字一切差别情念,如龐居士云:“但自無心於萬物,何妨萬物常圍繞?鐵牛不怕獅子吼,恰似木人見花鳥。木人本體自無情,花鳥逢人亦不驚。心境如如只者是,何慮菩提道不成?”③正汝所謂“天也空,地也空,男也空,女也空,世界也空,惡也空,善也空,地獄也空,淫空,酒空,件件皆空”者,不妨被汝説著。但汝不知古人所謂“萬象之中獨露身,唯人自肯乃方親。昔時謬向途中覓,今日看來火裏冰”,④曹洞所謂“焰裏寒冰結”者,豈容有别念於其間?是故老僧一棒不作一棒用,直指一切人於萬象之中獨露而立者,不生别念,則不被萬象之所轉。所以道“若能轉物,即同如來”,⑤“於一毫端現寶王刹,坐微塵裏轉大法輪”,⑥正是向上全提,大用大機,大法現前者。汝反謂老僧

---

① 出自石霜楚圓公案,可見於《祖庭事苑》:“拙,唐人也。因訪石霜,霜問曰:‘公何姓?’曰:‘姓張。’‘何名?’曰:‘名拙。’霜曰:‘覓巧了不可得,拙自何來?’公於言下有省,乃述悟道頌曰:‘光明寂照遍河沙,凡聖含靈共我家。一念不生全體見,六根纔動被雲遮。斷除煩惱重增病,趣向真如總是邪。隨順衆緣無罣礙,涅槃生死是空花。’”《卍新纂大日本續藏經》(64),頁 321 下—頁 322 上。

② 《金剛般若波羅蜜經》,《大正新修大藏經》(8),頁 749 上。

③ 《龐居士語録》,《卍新纂大日本續藏經》(69),頁 142 下。“只者是”《語録》中作“祇箇是”。

④ 《景德傳燈録》,《大正新修大藏經》(51),頁 347 中。“看來”《燈録》中作“看如”。

⑤ 《大佛頂如來密因修證了義諸菩薩萬行首楞嚴經》,《大正新修大藏經》(19),頁 111 下。

⑥ 《大佛頂如來密因修證了義諸菩薩萬行首楞嚴經》,《大正新修大藏經》(19),頁 121 上。

便扯"一喝不作一喝用"印住，將恐淫不作淫用云云者，足見汝於男也未空，女也未空，天也未空，地也未空，世界也未空，善也未空，惡也未空，地獄也未空，淫未空，酒未空，件件皆未空，正所謂"爲物所轉，即同凡夫"。故曰"凡夫之人貪著其事"者，即汝是也。且汝既以"淫不作淫用"破臨濟"一喝不作一喝用"，全體大用，即用即體，體用不二之極致，不涉一物之法式。汝又敢假臨濟爲汝真師承乎？且老僧一棒不作一棒用，是從古之正令，直指人一念未生前本來面目，不容人轉變計度者。汝不知其用處，便逐塊道"以極麤一棒便了"，老僧將謂汝真果有深之又深，密之又密，超過老僧極麤一棒。故老僧即以極麤一棒從頭整頓汝，到底汝却展轉又於"一棒不作一棒用"上生出"淫不作淫用"，誣謗老僧，鼓惑天下後世，則見汝元來没有深之又深，密之又密處避得老僧極麤一棒過者。不過虚張聲勢，一味抹人之善，誣人之惡，是汝之心術耳矣。即如汝道"以竹篦夾住兩頭，然後與人一棒，使人透頂透底"，因甚汝反逐"一棒"上生出"極麤"等種種差别意念？得非自語相違，自起自倒者乎？何夾住之有哉？又汝道"黄鶴樓前鸚鵡洲"者，豈非全境也？何夾住之有哉？又汝道"騎牛行歌於梅花之下"者，豈非夾雜於境者？何夾住之有哉？又汝頌曹山尊貴墮，曰"拽杖逢僧語話長，看花行盡竹邊廊。山童忽報茶初熟，依舊歸來仔細嘗"者，不惟夾雜，且引人墮於輕浮爲事，則又何嘗夾住之有哉？豈不見覺範頌曰："生在帝王家，那復有尊貴。自應著珍御，顧見何驚異。"①何等貼體，何等鄭重！即老僧亦因有僧呈頌未當，特爲頌出云："從來尊貴自生然，無位真人面目全。忽若有人來問我，當胸劈脊只麤拳。"故老僧發一言，行一令，則無非直指一切人一念未生時立地而已。汝初見老僧，問："濟上門庭即不問，如何是堂奥中事？"老僧道："汝即今在甚麽處？"亦只直指汝一念未生時立地處，何曾朦昧汝？何曾取勝汝？何曾弱劣汝？何曾空有汝？汝今以空有、勝劣、朦昧等字加老僧分上，汝未之思也。蓋汝不薦老僧指汝立

---

① 《人天眼目》，《大正新修大藏經》(48)，頁 318 下。

地處,汝自朦自昧,自軟自弱,自以硬勝妄加老僧。請問者朦昧、硬勝、空有向甚處著?然則老僧實言告汝:莫道汝假臨濟、五宗、覺範、高峰之名,欲要做人出不得。老僧直指汝即今在甚麽處,直饒汝改頭換面來,不假臨濟、五宗、高峰、覺範之名亦出不得。老僧直指汝即今在甚麽處了也,莫道汝不敢認,法無所生。不敢認,是無父之身之逆者。出不得。老僧直指汝即今在甚麽處了也,直饒汝改頭換面來。公然是法無所生,公然是無父之身之逆者,亦出不得。老僧直指汝即今在甚麽處了也,莫道汝盡未來際不改頭換面來欲要做人出不得。老僧直指汝即今在甚麽處了也,直饒汝盡未來際改頭換面,頭出頭没,不要做人亦出不得。老僧直指汝即今在甚麽處了也,汝既皆出不得。老僧直指汝即今之處,汝敢自外於老僧者乎?汝若自外於老僧者,則真昧因昧果也。真法無所生,真無父之身也。何以故?是汝不打自招之款案[①]斷在此書故也。然則老僧直指汝即今在甚麽處者,不過因汝之問,據理而答,何期今日乃至盡未來際汝竟出不得者句?蓋亦理使然也。是則老僧發一言,盡汝伎倆也出不得;行一棒,盡汝伎倆也避不得。此則老僧之主爲汝及一切人立主,垂照萬世,風天下之格法,是老僧之宗旨。其痛快不痛快,可觀不可觀,在汝不在老僧。老僧看來,自古至今,未聞有人指佛法的的大意爲風天下之格門者,汝獨何心忍破壞祖宗之格法一至於如此?又據汝謂臨濟立賓主之法轉換落落地各有出身之路者,豈在一味只説古人死套頭底話,虚張門庭氣勢的事?要在賓主兩兩作家,始能各各有出身之路。其若初發心,或未發心,或臨機徵勘,皆謂之賓主相見,一一只教他轉換落落地各有出身之路者,是之謂口傳耳受之死套頭話。使天下後世只學説臨濟賓主轉換落落地爲口舌者,不自汝始耶?且《臨濟録》中好不説得明白,又安用汝教之也?蓋凡百相見便是賓主,豈可一定死法?汝一味學掠臨濟之涕唾,未夢見臨濟之法式在。汝謂“拱揖相讓,何等舒徐。如束帶立朝,光暉赫奕,不勞勝得,而大家主中之

---

① 款案,案卷之意。

主不失，此《韶》盡美而復盡善也，此賓主之所以不得不立也。以此爲天下風，則聖人生，黄河清，百姓受其賜矣，豈非王風之一大助”云者，老僧道：善哉善哉！老僧正望汝如此，是故有《七書》之刻。其中唯許昔日老僧爲汝道“既是月落後，又且如何相見”時，汝便出法堂，老僧便下座歸方丈。爲是，以枚拂子付汝表信，此正老僧明明告汝賓主相見各有出身之路之法式也。請汝不昧本心，試看那時汝揖讓老僧耶？老僧揖讓汝耶？汝取勝於老僧耶？老僧取勝於汝耶？豈不各有出身之路者乎？今汝妄加拱揖相讓於臨濟賓主相見之法式，只顧欲取勝於老僧，只顧使奸惡之計，擬動天下人以罪老僧，曾不顧自謂於高峰睡中主上了却末後因緣者，總成學他涕唾之妄説妄作。何以故？汝謂“拱揖相讓，何等舒徐。如東帶立朝，光暉赫奕”者，皆日用事也。高峰既於日用中作得主，夜夢想中亦作得主，因甚被雪巖問“正睡著無夢無想時，主在甚麼處”便無言可對？據是，則見汝只是作夢作想，説夢説想，未知正睡著無夢無想之主在。老僧問汝：無夢無想，睡中主上還有拱揖相讓者麼？若有，則正是夢想邊事，敢保未曾到無夢無想主人田地在。且汝以拱揖相讓爲臨濟賓主之法式，則汝獨屙屎時、獨坐時、獨卧時、獨行時，汝之拱揖相讓又何用乎？既無拱揖相讓時，則無主者矣。既無主，則汝業識茫茫，無本可據者矣，又何足論賓中主、主中主者乎？又汝獨屙屎時無人與汝拱揖相讓，則不屙者乎？獨坐時無人與汝拱揖相讓，則不坐者乎？獨卧時無人與汝拱揖相讓，汝不卧者乎？獨行時無人與汝拱揖相讓，汝不行者乎？殊不知賓主相見者即彼此勘驗在道不在道耳。賓若知道之所在，一志不移，即謂賓中主。主若知道之所在，一志不移，即謂之主中主。凡百不知道之所在，不能以道爲任，則皆謂之賓也。更須知獨行、獨坐、獨卧、獨處時，而不昧本來、本法、本分面目，是爲宗旨之主，非只圖賓主相見，使滑頭，弄虚瞞人，以爲各有出身之路便已了當者。所以大義禪師問：“諸碩德行住坐卧畢竟以何爲道？”有對云：“知者是。”義云：“不可以智知，不可以識識，何爲知者是乎？”有對云：“無分别是。”義云：“善能分别諸法相，於第一義諦而不動，安得無分别是乎？”有對云："四禪八定是。"義云："佛身無爲，不墮諸數，安得四禪八定是乎？"時舉衆杜口。大慧杲云："相罵饒汝接嘴，相唾饒汝潑水。"①笑巖師翁云："者裏若有纖毫人我角立，寧爲道哉？"世書尚云："知之爲知之，不知爲不知，是知也。"爲佛之徒箇箇堂堂相好如此，祇對著甚麽死急？諸大德還知利害麽？若猶不知，略成一頌，頌云："行住坐卧何爲道，拔劍臨頭莫草草。知者無分與四禪，敗軍不禁苕箒掃。學佛豈在百千年，多聞不悟數他寶。堂堂對面不知宗，端的可咎誰人好？"是以老僧謂臨濟賓主者，即彼此之異稱也。又且"賓主"二字，初無定局，如此到彼，此則爲賓；彼到此，此則爲主。故雖彼非此，此非彼，其體則同也。所以當時兩堂同是首座，同出堂，同下喝。僧問臨濟云："還有賓主也無？"濟云："賓主歷然。"豈不是彼此歷然者乎？又豈不是喝下有出身之路，亦有分身之意者乎？又臨濟會下有同學二人相問："離却中下二機，請兄道一句子。"一人云："擬問則失。"一人云："恁麽則禮拜老兄去也。"前人云："賊。"時臨濟聞得，陞座云："要會臨濟賓主句，問取堂中二禪客。"便下座。② 如云"恁麽則禮拜老兄去也"可謂拱揖相讓，祇如云"賊"還有拱揖相讓者麽？設如束帶立朝之時，一人云"禮拜老兄去也"，一人對云"賊"者，可謂彼此拱揖相讓乎？此臨濟親陞座告衆者，老僧且不與汝注破説破也。又臨濟云："參學人大須仔細。如賓主相見，便有言論往來，或應物現形，或全體作用，或把機權喜怒，或現半身，或乘獅子，或乘象王。如有真正學人便喝。先拈出箇膠盆子，善知識不辨是境，便上他機境上作模作樣，便被學人又喝。前人不肯放下，此是膏肓之病，不堪醫治，唤作賓看主。或是善知識不拈出物，祇隨學人問處即奪。學人被奪，抵死不肯放，此是主看賓。或有學人應一箇清浄境，出善知識前，善知識辨得是境，把得抛向坑裏。學人云：'大好善知識。'善知識即云：'咄哉！不識好惡。'學人便禮拜。此唤作主看主。或有學人披

① 《指月録》，《卍新纂大日本續藏經》(83)，頁498中。

② 《指月録》，《卍新纂大日本續藏經》(83)，頁558中。

枷帶鎖，出善知識前，知識更與安一重枷鎖，學人歡喜，彼此不辨，唤作賓看賓。大德！山僧所舉，皆是辨魔揀異，知其邪正。”①臨濟賓主如此。汝今專以拱揖相讓爲臨濟賓主相見一定之格法，豈非披枷帶鎖出於人前，彼人更以拱揖相讓安汝分上，彼此歡喜，奴郎不辨，則何有辨魔揀異知其邪正者哉？汝既以臨濟爲真師，何不看他半夏上黄檗，住數日乃辭去。黄檗云：“汝破夏來，不終夏去。”臨濟云：“某甲暫來禮拜。”和尚以世禮論，豈非師徒當然之禮？因甚黄檗却打趁令去？畢竟利害在甚麽處？臨濟行數里，疑此事，却回終夏。一日辭黄檗，檗問：“甚麽處去？”濟云：“不在河南，便歸河北。”亦是世間常事，因甚黄檗便打？又且利害在甚麽處？臨濟約住與掌，以世禮觀之則爲徒打師，因甚黄檗却大笑，乃唤侍者將百丈先師禪板几案來？臨濟云：“侍者將火來。”黄檗云：“雖然如是，但將去，以後坐却天下人舌頭去在。”②是則黄檗因臨濟一掌，遂以百丈禪板几案付囑證記，何曾以拱揖相讓爲事？今乃謂“臨濟建立賓主之法，雍雍揖遜，末後一句，豈非盡美？汝從何得來知臨濟有末後句耶？蓋出自巖頭之口，尚非德山之意，豈臨濟無位真人離相離名，突然有先前末後之稱耶？德山一日擎鉢下法堂，雪峰曬飯巾次，見曰：“者老漢鐘未鳴，鼓未響，托鉢向甚麽處去？”此雪峰偶然成文之意，德山聞似言中有響，便歸方丈者，正將錯就錯，一似曉他，一似與他相見。雪峰不解，舉似巖頭，頭曰：“大小德山未會末後句在。”一似點他，一似忍俊不禁。德山令侍者唤巖頭問：“汝不肯老僧？”那巖頭密啓其意，山乃休。明日上堂，果與尋常不同。巖頭至堂前，拊掌大笑云：“且喜堂頭老漢會末後句也。雖然只活三年。”③此巖頭發明德山，歸方丈，洎與德山相見耳。後果三年示寂。故張無盡頌曰：“鼓寂鐘

---

① 《古尊宿語録・鎮州臨濟慧照禪師語録》，《卍新纂大日本續藏經》(68)，頁27下。

② 引自《古尊宿語録・鎮州臨濟慧照禪師語録》，《卍新纂大日本續藏經》(68)，頁33中。引文未依原文，多有删略，且夾有密雲評議之語。

③ 《指月録》，《卍新纂大日本續藏經》(83)，頁586下。

沉托鉢回，巖頭一拶語如雷。果然只得三年活，莫是遭他受記來。”①亦與德山、巖頭相見底意，皆爲賓主相見也。而汝則謂其托鉢出去，被徒問著，便托歸方丈。及巖頭言“德山老漢未會末後句在”，明日喚巖頭來，仍復休去。未有巖頭强似德山，未聞德山軟不中用也。於普化踢倒飯床則亦云“未聞臨濟輸與普化”，汝如此删文失義，矯亂其説，擬混老僧，曾不顧古人底旨歸，然則古人公案只成就得汝心行，豈不反爲汝藏奸之具乎？夫普化不於毛吞巨海，芥納須彌上作活計，直踏倒飯床，與臨濟賓主相見。雖臨濟兩次徵勘，而化到底不變不易，故臨濟吐舌，正所謂“師子咬人，不逐閑塊”者。即如老僧當時爲汝陞座，擲下拄杖向汝道：“老僧落二了也，且一又如何舉？”正要與老僧覿面相見，而汝反逐塊拿杖而去，足見汝不能作賓中之主，到底與普化所見不同，作用不同，迥然殊别矣。故當時遂有旁人簡點，謂汝不解老僧意。且老僧既擲却拄杖，索汝覿面相見，豈在棒上爲事爲主，而汝謂正奪老僧主者乎？老僧悟離棒之旨，即用時尚一棒不作一棒用，豈屙屎則失，而用棒乃無離棒之旨者乎？故離棒之旨在賓則爲賓中之主，在主則爲主中之主。汝今謂屙屎亦手拿杖去，見問便打，無賓無主，展轉妄説之甚。復以賓主牽動君父，遂乃傾陷老僧。單單用一硬字，益見汝刁惡之計至密且深。是殊不知老僧極麤一棒直指人人一念未生前之本來、本法、本分，不從人得之本色者，正汝所謂打必紗帽落、頭皮穿，不妨露出本色也。本色者，無一切名目者也。故臨濟謂“無位真人”即離相離名者也，亦六祖謂“本來無一物”者也，老僧所謂“一棒不作一棒用”也。汝之注釋爲硬也，勝也，出自汝口者也。藏奸於棒也者，是汝之所行也。何則劉墨仙《問道録》中謂汝下座，以拄杖旋風打散大衆，杖頭一掉於儔人中，突中貞額，血流滿地，豈止於紗帽落、頭皮穿而已？幾何異於血濺梵天乎？且既旋風打散大衆儔人中，何杖頭獨中貞額？非汝藏奸於棒者乎？又“諸衲驚詫此大奇緣，佛法屬公擔荷”云云，豈非汝與諸衲呵馬鐙，鬧石橋者

① 《指月録》，《卍新纂大日本續藏經》(83)，頁712中。

乎？又謂諸善女人設茶請汝小參，策勵堂中，且敘及近日諸方禪硬，譏萬峰法軟，叨叨開發工夫話畢，貞持三栗出云：“我不管諸方禪硬，不管萬峰法軟，我只有者三箇栗子。”拈第一箇要打左邊善男子，擲去，云：“著。”拈第二箇要打右邊善女人，擲去，云：“著。”拈第三箇單打中間老漢，擲去，云：“著著著。”此非男打女、徒打師、俗打僧者乎？據汝謂雍雍揖遜如束帶立朝，則劉居士是領賢書者，何得亦作此去就？且時哄堂大笑久之，是何法式耶？汝乃云：“你看者居士住了三箇月便解如此弄。”汝何諂曲如此？何不道：者居士今日打三種人，明日已傳遍天下，風行草壓，疾如郵命，致使魚龍競驟，豺虎喹喋。佛法既然，世法豈不因而變化？審如是，則見汝方寸乾浄，質直無私。何乃於己則佛法，而於人則世諦？妝點文致，擬動戴紗帽者以罪老僧乎？臨濟云：“夫爲法者不避喪身失命。”汝今謂老僧“打必紗帽落、頭皮穿，實實要血濺梵天，謂之法勝”者，鼓惑一切人不惟護惜身命，亦且護惜紗帽，得非反臨濟之示人者乎？又謂“用之以言，恭之以拜，便爲不能勝人，無益於徒子”者，老僧亦何嘗無言？如答汝“即今在甚麽處”，并二次徵勘汝擲下拄杖以驗汝者，亦何嘗單單用一硬字，打必紗帽落、頭皮穿，實實要血濺梵天，謂之法勝者乎？且汝何不看興化謂克賓維那云：“汝不久爲唱導之師。”賓云：“不入者保社。”化云：“汝會了不入，不會不入。”賓云：“總不恁麽。”興化便打，復白云：“克賓維那法戰不勝，當罰錢五貫，贊飯一堂。”即臨飯時，興化復白云：“克賓維那法戰不勝，不得喫飯，仍須出院。”後有云：“興化令嚴，若非克賓維那，翻轉面皮多少時也。”大慧云：“若要作臨濟煊赫兒孫，直須翻轉面皮始得。”①老僧問汝作麽生翻轉面皮免他擯出院？莫是道他勝字得麽？莫是道他硬字得麽？莫是道他朦字得麽？莫是道他極麤一棒得麽？是皆不知棒頭落處之醜面皮，故不能翻轉耳。若老僧當時見他道：“汝不久爲唱導之師。”但云：正要與和

① 此處興化存獎公案及雲居舜禪師、大慧杲禪師評唱文，可見於《大慧普覺禪師語録》，《大正新修大藏經》(47)，頁815中—下。

尚三十棒。則不惟截斷後來葛藤，亦且不至出院。故南院云："棒下無生忍，臨機不見師。"[①]信知佛法與王法一般，當斷不斷，反招其亂也。所以老僧漁也漁過，樵也樵過，耕也耕過，牧也牧過。後於銅棺山頂忽覺情與無情焕然等現，故惟以一條棒直指一切含靈本命元辰立地處，使各各安守本分，各各自尊自貴，自得其得，自樂其樂。臨濟所謂"王登寶殿，野老謳歌"，[②]《中庸》所謂"正己而不求於人則無怨"者。是故明此於上，所以不陵下也；明此於下，所以不援上也。蓋各得其不從人得之本來、本法、本色、本分，而不願乎其外也。如是，則"一切治生産業皆與實相不相違背"，[③]豈不誠爲王風之一大助者乎？老僧固不能必汝幡然自改，亦庶幾萬世而一遇知其解者，與老僧證明云爾。

附　復漢月藏上座*[④]

前老僧《七書》之刻，蓋爲以見老僧從頭與汝惟理從上以來佛法的的大意，綱宗大旨，即直指爾我一切人本來、本法、本色處，不從人得之正眼。於十二月十六日，濟昌禪人持上人書至，老僧誦至汝謂老僧"所悟既淺，龍池又不見説有堂奥中深深旨趣，復得廣通作《笑巖集序》，一味抹殺臨濟五宗，數臨濟等傑法爲厥旁岐，呼臨濟所悟爲乞兒冒聖者，指三玄等法爲邪風"者，老僧前書，初未嘗言臨濟爲乞兒冒聖者，是汝造作之言也。其三玄等

---

① 語出風穴延沼公案，見於《古尊宿語録・風穴禪師語録》："師在南院作園頭。一日，南院到園問云：'南方一棒作麽生商量？'師曰：'作奇特商量。'良久，師却問：'和尚此間作麽生商量？'南院拈棒云：'棒下無生忍，臨機不讓師。'師於是豁然大悟。"《卍新纂大日本續藏經》(68)，頁44中。

② 見於《鎮州臨濟慧照禪師語録》："僧云：'如何是人境俱不奪？'師云：'王登寶殿，野老謳歌。'"，《大正新修大藏經》(47)，頁497上。

③ 語自《妙法蓮華經》："諸所説法，隨其義趣，皆與實相不相違背。若説俗間經書、治世語言、資生業等，皆順正法。"《大正新修大藏經》(9)，頁50上。

④ 此爲崇禎王朝式本《七書》所載《後録》之《復漢月藏上座》，爲密雲圓悟寫於漢月法藏之書信。比之《天童直説》所載，增删之處甚多，故録全文於此，不另校勘。

法，前書一一明之，老僧不再與辯，任天下後世證明耳。但老僧所悟不悟底，有什麽淺深？若有淺深，正是汝無夢説夢，試問汝如何是堂奧中深深旨趣？汝若離了悟不悟底者，别有堂奥中深深旨趣，畢竟是偏邪外道之風也。此老僧即時復汝之書。次日又復云，適寫老僧本分意，發濟昌禪人起程了。

老僧至晚歸方丈，燈下閱汝書末謂“逐句重翻，指辭摘字，再復汝者，汝騎牛行歌於梅花之下”者，老僧道：不枉老僧整頓汝一番，故出此語，不蹈古人種種之窠窟矣。然而衹可閒思形於紙筆，若也當機，汝擬恁麽道時，則極麤一棒已到汝頭上矣。且老僧前書，法法大綱，一一析盡，誰來更與汝理之哉？然不得不舉一二，衹如當時上堂，老僧擲拄杖於座前云：老僧落二了也，且一又如何舉？汝向前拿拄杖而出，彼時衆雖不多，已及二百，誰不見聞，誰不簡點？汝今造説要服衆人之心，謂汝端人正士者，而老僧護掩得過者哉？衹如源流拂子，汝到嘉興命一默持書來，故老僧復付之。更舉汝道老僧抹殺臨濟宗旨，試問汝：當時臨濟謂“誰知吾正法眼藏向這瞎驢邊滅却”者，汝道臨濟有宗旨付下來也，恁麽道耶？無宗旨付下來也，恁麽道耶？汝試指出看。又汝謂老僧以一棒評物不遷爲非者，净因以一喝入五教，則老僧以一棒入物不遷，何非之有？且净因與老僧皆因事而證，豈若汝特特執本建期而提唱者乎？汝又謂“或問漁樵耕牧，汝以四詩爲答”者，汝情知老僧漁也漁過，樵也樵過，耕也耕過，牧也牧過，衹爲不知本命元辰立地處，故入佛門來。今惟以一條棒直指一切人本命元辰，乃至駡人、喊人、笑人，飢來喫飯，倦來打眠。客來作揖，我便還禮。人來下拜，我便合掌。任汝贊我也得，道我硬也得，道我好勝也得，他人打我也得，俱是老僧自作自受，總不干汝事。此是僧發願救人，如是所以不同。且汝道“騎牛行歌於梅花之下”者，簡點將來，大似轉生節目。老僧非是不知汝底做處，及非是不會做説出得者，但不與汝同，同於一切人日用之處立地耳。今再閱汝書，道其中千言萬語，不過是老僧要抹殺五宗，而汝要建立五宗者。汝殊不知老僧正爲汝虚假五宗之名，而不明不行五宗的實之正旨，故老僧第恐天下後世參禪學道者靡所適從，墮邪落外，自汝之始，關係老僧，故老僧不惜作個知解宗徒，寧可冒死於汝分上，不可不指詞摘字，一一理到宗旨清處而已者。是老僧爲法忘軀之必志也。

如汝道老僧"絶滅祖宗，是法無所生，是無父之身，無君之逆"者，此正見汝深之又深之妙計，密之又密之良策，蓋擬動朝廷，鼓天下人以罪老僧耳。殊不知正是諺云"丘旺告貧，自陷自身"者也。何以故？祇如老僧爲汝云，猶願吾徒爲衆，當以直心直意，不可私有別法加於衆，是老僧之所望也。汝則特特繼絶上堂，穿套得來，大驚小怪，道於折竹聲中得迸天迸地一着者，豈不是汝之法無所生，無父之身，是無君之逆者乎？又此書啓口道"男兒從囫地一聲起來，便有天壤間一件極大底事"者，亦豈不是汝之法無所生，是無父之身，無君之逆者乎？至於"騎牛行歌於梅花之下"乃至汝道"四子出格傳兹道"，及"倒顛飛舞百龍攢，首尾俱無人不到"者，豈不是汝於法無所生，是無父之身，無君之逆者乎？老僧且問汝：汝又不是神，不是鬼，因甚却倒顛飛舞？汝豈不是妖邪之謂者乎？且汝又不是今上聖天子，因甚却百龍攢，豈不是汝自取誅滅者乎？又且一切人不能倒顛飛舞，不得百龍攢，則皆證不得三玄三要之旨矣，障人學道參禪，豈不是自汝之始哉？且亦未聞臨濟能倒顛飛舞，及有百龍攢者也。而臨濟祇道："一句語須具三玄門，一玄門須具三要。"自後斷云："有權有實，有照有用，汝等諸人作麼生會？下座。"何曾像汝穿套得來大驚小怪妖邪障人者耶？據此足見汝假臨濟之名，反臨濟之格法，滅臨濟之宗旨。故一味顛顛倒倒，矯矯亂亂，靡所適從，靡所旨歸，擬欺抹老僧之所致也。汝又道便解將竹聲打殺臊胡種族者。則汝不惟風天下之格殺，亦見汝絶滅祖宗者矣。既打殺臊胡種族，因甚汝却倚高峰爲得心之師、覺範爲印法之師、真師則臨濟者？則何臨濟、覺範、高峰特非臊胡種族者耶？既非臊胡種族，則高峰、覺範、臨濟皆是外道種族，則汝亦外道者也。汝既外道，則汝要建立臨濟五宗,亦非臊胡種族之五宗,乃是外道種族之五宗。於老僧承嗣曹溪正脉本來、本法、不從人得之本宗本旨何預者哉?如是則見汝不識、不明、不的、不實五宗正旨,以不從人得本來、本法、本色之旨者,一味假五宗之名,而謂汝識五宗之旨,及乎鞫其端繇,尋其旨歸,考其的實,則一味顛顛倒倒,矯矯亂亂,自語相違,自相乖戾,無有根據,靡所適從,妄謂建立五宗,垂照天下後世,以致天下後世,亦靡所適從者,則是汝於法無所生,是無父之身、無君之逆者。而又謗老僧,擬罪老僧,望陷老僧,汝殊不知三無之意,皆是汝自占盡矣,無有出頭處矣。豈不自陷自身,於斯之驗者乎?豈不關係老僧之重任者乎?而可坐視不與汝整頓,致遺害天下後世者耶?

又如汝道老僧"所悟既淺,龍池又不見説有堂奥中深深旨趣,復得廣通作《笑巖集序》,一味抹殺臨濟五宗,數臨濟等傑法爲厥旁岐,呼臨濟所悟爲乞兒冒聖者,指三玄等法爲邪風,令天下後世截去臨濟,只接六祖,謂之挽真祖、迴邪風。此笑巖室中傳授廣通之秘旨也。自廣通唱出,則龍池以爲得計,和尚以爲有憑,遂明目張膽,公然以抹殺爲事"者,老僧道:善哉言也。何以故?六祖乃公然五宗共宗之祖也,六祖真正,則五宗皆真正也。吾祖笑巖師翁見五宗末季各執彼我是非,以致天下後世靡所適從,宗門正旨將墜於地,故曰"挽真祖,迴邪風,俾後世之五宗復共宗無異之旨"者,是吾師翁獨創公然之秘旨也。故老僧見墨仙劉居士頌世尊初生因緣云"開場演出五家宗"者,而著語云:"正搔著老僧癢處。"復云"言不妄發"者,則汝反謂聞此"五家宗"三字故發此書者,只恐劉居士則不若汝之見者,未可知也。又且汝既貶六祖"本來無一物"是落空邊,正外道法者,則五宗皆外道,汝亦外道者也。據是,則見汝一味假五宗之名,不識五宗之正旨。妄謂建立五宗,而實滅五宗之宗本者,自汝之始也。如是則果老僧抹殺五宗耶?第恐天下後世自有人證明在,且《笑巖集序》其實我幻有老人何曾爲老僧提着,而老僧素性亦慵看書,寫至此,忽思汝因甚得恁麽重,至"有數臨濟爲傑法爲厥旁歧"等語，而老僧似乎未曾聞見，倒疑汝妄造之説，故請集來看。見廣通序："自二十四世師子尊者得婆舍斯多付法訖，復攝達磨，達始有旁出之名。達磨以來，二祖可師、三祖燦師、四祖信師、五祖忍師，亦有正傳旁出之事。暨曹溪之下，厥旁歧縱横肆出，厥奇名異相，涯岸各封，以羅天下學者，致使晚進無知靡所適從。前代格法漸遠，末世相承漸僞，輒成駕虚望空授受，何異漚泡明珠之歎，乞兒聖主之誅者耶？師得絶學老人不傳之旨，望臨濟二十六代之祖，而弗專臨濟之稱者何也？見諸天下浸蔓泛繁，久假而莫知歸，故截枝溯流，以復本源，惟曰曹溪正脉某十某代，俾天下後世無根據者竟不墮於紛紜妄號之責，迴祖風真淳之舊，寧不以爲宜乎者哉？"此必吾祖師翁時或見有此等之輩，故有此等之序記者。然而老僧因汝之事，則可見益驗之於今日者矣。何以見得？老僧已上，據汝之端繇，一一無根據處，一味以虚妄之名爲奇，一味不遵上古格法爲異，一味妄尊己欺人爲異，一味以抹人之善、妄加人之惡爲異，一味志望陷人爲異，一味望空授受爲異，一味妄説人不識宗旨爲異，一味妄稱仰山再來爲異，一味妄謂老僧抹殺五宗、妄尊己建立五宗爲異者。及乎考訂將來，無一旨歸，無一的據，一味顛顛倒倒，矯矯亂亂，遮遮掩掩，混混濫濫，但見其墮空落外，又妄稱爲真師承者，妄意羅天下學者，殊不知只者顛顛倒倒，矯矯亂亂，遮遮掩掩，混混濫濫，無根無據，便是汝之駕空授受，無師承之驗者矣。此等之事，即汝今日之所爲者，皆吾祖師翁昔日之所訶者，又何怪汝不愁憂怖畏，而教老僧毁其板耶？今老僧特引全序，刻於此中，用垂天下後世證明，果何是而何非耶？且汝何人者，直唤老僧毁其板乎？而老僧惟與汝理論當與不當，尚不直教汝毁其板，况吾祖師翁之事，而非老僧之事情，則汝教老僧毁其板，使老僧從汝以逆祖，可乎？不可乎？據汝發此言，其絶滅祖宗，豈不益驗之於此者矣。汝道老僧"所悟既淺，龍池又不見説有堂奥中深深旨趣"者，只如汝初見老僧，問："濟上門庭即不問，如何是堂奥中事？"而老僧直指："汝即今在甚麽處？"而老僧直指汝即今在甚麽處，而老僧試問汝，汝於即今處試拈出箇堂奥中深深旨趣，及汝真悟來看作麽模樣？又汝離了汝即今處，試别指個堂奥中深深旨趣，及汝真悟出來看作麽模樣？汝若于即汝又拈不出，離汝又别指不出者，則汝切莫道汝别有堂奥中深深旨趣，汝曾真悟，又切莫道老僧不解堂奥中事，不曾真悟。再不然，則老僧却問汝堂奥中是甚麽人？試指出看。則汝方信老僧前直指處，元來即是堂奥中，更無别堂奥中深深旨趣，則汝不敢妄説别有堂奥中事，亦不敢妄欺老僧，復不敢瞞一切人，希望一切人歸向，圖一切人利養者。老僧又問：汝試離了汝今處，老僧即今直指汝處，别指箇賓主處出來看？知汝参問老僧即爲是賓，老僧答指汝即爲是主。并二次上堂徵勘汝，即爲賓主相見。故老僧不若汝一味假臨濟賓主爲張本，妄誇臨濟之名誑嚇閭閻者，無他，第恐一切人笑故也。老僧更試問汝：汝離了老僧直指汝即今在甚麽處，汝又唤甚麽作五宗之旨？又唤什麽貫五宗之旨？汝若離了汝即今處，别説五宗之名爲汝宗旨者，則是汝無根本，落空外道也。何以見得？不可私有别法加於衆，汝則破其説，遁其辭，反爲之歎曰："嗚呼！臨濟之法是邪心邪行，不本色本分，不公大二位私有别法加於衆生者乎？"與言及此，則見和尚絶滅祖宗，另有個本分在外者。據汝此言，足可見矣。正所謂自家無本事，剛把祖宗誇者是也，不亦良可歎歟。而老僧則不然，單恣老僧一人之見，故世尊則曰："天上天下，唯我獨尊。"迦葉則破顔微笑。阿難則問迦葉云："世尊於袈裟外别傳何物？"迦葉則召阿難，而阿難應諾。迦葉云："倒却門前刹竿着。"乃至二十七祖則唯曰："貧道入息不居陰界，出息不涉衆緣。"達磨則唯曰："外息諸緣，内心無喘。心如牆壁，可以入道。"二祖則唯曰："覓心了不可得。"乃至六祖則唯曰："本來無一物。"南嶽則唯曰："説似一物則不中。"青原則唯曰："聖諦尚不爲，何階級之有？"石頭則唯曰："不慕諸聖，不重己靈。"藥山則唯曰："千聖亦不識。"雲巖則唯曰："衹者是。"洞山則唯曰："縱使頭頭上了，物物上彰，衹唤作了事人，終不唤作尊貴，當知尊貴一路自别。"曹山則曰："從上先德，推此一位，最妙最玄，無着真宗。"德山則唯曰："若論此事，直得三世諸佛口挂壁上，更有一人呵呵大笑。若識此人，参學事畢。"雲門参睦州，州扭雲："道！道！"門擬議，州推出云："秦時轅轢鑽。"復掩門，夾折雲門足，故大悟。州指見雪峰則唯曰："者老漢頂上鐵枷何不脱却？"潙山則唯曰："寂子速道，莫入陰界。"仰山曰："某甲信亦不立。"潙山曰："恁麼則定性聲聞也。"仰山曰："某甲，佛亦不立。"潙山曰："汝信了不立，不信不立。"仰山曰："只是某甲。更信阿誰？"又曰："一二三四子，平目復仰視，兩口一無舌，即是吾宗旨。"二十七祖復讖曰："震旦雖闊無別路，要假兒孫脚下行。金雞解銜一粒粟，供養十方羅漢僧。"故唯曰："出一馬駒，踏殺天下人。"故以手扭百丈鼻頭，復與震威一喝，百丈則唯曰："直得三日耳聾。"故黄檗則唯吐舌。臨濟則唯曰："赤肉團上有一無位真人，常在諸人面門出入。"未嘗言其別處流轉。又臨終時則曰："吾滅後不得滅却吾正法眼藏。"三聖曰："争敢滅却和尚正法眼藏。"臨濟曰："忽有人問，汝又作麼生？"三聖則唯便喝。何嘗言如何是臨濟宗旨傳與他者乎？臨濟則唯曰："誰知吾正法眼藏向者瞎驢邊滅却。"却又何嘗言有正法眼藏宗旨傳與三聖者乎？又且臨濟謂普化、克符云："吾欲於此建立黄檗宗旨，汝二人當成褫我。"而普化、克符便珍重下去。三日後却來問臨濟："和尚三日前道甚麼？"臨濟唯打去而已，何嘗言黄檗宗旨又如何？如何是黄檗宗旨者乎？又臨濟曰"沿流不止問如何，真照無邊説似他。離相離名人不稟，吹毛用了急須磨"者，亦只是叮嚀教誡，欲得流長。唯單提離相離名之真照，而用之無邊者，即離相離名者也。以之斷彼名相，則其利如吹毛焉。故人若不稟則用以斷之則而已。復曰"用了急須磨"者，則又再四叮嚀，不容刹那異念於其間而流轉名相也。故於四喝，則前三喝似有名相，第四喝則曰"一喝不作一喝用"，故唯臨濟能發明六祖"本來無一物"，而以用其"本來無一物"之全旨之極致，故云"一喝不作一喝用"者也。

而汝謂老僧便扯將"一喝不作一喝用"印住，便"淫不作淫用"，便有七醜之記與於世者。彼縣戲子，情知出於非人之手，故尚不敢做。汝在什麼處親見親聞，遂乃寫於書中，擬刻傳於世而作證盟者乎？且古禪典中多載其或有前不立節，及乎出世爲人時，出於人表者，不可枚舉。如賢蓬頭等之類是也。多有少年清節而晚年不足法者，如傳稱黄檗勝和尚，亦奇衲子，但晚年謬耳者是也。汝不見他因黄檗請主持，黄龍南禪師對衆垂語云："鐘樓上念贊，床脚下種菜。有人下得語，許黄檗主持。"時勝和尚出衆云："猛虎當路踞。"黄龍即舉勝和尚去住黄檗。如是則黄龍亦不具眼識人者乎？又且勝和尚道"猛虎當路踞"，蓋亦不當理者，則不當造作爲汝之悟處，而妝點汝之行實矣。豈臨濟下語者乃不當理而效顰者，反當理耶？

"酒埕滿庫"，則是老僧於庚午十二月初至閶門時，老僧患痢一載半餘，因汝道只以一味川牛膝用酒煮而喫之可愈，故老僧即於閶門買酒與牛膝，先至金粟煮之，老僧回時，便對客喫之，及帶途中，一路喫到福建黄檗山。而黄檗亦於杭州買牛膝至黄檗，去五十餘里外買酒煮之與老僧喫。今入天童來，於四肢背上有發似黑麻瘋，亦以酒浸稀薟草喫之。且天童寺荒替久之，十方雲水相依，日或出坡，或抬石，或拽木，或挑沙，或做磚做瓦，或上山砍柴，或冒風，或冒雨，或冒寒，或冒暑，或用酒醫治，則或城或市沽之，何嘗瞞人掩人，而汝以爲過端者乎？"相聚拳荒，小唱行歌，赤蝦白鴿，占斷天童古寺"者，老僧且不與汝理論有無，足見汝眼抑何其小哉！殊不知老僧於銅棺山頂忽覺情與無情焕然等現，見盡十方虚空渾是老僧一箇古寺，其中水鳥樹林，人與非人，凡有血氣者，莫不雍雍相對，無不同天共戴，又何間於盡十方淫房酒肆、柳巷花街，乃至無邊香水海之赤蝦白鴿、魚鱉蛟龍，無不占斷老僧古寺，莫不是老僧庫房中之物者也。又且汝何不思張拙秀才，參石霜，霜問秀才姓甚名誰，張云："學生姓張名拙。"霜曰："於衆覓巧字不可得，拙自何來？"張於言下大悟，述偈云"光明寂照遍河沙，凡聖含靈共一家。一念不生全體現，六根纔動被雲遮。斷除妄想重增病，趣向真如亦是邪。隨順世緣無罣礙，涅槃生死等空花"者乎。所以老僧於有箇小省發，始覺得昭昭靈靈之光景，雖不從前塵之所起而有者，但於舉念則有，不舉則無，此昭昭靈靈之光景，故於生死中未免看作兩橛，弗得一體，故弗安穩。歷一十三載於銅棺山頂，不覺昭昭靈靈之一念，故覺自情與無情焕然等現者，則不見有男名女字等差别之名相，所以道："凡有所相，皆是虚妄。若見諸相非相，即見如來。"如來者，即本來也，故六祖所謂"本來無一物"，臨濟所謂"離相離名"，達磨對梁王直云"不識"者也。故不起男名女字之差别之情念，所以龐居士云："但自無心於萬物，何妨萬物常圍繞？鐵牛不怕師子吼，恰似木人見花鳥。木人本體自無情，花鳥逢人亦不驚。心境如如只者是，何慮菩提道不成？"正汝所謂"天也空，地也空，男也空，女也空，世界也空，惡也空，善也空，地獄也空，淫空，酒空，件件皆空"者，不妨被汝説者。但汝不知古人所謂"萬象之中獨露身，唯人自肯乃方親。昔時謬向途中覓，今日看來火裏冰"，曹洞所謂"燄裏寒冰結"者，豈容有别念於其間者哉？故老僧一棒不作一棒用，直指一切人於萬象之中獨露而立者，不生别念，則不被萬象之所轉。所以道"若能轉物，即同如來"，"於一毫端現寶王刹，坐微塵裏轉大法輪"，是則谓向上全提，大用大機，大法現前者。

汝反謂老僧便扯將"一喝不作一喝用"，便道"淫不作淫用"，便有七醜之記與於世者。足見汝於男也未空，女也未空，天也未空，地也未空，世界也未空，善也未空，惡也未空，地獄也未空，淫未空，酒未空，件件皆未空，正所謂爲物所轉，即同凡夫。故曰"凡夫之人，貪着其事"者，汝之是也。否則汝特造謗者也，與造七醜之記者何異哉？又且汝既以淫不作淫用，以破臨濟"一喝不作一喝用"，全體之用，即用即體，體用不二之極致，不涉一物之法式，不容異念於其間，汝敢反假臨濟爲汝之真師者乎？且老僧一棒不作一棒用，是上古之法令，直指人一念未生前之本來面目，不容人有轉變别作計度處。足見汝不知一棒不作一棒用，便逐塊道以極麤一棒便了云者。老僧將謂汝真果有深之又深，密之又密，超過老僧極麤一棒，故老僧即以極麤一棒，從頭整頓汝到底，則見汝元來也没有深之又深、密之又密處。

避得老僧極麤一棒過者，方見汝元來虚張聲勢，一味抹人之善，誣人之惡心術者也。而老僧不明發汝之過，故爲汝引臨濟"一喝不作一喝用"，類破汝道極麤一棒，故謂老僧一棒不作一棒用者。汝今展轉又於一棒不作一棒用，生出淫不作淫用，鼓動天下後世之人心，益見汝之心術者矣。

又且汝道"以竹篦夾住兩頭，然後與人一棒，使人透頂透底"者，因甚反逐一棒上，生出極麤等展轉種種差别意念，得非自語相違，自我污其身者乎？何夾住之有者哉？又且至於汝道"黄鶴樓前鸚鵡洲"者，豈非全境也，何夾住之有哉？又汝道"騎牛行歌於梅花之下"者，豈非夾雜於境者？又何夾住之有哉？又如汝頌曹山尊貴墮，曰"拽杖逢僧語話長，看花行盡竹邊廊。山童忽報茶初熟，依舊歸來仔細嘗"者，不惟夾雜，且引後人墮於輕浮游翫爲事者，則又何嘗夾住之有哉？夫覺範汝自以爲印法之師者，則何不看他頌曰："生在帝王家，那復有尊貴。自應著珍御，顧見何驚異。"何等貼體着實鄭重者乎！去秋有二僧呈二頌於老僧，目之似乎少當，故舉筆書云："從來尊貴自然生，無位真人面目全。忽若有人來問我，當胸劈脊只麤拳。"故老僧發一言，行一令，則無非直指一切人，向一念未生時立地而已。汝初見老僧，問："濟上門庭即不問，如何是堂奥中事？"老僧道："汝即今在甚麽處？"亦只直指汝一念未生時立地處，何曾朦昧汝？何曾取勝汝？何曾弱劣汝？何曾空有汝？汝今以空有、勝劣、朦字加老僧分上，汝未之思也。蓋汝不薦老僧指汝立地處，汝自朦自昧，自軟自弱，自以硬勝妄加老僧。而老僧朦昧、硬勝、空有向甚處著？然則老僧實言告汝：莫道汝假臨濟、五宗、覺範、高峰之名，欲要做人，出不得老僧直指汝即今在甚麽處了也。直饒汝改頭换面來，不假臨濟、五宗、高峰、覺範之名，也出不得老僧直指汝即今在甚麽處了也。莫道汝不道是法無所生，是無父之身，無君之逆者，出不得老僧直指汝即今在甚麽處了也。直饒汝改頭换面來，自道是法無所生，是無父之身，無君之逆者，也出不得老僧直指汝今在甚麽處了也。莫道汝盡未來際不改頭换面來欲要做人，出不得老僧直指汝即今在甚麽處了也。直饒汝盡未來際改頭换面，頭出頭没，不欲做人，也出不得老僧直指汝即今在甚麽處了也。汝既皆出不得老僧直指汝即今之處，汝敢不承嗣老僧者乎？汝若不承嗣老僧者，則真昧因昧果也。真果法無所生，真果無父之身，真果無君之逆。何以故？蓋因汝不打自招之款案斷在此書者也。然則老僧直指汝即今在甚麽處者，祇不過因汝之問，故老僧據理而答，何期今日乃至盡未來際汝竟出不得者？蓋理使然也。此則老僧發一言，盡汝伎倆也出不得；行一棒，盡汝伎倆也避不得。此則老僧之主爲汝及一切人立主，垂照萬世，風天下之格法，是老僧之宗旨。其痛快不痛快，可觀不可觀，在汝不在老僧。然則自古至今，未聞有人如汝奸惡之計謂佛法的的大意爲風天下之格鬪者，而老僧不信汝，不知爲何發此心術，假干佛法祖宗，反破佛法祖宗之格法者，至於如此也。又如汝謂可見臨濟立賓主之法轉换落落地，各有出身之路者，豈在一味只説古人死套頭底話，虚張門庭氣勢底事？要在賓主兩兩作家，始能各各有出身之路。其若初發心，或未發心，或臨機徵勘，皆謂之賓主相見，一一只教他轉换落落地，各有出身之路者，是謂之口傳耳受之死套頭之話欛者。争免得以致天下後世只學得如汝只以口説臨濟賓主轉换落落地，爲之口舌而已者，又不自汝之始耶？

且《臨濟録》中好不説得明白，又安用汝教之也耳？又且老僧難道未嘗看過臨濟語録，汝欲以死套頭話以欺老僧不識賓主者乎？蓋凡百相見便是賓主，豈可一定之法？如是則可見汝一味學掠臨濟之涕唾，未夢見臨濟之法式在。故汝謂“拱揖相讓，何等舒徐。如束帶立朝，光暉赫奕，不勞勝得，而大家主中之主不失此，韶盡美而復盡善也，此賓主之所以不得不立也。以此爲天下風，則聖人生，黄河清，百姓受其賜矣，豈非王風之一大助乎。所以日望和尚改之，而反逢怒哉”者，而老僧道：善哉善哉！老僧正望汝如此者，故有《闢妄七書》之刻。其中唯許昔日老僧爲汝道“既是月落後，又且如何相見”時，汝便出法堂，老僧便下座歸方丈者。故老僧以枚拂子付汝者此也，何以故？此是老僧明明告汝賓主相見各有出身之路之法式也。請汝不要昧了汝之本心，試斷看那時汝揖讓老僧耶？老僧揖讓汝耶？汝取勝於老僧耶？老僧取勝於汝耶？豈不是各有出身之路者乎？既今妄加拱揖相讓於臨濟賓主相見之法式者，只顧欲取勝於老僧，只顧使奸惡之計，擬動朝廷鼓天下人以罪老僧，曾不顧自謂於高峰睡中主上了却末後因緣者，即今益見汝學他之涕唾之妄説者也。何以故？汝今謂"拱揖相讓，何等舒徐。如束帶立朝，光暉赫奕"者，皆日用事也。而日用事者，則高峰既於日用中浩浩地作得主，夜夢想中亦作得主，因甚被雪巖問"祇如睡著無夢無想時主在甚麼處"？據是，則見汝只是作夢作想，説夢説想，未知正睡著無夢無想之主在。汝若不信，則老僧問汝：既是無夢無想，睡中主上還有拱揖相讓者麼？若有，則汝未曾到睡中無夢無想田地之主上在。又且汝專用拱揖相讓爲王風之一大助者，老僧問汝：今上聖天子拱揖相讓臣僚南面而聖天子北面以朝者乎？衆宰拱揖相讓下僚反居衆宰之位者乎？父拱揖相讓子爲父者乎？兄拱揖相讓弟爲兄者乎？夫拱揖相讓婦爲夫者乎？如此則汝以拱揖相讓爲王風之一大助者，豈非風天下之一大亂者乎？又且汝謂拱揖相讓爲臨濟賓主之法式者，則汝獨屙屎時、獨坐時、獨卧時、獨行時，汝之拱揖相讓又何用者乎？既無主，則汝業識茫茫，無本可據者矣，又何足論賓中主、主中主者乎？又且汝獨屙屎時無人與汝拱揖相讓，則不屙屎者乎？獨坐時無人與汝拱揖相讓，汝不坐者乎？獨卧時無人與汝拱揖相讓，汝不卧者乎？獨行時無人與汝拱揖相讓，汝不行者乎？殊不知賓主相見者即彼此勘驗在道不在道也。賓若知道之所在，一志不移，即謂賓中主者。主若知道之所在，一志不移，即謂之主中主者也。凡百不知道之所在，不能以道爲任，則皆謂之賓者也。汝還知行住坐卧至於獨處時，而要不昧本來、本法、本分之面目爲宗旨之主者，非只圖賓主相見，使滑頭，弄虚瞞人，以爲各有出身之路便以了當者。所以大義禪師問："諸碩德行住坐卧畢竟以何爲道？"有對云："知者是。"義云："不可以智知，不可以識識，何爲知者是乎？"有對云："無分別是。"義云："善能分別諸法相,於第一義諦而不動,安得無分别是乎?”有對云:“四禪八定是。”義云:“佛身無爲,不墮諸數,安得四禪八定是耶?”舉衆杜口。大慧杲云:“相罵饒汝接嘴,相唾饒汝潑水。”笑巖師翁云:“這裏若有纖毫人我角立,寧爲道哉?”世書尚云:“知之爲知之,不知爲不知,是知也。”爲佛之徒個個堂堂相好,如此祇對著甚麽死急?諸大德還知利害麽?若猶不知,略成一頌,頌云:“行住坐卧何爲道,拔劍臨頭莫草草。知者無分與四禪,敗軍不禁苕箒掃。學佛豈在百千年,多聞不悟數他寶。堂堂對面不知宗,端的可咎誰人好?”是以老僧所謂臨濟賓主者,即彼此之異稱也。故雖彼非此,此非彼者,其體則同也。所以當時兩堂同是首座,又同出堂,又同下喝。時有僧問臨濟云:“還有賓主也無?”濟云“賓主歷然”者,豈不是彼此歷然者也?又豈不是喝下有出身之路,亦有分身之意者乎?又且賓主二字,初無定局,且如此到彼者,此則爲賓也。彼到此者,彼則爲賓也。又臨濟會下有同學二人相問:“離却中下二機,請兄道一句子。”一人云:“擬問則失。”一人云:“恁麽則禮拜老兄去也。”前人云:“賊。”時臨濟聞得,陞座云:“要會臨濟賓主句,問取堂中二禪客。”便下座。如云“恁麽則禮拜老兄去也”可謂拱揖相讓者,如云“賊”者,於束帶立朝之時,一人云“恁麽則禮拜老兄去也”,一人云“賊”者,還有彼此拱揖相讓者麽?此是臨濟親陞座告衆者,老僧且不與汝註破説破也。臨濟又云:“參學人大須仔細。如賓主相見,便有言論往來,或應物現形,或全體作用,或把機權喜怒,或現半身,或乘師子,或乘象王。如有真正學人便喝。先拈出個膠盆子,善知識不辨是境,便上他機境上作模作樣,便被學人又喝。前人不肯放下,此是膏肓之病,不堪醫治,唤作賓看主。或是善知識不拈出物,祇隨學人問處即奪。學人被奪,抵死不肯放,此是主看賓。或有學人應一個清净境,出善知識前,善知識辨得是境,把得抛向坑裏。學人云:大好善知識。善知識即云:咄哉!不識好惡。學人便禮拜。此唤作主看主。或有學人披枷帶鎖,出善知識前,知識更與安一重枷鎖,學人歡喜,彼此不辨,唤作賓看賓。大德!山僧所舉,皆是辨魔揀異,知其邪正。”汝今專以拱揖相讓爲臨濟賓主之相見一定之格法，豈非披枷帶鎖出於人前，彼人更以拱揖相讓安汝分上，彼此歡喜，彼此不辯，合水和泥，奴郎不辨，則何有辨魔揀異知其邪正者哉？且孔聖人尚云"當仁不讓於師"者，自古至今未聞有議其於仁中，法無所生，是無父之身，爲無君之逆者。

況爾我出家，無非以道爲賓主相見之禮，故老僧與汝書云："彼此既忝爲佛祖兒孫，惟以道契爲主，豈可以勤省儀供爲事而云慢墮哉？"汝既以臨濟爲真師，何不看他半夏上黄檗，住數日乃辭去。黄檗云："汝破夏來，不終夏去。"臨濟云："某甲暫來禮拜和尚。"若以世禮論，豈非師徒當然之禮？因甚黄檗却遂打趁令去？汝試斷看，畢竟利害在甚麽處？臨濟行數里，疑此事，却回終夏。一日辭黄檗，檗問："甚麽處去？"濟云："不在河南，便歸河北。"亦是世間時人之常事，因甚黄檗便打？又且利害在甚麽處？臨濟約住與掌，以世禮觀之則爲徒打師，因甚黄檗却大笑，乃唤侍者將百丈先師禪板几案來？臨濟云："侍者將火來。"則臨濟何嘗以受禪板几案而爲事者耶？黄檗云："雖然如是，但將去，以後坐却天下人舌頭去在。"是則黄檗因臨濟掌，故以百丈禪板几案付臨濟，印證臨濟以後坐却天下舌頭去在。汝今反生出"臨濟建立賓主之法，雍雍揖遜，而至末後一句豈非盡美乎"者，不知汝從何得證謂臨濟有末後一句者。夫末後一句，蓋出自巖頭之口，尚非德山之意，豈臨濟無位真人離相離名之旨，有先前末後之稱耶？據古禪典載雪峰在德山作飯頭，一日飯遲，德山擎鉢下法堂，雪峰曬飯巾次，見曰："鐘未鳴，鼓未響，托鉢向甚麽處去？"此似雪峰偶爾成文之意，而德山聞似言中有響，故便歸方丈者，正將錯就錯，一似曉他，一似與他相見。雪峰不解，舉似巖頭，頭曰："大小德山未會末後句在。"一似點他，一似忍俊不禁，却非汝心行，謂今人將極麤一棒便了者比也。德山聞令侍者唤巖頭去問："汝不肯老僧？"那巖頭密啓其意，山乃休。明日陞堂，巖頭至堂前，拊掌大笑云："且喜堂頭老漢會末後句也，果與尋常不同。雖然只活三年。"此巖頭發明德山，歸方丈，洎陞堂與德山相見耳。德山果三年示寂。故張無盡頌曰："鼓寂鐘沉托鉢回，巖頭一拶語如雷。果然只得三年活，莫是遭他受記來。"亦與德山、巖頭相見底意，皆爲賓主之相見也。而汝則謂其托鉢出去，被徒問着，便托歸方丈。而巖頭言"德山老漢未會末後句在"，明日唤巖頭來，仍復休去。未有巖頭强似德山，未聞德山軟不中用也。於普化踢倒飯床則亦云"未聞臨濟輸與普化"，汝如此删文失義，矯亂其説，擬混老僧，曾不顧古人底旨歸，然則古人公案只成就得汝心行，豈不反爲汝藏奸之具乎？夫普化不於毛吞巨海，芥納須彌上作活計，直踏倒飯床，與臨濟賓主相見。雖臨濟兩次徵勘，而化到底不變不易，故濟乃吐舌，正所謂"師子咬人，不逐屎塊"者也。

祇如"月落後又如何相見"，汝便出法堂，老僧便下座歸方丈。恐汝未實，故老僧次日復陞堂，特特擲下拄杖於座前了，復明明向汝道："老僧落二了也，且一又如何舉？"正要與老僧覿面相見，而汝反逐拄杖，拿之而去，足見汝不能作賓中之主，到底則與普化所見不同，作用不同，迥然殊别可見矣。故當時遂有旁人簡點，謂汝不解老僧意。夫老僧既擲却拄杖，索汝覿面相見，豈在棒上爲事爲主，汝謂正奪老僧主者乎？老僧悟離棒之旨，故即用時尚一棒不作一棒用，豈屙屎則失，而用棒乃無離棒之旨者乎？故離棒之旨在賓則爲賓中之主，在主則爲主中之主。汝今謂屙屎亦手拿杖去，見問便打，無賓無主者，且老僧前書已引"一喝分賓主，照用一時行"，以證老僧一棒亦分賓主照用一時行。汝今猶昧爲見問便打，無賓無主，則妄説者也。復以賓主牽動君父，遂謂無父無君，單單用一硬字，益見汝陷老僧刁惡之計矣。"硬"之一字，出自汝口，謂老僧用一橛頭硬禪，故老僧引"果能此道矣，雖柔必强"以證汝之者也。正如所謂在賓則當作是賓中之主，在主則當作主中之主者，方能各各有出身之路。此道之所在，法如是故，理如是也，非强爲也。所以孔聖人云"當仁不讓於師"者，是仁道之禮也，所以道仁者人也，以人觀之則聖天子亦人也，王子亦人也，公卿亦人也，將相亦人也，父亦人也，母亦人也，兄亦人也，弟亦人也，夫亦人也，婦亦人也，乃至盡大地，男亦人也，女亦人也。故以仁道之事君者，是以至禮之敬兄也，以仁道之愛弟者，是以至禮之愛弟也。以仁道而交天下，一切無不是仁人之友者，是以至禮之信友也。故曰“克己復禮，天下歸仁”者，即篤恭而天下平者也。故老僧以一棒不作一棒用，直指人人一念未生前之本來、本法、本分，不從人得之本色者，正汝所謂打必紗帽落、頭皮穿者，則不妨露出本色也。本色者，無一切名目者也。故臨濟謂“無位真人”即離相離名者也，亦六祖謂“本來無一物”也，老僧所謂“一棒不作一棒用”也。汝之註釋爲硬也，勝也，藏奸於棒也者，是汝之所行也。何也？老僧看墨仙劉居士《問道録》中謂汝下座，以拄杖旋風打散大衆，杖頭一掉，於儔人中，突中貞額，血流滿地，豈非頭皮穿，又何異於血濺梵天者也？罔知所措，諸衲驚謂貞曰：“此大奇緣，佛法屬公擔荷矣。”汝既旋風打散大衆，則又更杖頭於儔人中獨中貞額者？豈非汝藏奸於棒者乎？又諸衲驚謂“此大奇緣，佛法屬公擔荷矣”者云云，豈非汝與諸衲呵做圈做套，呵馬鐙，鬧石橋者乎？又謂諸善女人設茶請汝小參，策勵堂中，敘及近日諸方硬禪，譏萬峰法軟，叨叨開發工夫。話畢，貞持三栗出云：“我不管諸方禪硬，不管萬峰法軟，我衹有這三個栗子。”拈第一箇要打左邊善男子，擲去，云：“者。”第二箇要打右邊善女人，擲去，云：“者。”不是男打女者乎？既是個舉人，詎可以栗子擲女人者，是何標榜也？拈第三箇單打中間老漢，擲去，云：“着着着。”豈非徒打師、俗打僧者乎？時哄堂大笑久之，汝云“你看這居士住了三箇月便解如此弄”者，汝何贊之如此耶？何不道：這居士今日打三種人，明日已傳遍天下，風行草偃，疾如郵命，致使魚龍競驟，豺虎喔㗑。佛法既然，世法豈不因化而變乎？如是老僧則見汝方寸乾净，質直無私。豈汝於仁道之至禮所在。則擬動朝廷戴紗帽者以罪之，汝自與徒打人，反以爲佛法乎？謂非藏奸惡之刁計，誰其信之？且着之一字，出於臨濟之口云：“夫爲法者不避喪身失命。我二十年在黄檗先師處，三度問佛法的的大意，三度他賜棒如蒿枝拂着相似。”汝今謂老僧以極麤一棒便了者，則汝道老僧打在甚麼處？且臨濟謂“夫爲法者不避喪身失命”，汝今謂老僧“打必紗帽落、頭皮穿，實實要血濺梵天，謂之法勝”者，豈非鼓惑人不惟護惜身命，亦且護惜紗帽，得非反臨濟之示人者？而謂苟“用之以言，恭之以拜，便爲不能勝人，無益於徒子”者，老僧亦何嘗無言？如答汝“即今在甚麼處”，并二次徵勘汝者，第三擲下拄杖以驗汝者，亦何嘗單單用一硬字，“打必紗帽落、頭皮穿，實實要血濺梵天，謂之法勝”者乎？

又且汝何不看興化謂克賓維那云：“汝不久爲唱導之師。”賓云：“不入這保社。”化云：“汝會了不入，不會不入。”賓云：“總不恁麼。”興化便打，復白云：“克賓維那法戰不勝，當罰錢五貫，饡飯一堂。”及臨飯時，興化復白云：“克賓維那法戰不勝，不得喫飯。仍須出院。”後有云：“興化令嚴，若非克賓維那，翻轉面皮多少時也。”大慧云：“若要作臨濟烜赫兒孫，直須翻轉面皮始得。”老僧問汝：作麼生翻轉面皮免他擯出院？莫是道他勝字得麼？莫是道他硬字得麼？莫是道他朦字得麼？莫是道他極麤一棒得麼？是皆不知棒頭落處之醜面皮，故不能翻轉者也。老僧當時見他道：“汝不久爲唱導之師。”但云：正要與和尚三十棒。則不唯截斷後來葛藤，那至於出院者矣。故南院云：“棒下無生忍，臨機不見師。”所以道信知佛法與王法一般，當斷不斷，反招其亂也。所以老僧先與書云：“漁也漁過，樵也樵過，耕也耕過，牧也牧過。但不知本命元辰立地處，故入佛門來，歷十三載，於銅棺山頂忽覺情與無情煥然等現，故惟以一條棒直指一切含靈本命元辰立地處，則各各安守本分，自尊自貴，自得其得，自樂其樂。”臨濟所謂“王登寶殿，野老謳歌”，《中庸》所謂“正己而不求於人則無怨”。故明此於上，所以不陵下也；明此於下，所以不援上也。何也？各得其不從人得之本來、本法、本色、本分，而不願乎其外者也。如是，則“一切治生産業皆與實相不相違背”，豈不成爲王風之一大助者乎？老僧固不能必汝幡然自改，亦庶幾萬世而一遇知其解者，與老僧證明者耳。抑天下後世未必盡如汝之不知本色、不本分者，以欺抹老僧，或未可知也。

復徐一我居士諱觀復[①]

三之二日晚，接手教并《心法無諍》，貧道捧讀一過，足見居士真護法也。然貧道《七書》之刻，亦衹一味解其逐塊而無本分爲人。如代書所云，則正搔著貧道痒處矣。但中有推詳三峰〇圈之法，而謂"根源者，〇也"，則貧道抹之焚之，而居士又作麽生？外《七書》一册，因三峰二刻置得并奉覽。

又

閲居士《十鐸》，其大意則貧道發之《七書》、發之《後録》矣。而居士復詳舉而批判者，殊有當也。近得三峰訃音，云於七月廿三已全身遠害而長往矣。貧道更復何評哉？然《鐸》中有未妥處，居士雖書尾注破，第恐將來隨語生執而不通，故略評之。如舉貧道引"如是因"至"本末究竟"等，謂"因果正人之本來分上無一物之名可立者，因昧是，道箇'不落'，所以墮野狐身"。居士判理解儘好，只恐他手中木上座未肯在，何故？因果獨非名乎？復云："既無落不落，又何昧不昧？不聞'無間獄底不減禪天，明月堂前正迷一點'？"試問居士，離了居士本來分上無一物之名可立之因果，又將甚麽作一點及作没底籃兒？只此一點與没底籃兒又非名者乎？又居士謂"一異俱融如昧了"，本來又將甚麽融一異乎？又唤甚麽無落不落、昧不昧、墮不墮、是不是、非不非？如是，則三峰長往不足論，居士敢道前後百丈果非乎？天童覺道"不落不昧商量也，依然撞入葛藤窠"，只者兩句，又非葛藤乎？又説伊出得不昧乎？又既無昧不昧，豈有迷不迷、醒不醒？如是，則醒迷之題尚不可立，况可《十鐸》之葛藤者乎？何故？昧即迷之

---

① 此封信札於崇禎王朝式本《七書・後録》中列于卷二首篇，標題爲"復太平獨往徐居士諱觀復"。

異稱，不昧即醒之别號耳。又《鐸》末云，居士道：“正恁麽道時，跳出一箇没店三漢撫掌大呼曰：‘獨往子，隨你説得天花亂墜，終只是以楔出楔一等，是箇爛葛藤也。須送在火聚裏燎却始得是。’”則故是。又云：“居士却要拈一條麤棍子，不歇手，直打出大街頭。何以故？近日虞令頗嚴，不許假途伐虢。”貧道道：好箇“拈條麤棍子直打出大街頭”，只是不合錯下注脚。

又

來諭儒家太極，祖室日輪。貧道即未嘗讀《易》，請教居士：太極是甚麽人畫？又不知太極在先？人在先？若人在先，則太極豈可爲根源？若太極在先，則人且未有，阿誰圖畫太極？其日輪者，乃十四祖於座上現自在身如滿月輪相，蓋一時權爲攝伏外道，隨現即隱，復居本座。未聞七佛有○圈之設，豈非漢月妄加七佛者乎？貧道曾閲《人天眼目》云：“圓相之作始於忠國師，以授耽源。源承讖記，傳於仰山，遂爲潙仰宗風。”①昔王常侍寄書上潙山，潙開視，見畫一圓相，内寫箇“日”字。潙云：“誰知千里外有箇知音。”仰山侍次，乃云：“雖然如是，也只是箇俗漢。”潙云：“子又作麽生？”仰却畫一圓相於中，書箇“日”字，以脚抹之。潙乃大笑。② 請教仰山既受耽源圓相，因甚却以脚抹而潙山大笑耶？況臨濟無位真人豈有○圈爲位置處者乎？居士有太極、日輪、○圈爲根源而垛根，則謂可鑽可位者可也。貧道無○圈可位，有何垛根？有甚可鑽乎？

---

① 《人天眼目》，《大正新修大藏經》(48)，頁 321 下。

② 引自《指月録》：“後僧遇王常侍。侍問：‘潙山近日有何言句？’僧舉前話。侍云：‘彼中兄弟如何商量？’僧云：‘借色明心，附物顯理。’侍云：‘不是這個道理，上座快回去好，某甲敢寄一書到和尚。’僧得書遂回持上。師拆開見畫一圓相，内寫個‘日’字。師云：‘誰知千里外有個知音。’仰山侍次，乃云：‘雖然如是，也祇是個俗漢。’師云：‘子又作麽生？’仰却畫一圓相，於中書‘日’字。以脚抹。師乃大笑。”《卍新纂大日本續藏經》(83)，頁 534 下。

又謂貧道因箇“龍”字認作贊語，則居士隨名著相與者僧逐塊何異？不知貧道特説箇，縱然一爲領伊之意，一爲點化者僧，所謂以楔出楔者耳。如三峰謂貧道一橛頭硬禪，故貧道引一貫之意以證之。謂今人以極麤一棒便了者，乃三峰逐棒上作解，故貧道將“一棒不作一棒用”以明之，皆此類也。復以極麤一棒直打三峰到底，以見凡三峰所衒爲深密者，皆可以極麤一棒打得著，要鞫其不敢虚言妄誇有深之又深，密之又密耳。豈貧道有一棒配諸一者乎？且三峰廣舉三法以配三玄者，可謂以三配矣。貧道則云：不唯三玄作實法會，即三擊三撼等都成實法矣。如此説破，者僧尚不領解，則其莽鹵可知，而居士反以爲不妄者何耶？

又謂漢月破貧道行解在棒配不遷。夫《物不遷》，肇公論之，空印駁之，先師駁語并《性住釋》出，空印業已悔而寢其説矣。南方之學者不達其理，復爲刻行，故貧道乃有《據評説》焉。後因禪者往復難問，貧道復舉百丈因緣通之，其書尚在，曾未有一棒配不遷之説。無其説矣，貧道又何必與之理哉？如付源流數段，蓋三峰扯賴别人來護己短。渠意全在貧道分中十分，不傷從上佛法的的大意，故貧道亦不與之一一理論。如“尊貴”二字本出洞山云：“直須向者裏及取及去及來，并盡一切事，始得無過。如人頭頭上了，物物上通，衹喚作了事人，終不喚作尊貴。當知尊貴一路自别。”①漢月頌云：“拽杖逢僧語話長，看花行盡竹邊廊。山童忽報茶初熟，依舊歸來仔細嘗。”如貧道不識一字，不能作此等句法則可。覺範豈不識字，不會作此等句法？因甚却道“生在帝王家，那復有尊貴。自應著珍御，顧見何驚異”②者耶？又謂劣他騎牛行歌於梅花之下者，貧道前亦贊他不妨不蹈古今窠窟，因其有夾住兩頭之款，故特據其自語相違者以劣之也。其夾住之意，前已細明，不煩述矣。

---

①　此處所記洞山語出處之歧異，請參看卷一《復墨仙劉居士諱道貞》“真照者，如洞山所謂……”句之注釋。

②　《禪林僧寶傳》，《卍新纂大日本續藏經》(79)，頁519中。

至謂貧道“丢却題目,只拈‘昧’字便作如許葛藤。若回顧因果,畢竟代不得本來”者。居士要且衹見得一邊,殊不知只爲此因故説本來。居士自昧時不見本來,自惺時方見本來。如是,則豈不是因居士而説本來?若不因居士而説本來,即者“本來”二字亦虚言矣。故説居士,本來在其中;説本來,居士在其中。如是因果者,從無始盡未來無二之意,故曰“因該果海,果徹因源”,[①]非因修善而得善果,非因作惡而招惡報者之因果。所以六祖謂道明曰:“不思善,不思惡,正恁麽時那箇是明上座本來面目?”明作禮曰:“某在黄梅二十年,實未惺自己面目,今行者即吾師也。”[②]如是,則居士但見信手拈條瞎棒打都無不著,而未到信口説亦無不著在。故曰:“善言言者,言所不能言耳。”近得我磬山訃云:“於九月念三日亦歸寂矣。”第恐張和尚、李和尚看看,臨到我頭上,則成未了之案,故不得不盡情叨咀,不覺葛藤如此也。

復驥超祁居士諱駿佳

讀手教,見居士爲法門深哉。若據漢月今已長往,則貧道不裁復可也。第恐不原貧道待漢月之心與爲法門至公無私之道,故得略而言之。夫公者,是是非非之謂也。如彼誠非,貧道不以之非,則貧道之不公非也。如彼有是,貧道不以之是,則貧道之不公是也。故彼是者,貧道即是之,不敢昧他一善也,抑導夫後人知善之可爲也。彼非者,貧道亦非之,不敢護他不善也,抑止夫後人知不善者之不可效也。貧道付之、闢之,僅如是而已。如是而付,則付也公也,非一己之私也。如是而闢,則闢也公也,非一己之私

① 此語出自清凉澄觀,可見於《大方廣佛華嚴經隨疏演義鈔》等。

② 語出《六祖大師法寶壇經》,文句多有省略:“惠能云:‘不思善,不思惡,正與麽時,那箇是明上座本來面目?’惠明言下大悟。復問云:‘上來密語密意外,還更有密意否?’惠能云:‘與汝説者,即非密也。汝若返照,密在汝邊。’明曰:‘惠明雖在黄梅,實未省自己面目。今蒙指示,如人飲水,冷暖自知。今行者即惠明師也。’”《大正新修大藏經》(48),頁349中。

也。底於公而不私，則從天下然我也、不然我也，貧道衹無愧於心耳。且居士閲貧道前後之書果何爲哉？居士蓋不知彼單倚口舌潑濫以混貧道，貧道豈可惜口舌不以之直辯到底？待他開口不得，至於枯竭無餘，無可奈何，則彼自心折而休矣。故貧道闢書之作幸而作於漢月未逝之前，而是是非非得與天下共知共見，則又豈貧道之私幸哉，抑亦法門公共之大幸也矣。

密雲圓悟禪師天童直說　卷三

門人通雲、通門編

三　録

與瑞光頂目

僧持瑞光語録二册至，老僧看吾孫道“今之天地猶古之天地，今之日月猶古之日月，何獨於道則不同？山僧一向稱性過日，總不管他是非今古。奈何近日師僧例皆執今以非古，而古道幾滅”者。老僧道：善哉！斯言誠爲萬世不易之定旨。老僧只因今之天地日月猶古之天地日月，故以一棒不作一棒用，直指今之人以貫古之人無異之道耳。若今之人不猶古之人者，則當謂今之天地日月不猶古之天地日月；既今之天地日月猶古之天地日月，則亦無間今之人與古之人。然則吾孫又何以謂老僧直指今之人爲執今以非古者耶？且若不直指今人以貫古人無異之道，則古人之道以何續而不滅者哉？又若無一切人，則諸佛又向何處出世？又向甚麽人説法，開示悟入佛之知見，以續佛慧命於不斷者哉？據汝開端立言尚自矛盾，不經簡點，况能於古人因緣中具擇法眼識宗旨者乎？蓋汝祇學黄龍之語，不識黄龍之意。你不見他道：“古之天地日月猶今之天地日月，古之萬物性情猶今之萬物性情。天地日月固無易也，萬物性情固無變也，道何爲而獨變乎？”①豈非證據斯道爲古今無易無變者哉？隨斷之曰：“嗟其未至者厭故悦新，捨此取彼，猶適越者不之南而之北，誠可謂異於人矣。”②而漢月、吾孫等諸人，務執古之名言以非老僧直指人人無異之道之正旨，則豈非吾孫等諸人異於吾孫等諸人者乎？又豈非不之南而之北，“徒勞其心，苦其身，其志愈勤，其道愈遠”③者乎？所以老僧唯以一棒不作一棒用，直指一切人無異之旨者，蓋不敢異於人，不敢以别法加於人故也。以别法加於人者，非厭故悦新，即捨此取彼也。何也？人人從本以來固無變無易者，至於三玄三要等一切名言，則其人之施設，即臨濟所謂“一期間塗畫虚空”者也。執名言而毀夫人人無異之旨，則致古道幾滅者，又非漢月與吾孫等諸人也耶？

又道：“山僧一向稱性過日，總不管他是非今古。”語云：“己所不欲，勿施於人。”然則吾孫因甚不容老僧稱性過日，而反執古之名言，務欲老僧從汝顛倒而不稱性耶？反誣老僧直指一切人各各無異之性者爲執今以非古耶？豈不致一切人惟認名言虚語，使其皆不稱各各人人之性過日？老僧不識吾孫爲何作此顛倒心行耶？

又如水潦和尚道“百千法門，無量妙義，祇向一毫頭識得根源去”④者，蓋明明顯他從前祇向百千法門、無量妙義上東卜西卜，不勝入海數沙之困，直被馬祖一踏，遂於一毫頭上識得百千法門、無量妙義之根源，可謂慶快生平，故不覺呵呵大笑。正如德山於吹滅紙燈處大悟曰：“窮諸玄辯，若一毫置於太虚；竭世樞機，似一滴投於巨壑。”⑤蓋爲他見處迥脱，所以後來出世。德山凡僧入門便棒，學者不知其覿體提持，唯見門風壁立，故皆望崖而退。究其得底與水潦固不較多，而汝却批判道，良以向一毫頭上識得

---

① 《禪林寶訓》，《大正新修大藏經》(48)，頁 1021 中。
② 《禪林寶訓》，《大正新修大藏經》(48)，頁 1021 中。
③ 《禪林寶訓》，《大正新修大藏經》(48)，頁 1021 中。
④ 《圓悟佛果禪師語録》，《大正新修大藏經》(47)，頁 749 下。
⑤ 《五燈會元》，《卍新纂大日本續藏經》(80)，頁 142 下。

百千法門、無量妙義之根源，正好入百千法門、無量妙義以會歸此一毫。若道得此一毫了，其餘百千法門、無量妙義總不消得，則《楞嚴經》中何以道“一爲無量，無量爲一；小中現大，大中現小。於一毫端現寶王刹，坐微塵裏轉大法輪”?① 以是知死於一毫端者無些子變化。且老僧本不是野狐精，又變化箇甚麽？者段因緣當初大慧禪師爲元禮侍者斷七普説，好不批判得明白，待汝等顛言倒語邪？他道：“須知一念不生，前後際斷處，正要尊宿。如水潦和尚因采藤次，問馬祖如何是祖師西來意。祖曰：‘近前來，向汝道。’”老僧道：已答了也。水潦不領，故近前，被馬祖當胸一蹋蹋倒。老僧道：第二重公案矣。“水潦忽然大悟，不覺起來呵呵大笑。祖曰：‘你見箇甚麽道理？’潦曰：‘百千法門，無量妙義，只向一毫頭上識得根源去。’者箇教中謂之‘入流亡所’。所入既寂，動静二相了然不生。纔得箇入處，便亡了定相。定相既亡，不墮有爲，不墮無爲，動静二相了然不生，便是觀音入理之門。他既悟了，便打開自己庫藏，運出自己家珍。乃曰：‘百千法門，無量妙義，只向一毫頭上識得根源去。’又呵呵大笑。馬祖知他已到者箇田地，更不采他，亦無後語。後來住水潦菴，禪和家來參，他有百十衆，纔舉揚便賣弄者一踏云：‘自從一喫馬師踏，直至如今笑不休。’渠又何嘗有峰巒疊翠，澗水潺湲，岸柳含煙，庭花笑日，鶯啼喬木，蝶舞芳叢底説話來？只道：‘自從一喫馬師踏，直至如今笑不休。’者箇便是第一箇入流亡所，動静二相了然不生底樣子。”②老僧問汝從來好簡辨古今者，大慧是第一箇，使真箇識得百千法門、無量妙義之根源了，正好入百千法門、無量妙義，不則死於一毫端，則水潦正呵呵大笑時須更向百千法門、無量妙義上去會歸此一毫，豈得自繇自在？又道甚麽“打開自己庫藏，運出自己家珍”耶？又既是無些子變化便不能現寶王刹了，以至法輪不轉，佛祖慧命繇斯而斷，則水潦打頭悟底也者一蹋，後來舉揚又稱道者一蹋，不

① 《大佛頂如來密因修證了義諸菩薩萬行首楞嚴經》，《大正新修大藏經》(19)，頁121上，“毫”原文作“毛”。

② 《大慧普覺禪師語録》，《大正新修大藏經》(47)，頁882中—下。

見有些子變化，豈不斷佛祖慧命者耶？若乃“峰巒疊翠，澗水潺湲，岸柳含煙，庭花笑日，鶯啼喬木，蝶舞芳叢”底説話，正是汝等諸人攢湊底長處，灼然有變化者，因甚又道渠何曾有恁麼説話來？吾孫胡不思忖是甚麼道理？據大慧則推爲“觀音入理之門”，據汝則謂“正好入百千法門、無量妙義會歸此一毫”，將誰爲準的乎？且馬祖當時既明曉得他正好入百千法門、無量妙義，則合爲他説破，因甚更不采他，亦無後語？到底出世爲人祇賣弄得者一蹋，道“我自從一喫馬師蹋，直至如今笑不休”，都不説起百千法門、無量妙義。然則“一爲無量，無量爲一”乃至“於一毫端現寶王刹，坐微塵裏轉大法輪”斷然不能，豈不死於一毫端無些子變化者耶？觀音與水潦悟入同倫，大慧無擇法眼，馬祖又乏鍛煉學者之方，一夥漢看來都不如吾孫。然則吾孫自當獨稱一種天魔外道，又何必冒他佛祖兒孫耶？雖然天魔外道，老僧尚未敢信汝在。如汝道無些子變化便不能現寶王刹者，老僧即不問汝。祇如坐微塵裏轉大法輪者，不識汝變汝細如微塵了而坐微塵裏轉大法輪邪？抑化微塵大如汝了而坐微塵裏轉大法輪耶？吾孫須明示以信天下後世，不則祇是箇野狐精，特吐野狐涎以狐魅人耳。又何曾夢見他“百千法門，無量妙義，只向一毫頭上識得根源去”底道理？惟不識得，故見説“百千法門，無量妙義”，便向“百千法門，無量妙義”上橫計。見説“一毫頭”，便向“一毫頭”上生心。是則啓口即成過咎，豈不哀哉？

然汝所以牽連比類，支辭漫説者，祇爲老僧前三年有書規訓汝故也。祇如老僧書云：“三玄三要出自臨濟上堂云：‘一句語須具三玄門，一玄門須具三要。有權有實，有照有用。汝等諸人作麼生會？下座。’①老僧道：好箇‘汝等諸人作麼生會’，只是吾孫未夢見在。若也見得，汝爲簡點看那裏是他有權處？那裏是他有實、有照、有用處？”今更問汝還曾簡點也未？汝若簡點得清楚，何不將權、實、照、用一一明示老僧？乃故作大言，欺掩諸

① 此段所引“三玄三要”之内容，《古尊宿語録》中無“有照有用”，《人天眼目》則有此句，《大正新修大藏經》(48)，頁 302 上。

人，反謂老僧有人我相、是非關。殊不知老僧用心與吾孫不同。蓋老僧以見臨濟道“汝等諸人作麽生會”，則不見有人我相、是非關，故不敢指誰是誰非，所以提吾孫道“好箇‘汝等諸人作麽生會’”者一句也。今請吾孫於老僧與汝等諸人以至盡未來際諸人指看，誰不是者一句？又誰跳得出者一句？若於老僧與汝等諸人指又指不出，跳又跳不出，則吾孫又指老僧與汝等諸人誰是誰非？爲人我相，而教老僧放下人我相，打破是非關耶？抑見漢月與吾孫等只因不識臨濟道“汝等諸人作麽生會”者一句，故一味牽扯他人，虚張聲勢，以爲自悟三玄三要以欺人，故有是非人我相也。然今老僧又誰管你三玄三要是少得少不得？衹要汝於臨濟語中分别諦當，以三玄三要出自臨濟故也。老僧問汝：“一句語具三玄門，一玄門具三要，有權有實，有照有用。汝等諸人作麽生會？”總是臨濟一時語，因甚三玄三要則搜盡諸三法以配之？及至問汝：“那裏是他有權處？那裏是他有實、有照、有用處？”則顢頇不答耶？且既通是臨濟語，因甚三玄三要便少不得底，而權、實、照、用、汝等諸人作麽生會等語，又可置之無用之地耶？老僧情知汝不解臨濟意旨，所以前書提汝云：“好箇‘汝等諸人作麽生會’，衹是吾孫未夢見在。”汝若夢見者一句，方知三玄三要真箇有權有用，定不是汝逢三即配之死煞①法矣。若以“三”之一字死煞配定，則“一句語具三玄門，一玄門具三要”，合當三玄九要矣。既不可以“三”之一字死煞配定到底，又豈可以三玄三要爲的實，而遂謂自悟三玄三要耶？若以三玄三要爲的實，則“權”之一字又且如何消繳？故老僧敢謂三玄三要是權，其直指“汝等諸人”一句是實、是照、是用，其“下座”則臨濟自己一時用收者也。若吾孫不信，則請吾孫等諸人離了吾孫等諸人，指箇甚麽作“一句”看？又請離了吾孫等諸人，又指箇甚麽作實、作照、作用看？又請離了吾孫等諸人，又指箇甚麽爲自悟底看？若離了吾孫等諸人，别配三玄三要以爲自悟，則臨濟以上諸祖大老無有三玄三要之名言，何以相續不斷？不可謂自

① 死煞，禪宗常用語，意爲死板。

世尊至臨濟以前斷無自悟者也。既有自悟，則自悟又何關於三玄三要哉？然則汝教老僧："何不平心思忖看，若是三玄三要可以少得底，爲甚遞代以來諸大禪師諄諄懇懇務欲明此以爲究竟者？"老僧亦謂汝：何不平心思忖看，爲甚臨濟以上無三玄三要之名言，而列祖衆聖又明箇甚麽以爲究竟耶？故老僧平心思忖，敢謂三玄三要可以少得底，唯是"汝等諸人"者一句斷然少不得底。若無吾孫等諸人，又道甚麽三玄三要、悟與不悟哉？故老僧唯以一棒不作一棒用，直指一切人自悟，而不教人悟三玄三要也。不惟臨濟初未嘗以三玄三要爲實，抑且於自悟人分上了無著處。所以老僧前書與汝，有"覺範雖於兩堂同喝之賓主歷然之意有見處，而錯以爲三玄三要，是以自古至今未免識者笑。然有過汝之處，云'細看即是陷虎機，忽轟一聲塗毒鼓'"，既曰"陷虎機"，豈不益證三玄三要是權設而非實法哉？可見臨濟之後一夥漢都向三玄三要上拈頌者，正若五祖演道："賊兒推塊巨石於井裏，他自前去了，一隊趕賊者都向井裏尋賊覓賊。"①豈不是吾孫等諸人逐塊者乎？唯老僧只向臨濟道"汝等諸人作麽生會？下座"者，豈非獅子咬人，不同汝等之類者乎？又抑可見虎是虎，機是機。老僧所以前來問：汝既自悟，何以有三玄三要？既悟三玄三要，何以爲自悟？汝自者，虎也。三玄三要者，機陷也。汝豈可以機陷爲汝乎？又豈可以汝爲機陷乎？則汝不惟不識臨濟三玄三要之意旨，抑又何曾夢見他覺範底見處來？蓋覺範因僧問臨濟賓主句，可見他素嘗都在賓主上作活計。正擬答那僧時，忽於賓主歷然處見得，方知一向錯解賓主，以此例知三玄三要是權非實，遂有"細看即是陷虎機"之頌。然亦因覺範謂頓見三玄三要之旨，致使漢月、汝等逐塊之徒尋風捕影，搜遍上下古今三者，穿鑿配合，遞相傳授，以爲宗旨，豈不自誤誤人，使臨濟本宗正旨混濫不明。且關係老僧，故雖如覺範有見者，老僧尚且劣下，以錯爲三玄三要，況如汝輩之穿鑿配合

① 密雲此處所引五祖演公案，《大慧普覺禪師宗門武庫》、《指月録》、《幻有傳禪師語録》等皆有載，但與密雲所引文字略有差異，如《指月録》中："賊兒忽見一井，乃推巨石投井中，其人却於井中覓賊。"《卍新纂大日本續藏經》(83)，頁707上。

者乎？

據覺範，則是漢月、汝等所倚仗以欺罔聾俗者，究其見處，汝輩尚簡辯不清，乃妄謂："自臨濟而下自悟三玄三要者有三人：風穴沼禪師其一也，覺範洪禪師其一也，其一則我萬峰老人是也。"漢月不足挂齒，覺範洪先以判出，風穴沼是汝虚張聲勢底第一座泰山。老僧且爲汝指破，則汝等野狐精魅自然無地容身矣。老僧曾閲《傳燈録》載風穴於華嚴會裏作維那，因華嚴上堂云："大衆，今日若是臨濟、德山、高亭、大愚、鳥窠、船子兒孫，不用如何若何，便請單刀直入，華嚴爲你證據。"廓侍者出，禮拜起，便喝。嚴亦喝。廓又喝，嚴亦喝。廓禮拜起，曰："大衆看者老漢一場敗闕。"又喝一喝，拍手歸衆。嚴下座，歸方丈。時風穴上去問訊。嚴云："維那，汝來也。叵耐[1]守廓適來把老僧扭捏一上，待集衆打一頓趁出。"穴曰："趁他遲了也。自是和尚言過，他是臨濟下兒孫本分。"恁麽嚴方息怒。[2] 是則可見風穴不識華嚴，故作世諦流布耳。老僧若作華嚴，便連棒打出，則風穴不敢傳言送語矣。穴下來舉似廓，廓曰："你著甚來繇勸者老漢？我未問前早要棒喫，得我話行。"試問吾孫，廓侍者未問前是甚麽話早要棒喫得話行耶？又曰："如今不打搭却我者話也。"吾孫試道看，不打搭却廓甚麽話耶？穴曰："雖然如是，已遍天下也。"[3]又豈不是一味只作世諦流布，而不見華嚴、廓侍者二老之意乎？但古人鄭重，不輕明破耳。風穴只見廓侍者答有勝華嚴，故心奇之，因結爲友。而覺範謂默悟三玄旨要者，此也。後風穴到南院亦學得廓答話底作略，所以南院問他："南方一棒作麽生商量？"曰："作奇特商量。"[4]露布了也。豈非只因不見華嚴"打一頓趁出"，與廓侍者

---

① 叵耐，亦作"叵奈"，此處爲可恨之意。

② 密雲言及此段公案出自《傳燈録》，但《景德傳燈録》中未見，而《聯燈會要》、《五燈會元》均有載，内容相似，文字略有出入。《五燈會元》，《卍新纂大日本續藏經》(80)，頁228上—中。

③ 此處文句接前公案，《五燈會元》，《卍新纂大日本續藏經》(80)，頁228中。

④ 《古尊宿語録·汝州南院禪師語要》，《卍新纂大日本續藏經》(68)，頁43下。

“我未問前早要棒喫，得我話行”，“如今不打搭却我話”處？却問院和尚：“此間一棒作麽生商量？”南院拈起棒曰：“棒下無生忍，臨機不見師。”①穴始於言下大悟。老僧問汝：遞代諸大禪師務欲明此以爲究竟，因甚默悟三玄旨要者却於棒下無生忍處得大悟耶？若按《傳燈》諸録，本無默悟三玄旨要之説，即臨濟上堂自斷語中，亦無有玄有要之説。如《古尊宿》衹載“有權有用”，《傳燈》諸録則載“有權有實，有照有用”。其“默悟三玄旨要”與“有玄有要”二俱見覺範集中。殊不知易“權實照用”爲“有玄有要”何等死煞，抑且語意索然已盡，又何必提云“汝等諸人作麽生會”哉？蓋皆覺範後來作傳贊此，而汝復易“默悟”爲“忽然自悟三玄三要之旨”，又益張大其事，遂以爲古今自悟三玄三要者有如此三大老。因呼老僧爲近日底師僧，且若告諭其下者云：“山僧今日苦口相勸，何不放下人我相，打破是非關，平心思忖看：若是三玄三要可以少得底？”將許大底話擬諕老僧，老僧且從容向道：風穴是汝靠傍以爲第一箇自悟三玄三要者，衹不過是箇油嘴滑舌弄虚取勝底漢，簡辯尚未清頭②在。直待南院拈起棒道“棒下無生忍，臨機不見師”，方纔大悟。則三玄三要又何可以爲究竟？汝言少不得哉？如此，則第一座泰山已靠傍不得矣，然則汝輩野狐精魅更弄箇甚麽手脚？若以老僧判覺範雖如此有見處，而錯以爲三玄三要，遂引“三人證龜成鱉”、“鵓鳩樹上啼，意在麻畬裏”等語，以證成老僧錯處，則老僧大意前已發明，“證龜成鱉”即不與汝説破，其餘則汝當一狀領回，於老僧何預哉？

雖然，據覺範頌意，於臨濟自斷之語於“權”之一字不道他不灼有見處，然於臨濟全意即未滿在，以猶未得他“有照有用”故也。至於漢月因老僧提汝“那裏是他有權處？那裏是他有實、有照、有用處”，遂依樣畫葫蘆，亦將權、實、照、用捏箇頌子云：“言意浮沉結髑髏，髮尖迸出海門秋。從權到實照功盡，處處吹毛用不留。”其實不經簡點，而吾孫便大驚小怪，咤以爲希

---

① 《古尊宿語録・汝州南院禪師語要》，《卍新纂大日本續藏經》(68)，頁43下。

② 清頭，吴語方言，指事理的是非輕重，可見於《二刻拍案驚奇》等小説。

奇。道:“你看我萬峰老人如此拈,如此頌。”老僧爲汝逐句訂破,則汝又是一場懡㦬,靠傍不著矣。“言意浮沉結髑髏”,老僧道:你還識臨濟“汝等諸人作麽生會”麽?“髪尖迸出海門秋”,有甚麽海門秋?“從權到實照功盡”,何不一味從實?又烏用委曲而從權者哉?又若到實正好從實發照他人之實,又豈可謂“照功盡”者乎?况臨濟有四照用,照功若盡,道甚先後同時不同時哉?“處處吹毛用不留”,錯用不少,何也?若也到實,則正好以自之實用指他人之實,又豈可以吹毛之用,而用不留哉?豈非不識臨濟本意,一味用心意識卜度穿套得來以欺他人者乎?汝不思臨濟道“離相離名人不禀,吹毛用了急須磨”者,正爲人不到離名離相之實,空執名相虚言以當自己實解,故當以吹毛斬盡他之虚名虚相耳。豈可於此有實有照有用?正當以實照實用,以實指實,自利利他之實者則誰更有虚名虚相而爲吹毛者哉?可見漢月一味掠虚弄虚,套襲古人奇勝名言,求過於人,以至觸犯不識,蓋自無本據故也。

古今自悟三玄三要者三人,老僧已爲汝剖斷了也。至於遍扯臨濟以後諸家拈頌,欲以顯三玄三要,是少不得底。老僧問汝:三玄三要出自何人之口?蓋臨濟一時上堂語也,即臨濟未嘗諄諄懇懇務使學者明此以爲究竟。其自斷自提自收自有本語可見,汝何不向臨濟語中剖判諦當?乃於别處打之繞耶?豈不是自家無本據,剛把别人誇,争教老僧不愈生悲憫耶?况諸家拈頌底三玄三要,又何預漢月三擊碓、三頓棒、三撼門扇等三法之三玄三要哉?老僧總不與汝理論長短,且只據克符答賓中賓云:“倚門傍户猶如醉,出言吐氣不慚惶。”①斷煞汝了,然後以極䴫一棒整頓漢月者,復整頓汝等。儘汝等穿鑿配合攢凑安排乃至能變能化,儘汝等作盡伎倆來,老僧一一與汝極䴫一棒,打汝無能迴避。得老僧極䴫一棒過汝,則見汾陽道:“凡有學人偏僻言句,或蓋覆將來辯師家眼目,或呈知見擎頭戴角,一一試之,盡皆打得只爲當面識破,或貶或褒。明鏡臨臺,是何精魅之可現?

① 《五燈會元》,《卍新纂大日本續藏經》(80),頁 225 下。

有何妖狐能隱本形者也?”①則汝不敢欺老僧以狐魅一切人,庶使教外單傳之旨不至掃地者矣。

所以老僧前據慈明三玄三要總頌云:“報汝通玄士,棒喝要臨時。”汝則謂:“打固打得痛快,争奈宗旨何?”你特不看他“臨時”二字耶? 若於“臨時”二字明得,則三玄三要底時節,三玄三要底旨趣,無不了了善哉。老僧正要汝恁麽批判,汝還識“臨時”二字麽? 老僧索性與汝指出當時臨濟於“一句語須具三玄門,一玄門須具三要”,復自斷云:“有權有實有照有用。”又復提云:“汝等諸人作麽生會? 下座。”可惜無人出問,故至今錯認“一爲無量,無量爲一;小中現大,大中現小”爲差别智,以爲勝而不反思於自分上一毫端、一橛頭者,即臨濟道:“汝等諸人赤肉團上有一無位真人,嘗在面門出入。未證據者看看。”下座。時有僧問:“如何是無位真人?”臨濟把住云:“道! 道!”僧擬議,濟托開曰:“無位真人是甚麽乾屎橛?”②故老僧以一棒不作一棒用,直指一切人赤肉團上無位真人嘗在面門出入底時節。若離了面門底時節,即移時失候矣。故老僧千問千棒,萬問萬打,直打到底,不致一切人離了面門出入别有差别智。若離了面門别有差别智,即心意識用事,即不謂之智矣。故南院曰:“赤肉團上壁立萬仞。”③又有僧問首山:“如何是和尚家風?”山曰:“一言截斷千江口,萬仞峰頭始得玄。”④既曰“一言截斷千江口”,又豈可以差别之智爲玄旨,以勝老僧直指萬仞峰頭赤肉團壁立之旨耶? 據是,則汝等諸人何嘗夢見老僧直指一切人底意旨? 汝若夢見,則知老僧直指一切人底意旨,正古人所謂“騎虎頭,收虎

---

① 《人天眼目》,《大正新修大藏經》(48),頁 308 上。

② 《鎮州臨濟慧照禪師語録》,《大正新修大藏經》(47),頁 496 下。

③ 語出南院慧顒公案,“壁立千仞”也有記作“壁立萬仞”。《景德傳燈録》:“汝州寶應和尚上堂示衆曰:‘赤肉團上壁立千仞。’時有僧問:‘赤肉團上壁立千仞,豈不是和尚道?’師曰:‘是。’其僧乃掀禪床。師曰:‘遮瞎驢。’便棒。”《大正新修大藏經》(47),頁 496 下。

④ “萬仞峰頭始得玄”也有記作“萬仞峰前始得玄”。《景德傳燈録》,《大正新修大藏經》(51),頁 304 上。

尾,第一句下明宗旨”①者矣。汝自不知,故望崖而退,倒引覺範“祖宗門風壁立”②之説擬謗老僧,老僧不識汝輩離却壁立千仞之赤肉團又指箇甚麽爲壁立耶?若别有壁立者,則外道法矣。所以前書道“不識吾孫面皮厚多少”者,無非人人一箇面皮,豈可於面皮外論厚薄“三玄三要”之得失者乎?若於面皮外認三玄要爲宗旨者,正外道宗旨,汝敢稱佛祖、臨濟、老僧之兒孫者乎?

至於争一争三,則漢月、汝等自捏自造者,汝乃謂“諸方一向争一争三,今日山僧不免做箇和事老人”。老僧問汝:極麤一棒、一橛頭硬禪,是老僧造言以誣老僧耶?三擊、三頓、三撼門扇是老僧造言以加漢月耶?皆漢月與汝等捏造以謗老僧,故老僧即將汝所捏造一橛頭硬禪、極麤一棒發揮,無非指人之落處,無非發明人之本旨,無不貫五家之正宗,以見漢月、汝等伎倆神通變化,終莫過於老僧之一橛頭極麤一棒者。乃至不辭做箇知解宗徒,將臨濟上堂語分剖解釋,皆因漢月、汝等置得。豈老僧與漢月等争一争三耶?且老僧前書不向汝道:“老僧智識暗短,不見誰是賓誰是主,何自有三玄三要等種種存於胸次,與汝較量得失?”既不見誰是賓誰是主,豈與汝等争人争我者哉?既曰何自有三玄三要存於胸次,豈有一是三不是種種翻覆者哉?斯皆老僧先斷過者矣,而汝道“者些争一争三,争人我是非底人,總被山僧攧向鐵圍山下去”者,豈非汝和事老人不打自招之口款乎?又“喝一喝,卓拄杖三下,下座”,可見汝畢竟争一争三,則又怎免得争人我是非底人,總還汝自攧向鐵圍山下去也哉?

---

① 語出《智證傳》:“德山鑒禪師曰:‘有言時,騎虎頭,收虎尾,第一句下明宗旨;無言時,覿露機鋒,如同電拂。’”《卍新纂大日本續藏經》(63),頁 188 下。

② “祖宗門風壁立”一句出自慧洪覺范所著《臨濟宗旨》:“一玄中具三要。有玄有要者,一切衆生熱惱海中清凉寂滅法幢也。此幢之建,譬如塗毒之鼓撾之,則聞者皆死,唯遠聞者後死。若不横死者,雖聞不死。臨濟無恙時,興化三聖保壽定上座輩聞而死者。今百餘年猶有悟其旨者,即後死者也。而諸法派謂無益於道者,即不横死者也。祖宗門風壁立萬仞,而子孫畏之。喜行平易坦塗,此所謂法道陵夷也。”《卍新纂大日本續藏經》(63),頁 168 中。

又汝録中每於問答次以棒打云:“須向者裏會得,始是真的。”且問汝:汝等變化底問答,若一切不妄者,又學老僧死於一毫端打人以爲真者何用耶?此豈汝自招自説矣,又何必老僧一一爲汝剖斷?然則老僧以棒不做棒用,直指一切人,不期然而與臨濟道“汝等諸人作麼生會”矣!

復劉墨仙居士

僧貫之來,得駁書,謂大事因緣非一人一家所能盡。即此一語,已失文墮義,其餘何足觀哉?若貧道則謂無一人不盡大事因緣,無一人不貫五家之宗,縱作用語句不同,無非發明人人本分,無片語隻字差别之異。若有隻字片語私相授受,爲密證,爲殊勝,偏執己見,人我未空,何虚懷之有?何盡大事因緣者哉?古云:“趙州八十猶行脚,祇爲心頭未悄然。即至遍參無一字,始知虚費草鞋錢。”①可見古人終身造道,無有别法可得。如此便見世尊“天上天下,唯我獨尊”,即入維摩不二法門,無逾此也。豈不各盡大事因緣之致哉?如居士道:“只須踢倒維摩床,掀翻香飯鉢,將浄名老子一棒趕回妙喜,始得入不二法門。每自許謂:若遇臨濟、德山,當掉臂而過,迅捷一路。蓋久已知之。”貧道看來直是好一篇文字,好一出景況,好一段意氣,謂入不二法門,則錯認不少。何也?既謂不二法門,詎可謂妙喜來毗耶、毗耶回妙喜耶?即此可見居士未開隻眼在。且一棒趕回,則未知棒之用處,故亦錯以掉臂而過爲迅捷一路。蓋亦不識黄龍謂“已過關者,掉臂而去”②底意。此所謂醍醐上味,遇居士等人翻成塗轍毒藥,豈不令人真可憐憫哉?則見居士自不能盡一人之極致,又争怪妄認棒喝爲宗

① 此詩偈傳爲張商英作,但無文獻依據,多標注“古云”。如《雲棲法彙(選録)》,《嘉興大藏經(新文豐版)》(33),頁58上。

② 出自“黄龍三關”公案,“掉臂而去”也有作“掉臂徑去”,如《人天眼目》:“黄龍每以此三轉語垂問學者,多不契其旨。而南州居士潘興嗣延之,常問其故。龍云:‘已過關者,掉臂徑去。’”《大正新修大藏經》(47),頁496下。

旨而駁之者乎？據是，則益可見錯認言句爲宗旨。故謂千深萬厚撲不破者，貧道謂既撲不破，直須居士自撞破始爲入不二法門，即證天上天下唯我獨尊，則方見浄名老子亦獨尊不二，無有去來可見，況可以一棒趕回妙喜者乎？亦不以棒喝爲宗旨，況可以言句爲宗旨，而謂千深萬厚，自蓋以蓋人者乎？且經云："諸佛世尊唯爲一大事因緣故出現於世。"①所以殷勤稱嘆者，蓋欲人人諦信諸佛出世唯此一事，更無别事，俾之各各悟入而盡此一事也。今居士特略去"一"字爲出言之表、立駁之端，謂非一人一家所能盡，豈不大違佛意？且問居士，既謂非一人一家所能盡，則世尊一人出世亦不能盡。可乎？不可乎？達摩一人來亦可謂不能盡。可乎？不可乎？且謂二祖一人所不能盡，乃至六祖一人所不能盡，則五家何自而出乎？又且既非一人所能盡，則何謂臨濟一人爲臨濟宗乎？雲門一人爲雲門宗乎？法眼一人爲法眼宗乎？縱溈山、仰山爲溈仰宗，曹山、洞山爲曹洞宗，亦非五人共爲一宗者明矣。所以大慧恐人别生異見，告云："唯人生不知來處，故謂之生大。死不知去處，故謂之死大。"②故謂生死一大事因緣也。據是，則居士謂"非一人一家所能盡"，則一人死時當人人死，家家死者矣。則漢月死，居士亦當與漢月共死，則謂一大事因緣非一人一家所能盡者，可也。抑居士不與之共死，則漢月定死不得，則謂漢月一人所不能盡此生死一大事因緣者，亦可也。今居士既不能與漢月共死，則居士他日死必不能待阿誰共死方始死得，則何以謂非一人一家所能盡者耶？貧道知諸佛世尊出現於世，無非發明爾我生死一大事因緣，無第二人可以代我一人之生死一大事因緣，以息生死之輪迴、浮沉之狂見。故若於唯我一人外别有差别智者，則謂之所知，則謂之偷心，則謂之滲漏，則謂之狂心，則謂誑言，則謂自欺欺人，故貧道唯據一棒不作一棒用，直指人人本命元辰以貫徹生死一大事因緣，故無第二心、第二念爲差别智者。所以道"唯

① 《妙法蓮華經》，《大正新修大藏經》(9)，頁 7 上。

② 語出《大慧普覺禪師語録·示羅知縣(孟弼)》："既不知來處，即是生大。既不知去處。即是死大。"《大正新修大藏經》(47)，頁 897 下。

此一事實,餘二則非真"。① 且居士不嘗頌世尊初生"天上天下,唯我獨尊"云"開場演出五家宗"？今反謂大事因緣非一人一家所能盡,豈非居士自語相違,自相乖戾,自駁自者哉？然則劈頭一句居士自家先撞倒矣,其餘又烏足道哉？今且略據一二言之。如居士謂漢月悟徹祖關,初年參禪四十偈,斷盡知解。入門便問堂奥機用,精於棒喝。但渠全主全賓非一味迅捷,而抑之旁出,乃至巖頭曰"大統綱宗中事,先須識句"②者。貧道試問居士：漢月既初年斷盡知解,因甚貧道答他"汝即今在甚麽處",却不識貧道之句,而謂"猶是門庭邊事"？豈非猶向外打之繞,而自不識漢月之堂奥中事者乎？夫奥者,主人之所安息也,即漢月之立地處也。貧道提漢月立地處,而漢月向外打之繞,豈非業識茫茫,無本可據,故不識貧道之句者乎？又貧道陞座,拈起拄杖云："舉一不得舉二,放過一著,落在第二。"擲下拄杖云："老僧落二了也。且一又如何舉？"漢月却向前拿拄杖而去者。此又豈非漢月不識貧道之句義,故不識貧道之用處者乎？而獨喜貧道顧視他曰："既是月落後,又如何相見？"他便出去,故以源流拂子表信耳。因前後兩處不識貧道之句用,故對一默禪。人有且付他作箇旁出者,亦是要漢月警覺故也。

又前舉南院謂風穴云："有問臨濟如何是第一句。濟云：'三要印開朱點窄,未容擬議主賓分。'"③故曰："一喝分賓主,照用一時行。"④一喝既分賓主,則一棒豈非"三要印開朱點窄,未容擬議主賓分"者乎？又據漢月道："若人會得四喝,方可入我賓主之奥。故兩堂同喝爲四賓主之母。"貧道知其不會臨濟賓主歷然之旨,只顧自家杜撰,所以引貧道答僧語解與居士聽。曾有僧問貧道："兩堂同喝,賓主歷然,未審誰是賓、誰是

① 《妙法蓮華經》,《大正新修大藏經》(9),頁 8 上。

② 語出《聯燈會要・鄂州巖頭全豁禪師》："示衆云：'夫大統宗綱中事。須識句。'"《卍新纂大日本續藏經》(79),頁 182 下。

③ 《古尊宿語録・風穴禪師語録》,《大正新修大藏經》(68),頁 44 下。

④ 《人天眼目・慈明頌》,《大正新修大藏經》(48),頁 304 下。

主。”貧道答云：“賓則總賓，主則總主。”進云：“賓主歷然，意旨如何？”貧道打云：“還見麽？”漢月若會得貧道打底意旨，便薦得賓主歷然底意旨。若薦賓主歷然，方見賓則總賓，主則總主。如是，則賓何嘗賓？主何嘗主？賓非賓，主非主，則喝何嘗喝？喝非喝，則一喝不作一喝用，豈不了然哉？此言此意，前書已從頭一一説與居士者，貧道將謂居士是箇通達無私底人，誰知居士竟丢貧道判明賓主底意旨，倒妄駁貧道爲偏淺，妄贊漢月機用，精於棒喝，但渠全主全賓非一味迅捷者。今請居士試指貧道那一棒不曾打著人分上而非全主全賓？乃妄謗爲迅捷，爲偏淺。而漢月精於棒喝，又打喝在甚處而獨爲全主全賓爲全深者耶？又且漢月果精於棒喝全主全賓爲全深者，則因甚於靈芝菴陞座對衆謂“今人要把榧龘一棒便了”以謗貧道爲欺佛、欺祖、欺前、欺後者耶？又因甚貧道謂“以一棒不作一棒用，直指一切人本命元辰，即是臨濟之一喝不作一喝用”，而漢月竟不顧臨濟之格言格法格用，反謂貧道令人喫則非喫，淫則非淫等者耶？據漢月如是心行，又何曾精於棒喝全主全賓之意者？而居士虚贊爲全深，妄貶貧道之棒喝爲迅捷，爲偏淺，則居士何曾夢見貧道一棒不作一棒用，直指一切人安身立命之地者哉？殊不思單謂“一喝不作一喝用”者，只可謂全主也。若貧道謂“以一棒不作一棒用，直指一切人”者，則方可得全主全賓，自利利人，照用雙行而不偏一者。正大機大用，赤手全提一切人。正如金翅劈海，直取龍吞。百萬軍中，直取上將。故貧道曰“棒打石人頭，嚗嚗論實事”者，縱有妖狐精魅，只以一棒不作一棒用，直打他本形，本形一露，則一切差别狂妄伎倆偷心不待死而自不起者矣。正貧道即就以漢月榧龘一棒盡漢月伎倆，直打漢月到底，何曾隱得漢月之本形者乎？正如居士謂“大慧佛性泰各取，香嚴一擊亡所知，東山趙州露刃劍”，亡所知則露刃劍，劍露則自無所矣。反引以證是則俱是，非則俱非，謂貧道於居士頌爲一句贊一句駁而不定者，則殊不思居士頌云“開場演出五家宗”，而貧道著語曰：“正搔著貧道癢處。”即此一句，可謂縱奪雙行，照用同時，豈非全主全賓者乎？“儱侗狐禪失却踪”，貧道著語曰：“甚麽處去也？”又豈非全主全賓而提持居士者乎？後二語大意總不出此。蓋緣居士不識世尊初生，以一手指天，一手指地，曰“天上天下，唯我獨尊”，與後來於棺木裏亦出雙趺，正爲一切人天大衆各具唯我獨尊之全體，豈儱侗狐禪便失却踪而無首足者乎？又豈非居士堅執己見，自不知非，不識貧道活人之句，而昧爲一贊一駁者乎？且貧道前著語，後復斷云：詳居士頌語，衹認舉手伸足爲首尾一定之旨。而未會“一手指天，一手指地，周行七步，目顧四方，天上天下，唯我獨尊”覿體渾然大全之旨。未免令人向舉手伸足處作窠窟，何異盲人摸象者？今倒駁貧道不識全深爲偏淺。除居士自毁其書，改竄其説，否則天下後世豈無人并看而指摘居士者，又何怪居士特要貧道之毁其板耶？

總之，漢月與居士等智眼未圓，故多自顛倒耳。居士智眼若圓，則不見彼我、是非、聖凡、得失，則見三世佛、歷代祖、一切含靈箇箇全體等現，又喚甚麽涅槃心、差别智哉？正所謂涅槃生死等空華隨順世緣無罣礙，則可謂功德天、黑暗女。有智主人，二俱不受，則具一隻眼。若貧道，則更知有智主人，二俱皆透，則功德天、黑暗女俱面目現在，正居士謂“九烏射盡，一翳猶存，一箭墮地，天下黯黑”，即貧道明暗俱不受，明暗俱透者矣。如牛過窗櫺，頭角四蹄通過了，惟有尾巴過不得者，正居士倚古人語句廉纖不絶者是矣。如黄龍道“已過關者掉臂而去”，則何有尾巴過不得者也？蓋居士頭角四蹄總未過在，何以不見夾山問僧：“洞山有何言句？”僧云：“洞山道：‘我有三路接人。’”山云：“有何三路？”僧云：“鳥道、玄路、展手。”山云：“實有此三路。”那僧云：“是。”山云：“執持千里鈔，林下道人悲。”①今居士執據古人種種説話來，志望難駁貧道者，與者僧何以異？又怎不教貧道深生憐憫哉？又如居士分付貧道“先將三峰偈頌一種與己所撰述細細參研，

① “執持千里鈔”應爲傳抄之誤，《祖堂集》作“貴持千里抄”，《人天眼目》中作“鬼持千里鈔”，《聯燈會要》、《五燈會元》、《指月録》中皆作“軌持千里鈔”，此處引自《五燈會元》，《卍新纂大日本續藏經》(80)，頁121下。

然後盡讀全録，質之於古人，偏全淺深自能明辯，如夾山之下座求師，鹿門之煎茶告衆。此大英雄真佛子之所爲上也”者，則貧道敢道居士一味靠古人作聲勢，而未夢見古人與貧道立地在，故妄誕爲能，以欲掩人而不避識者掩鼻暗笑者也。不信，則且聽貧道不惜眉毛爲你注破出來，俟天下後世人評之。

如夾山因僧問：“如何是法身？”山云：“法身無相。”“如何是法眼？”山云：“法眼無瑕。”故致道吾不覺失笑。若問貧道“如何是法身”，即劈脊便棒。“如何是法眼”，但向道箇“瞎”。如有人失笑，則問他：“你見箇甚麽了，便笑他？”若擬議，連棒打出。而夾山却下座請問道吾：“某甲適來祇對者僧，必有不是，致令上座失笑。望上座不吝慈悲。”吾曰：“和尚一等是出世，未有師在此。”則見他未有師承，故如此答也。山曰：“某甲某處不是，望爲説破。”吾曰：“某甲終不説，請和尚却往華亭船子處去。”此道吾誠不負船子分袂時之囑故也，豈若今時人只顧自己而不顧昧心者比也。山曰：“此人如何？”吾曰：“此人上無片瓦，下無卓錐。”貧道道：此道吾漏逗了也，可惜夾山不知所措。若也上流，則但曰：“某甲已自敗露了也。”便乃禮拜而退，可謂自他不隔於毫端者矣。山乃散衆束裝，直造華亭。船子纔見便問：“大德住甚麽寺？”山曰：“寺及不住，住即不似。”子曰：“不似似箇甚麽？”山曰：“不是目前法。”子曰：“甚麽處學得來？”山曰：“非耳目之所到。”子曰：“一句合頭語，萬劫繫驢橛。”子復曰：“垂絲千尺，意在深潭；離鈎三寸，子何不道？”山擬開口，被船子一橈打落水中。請居士看：夾山擬開口，便打落水中，則豈可容漢月别説有差别之智，爲深爲全者耶？山纔上船，船子又曰：“道！道！”山又擬開口，子又打。山豁然大悟。① 據是，再請居士試看：船子打夾山而大悟者，居士則駁貧道打人之意爲淺爲偏。則可見居士教貧道質之古人，偏全淺深，自當辯明。如夾山下座求師，以證居士之

---

① 密雲圓悟所引夾山善會禪師公案，文句未全依語録，且多夾有評議之語。文字相近者，可見於《五燈會元》，《卍新纂大日本續藏經》(80)，頁 115 中—下。

駁爲當者，不知恰成貧道之當，而反證居士之駁爲不當者哉！蓋居士以不識貧道之用，故不識船子之用，而不識夾山因未有師承故錯答僧問，以致道吾失笑。然則居士又不致天下後世傍觀者失笑耶？且船子因夾山不受船子道"釣盡江波，金鱗始遇"之贊，故乃掩耳而更囑曰："汝向去直須藏身處没踪迹，没踪迹處莫藏身。"則又豈可於身外别有差别之智可爲藏其踪迹者哉？又曰："我在藥山三十年，只明斯事。"又豈可以爲輕忽不信者？況更見夾山頻頻回顧，船子遂竪起橈曰："汝將爲别有那？"乃踏翻船自覆而没者也。① 故古人贊曰："付法如船子者，何愁法道之不興也？"豈像漢月謂貧道打人是"一悟便了，一橛頭粗硬禪，相似野狐涎，是淺丈夫"者哉？而居士反謂漢月推讓已久，而貧道以人情爲佛法，則不唯獲罪三世諸佛唯爲一大事故出現者，而歷代祖師無非以心印心而無差别之旨者，天下後世豈無高明正眼，以謂貧道模糊放過漢月以誤人者也？又且居士若識船子道"離鈎三寸子何不道"，而夾山自點頭是甚麽意旨者，則居士斷不敢聽漢月之密囑，以偏淺駁貧道，亦不敢以差别勝貧道也。不然，則第恐天下後世未必都像居士等聽漢月之密囑，一味妄贊揚漢月，擬以抹殺貧道直指人人本分正宗正旨，反以爲分外偏淺，而妄以漢月於人人本分之外别有差别之智、心外有法之外道之法以誤人，以認識神爲本命元辰者，則其事非細，第恐猶有因果在。

又如興化問鹿門："甚麽處來？"門云："五臺來。"化云："還見文殊麽？"門便喝。化云："吾問汝還見文殊麽，又惡發作麽？"門又喝。化即不語。而鹿門問廓侍者，興化當時何以無語。廓云："以見和尚不識賓主句，所以不語。"故鹿門特爲煎茶，晚參告衆曰："夫參學龍象直須子細，入室決擇不得容易綽得箇語句，便以爲極則，道我靈利。只如山僧當時見興化時，只認得箇動轉底，見人一喝兩喝便休，以爲佛法也。今日被明眼覷破，却成一

① 此處所引船子德誠公案，未依語録原文，多有删略，且夾雜評議，内容亦可見於《五燈會元》，《卍新纂大日本續藏經》(80)，頁115下。

場笑具，圖箇甚麽？只爲我慢無明，不能回轉親近上流。賴得明眼道人不惜身命，對衆證據此恩難報。何故？興化云：'饒你喝得興化老人上三十三天，却撲下來一點氣也無。款款地蘇息起來，向你道未在。何故？如此興化未曾向紫羅帳裏撒真珠，與你在胡喝亂喝作麽？'真可謂藥石之言。道流難信，如今直須明辯取，豈不慶快平生？"參學事畢。[①] 者祇如興化問鹿門："還見文殊麽？"門便喝。化又云："我問你還見文殊麽，又惡發作麽？"門又喝。化不語者，廓侍者謂鹿門不識賓主句，所以不語。且道與漢月初見貧道曰："濟上門庭即不問，如何是堂奥中事？"貧道曰："汝即今在甚麽處？"漢月道："猶是門庭邊事。"試問居士，貧道指漢月"汝即今在甚麽處"，與興化問鹿門"還見文殊麽"者，要且興化以文殊即鹿門爲賓主，故鹿門不會興化之賓主句者猶可也。而貧道覿面指漢月，而漢月自不識漢月自爲賓主句者，比鹿門又豈非猶爲鈍置者？而漢月與居士尚不能明辨，反教貧道如鹿門煎茶告衆，豈不致貧道及傍觀者不覺失笑者哉？據是則果貧道之不識句耶？果居士等輩之不識句耶？且居士之謂識句者，豈出得貧道道"言句直指令人多落意見"？驗之今日，居士之識句者益可以徵貧道之斷不差者矣。敢謂天下後世自有識者明辨。且居士自謂"數年後約數子集於白門，删其重複，裁其煩冗"者，便是居士明辨漢月，又烏用貧道明辨者哉？貧道十四年前曾在江西，有僧出三峰兩厚册稿，貧道揭看葉半便謂："此人聰明不亞博山，但其語刻不出。"而豈特删重複，裁煩冗，遂成千古一部奇書耶？除非居士等重新做作過。饒居士做作過，亦是狗口裏討象牙也，成不得奇書。在居士要識奇書麽，如僧問百丈："如何是奇特事？"丈云："獨坐大雄峰。"[②]又百丈問馬祖："如何是佛法旨趣？"祖云："正是汝放身命處。"[③]此等語意方可謂之奇書，不然不出廣通道"奇名異相之

① 此處所引公案未依語録原文，有删略。參見《指月録》，《卍新纂大日本續藏經》(83)，頁602中—下。

② 《古尊宿語録·百丈懷海語録》，《大正新修大藏經》(68)，頁5中。

③ 《景德傳燈録》，《大正新修大藏經》(51)，頁246上。

奇書”者，則非佛祖臨濟五宗之正脉正旨也。又且貧道直指人人自露無所知之本分一著，如謂漢月“汝即今在甚麽處”、“舉一不得舉二，放過一著落在第二”等。黄龍所謂“鷲峰峰下重相見，鼻孔元來總一般”，①并法昌遇謂“野老不嫌公子醉，相將携手御街遊”②者，皆貧道一棒不作一棒用，直指一切人之注脚耳。則見居士引“一擊忘所知，趙州露刃劍”、“偷心死盡眼麻迷，石女夢中毛卓竪”，無非一橛頭，亦爲偏淺非全深者乎？是則居士何曾夢見東山趙州露刃劍之露者，則比淺而猶露者也。據是則見居士一味附會漢月，妄自謂深之又深，密之又密，而妄謗貧道以棒不作棒用，直指一切人本露之分是麤是淺。而居士又妄加一“偏”字者，又何曾自有辨明古今之眼，而反教貧道自當辨明者哉？又且僧問趙州：“狗子還有佛性也無？”州云：“無。”故東山謂“趙州露刃劍”也，不專謂趙州分外别有刃劍，而謂趙州露刃劍者，亦正在狗子本分上無容佛性，故謂趙州露刃劍者也，正謂狗子本露也。既狗子與趙州且本露，豈如居士謂“干將、龍泉，一劍而已。初出鑛時只是頑鐵，付之良工，千鍛百煉，煉成神物，匣而藏之，光芒燭天，遇敵一揮，流血千里，安邦定國，妙用無窮。天童之劍雖迅捷，出鑛頑鐵也”者，貧道敢謂居士是箇不識羞底頑鐵，無夢見平等真法界無佛無衆生。故聽漢月之密囑，一味爲人我之私心，發此謗大般若之言也。且貧道明明向你道一棒不作一棒用，即臨濟一喝不作一喝用。今謂“天童之劍雖迅捷”，豈非居士既錯謂之劍，又錯謂之迅捷？則妄稱悟道，妄謂識句者，其誰信之？况謂“三峰之劍時而迅捷，時而弢藏，鍛煉神物也”，又何曾夢見“東山趙州露刃劍”之句意者哉？只者便是漢月、居士等之所知偷心滲漏底意思，而貧道適來謂居士等智眼不圓者，便是無夢見平等真法界無

① 語出法昌倚遇公案，見於《指月録》：“南大笑曰：‘蒼天！蒼天！’乃作偈曰：‘頭戴華巾離少室，手携席帽出長安。鷲峰峰下重相見，鼻孔原來總一般。’”《卍新纂大日本續藏經》(83)，頁671中。

② 語出法昌倚遇公案，見於《指月録》：“又畫此○相示師。師復和偈曰：‘玉麟帶月離霄漢，金鳳銜花下彩樓。野老不嫌公子醉，相將携手御街遊。’”《卍新纂大日本續藏經》(83)，頁671中。

佛無衆生者,又指説甚麽爲差别智者哉?而貧道若不得我幻有老人道未曾大悟在者,又争得到銅棺山頂忽自覺與情與無情焕然等現?則又争忘得人我相得失是非者?又争敢道"大地分明一箇爐,看來渾是火柴頭。老僧信手輕挑撥,便解翻身動地流"者耶?所以古人道:"三世諸佛及一切衆生皆是摩訶般若光,光未發時無佛無衆生,消息從甚麽處得來?"①居士若不親證實到無佛無衆生消息之處,總然學説得也,祇是念言語底漢。又何曾夢見般若大智如大火聚,擬之則燎却面門。所以縱然引古人十分明白底説話來駁貧道,而貧道逐一簡點將來,都是反證貧道之不錯者。則居士又何曾夢見古人道般若大智如大火聚,擬之則燎却他底面門者?又争怪得居士等輩望崖而退,只學得漢月妄謗貧道一棒不作一棒用,爲一橛頭硬禪并麤淺等。今居士反以"麤"、"硬"二字出自貧道者,而貧道不識漢月、居士等輩懷何等心行而作此展轉虚妄之言也。貧道竟不曉得漢月是何精魅,作此魔説,以魔魅居士等之人者也。

而貧道讀駁書後有細字數行,謂:"於甲戌仲冬寓淮,閒居無事,因感異夢,念天童見《問道録》必有煩言,草續録《囈語》明之。臘盡,尚留淮邸,先發録本至金陵,託同年萬無華、范雨石二公刻之。新正二十五日,至揚州,於朗契處見天童復書,時《囈語》已刻成。以上諸款不便增入,故附於此。"貧道讀至是,忽思前歲正作書之時亦得一夢,曾對侍者等説,今因居士有異夢之説聊復説之。一晚,夢從船跳上崖,見一條石路,有五尺許闊。貧道向西走,似覺順,視之有巨物似乎鱗介者,走過約十餘丈,稍稍盡矣,遂回轉向東走,似覺漸起勢,及至墻角,轉向北丈餘,乃見是大蛇,回頭昂昂然作擬吞貧道之勢。貧道喝曰:"你敢吞我!那我且站住了,你試吞看!"其蛇忽短小如筆筒許,而貧道不覺手執小刀三寸長一寸闊,遂將此筒細細劈

---

① 語出長沙景岑公案,見於《景德傳燈録》:"我常向汝諸人道:'三世諸佛共盡法界衆生是摩訶般若光,光未發時汝等諸人向什麽處委?光未發時尚無佛無衆生消息。'"《大正新修大藏經》(51),頁246上。

破如筅帚鬚乃休。乃覺。并録於書尾，與居士一笑。不知居士異夢景況何如？其居士駁書則貧道不能一一枚舉以明之，請居士自當沉思諦審，果孰是而孰非。否則盡居士神通伎倆作巧語駁來，而貧道一味據不欺己欺人者以辯之而已。

密雲圓悟禪師天童直説　卷四

門人通雲、通門編

三　録

駁語一

此駁漢月藏公書也。屬藏公掩息之後而駁之者，蓋師頃始見其書也。凡二篇。不與《七書》并録而載於此者，因不直爲藏公之故也。藏公掩息矣而復駁之者，恐天下後世之惑其説也。

藏公與磬山和尚書云："粤自威音無象，一〇爲千佛萬佛之祖，故七佛以雙頭獨結，四法交加，勒成無文密印。而飲光傳二十八代，無非以法印心，此法之不可滅没也重矣。達摩東來六傳之後，奈何旁出之徒又於法偈中鑽出理路，故密處成疏，絶滲漏中成漏。馬大師萬不得已，拈出一機一境，絶盡旁門，單提向上，故以正出爲重，遂有野狐兩扇而三撼其門。百丈再參，而末後一喝，從前心法印定於此矣。黄檗而有三頓痛棒，未聞有兩頓、四頓之旨，此臨濟之三玄要所以發明七佛歷祖之秘，以簡一橛頭相似野狐涎也。此臨濟之所以爲萬世法也。"

師曰：此蓋漢月欲以溈山三撼其門、黄檗三頓痛棒以爲臨濟三玄三要之根據，所以謂臨濟"發明七佛歷祖之秘，以簡一橛頭相似野狐涎"也，故妄謂"粤自威音無象，一〇爲千佛萬佛之祖"。試問漢月：既謂威音無象，還有威音也無？若有，即不可謂之無象；若無，則此一〇更從甚麽人畫出來者？又且七佛但有偈，未見七佛有雙頭獨結。又未聞釋迦佛有四法交加，勒成一〇，爲無文密印，而與飲光傳二十八代者，且既四法交加，豈可謂之無文密印者哉？但有偈曰："法本法無法，無法法亦法。今付無法時，法法何曾法？"①豈有四法交加耶？如謂"達摩東來六傳之後，奈何旁出之徒又於法偈中鑽出理路，故密處成疏，絶滲漏中成漏"者，亦未見有如漢月於梁谿靈芝菴陞座，謂"無師不傳法，無法不明心。故傳法偈曰：'法本法無法，無法法亦法。今付無法時，法法何曾法？'乃拈起花云：'此法之本，本無法也。無法豈無？本有法也。無法而付，即有法也。法法何法？即無法也。此有而無也，無而有也。不可有無，有無不可'"者也，此豈不是漢月於法偈中鑽出理路者乎？此老僧所未見未聞者。且以漢月注脚配成四法，如漢月謂"此法之本，本無法"者，此漢月之無法也。"無法豈無，本有法也"者，此漢月之有法也。"無法而付，即有法也。法法何法？即無法也"者，此漢月之亦有亦無法也。"此有而無也，無而有也"者，此漢月之非有非無法也。"不可有無，有無不可"者，此漢月之非非有非非無者也。此漢月於法偈中鑽出此四法，故謂七佛以四法交加，雙頭獨結爲一〇，名爲無文密印者也。然則漢月殊不思僧問馬祖："離四句，絶百非，請師直指西來意。"祖云："我今日勞倦，不得爲汝説，問取智藏去。"僧問藏，藏曰："何不問和尚？"僧曰："和尚教來問。"藏曰："我今日頭痛，不得爲汝説，問取海兄去。"僧問海，海曰："我到者裏却不會。"僧復舉似馬祖，祖曰："藏頭白，海頭黑。"②此可見漢月不打自招，其款自是旁出之徒者矣。若老僧據"法本法

① 引自禪宗燈録中常見之"七佛傳法偈"。《景德傳燈録》，《大正新修大藏經》(51)，頁205下。

② 《五燈會元・虔州西堂智藏禪師》，《卍新纂大日本續藏經》(80)，頁78中。

無法"者，則當謂此法之本，本無一切之名目法也。"無法法亦法"者，則當謂若謂無法，則亦成了無法之名法也。"今付無法時，法法何曾法"者，則當謂今付無名本法時，則一切法法何曾是名法也。如是則可見毗婆尸佛偈曰："身從無相中受生，猶如幻出諸形象。幻人心識本來無，罪福皆空無所住。"①亦即可見無相即本來無名無相也。如五祖提多迦尊者付法偈曰："通達本法心，無法無非法。悟了同未悟，無心亦無法。"②乃至達磨對梁皇直道"不識"。如是則可見七佛歷祖無非發明威音爲千佛萬佛之祖也。何以故？威音者，即一切衆生之容威，無説説者也。諸佛之悟，悟此也。則見拘留孫佛偈曰："見身無實是佛身，了心如幻是佛幻。了得身心本性空，斯人與佛何殊别？"③與五祖曰："悟了同未悟，無心亦無法。"亦可見達磨囑二祖曰："勿輕未悟，一念回機，便同本得。"既同本得，豈可於衆生本具上别有法而不可滅没者哉？既曰"悟了同未悟，無心亦無法"者，豈於衆生外别有所悟之法可存者乎？正所謂"衆生度盡恒沙佛，諸佛何曾度一人"④者也。如是，則方契"法本法無法，無法法亦法。今付無法時，法法何曾法"者，則一切衆生何曾一切衆生者乎？則一切衆生容威之音，不假言説，不從人得者，豈不爲千佛萬佛之祖印者乎？此可見漢月特妄謂七佛别有四法交加，雙頭獨結爲一〇無文密印，而飲光傳二十八代無非以此〇相爲法印而不可滅没，欲以證三撼其門、三頓痛棒成三玄要爲實法，所以謂"發明七佛歷祖之秘，以簡一橛頭相似野狐涎也。此臨濟之所以爲萬世法也"。據是，則漢月何曾夢見馬大師拈出一機一境，百丈再參而末後一喝百丈耳聾處者哉？若真見得百丈耳聾處，則見諸佛世尊唯爲一大事因緣故出現於世處，而不敢謗老僧直指一切人矣。如僧問雲門："如何是

---

① 《景德傳燈録》，《大正新修大藏經》(51)，頁 204 左下。
② 《景德傳燈録》，《大正新修大藏經》(51)，頁 208 上。
③ 《景德傳燈録》，《大正新修大藏經》(51)，頁 205 上。
④ 此句最早可見於幻有正傳語録中，密雲圓悟所引應襲自其師。《幻有傳禪師語録》，新文豐版《乾隆大藏經》(153)，頁 526 中。

一代時教?"門曰:"對一説。"雪竇頌云:"對一説,太孤絶。無孔鐵椎重下楔,閻浮樹下笑呵呵。昨夜驪龍拗角折,别!别!韶陽老人得一橛。"①即爲一橛頭硬禪,及謂一橛頭相似野狐涎矣。夫一橛頭上豈容别有硬與不硬,相似與不相似耶?豈非益見漢月展轉作此野狐涎以加謗老僧者乎?而老僧初無一橛兩橛、硬與不硬、相似與不相似以告人者,即漢月亦何曾夢見老僧一棒直指一切人本分者?正爲單提佛祖向上事也。

駁　語　二

藏公《五宗原》云:"嘗見繪事家圖,七佛之始,始於威音王佛,惟大作一〇相,之後則七佛各有言詮。言詮雖異,而諸佛偈旨不出圓相也。夫威者,形之外者也。音者,聲之外者也。威音王者,形聲之外,未有出載,無所考據,文字已前最上事也。若龍樹所現,而仰上②所謂無相三昧,然燈已前是也。圓相出於西天諸祖,七佛偈達摩傳來,蓋有所本也。嘗試原之,圓相早具五家宗旨矣。"

師曰:既曰"五宗原",豈可以繪事家圖,并謂"未有出載,無所考據"者爲原本耶?即此便見漢月揑造妄説"威音王佛唯大作一圓相",復謂仰上所謂無相三昧然燈已前是也。且世尊謂:"我於然燈佛所無有少法可得,故然燈佛與我受記:'汝於來世當得作佛,號釋迦牟尼。'若有法得阿耨多羅三藐三菩提,然燈佛即不與我授記:'汝於來世當得作佛,號釋迦牟尼。'"③今漢月特謂"然燈已前是也"者,擬欲以蓋釋迦老子未曉一〇相始

---

① 《指月録》,《卍新纂大日本續藏經》(83),頁623中。

② 仰上,蓋"仰上人"之省,此指仰山慧寂禪師。下文或稱"仰上",或稱"仰山",即其證。

③ 引自《金剛般若波羅蜜經》:"若有法,如來得阿耨多羅三藐三菩提者,然燈佛則不與我受記:'汝於來世當得作佛,號釋迦牟尼。'以實無有法得阿耨多羅三藐三菩提,是故然燈佛與我受記,作是言:'汝於來世當得作佛,號釋迦牟尼。'"《大正新修大藏經》(8),頁751上。

於威音王佛，好證自家妄訓威音王者“未有出載，無所考據”者，此漢月自抹殺《法華經》所載威音王佛出世事迹無有“唯大作一○相”之案，豈可謂七佛之偈旨不出圓相者？而反謂“威者，形之外者也”，以證此○相爲龍樹所現，而仰上所謂無相三昧者哉！

且仰山初無無相三昧之説，但有道者問曰：“某甲雖睹此種種三昧，不辨其理。”仰山曰：“吾以義海爲汝解釋：此是八種三昧，覺海變爲義海，體同名異。然此義合，有因有果，即是異時總别不離隱身三昧也。”[①]夫忠國師以九十七種圓相囑耽源付仰山，而仰山看竟即燒却。耽源一日囑仰山曰：“當秘護此圓相。”仰山曰：“某甲一看已燒了也。但用得便休，豈可執此以爲本耶？和尚若要，某甲重録一本。”時仰山録出，一無差忒。[②]後王常侍寄書上溈山，開緘惟見一○相，於中書“日”字。溈云：“誰知千里外有箇知音。”時仰山侍次，乃云：“也是箇俗漢。”溈山云：“子又作麽生？”仰山於地上畫一○，於中書一“日”字，以脚抹之。溈乃大笑。[③]據此可見前説“種種圓相不出隱身三昧”，於此以脚抹之，豈非翻前隱身之案者耶？又且仰山既受忠國師圓相，爲甚麽以脚抹之，溈山大笑耶？又馬祖封一圓相上徑

---

① 《五燈會元・袁州仰山慧寂通智禪師》，《卍新纂大日本續藏經》(80)，頁189下—頁190上。

② 語出《五燈會元・袁州仰山慧寂通智禪師》：“國師當時傳得六代祖師圓相，共九十七箇，授與老僧。乃曰：‘吾滅後三十年，南方有一沙彌到來，大興此教，次第傳受，無令斷絶。我今付汝，汝當奉持。’遂將其本過與師。師接得一覽，便將火燒却。耽源一日問：‘前來諸相，甚宜秘惜。’師曰：‘當時看了便燒却也。’源曰：‘吾此法門無人能會，唯先師及諸祖師、諸大聖人方可委悉。子何得焚之？’師曰：‘慧寂一覽，已知其意，但用得不可執本也。’源曰：‘然雖如此，於子即得，後人信之不及。’師曰：‘和尚若要，重録不難。’即重集一本呈上，更無遺失。”《卍新纂大日本續藏經》(80)，頁187下。

③ 語出《指月録》：“後僧遇王常侍。侍問：‘溈山近日有何言句？’僧舉前話。侍云：‘彼中兄弟如何商量？’僧云：‘借色明心，附物顯理。’侍云：‘不是這個道理，上座快回去好，某甲敢寄一書到和尚。’僧得書遂回持上。師拆開見畫一圓相，内寫個‘日’字。師云：‘誰知千里外有個知音。’仰山侍次，乃云：‘雖然如是，也衹是個俗漢。’師云：‘子又作麽生？’仰却畫一圓相，於中書‘日’字，以脚抹。師乃大笑。”《卍新纂大日本續藏經》(83)，頁534下。

山欽禪師，開緘唯見一圓相，即索筆於中著一點，即封回馬祖。時忠國師聞云："欽師猶被馬師惑。"①我幻有老人曰："何不收下另寫箇云：'大師從甚麽處得者消息來？'"復頌云："偶於圓相著一點，大似鰕兒跳不出。甚麽處得者消息來，欽師争被馬師惑？"②據忠國師謂"欽師猶被馬師惑"，可見忠國師以圓相囑付仰山，而仰山不受。溈山贊王常侍爲千里知音，而謂爲俗漢者，益可見仰山知忠國師囑圓相之意，亦可見忠國師知仰山不受圓相之惑故付之。所謂"打鼓弄琵琶，相逢兩會家"，③不期然而然，自明者也。且仰山云："一二二三子，平目復仰視。兩口一無舌，即是吾宗旨。"④又何曾以○相爲宗旨者乎？今漢月妄謂仰上有無相三昧，以證龍樹現滿月輪，迦那提婆謂無相三昧者。且龍樹因南印度國人多信福業，遞相謂曰："人有福業，世間第一。徒言佛性，誰能睹之？"龍曰："汝欲見佛性，先須除我慢。"彼人曰："佛性大小？"龍曰："非大非小，非廣非狹，無福無報，不死不生。"彼聞理勝，悉回初心，故於座上現自在身如滿月輪，一切衆唯聞法音，不睹龍相。彼衆中有長者子，名迦那提婆，曰："此是尊者現佛性體相以示我等，何以知之？蓋無相三昧形如滿月，佛性之義廓然虚明。"言訖，輪相即隱，復居本位而説偈言："身現圓月相，以表諸佛體。説法無其形，用辨非聲色。"⑤老僧若見他道"説法無其形，用辨非聲色"，當以一棒打殺，則免見龍樹自昧其語。既説法非聲，即一衆又聞箇甚麽？豈不被龍樹熱謾者耶？彼衆聞偈頓悟無生，且此無生與南院棒下無生是何差别？若謂差别，則無生豈有二也？既曰現自在身，豈可謂龍樹自見無相耶？既謂無相，豈可謂自在身耶？既謂自在身，又豈可比繪事之圖爲據，而不以繪事之人爲本耶？

---

① 《景德傳燈録》，《大正新修大藏經》（51），頁 230 上。

② 《幻有傳禪師語録》，《乾隆大藏經（新文豐版）》（153），頁 600 上。

③ 《古尊宿語録・寶峰雲庵真浄禪師偈頌下中》，《卍新纂大日本續藏經》（68），頁 297 中。

④ 《五燈會元・袁州仰山慧寂通智禪師》，《卍新纂大日本續藏經》（80），頁 190 下。

⑤ 《景德傳燈録》，《大正新修大藏經》（51），頁 210 中。

妄訓威音王爲形聲之外者，則威音是威音，形聲是形聲，者正是斷常二見之外道也。妄言“未有出載，無所考據”，然則《法華》所載反謂之妄者，而漢月特捏造繪事之圖倒爲實者，可耶？據漢月如是妄説，益見古人謂“威音王已後無師自悟盡屬天然外道”者，無疑矣。蓋漢月爲此，故遂妄捏繪事之圖倒爲實據，而反抹殺世尊《法華》所載威音王佛事迹，謂“未有出載，無所考據”者。無根妄作一〇相，反以爲然燈已前。既謂然燈已前，豈可謂圓相出於西天諸祖？既曰出於西天諸祖，皆釋迦老子之後者，以何爲然燈已前耶？則漢月如是自語相違，自相乖戾者，欲人不謂漢月妄作妄説，老僧則不信也。

又謂嘗試原之：“圓相早具五家宗旨，五家各出一面。有正宗先出臨濟宗旨，此〇相拋出，直下斷人命根者。”既曰五宗各出一面，當以一〇相分開爲五面。且五面既從一〇相分開，則當正則俱正，偏則俱偏，何獨臨濟一宗先出以爲正宗耶？又豈可謂此〇相全於臨濟拋出，直下斷人命根耶？據此則見漢月立一〇相爲五宗之原，本則不可據，而況能原五宗之旨耶？既曰臨濟爲正宗，則不當謂五宗各出一面。應曰：“臨濟一宗獨出於中，而四宗各出一面者。”如此，則見漢月善能原五宗正宗、旁宗者也。但應云：“臨濟於此〇相中先鑽出。”則可謂正宗先出可也。然此〇相尚有四宗四面，何得獨謂“臨濟拋出此〇相，直下斷人命根耶？於一〇中，賓主輥輥，直入首羅眼中”，所謂“沿流不止問如何，真照無邊説似他。離相離名人不禀，吹毛用了急須磨”①是也者。據漢月此説益可笑也。何也？不見臨濟道：“誰知吾正法眼藏向者瞎驢邊滅却。”②且正法眼藏尚向瞎驢邊滅却，況有一〇相、賓主、首羅眼等名相遺害後世耶？又且惟恐後世執名相爲事，故謂以吹毛斬斷他之名相，猶恐人執吹毛爲事，故曰“急須磨”者也。

---

① 《景德傳燈録·鎮州臨濟義玄禪師》，《大正新修大藏經》(51)，頁291上。
② 《鎮州臨濟慧照禪師語録》，《大正新修大藏經》(47)，頁506下。

然則漢月於自本分未徹，故不見威音王佛。何以故？威音者，即三世諸佛一切含靈之所共禀，舉目了然，不假思議之詮，即古人所謂“須知有情與無情説法無異”①者也。故曰“刹説衆生説無間歇，三世十方一時説”②者也。老僧若不自覺與情與無情焕然等現，則亦只認昭昭靈靈底圓影之光境，則又何見得三世諸佛一切含靈同箇氣分耶？昔世尊於靈山會上拈花，默顧大衆，云：“會麽？會麽？”時人天百萬悉皆罔措，唯摩訶迦葉破顔微笑。時世尊普告大衆云：“吾有清境法眼，涅槃妙心，實相無相，付囑摩訶大迦葉廣流傳化，無令斷絶。”③阿難問迦葉云：“世尊於金縷袈裟外别傳何物？”迦葉召阿難，難應諾，迦葉云：“倒却門前刹竿著。”④如是則亦只可默顧，而不可以思議言詮加訓釋也。乃至達摩東來此土，而梁皇問：“如何是聖諦第一義？”曰：“廓然無聖。”曰：“對朕者是誰？”曰：“不識。”⑤據此則亦可默顧，不可名目。只因問聖諦第一，故曰“廓然不識”耳。故雪竇頌云：“聖諦廓然，何當辨的。對朕者誰？還云不識。因兹暗渡江，豈免生荆棘。闔國人追不再來，千古萬古空相憶。休相憶，清風匝地有何極？顧視左右云：‘者裹還有祖師麽？唤來與老僧洗脚！’”⑥既謂“清風匝地有何極，顧視左右”者，豈非默顧大地無非威音者乎？又佛果云：“武帝道‘不識’，且道與達摩道底是同是别？似則也似，是即不是。人多錯會道：前

① 語出南堂元静禪師之“南堂辨驗十問”，見於《人天眼目》：“南堂示衆云：‘夫參學至要，不出箇最初與末後句。透得過者，平生事畢。其或未然，更與爾分作十門，各用印證自心，看得穩當也未。一須信有教外别傳。二須知有教外别傳。三須會無情説法與有情説法無二。四須見性如觀掌上，了了分明，一一田地穩密。五須具擇法眼。六須行鳥道、玄路。七須文武兼濟。八須摧邪顯正。九須大機大用。十須向異類中行。’”《大正新修大藏經》(48)，頁 311 上。

② 引自《大方廣佛華嚴經》：“佛説菩薩説，刹説衆生説，三世一切説，菩薩分别知。”《大正新修大藏經》(9)，頁 611 上。

③ 此世尊拈花公案，禪門語録所載甚廣，與密雲禪師此處所引相近者，可見於《人天眼目》，《大正新修大藏經》(48)，頁 325 中。

④ 《指月録》，《卍新纂大日本續藏經》(83)，頁 437 下。

⑤ 《指月録》，《卍新纂大日本續藏經》(83)，頁 437 下。

⑥ 《指月録》，《卍新纂大日本續藏經》(83)，頁 437 下。

來達摩是答他禪，武帝是對他誌公問，乃相識之識。且得没交涉，當時誌公恁麽問，且道作麽生衹對？何不一棒打殺，免見塗糊。"[1]據是，則漢月妄作一〇相，擬塗糊一切人，又當何處之者乎？

又初祖謂二祖曰："外息諸緣，内心無喘。心如墻壁，可以入道。"二祖種種説心説性曾未契理，初祖衹遮其説，不爲説無念心體。二祖忽曰："我已息諸緣。"祖曰："莫成斷滅去否。"可曰："不成斷滅。"祖曰："如是諸佛所傳無念心體，更勿疑也。"[2]此正覓心了不可得，如墻壁底無念之心體，故後只禮拜依位而立。初祖乃顧二祖曰："昔如來以正法眼付迦葉大士，展轉囑累而至於我。我今付汝。"[3]豈非同世尊默顧大衆的意乎？又豈非三祖良久覓罪了不可得底者乎？又四祖問三祖："願和尚乞與解脱法門。"三祖曰："誰縛汝？"曰："無人縛。"曰："何更求解脱乎？"又問："如何是古佛心？"三祖曰："汝今是甚麽心？"曰："我今無心。"三祖曰："汝既無心，諸佛豈有耶？"四祖於是頓息其疑。[4] 如是，則佛祖無不據無念心體如墻壁，故覓心覓罪不可得。非如時人見境有無起滅之念，識爲心者也。又四祖問五祖曰："子何姓？"答曰："姓即有非常姓。"祖曰："是何姓？"答曰："是佛性。"祖曰："汝無姓耶？"答曰："性空故無。"祖默識其法器，即俾侍者。[5] 如"性空故無"，此該七佛偈旨矣，故默識其法器，乃付法偈曰："華種有生性，因地

---

[1] 《指月録》，《卍新纂大日本續藏經》(83)，頁 438 上。"塗糊"二字，原文獻作"糨糊"，依《指月録》改爲"塗糊"，下文同。

[2] 語出《景德傳燈録》，文句略有出入："師初居少林寺九年，爲二祖説法，衹教曰：'外息諸緣，内心無喘。心如牆壁，可以入道。'慧可種種説心性理，道未契。師衹遮其非，不爲説無念心體。慧可曰：'我已息諸緣。'師曰：'莫不成斷滅去否？'可曰：'不成斷滅。'師曰：'何以驗之云不斷滅？'可曰：'了了常知故，言之不可及。'師曰：'此是諸佛所傳心體，更勿疑也。'"《大正新修大藏經》(51)，頁 219 下—220 上。

[3] 《景德傳燈録》，《大正新修大藏經》(51)，頁 219 下。

[4] 《指月録》，《卍新纂大日本續藏經》(83)，頁 439 下。《指月録》中標注"問如何是古佛心"後直到"頓息其疑"，出自《宗門統要正續集》(略稱《統要》)，《永樂北藏》(154)，線裝書局，2000 年，頁 515 上。據《統要》原文，《指月録》中所引公案全文皆出自《統要》。

[5] 《指月録》，《卍新纂大日本續藏經》(83)，頁 441 中。

華生生。大緣與性合，當生生不生。”[①]如“大緣與性合，當生生不生”，即毗舍浮佛偈“假借四大以爲身，心本無生因境有。前境若無心亦無，罪福如幻起亦滅”者矣。皆據無念心體。故六祖曰：“本來無一物。”[②]即問南嶽：“恁麽來？甚麽物？”曰：“説似一物即不中。”祖曰：“還假修證否？”曰：“修證即不無，污染即不得。”祖曰：“即此不污染，諸佛之所護念。汝既如是，吾亦如是。”[③]據是則可見南嶽因六祖覿面全提，只於己分上説通己分事，故謂馬祖：“如牛駕車。車若不行，打車即是，打牛即是。”[④]豈不是打駕車牛底人？故後曰：“汝等六人同證吾身，各契其一。一人得吾眉，善威儀（常浩）；一人得吾眼，善顧盼（智達）；一人得吾鼻，善知氣（神照）；一人得吾舌，善談説（嚴峻）；一人得吾心，善古今（道一）。”[⑤]心即諸佛，無念之全體，總該前五者也。有問：“如鏡鑄像，像成後未審光向甚麽處去？”嶽曰：“如大德爲童子時相貌何在？”法眼别云：“阿那箇是大德鑄成底像？”曰：“祇如像成後爲甚麽不鑒照？”嶽曰：“雖然不鑒照，謾他一點不得。”[⑥]此豈不是諸佛無念之心體威音者乎？豈若漢月於威音外大作一〇相，令人認此〇之光影爲鑒照？豈知心體之威音雖不鑒照，謾他一點不得之靈像者哉？故百丈侍馬祖行次，見一群野鴨飛過。祖曰：“是甚麽？”丈曰：“野鴨子。”祖曰：“甚麽處去也？”丈曰：“飛過去也。”祖遂把丈鼻扭，負痛失聲。祖曰：“又道飛過去也？”丈於此有省。[⑦] 丈再參侍立次，祖目視繩床角拂子。丈曰：“即此用，離此用。”祖曰：“汝向後開兩片皮，將何爲人？”老

---

① 《指月録》，《卍新纂大日本續藏經》(83)，頁 441 中。

② 語出《六祖大師法寶壇經》：“菩提本無樹，明鏡亦非臺；本來無一物，何處惹塵埃？”《大正新修大藏經》(48)，頁 349 上。

③ 《六祖大師法寶壇經》，《大正新修大藏經》(48)，頁 357 中。

④ 懷讓所引此喻文字相近者，見於《古尊宿語録·南嶽大慧行狀》：“師云：‘譬牛駕車，車若不行，打牛即是？打車即是？’”《卍新纂大日本續藏經》(68)，頁 3 中。

⑤ 《景德傳燈録》，《大正新修大藏經》(51)，頁 241 上。

⑥ 《景德傳燈録》，《大正新修大藏經》(51)，頁 241 上。

⑦ 《指月録》，《卍新纂大日本續藏經》(83)，頁 475 中。

僧道：者便是馬祖即此説離此説之旨耳。惜乎百丈當時罔措，故取拂子竪起。祖曰："即此用，離此用。"老僧若作百丈，以拂子劈面一拂，擲拂便行。却以拂子挂舊處，直待馬祖振威一喝。振威即動容，故百丈方領得耳聾。故謂衆曰："佛法不是小事。老僧昔被馬大師一喝，直得三日耳聾。"黄檗聞舉，不覺吐舌。老僧道：此即可見黄檗有超師之作。故百丈曰："子已後莫承嗣馬祖去麽？"檗曰："不然。今日因和尚舉得見馬祖大機之用，然且不識馬祖。若承嗣馬祖，已後喪我兒孫。"丈曰："如是如是。見與師齊，減師半德。見過於師，方堪傳授。子甚有超師之見。"檗便禮拜。① 又百丈因野狐因緣晚參，黄檗便問："古人錯對一轉語，墮五百生野狐身。轉轉不錯，合作箇甚麽？"丈曰："近前來，向汝道。"檗近前，打丈一掌。丈笑曰："將謂胡鬚赤，更有赤鬚胡。"②蓋黄檗大機之用，雖因百丈舉"馬祖一喝三日耳聾"便乃吐舌，似非從師教得而爲之，故百丈謂"超師之智"者。而黄檗謂馬祖出八十餘人，得大機之用者不過兩三人，餘者盡是唱導之師。又溈山問仰山："馬祖出八十四人善知識，幾人得大機？幾人得大用？"仰山曰："百丈得大機，黄檗得大用。"溈云："如是如是。"③所以臨濟三度問佛法的的大意，每度打二十棒，而不與之説一字。寧使大愚處去，而大愚問："黄檗有何言句？"濟曰："某三度問佛法的的大意，三度被打，不知某有過無過。"愚曰："黄檗恁麽老婆，爲汝得徹困，更來者裏問有過無過。"濟於言下大悟曰："元來黄檗佛法無多子。"愚搊住曰："者尿床鬼子適來道有過無過，如今却道黄檗佛法無多子。你見箇甚麽道理？速道速道！"濟於大愚肋下築三拳。④ 如大愚謂"黄檗恁麽老婆，爲汝得徹困"者，豈非初祖謂"吾本來此土，傳法救迷情"乎？何以故？世人一味只於境緣上作活計，如人睡困時只顧作種種境緣之夢。

---

① 此段公案夾有密雲圓悟的評議語，參見《古尊宿語録》，《卍新纂大日本續藏經》(68)，頁 14 上。

② 《五燈會元・洪州百丈山懷海禪師》，《卍新纂大日本續藏經》(80)，頁 71 下。

③ 《古尊宿語録》，《卍新纂大日本續藏經》(68)，頁 5 中。

④ 《景德傳燈録》，《大正新修大藏經》(51)，頁 299 中一下。

或有人大喝一聲、打一下，其人自覺，即不見種種境緣之事。所以囑二祖曰："汝當闡揚，勿輕未悟，一念回機，便同本得。"①本得者，豈可於身外别有悟得耶？如此，則達磨西來又何嘗有别法加於爾我等者耶？若别有法加於爾我等者，則欺爾我等也，孰肯尊爲祖者哉？故老僧謂無非據人爲五家之宗旨，不可以言句棒喝差别爲宗旨。即言句棒喝，無非發明"一念回機，便同本得"，不假人外别成。故曰"結果自然成"者，以從上來只據人爲源流，非有别法爲源流也。至如青原參六祖，則問："當何所務即不落階級？"祖曰："曾作甚麽來？"曰："聖諦亦不爲。"祖曰："落何階級？"曰："聖諦尚不爲，何階級之有？"祖深器之。② 蓋於功行邊説不爲，而不露本分，故謂之回互當頭語忌十成，不同六祖覿面提持南嶽"甚麽物，恁麽來"耳。如石頭參青原，原問："子何方來？"曰："曹溪來。"原曰："將甚麽來？"曰："未到曹溪亦不失。"原曰："若恁麽用去曹溪作甚麽？"曰："若不到曹溪，争知不失？"③是則豈非亦只據本得底意？故曰："未到曹溪亦不失。"豈曹溪有法加於人者乎？乃至曹山曰："莫行心處路，不挂本來衣。何須正恁麽，切忌未生時。"④只回互當頭語忌十成，不露面目。而臨濟則曰："汝等諸人，赤肉團上有一無位真人常在面門出入。"豈非只據本得者乎？若據常在面門不涉位次，視曹山謂"莫行心處路，不挂本來衣。何須正恁麽，切忌未生時"，猶爲剩語多知見者矣。又如百丈問潙山云："不得唤作浄瓶，汝唤作甚麽？"潙乃踢倒浄瓶。⑤ 豈百丈有法加潙山，而潙山别受百丈法？又非

① 所引内容出自達摩付法公案，參見《景德傳燈録》："汝今受此衣法，却後難生但出此衣并吾法偈，用以表明其化無礙。至吾滅後二百年，衣止不傳法周沙界，明道者多，行道者少。説理者多，通理者少。潛符密證千萬有餘。汝當闡揚勿輕未悟，一念迴機便同本得。聽吾偈曰：'吾本來兹土，傳法救迷情。一華開五葉，結果自然成。'"《大正新修大藏經》(51)，頁 219 下。

② 《六祖大師法寶壇經》，《大正新修大藏經》(48)，頁 357 中。

③ 《指月録》，《卍新纂大日本續藏經》(83)，頁 451 中。

④ 《人天眼目・曹山四禁語》，《大正新修大藏經》(48)，頁 319 下。

⑤ 此公案引自《指月録》："丈因語衆曰：'若能對衆下得一語出格，當與住持。'即指浄瓶問曰：'不得唤作浄瓶，汝唤作甚麽？'時華林覺爲首座，師爲典座。林曰：'不可唤作木�也。'丈乃問師，師踢倒浄瓶便出去。"《卍新纂大日本續藏經》(83)，頁 532 中。

只據本得者乎？又如睦州掩門夾折雲門足而大悟，後見雪峰則曰："者老漢項上帶枷，手上著杻，何不脱却？"①亦豈非只據本得之事而已。又如地藏問法眼："此行何之？"曰："行脚去。"藏曰："作麽生是行脚事？"曰："不知。"藏曰："不知最親切。"又同紹修、法進三人舉《肇論》至"天地與我同根"處，藏曰："山河大地與上座自己是同是别？"曰："别。"藏竪起兩指曰："同。"藏又竪兩指熟視曰："兩箇。"即起去。眼大驚。辭去，藏門送之，問曰："上座尋常説三界唯心，萬法唯識。"乃指庭下片石曰："且道此石在心内？在心外？"眼曰："在心内。"藏曰："行脚人著甚麽來，繇安片石在心頭？"眼窘，無以對，即放包依席下求決近一月餘，日呈見解説道理。藏語之曰："佛法不恁麽。"眼曰："某甲辭窮理絶也。"藏曰："若論佛法，一切現成。"眼於言下大悟。② 既曰現成，豈非"一念回機，便同本得"，"頓悟花情已，菩提果自成"者乎？若不回機，則不在一切境上生情，便於佛法中作道理之想，俱非佛祖指人回機本得之旨。所以期城太守楊衒之乞初祖曰："願師慈悲開示宗旨。"祖説偈曰："亦不睹惡而生嫌，亦不觀善而勤措。亦不捨智而近愚，亦不抛迷而就悟。達大道兮過量，通佛心兮出度。不與凡聖同纏，超然名之曰祖。"③以上皆據五宗人悟繇，正合初祖之意，原五宗之旨無出此矣。若不據五宗悟繇爲宗旨，别立異端爲五家之宗旨者，則致後世一味妄造怪異，穿鑿奇特言句爲宗旨者，無根妄誕，從漢月始。故老僧不得已，直據五家之人之悟繇行實録出，以望天下後世須自悟則生死心破，生死心破則於生死中無疑。如吾佛世尊觀生老病死之苦，故逾城出

---

① 此公案引自《指月録》："師（雲門）曰：上座到山中，見和尚上堂，衆纔集，便出握腕立地曰：'這老漢項上鐵枷何不脱却？'其僧一依師教。雪峰見這僧與麽道，便下座攔胸把住曰：'速道！速道！'僧無對。峰拓開曰：'不是汝語。'僧曰：'是某甲語。'峰曰：'侍者將繩棒來。'僧曰：'不是某語，是莊上一浙中上座，教某甲來道。'峰曰：'大衆去莊上，迎取五百人善知識來。'師次日上雪峰。峰纔見便曰：'因甚麽得？到與麽地？'師乃低頭。從兹契合，温研積稔，密以宗印授焉。"《卍新纂大日本續藏經》(83)，頁 619 下—頁 620 上。

② 《指月録》，《卍新纂大日本續藏經》(83)，頁 643 中—下。

③ 《指月録》，《卍新纂大日本續藏經》(83)，頁 438 下。

家，以至出世説法，無非爲一切人之生死大事故也。若認漢月妄捏造別有差別之智以生情，則纏綿異路，斷非人人回機本得之旨。且於人人本得之旨豈容有別宗旨爲人掃除者哉？若有別宗旨爲人掃除者，斷非人人本得之旨，況更容有痛快不痛快，强梁不强梁，并跛𨈇廉纖纏綿之情，而不據人人爲源流而坐定耶？況更謂宗旨在衣上哉？

寓天童密雲悟老僧示徒通機説①

法　　語

僧達微，名通機者，從師剃染。於自燕之紹興時，嘗問師《楞嚴經》義，不領師旨。去後師出世，逮住天童，僧亦自開堂于越之泰寧，命耑使賫香儀、上法語，師皆不受。復致書與問答語，呈中述伊前疑師語，師命專使教伊自來。僧至，師曰：汝當初執"分别性離塵無體"，故老僧答汝須會"若離前塵有分别性"始得。如是三問三打，汝便憤然下山。老僧復手書云："好去。"中途忽然跌破鼻孔，方省老僧意在。至今猶謂老僧"破教顯性全身作用"者，汝猶未會此章經文意旨，便打。云：再打汝了，教汝自會。不則據經文義引古人一二證明刻出。僧即出云："我去教幾箇人來證明。"師遂至法堂，撾鼓集衆，命僧前。云：者僧於老僧伴柩龍池時，嘗以《楞嚴》我佛寵弟章經義問老僧。老僧教伊須會"若離前塵有分别性"，伊凡三度乞老僧説破，老僧不説，唯衹三度打伊，欲伊自會自悟。迄伊來天童，老僧亦再次徵勘，復仍前之見，無别生機。轉語老僧："業以爲廢人不可救。"乃於丙子冬，妄自開堂，述伊自執教，故疑和尚魑魅魍魎三十餘年。且謂"老僧破教顯性全身作用"者，老僧曾看《楞嚴》云"爾時世尊開示阿難及諸大衆，欲令心入無生法忍。於獅子座摩阿難頂"，至"若離前塵有分别性，即真汝心。若分别性

① 此篇篇名，上海圖書館藏普殘本作"示徒通機法語説"。

離塵無體，斯則前塵分别影事。塵非常住，若變滅時此心則同龜毛兔角，則汝法身同於斷滅，其誰修證無生法忍"，①所以老僧頌云：世尊欲示無生忍，舉手以摩阿難頂。何殊臨濟與德山，一條白棒當頭打。此老僧見此章經意，須自悟無生法忍，始得佛意，方識"若離前塵有分别性"。不見古人有云："善能分别諸法相，於第一義而不動。"②又浄因成禪師云："鼻裹音聲耳裹香，眼中鹹淡舌玄黄，意能覺觸身分别。"③又南院云"棒下無生忍"者。④ 可見汝未到古人悟的地位，故不識經文"即應離一切色、香、味、觸。諸塵事業别有全性"者，即全體無生忍。汝衹認得"分别性離塵無體"者，正識神用事，反謗老僧是"破教顯性全身作用"，可見汝衹學其虚，未悟其實。汝敢學老僧打人開堂乎？又汝既未悟無生，豈非依舊衹是箇虚生浪死漢？汝敢謂於汝師翁老和尚處已得箇休歇處者邪？此老僧略據汝的一二斷之如此，以聽天下後世人證明。

復通機書　來書附⑤

不肖竊聞，臣不諫非忠，子不諫非孝，不欺而犯爲之精忠，不怨而慕爲之至孝。不肖以昔年者樣忤逆語相觸，定道我師明白此章經矣，故不肖往來座下。誰知聽信行昌獄種之譖，以謂不肖與天隱叔苟合而欺我師，實不如是。師叔係不肖參禪看教二偈，相刺深病不肖，故叔出世。不但參謁片言隻字，彼此亦無相往。行昌獄種，阿諂報恩，無所

① 引自《大佛頂如來密因修證了義諸菩薩萬行首楞嚴經》，《大正新修大藏經》(19)，頁109上。

② 《維摩詰所説經》，《大正新修大藏經》(14)，頁537下。

③ 《五燈會元》，《卍新纂大日本續藏經》(80)，頁258中。

④ 語出《古尊宿語録》："穴却問：'和尚此間一棒作麽商量？'師拈拄杖云：'棒下無生忍，臨機不讓師。'"《卍新纂大日本續藏經》(68)，頁43下。

⑤ 通機之來信附於密雲答信之前，原文獻爲低一格排列，本書以楷體縮進二格處理。以下皆同。

不至，豈不知之乎？况不肖原是一箇大我慢外道，想料此事必不繇人自任，故無行脚之累，豈肯聽師叔之言而欺我師乎？不肖實爲我師不明此章經意而然也。而祖翁曾於不肖云："你師父另外有個見識。"今日思之，知子莫若父也。而我師昧却不肖始末因緣，定要不肖認個分别性爲自性，二次毒棒，其故無他，正是分别性爲祟也。今我師海内一人，不得不再將教意祖意細細辯明呈上。若我師知不肖徒受二次屈棒即休，如不然，將前後問答并我師法語一齊刻出，以待天下後世知識證明不肖一片苦切真心，無謗師之罪也。

按汝書云"臣不諫非忠，子不諫非孝，不欺而犯爲之精忠，不怨而慕爲之至孝，以昔年者樣忤逆語相觸，定道老僧明白此章經意，故汝往來座下，誰知聽信行昌獄種之譖，以謂與天隱叔苟合而欺老僧"云云者，今老僧先據前日法語中，元只仍據老僧於二十六年前因汝以此章經意問老僧，而老僧教汝須會此章世尊云"若離前塵有分别性始得"者，正爲教汝須會"離意識塵緣之分别體性"耳。前日又爲汝據世尊自釋云"若分别性離塵無體，斯則前塵分别影事。塵非常住，若變滅時，此心則同龜毛兔角，則汝法身同於斷滅，其誰修證無生法忍"者，此正世尊教汝阿難云"汝但於心微信揣摩"之意。汝尚不會，又爲汝引《維摩》云"能善分别諸法相，於第一義而不動"，豈非世尊云"天上天下，唯我獨尊"者乎？何則"天上天下"者，非分别乎？"唯我獨尊"者，非離塵之體，於第一義而不動乎？故净因云"意能覺觸身分别"，據"意能覺觸"者，非即身以爲意而身外無意乎？故曰"身分别"，又非永嘉所謂"幻化空身即法身"者乎？且既謂法身者，豈於法身外别有諸法之自性哉？故六祖云："物物各有自性，容受生死，而真常性有不遍之處。"[1]若如此者，正上章佛告阿難"一切衆生從無始來種種顛倒，業種自然如惡叉聚，諸修行人不能得成無上菩提，乃至别成聲聞、緣覺及成外道、諸天魔王及魔眷屬，皆繇不知二種

① 《六祖大師法寶壇經》，《大正新修大藏經》(48)，頁359上。

根本，錯亂修習”①者耳。此乃老僧據此章經意無非發明“心入無生法忍”之旨，豈於無生法忍外另有箇心、有箇法爲緣、爲對、爲分别、爲攀緣，及汝以爲買辦爲識神、爲生死根本者乎？而汝今倒扯上章云“一者無始生死根本，則汝今者與諸衆生，用攀緣心爲自性”②者，以證此章經旨。不唯臟誣老僧，糊瞞衆眼，抑且自謂明白者，得非欺老僧而何汝反謂“不欺而犯爲之精忠”耶？又反謂老僧欺汝，故汝謂“不怨而慕爲之至孝”耶？老僧不識汝果何心行而作此花言昧語邪？請汝思之。且汝既熟讀深味此章經旨，何不據“世尊於獅子座摩阿難頂而告之言：‘如來常説諸法所生唯心所現，一切因果世界微塵因心成體。’復告阿難：‘若諸世界一切所有，其中乃至草葉縷結，詰其根元，咸有體性。縱令虚空亦有名貌，何况清浄妙浄明心性一切心。’”③又非能善分别諸法相耶？而自當有體者，又非於第一義而不動乎？此正同上章云“二者無始菩提涅槃元清浄體，則汝今者識精元明，能生諸緣，緣所遺者，繇諸衆生遺此本明。雖終日行而不自覺，枉入諸趣”④者耳。故六祖云“佛法在世間，不離世間覺。離世覓菩提，恰如求兔角”⑤者，又非百姓日用而不知者乎？故龐居士云“日用事無别，唯吾自偶諧。頭頭非取捨，處處没張乖。朱紫誰爲號”者，又非上章謂虚空亦有名貌，豈非分别乎？“丘山絶點埃”者，豈非古人謂“諸法不自生，亦不從他生。不共不無因，是故説無生”⑥乎？正此章所謂“一切因果世界微塵因心成體”耳。據是則豈另有諸法與汝爲緣、爲對、爲分别、爲攀緣、爲識神、

---

① 《大佛頂如來密因修證了義諸菩薩萬行首楞嚴經》，《大正新修大藏經》(19)，頁108中—下。

② 《大佛頂如來密因修證了義諸菩薩萬行首楞嚴經》，《大正新修大藏經》(19)，頁108下。

③ 《大佛頂如來密因修證了義諸菩薩萬行首楞嚴經》，《大正新修大藏經》(19)，頁109上。

④ 《大佛頂如來密因修證了義諸菩薩萬行首楞嚴經》，《大正新修大藏經》(19)，頁108下。

⑤ 《六祖大師法寶壇經》，《大正新修大藏經》(48)，頁351下。

⑥ 《中論》，《大正新修大藏經》(30)，頁2中。

爲生死根本邪？再爲汝據永嘉參六祖，臨别時，祖曰："返太速乎？"曰："本自非動，豈有速耶？"祖曰："汝甚得無生之意。"曰："無生豈有意邪？"祖曰："無意誰當分别？"曰："分别亦非意。"祖曰："善哉！善哉！"①據永嘉，亦何嘗如汝分别是識神乎？又六祖示志道《無上大涅槃偈》中，亦有"分别一切法，不起分别想"。既不起分别想，豈以識神用事爲買辦者乎？此老僧據上下二章經文及引從上古人語意，一一爲汝證明，請汝細思之審之。果汝明此章經旨，而老僧豈來責汝聽信他人之言乎？只因汝不明此章經旨，不聽老僧指汝須會"若離前塵有分别性"之意，安得不致老僧謂汝聽信他人之語乎？請汝看永嘉謂"分别亦非意"及六祖"不起分别想"是甚麽道理。汝既未到古人地位，妄自開堂稱知識，而東扯西拽爲汝本分事，猶謂老僧外别有個買辦的爲識神乎？今而後汝自當知羞生耻可也。

又　復　來書附

十六日陶居士令人通訊云，和尚十五日到曹山，十六日五鼓别去，不肖即欲入城，奈收割在時，正在猶豫，十九日幸迴如、二隱諸上人到寺，出和尚法語，焚香伏讀，以知最切一片婆心。而不肖思和尚天下一人，難道昧心亂統而欺不肖？又思和尚難道不通文字，如是之甚，何也？夫論善知識本分作用，駞耕夫之牛，奪饑人之飯，不使人存毫末於意地中，故古人云：善知識者，爲人抽釘拔楔，解粘去縛，何得支離一至於是？况此經意現現成成，世尊云"若汝執悋分别覺觀所了知性必爲心者，此心則應離諸一切色、香、味、觸諸塵事業别有全性"者一節經，請我師如何樣解？又佛告阿難"世間一切諸修學人，現成九次第定，不得漏盡成阿羅漢，皆繇執此生死妄想，誤爲真實"，請我師此一節經指在何處，甚麽句爲"生死妄想，誤爲真實"？嗚呼！何以有

① 《六祖大師法寶壇經》,《大正新修大藏經》(48)，頁357下。

不明如是之甚也！不肖素不欲作鴟豹虿豸，而今出乎不得已也。想我師必定刻在《廣録》中，不肖亦將前後問答并師先日法語一齊刻出，以待天下後世知識證明不肖無欺師之罪也。

己卯七月廿六日，吴江舟中得汝書三百八十餘言。且問汝：有分别而書邪？無分别而書邪？若無分别而書，未聞有泥塑木雕者而爲書邪。若有分别而書，則汝何離得分别邪？更問汝謂“善知識本分作用，馳耕夫之牛，奪饑人之飯”，汝有分别作恁麽道耶？汝不分别做恁麽道耶？略據一二例諸，乃至饑來要飯喫，倦來要打眠，屙屎放尿都不用爲，則可見汝一無分别矣。且汝何不思，當時因汝請問此章經意，故老僧教汝但會得“若離前塵有分别性即真汝心”。豈老僧無端特地教汝會“若離前塵與偶分别性即真汝心”加汝分上，而謂老僧無善知識本分作用耶？又汝不思，因汝乞老僧説，而老僧不爲解破故，唯打汝自悟。今汝反謂老僧無本分作用，則可見汝不思老僧法語中曾據舊時頌云：‘世尊欲示無生忍，舉手以摩阿難頂。何殊臨濟與德山，一條白棒當頭打。’復云老僧見此章經意，須自悟無生法忍，始得佛意。方明“若離前塵有分别性即真汝心”。所以古人云“善能分别諸法相，於第一義而不動”。又引浄因“意能覺觸身分别”偈及南院棒下“無生忍”話來爲汝發明。誰教“汝執吝分别覺觀，所了知性必爲心”者，汝今更以“此心則應離諸一切色、香、味、觸，諸塵事業别有全性”請我師如何様解。今老僧仍教汝會“若離前塵有分别性即真汝心”，則汝自證“離諸一切色、香、味、觸，諸塵事業别有全性”、“全體無生法忍”矣。否則“若分别性離塵無體，斯則前塵分别影事。塵非常住，若變滅時，此心則同龜毛兔角，則汝法身同於斷滅，其誰修證無生法忍”矣。然則老僧打汝，正欲汝會“棒下無生忍”，始見得老僧驅汝之牛，奪汝之食，唯指汝爲耕夫饑人的旨耳。今請汝自斷，出與天下後世看。果老僧前後昧心亂統欺汝，而教汝别修一切定成阿羅漢耶？果汝昧心亂統欺老僧，而作此前後顛倒之説耶？

又復 附來書

夫善知識，代佛揚化者，心如杲日，正大光明，赫奕麗於中天，無小人負心欺瞞裝點種種醜惡之態，故曰："大人之過也，如日月蝕焉。"①今我師不留心於教乘，亦失仔細於宗乘，何也？毘舍浮佛傳法偈并長沙答竺尚書"作至尊得麽"，因緣好不精詳，我師何鹵莽隴侗一至如是！仲春錯謂不肖妄擬破教顯性，瞋心忿起，出種種不堪聞之鄙語，毒棒蓋覆，正所謂明眼人前三尺暗也。如今未卜我師知不肖徒遭二次屈棒否？如知之，翹佇慈音慰我懇懇不一。

老僧於庚辰夏始拆此書，見汝謂"善知識代佛揚化者，心如杲日，正大光明"云云。老僧道汝但會得"若離前塵有分別性即真汝心"，則見老僧如杲日正大光明，赫奕麗於中天。便見長沙示竺尚書云"學道之人不識真，祇爲從前認識神。無始劫來生死本，癡人喚作本來人"，②亦即會得古人道"處處真，處處真，塵塵盡是本來人。真實説時聲不現，正體堂堂没却身"，③非堂堂如杲日正大光明赫奕麗於中天乎？故至今凡陞座便白椎云：法筵龍象衆，當觀第一義，又非如杲日光明正大赫奕麗於中天，人人皆見箇箇等現乎？豈若汝錯認"離塵無體"底意根爲分别性耶？其毗舍浮佛偈請汝自明，釋與天下後世證明。切莫一味引囫圇説話以糊瞞衆眼，出此無忌憚之言，以欺老僧不留心於教乘，亦失仔細於宗乘，乃至所謂"明眼人前三尺暗"者。且汝不知老僧何止於三尺暗，直是身含十方無盡虚空，豈更别有日月蝕哉？正若汝謂無小人負心欺瞞裝點種種醜惡之態耳。又謂老僧出種種不堪聞之鄙語毒棒，蓋覆及遭二次屈棒

① 《論語·子張》，原文應爲："君子之過也，如日月之食焉。"参《四書章句集注》，中華書局，1983年，頁192。

② 《五燈會元》，《卍新纂大日本續藏經》(80)，頁94下—95上。

③ 《祖堂集》，《大藏經補編》(25)，頁623上—中。

者。可見汝未證“棒下無生忍”，故謂毒棒蓋覆汝身。真是皮下無血，徒喫老僧棒。如此見解，只恐喫棒未有了日在。不見古人道：“若喚作棒，入地獄如箭射。”況更作毒棒屈棒會耶？非可見汝失仔細於宗乘之款而妄學打人哉？

判法語辯證

又見汝以老僧陞座對衆示汝法語逐段辯證，并附汝小參上堂語呈上，復致書乞老僧印可刻行，致老僧不覺一笑。何也？汝蓋不思於二十七年前以此章經意問老僧，老僧答汝但會“若來前塵有分別性始得”者，便是老僧開示汝的意了也。若不會此意，則正汝自謂認意根識神“分別覺觀所了知性必爲心者”，正長沙所謂妄認生死本爲本來人矣。如是，則辯證小參上堂，皆汝弄識神之妄説。又誰有力氣更爲印可可刻行、不可刻行耶？所以老僧當時置之不拆，但對來僧道：任待汝刻出，然後老僧據款結案，與天下後世明眼者并看并證。今既不見汝刻出而老僧因夏日無事偶然拆看，不免從頭判出。如老僧法語云：僧達微，名通機，從師剃染。於自燕之紹興，嘗問師《楞嚴經》義，不領師旨。去後師出世，逮住天童，僧亦自開僧堂於越之泰寧，命專使賫香儀、上法語，師皆不受。但對專使教伊自來。僧至，師曰：汝當初執“分別性離塵無體”，故老僧答汝須會“若離前塵有分別性”始得。今汝辯證謂此是老僧從實公招，亦是直心直行，故受得天下人利養，天下人禮拜，故在人不在法。某甲圓悟乞達微老善知識大和尚只如是。老僧三字不識，指達微老善知識大和尚分上而稱邪？不識達微老善知識大和尚指稱阿誰分上邪？惟願達微老善知識大和尚分明示下，垂範天下後世，禀命達微老善知識大和尚的指呼之式可也。又如謂從實公招乃至在人不在法者，亦某甲圓悟請達微老善知識大和尚自從實公招乃至在人不在法，亦不得不分明垂示天下後世，始見汝言不妄發。

法語云:“如是三問三打。”汝辯證云:“不憶善知識亦有綺語。”法語云:“汝便憤然下山。老僧復手書云:‘好去。’中途忽然跌破鼻孔,方惺老僧意在。至今猶謂老僧‘破教顯性全身作用’者,汝猶未會此章經旨。”汝辯證謂:“真明眼人前三尺暗也。”老僧今先據汝改“跌破鼻孔”爲“跌失鼻孔”,非抑見汝不會老僧意。老僧道“跌破鼻孔”者,要汝會鼻孔落在身分上故也。今汝改“跌失鼻孔”,非和身亦失却,是則可見汝分明是箇墮空落外底外道,又指甚爲全身作用及爲明眼人耶?殊不知老僧謂汝猶未會此章經意者,正據經云“若離前塵有分別性即真汝心。若分別性離塵無體,斯則前塵分別影事。塵非常住,若變滅時,此心則同龜毛兔角,則汝法身同於斷滅,其誰修證無生法忍”者,非此章經旨。唯爲發明法身爲無生法忍,非全身爲無生法忍耶?今汝既未會此章經旨,反誣老僧“破教顯性全身作用”者,故不見世尊唯指法身爲無生法忍,爲明眼人。汝今執“分別性離塵無體”、“非無法身爲無生法忍”者,汝又指何爲明眼人?反謂老僧“真明眼人前三尺暗”,以掩飾汝非糊瞞衆眼誣謗老僧耶?

法語云:“老僧便打。云:再打汝了,教汝自會自悟。不則老僧據此章經義引古人一二證明刻出。僧即出云:‘待我叫幾箇人來證明。’師遂至法堂,撾鼓集衆,命僧前。云:者僧於老僧伴柩龍池時,嘗以《楞嚴》我佛寵弟章經義問老僧。老僧教伊須自會‘若離前塵有分別性’始得。”汝辯證謂:“真贓實證。”法語云:“凡三度乞老僧説破,老僧不爲説,唯祇三度打。”汝辯證謂:“綺語不少。”難道汝當時不曾要老僧説破而老僧不爲説?故唯三度打汝,意謂“待汝自會自悟耳”。如前書謂“屈棒毒棒”,今復謂“綺語不少”,非汝前後相違自相矛盾乎?老僧尚在,汝已裝點此説,不避通文理與明眼者并看。况又删去老僧法語中引南院謂“棒下無生忍”以證老僧打汝的意,豈不顯然見汝之心行,故作綺語,反謂老僧“綺語不少”耶?法語云“欲伊自會自悟。迄伊來天童,亦再次徵勘,復仍前之見,無别生機,轉語老僧‘業以爲廢人不可救’。乃於丙子冬,妄自開堂,述伊自執教,故疑和尚魑魅魍魎三十餘年。且謂老僧'破教顯性全身作用'"者，殊不知老僧據此章教旨，故三度打汝，自悟全體法身爲無生法忍耳。故"世尊開示阿難及諸大衆，欲令心入無生法忍，於獅子座摩阿難頂"，非顯然令阿難心入阿難頂爲無生法忍，又非忠國師所謂"身心一如，身外無餘"乎？汝反疑老僧魑魅魍魎三十餘年，又妄謂老僧"破教顯性全身作用"者，抑見汝不明教意，唯指爾我全體無生也。故世尊又告言："如來常説諸法所生唯心所現，一切因果世界微塵因心成體。"既指世界微塵因果因心成體者，豈因果世界微塵各自有體邪？所以老僧於前書中曾引龐居士"朱紫誰爲號，丘山絶點埃"偈，一一爲汝證破。汝尚不會，争怪得老僧耶？蓋此一結"唯全體爲無生法忍"，正世尊謂"天上天下，唯我獨尊"耳，又指阿難云"若諸世界一切所有，乃至草葉縷結，詰其根元，咸有體性"，此又一結"世界細於草葉縷結，乃至大於虚空，亦有名貌"。故獨提云"何况清净妙净明心性一切心"者，正指世界微塵乃至虚空皆因爾我安名分别耳。故云"性一切心而自無體"，則何謂爲清净妙净明心耶？世尊又恐人錯認"性一切心而自無體"，故又誡云"若汝執吝分别覺觀，所了知性必爲心"者，非爾我之本體"清净妙净明心性一切心"之全體矣。故再獨提出此"清净妙净明心性一切心"即"應離諸一切色、香、味、觸，諸塵事業别有全性"者，亦指"清净妙净明心性一切心"爲全性者，則全是爾我一全體耳。故又曰："如汝今者，承聽我法，此則因聲而有分别。"此因塵觸起分别者，非繇體分别也。故又恐人反滅見聞覺知，觀空爲清净妙净明心，故曰"縱滅一切見聞覺知，内守幽閒，猶爲法塵分别影事"者，此又重提"執吝分别覺觀，所了知性必爲心"者之誡也。故又提前咄阿難"此非汝心"者，非全敕汝執爲非心，但汝於心細微揣摩"若離前塵有分别性"即真汝心，蓋爾我眼耳鼻舌身非見問覺知所了知性，亦非内守幽閒，意根分别法塵之影事耳。故又誡曰："若分别性離塵無體，斯則前塵分别影事。塵非常住，若變滅時此心則同龜毛兔角，則汝法身同於斷滅，其誰修證無生法忍者？"直結指欲令阿難心入阿難頂爲無生法忍耳。故二祖謂初祖云："我心未寧，乞師爲安。"初祖云："將心來，與汝安。”二祖云：“覓心了不可得。”初祖云：“爲汝安心竟。”又非於身内外皆無心可得，故曰“覓心了不可得”耶？即時阿難與諸大衆默然自失，又非如汝不悟自爲法身全體無生法忍？故謂“分别性離塵無體”非汝自失耶？所以世尊又告阿難云“世間一切諸修學人，現前雖成九次第定，不得漏盡成阿羅漢，皆繇執此生死妄想誤爲真實”者，正謂人不自悟身爲全體無生法忍之法身，故於法身無生法忍外觀空入定，别成九次第定，故不得漏盡耳。此結前云“縱滅一切見聞覺知，内守幽閒，猶爲法塵分别影事”也，“是故汝今雖得多聞，不成聖果”，正結前文咄云“此非汝心”，及“汝今者承聽我法，此則因聲而有分别”，故曰“汝今雖得多聞，不成聖果”耳。① 據老僧看此章經，始終只據法身爲無生法忍，所以前引南院棒下無生忍話，以證老僧打汝的旨，又引永嘉謂“分别亦非意”，以證破汝執意根爲分别性之錯。然據“分别亦非意”者，又豈若汝有一個常住真心，又有個意根分别爲第二念耶？又引維摩云“能善分别諸法相，於第一義而不動”②來爲汝發明，今汝轉計辯證，謂第一義者常住真心也，非見汝是個學語之流，所以前引大慧謂“第一義當須直截自觀，作是觀者名爲正觀，若他觀者名爲邪觀”，③老僧道直饒汝引常住真心來爲第一義者，正是學語之流，於自觀外他觀故也。又豈知永嘉謂“分别亦非意”乎？又争怪得汝執意根爲分别性，第二念因境而發？殊不知因人分别安立而成諸法相耳。且汝不思世尊教阿難云“但汝於心微細揣摩，若離前塵有分别性，即真汝心”，④汝今反執世尊後誡阿難“若分别性離塵無體”，來證老僧教汝“但會若離前塵有分别性”爲非，非汝不但不聽老僧之教，抑且背世尊之教，但汝於心細微揣摩之叮囑，非汝鹵莽儱侗一至如是，反妄謂老僧鹵莽儱侗，爲破教顯性全身作用

① 密雲此處所引經文較爲分散，均出自《大佛頂如來密因修證了義諸菩薩萬行首楞嚴經》，《大正新修大藏經》(19)，頁109上。

② 《維摩詰所説經》，《大正新修大藏經》(14)，頁537下。

③ 《大慧普覺禪師語録》，《大正新修大藏經》(47)，頁833中。

④ 《大佛頂如來密因修證了義諸菩薩萬行首楞嚴經》，《大正新修大藏經》(19)，頁109上。

爲非耶？老僧更問汝只知世尊謂“汝法身同於斷滅，其誰修證無生法忍”，此乃世尊歸結此章經旨，汝道畢竟歸結在甚處，是爲汝執教而不破教耶？設汝更轉計謂常住真心爲歸結，則世尊始則只言欲令心入無生法忍，終只説法身爲無生法忍，離此則直饒汝謂常住真心，亦非此章經旨，轉計遮掩之異説也。又汝偈云“煤墨難分分別性”，老僧道已見汝迷頭認境，逐境生情，謂煤墨二字早已分別，汝猶子不知，况謂難分分別性豈非分別乎？况更謂無量劫來生死病，又非明明汝分別而自不知耶？若人不透祖師關，又非汝之分別邪？焉能解用無星秤，且汝若無分別，焉知無星秤耶？何况分別有焉知不焉知，有解用不解用，有透不透，有祖師非祖師，又非汝謂目前見有得失、是非、差別、人我邪？又非汝一擔擔了，尚不知者哉？所以老僧道汝只學其虚，未悟其實，蓋據款結案耳。此老僧略據辯證一二節判出，以證汝前之小參及後與居士問答等，不是汝之妄揑妄造，即是汝之迷夢未惺底生滅妄想之夢説也。老僧但將汝前後種種夢説及老僧前後答汝書及法語等一并刻出，俟天下後世並證。果老僧不留心於教乘亦失，仔細於宗乘，何鹵莽儱侗一至如是，而破教顯性全身作用耶。果汝不留心於教乘，亦失仔細於宗乘，鹵莽儱侗一至如是，而妄辯證老僧示汝之法語耶。今老僧不免更據“僧問南嶽云：‘如鏡鑄像，像成後，未審光歸何處？’嶽云：‘衹如大德爲童子時，相貌今在何處？’僧云：‘衹如像成後因甚不鑒照？嶽曰雖然不鑒照，争奈瞞他一點不得。’”①又如石頭因看《肇論》，至“會萬物以爲己者，其惟聖人乎”，②豁然有省，遂作《參同契》，其末云：“謹白參玄人，光陰莫虚度。”既會萬物爲己者，非離前塵有分別性，故即光陰不虚度，而瞞他一點不得乎？此老僧到底只據此章，世尊謂“若離前塵有分別性”之旨以示汝，是老僧始終無異之説也。

---

① 《古尊宿語録》，《卍新纂大日本續藏經》(68)，頁3上—中。

② 語出《肇論》，原文爲：“會萬物以成己者，其唯聖人乎？”《大正新修大藏經》(45)，頁161上。

密雲圓悟禪師天童直説　卷五

門人通雲、通門編

據評説

崇禎己巳夏，懷古吴居士過金粟，持空印法師《正量論》來，後有道衡《證語》一篇。余見其不能的據肇公立論之旨，因爲評之。曰：

夫諸佛世尊唯爲一大事因緣故出現於世。一大事者，佛知見也；佛知見者，對衆生知見也；衆生知見者，生死也。故肇公作《物不遷論》，啓口便謂："生死交謝，寒暑迭遷，有物流動，人之常情。余則謂之不然。"①蓋肇公"余則謂之不然"者，可謂喝咄響亮，直截爲人當頭點破，誠破生死之牢關，開佛知見之鉗鎚矣。而以"法無去來，無動轉者"證之，亦恐人滯於"無去來無動轉"，以爲死住，故云："尋夫不動之作，豈釋動以求静，必求静於諸動。"②余謂既不"釋動以求静"者，豈非動即静也？"必求静於諸動"者，豈非静即動也？静即動，可謂活静也；動即静，可謂活動也。既活動則不以動爲動也，既活静則不以静爲静也。既不以静爲静，不以動爲動，則《楞

① 《肇論》，《大正新修大藏經》(45)，頁151上。
② 《肇論》，《大正新修大藏經》(45)，頁151上。

嚴》所謂“動静二相,了然不生”者是也。如是,則物各性住於一世,有何物而可去來者?豈可謂爲死住耶?而清凉國師乃云:“觀肇公意,既以物各性住而爲不遷,則濫小乘無容從此轉至餘方。”①空印法師謂“物各性住於一世,非性空”②者,是皆不識肇公“余則不然”之旨。何則?“生死交謝,寒暑迭遷,有物流動,人之常情。余則謂之不然”者,豈非翻有作空乎?然亦余强釋之耳。若準肇公意,無你開口處,無你思議處,正《法華》所謂“是法非思量分别之所能解”,③又所謂“諸法寂滅相,不可以言宣”。如是,則肇公之“物不遷”,而空印不知量,以性空爲不遷,以有無、去住、斷常等駁肇公,以因明論證肇公“宗似而因非,有宗而無因”。④ 且肇公在於晉時,因明論來於唐時,不但晉時無有此法式,設有,而肇公但據至理而言,又誰管因明三支立量哉?然道衡謂近日人師皆不能出理引證,而謂:“澄師之駁雖數萬言,約其要不過以其因非也。論其要,餘可忽矣。所謂因非者無他,修多羅以諸法性空故爲不遷,肇師以物各性住爲不遷。”⑤故著《證語》一篇。余一往觀來,似出清凉空印之右。及諦觀其歸結出量,則自是道衡之“物不遷”,非肇公之“物不遷”也。余固出家年晚,生死事急,無暇及於教乘。然目前觀《楞嚴》、《法華》、《圓覺》、《楞伽》、《金剛》、《涅槃》等經,第有性空之説,而未見有性空連著爲物不遷。而但見《法華》“是法住法位,世間相常住”,⑥如是,則可據“是法住法位”者,豈非物各性住也?據世間相者,豈非物也?據常住者,豈非不遷也?據此,則可知肇公論中自有立量意趣。何也?不見肇公云:“聖人有言曰:‘人命逝速,速於川流。’”⑦蓋

① 清凉澄觀《大方廣佛華嚴經隨疏演義鈔》,《大正新修大藏經》(36),頁 239 中。

② 引自空印鎮澄《物不遷正量論》,文句略有差異:“肇公物各性住於一世而不化,便有定物,故違空也。”《卍新纂大日本續藏經》(54),頁 914 下。

③ 《妙法蓮華經》,《大正新修大藏經》(9),頁 7 上。

④ 《物不遷正量論》,《卍新纂大日本續藏經》(54),頁 913 上。

⑤ 道衡《物不遷正量證》,《卍新纂大日本續藏經》(54),頁 909 中。

⑥ 《妙法蓮華經》,《大正新修大藏經》(9),頁 9 中。

⑦ 《肇論》,《大正新修大藏經》(45),頁 151 中。

人命者，豈非物也？逝速者，豈非各性住於一世也？速於川流者，豈非同喻也？據此，則當立量云：物是有法，定各性住，於一世不遷爲宗。因云：昔不至今，今不至昔，故同喻如川流，異喻如兔角。何也？惟昔物不至今，今物不至昔，故物各性住於一世，所以謂"是法住法位，世間相常住"耳。如是而住，又豈可謂死住乎？空印大端未嘗親證到從本以來，情與無情同箇氣分一妙真法界。若到者箇境界，則無你分別處，無你推測處。故《楞嚴》云："妙性圓明離諸名相，本來無有世界衆生。"①又《華嚴》云"情與無情共一體"②者是也。只因一體無二，故我有限之形同於無窮之世，與世同流，不舍晝夜。新新不住，活潑潑，無你意必處，無你固我處，無你挽迴處，儘你有勢力也不能奈何。所以從本以來，法性如是，無住相故，正《楞嚴》云："幻妄稱相，其性真爲妙覺明體。"③如是，則余謂乃物性然，非推之使然，故謂之物性。物性如是，故肇公據以爲"物不遷"。所以謂感往者之難留，非謂排今而可往，故云："昔物不至今，今物不至昔。"④故曰"物各性住於一世"爲"物不遷"之端本。正《楞嚴》云："殊不知生滅去來，本如來藏，常住妙明，不動周圓，妙真如性。性真常中，求於去來迷悟生死，了無所得。"⑤故肇公云"生死交謝，寒暑迭遷，有物流動，人之常情。余則謂之不然"⑥耳。如是，則空印謂"宗似而因非，有宗而無因"者，試問空印除如來常住性外以何爲宗？以何爲因？而謂"宗似而因非，有宗而無因"乎？

---

①　《大佛頂如來密因修證了義諸菩薩萬行首楞嚴經》，《大正新修大藏經》(19)，頁138中。

②　此偈密雲雖注爲出自《華嚴》，實出自杜順和尚《漩澓偈》："若人欲識真空理，身内真如還遍外。情與非情共一體，處處皆同真法界。"中國佛教協會、中國佛教圖書文物館編《房山石經》(28)，華夏出版社，2000年，頁627中。

③　《大佛頂如來密因修證了義諸菩薩萬行首楞嚴經》，《大正新修大藏經》(19)，頁114上。

④　此處爲略引《肇論》，原文爲："夫人之所謂動者，以昔物不至今，故曰動而非静。我之所謂静者，亦以昔物不至今，故曰静而非動。"《大正新修大藏經》(45)，頁151上。

⑤　《大佛頂如來密因修證了義諸菩薩萬行首楞嚴經》，《大正新修大藏經》(19)，頁114上。

⑥　《肇論》，《大正新修大藏經》(45)，頁151上。

據此則見空印以性空而爲宗者，豈非於如來常住性外另立箇性空爲宗？既於如來常住性外别有箇性空者，豈非外宗、邪宗乎？宗既外邪，其因不辯而可知矣。故余謂空印不知量，以其未嘗親證到從本以來一妙真法界故也。蓋從本以來之法即如來之法也，故世尊悟此從本以來之法，而號如來耳。

兹因我幻有老人曾與空印同住五臺，見其駁肇公之不當，雖一時海内諸大老只遺書誡勉空印而已，唯我老人面折其非。老人南還一十三載，復往北都與空印會於慈因寺。見其《正量論》已刻行，乃著《駁語》一册。時余侍左右，親見我老人作書封寄二册與空印，後復作《性住釋》一册，并刻行於世。時雲棲亦以笑巖門下同參，曾有書與我老人云："《肇論》解駁精確明悉，但恐空印執心太堅，不肯服善。然正辯破惑，理自應爾，彼之信否無足計也。"[①]天啓壬戌春，余往廬山，曾以《駁語》并《性住釋》送憨山。憨謂余云："令師宗門下是本分茶飯，怎麽教理亦如是精，必當託護法燬其板也。"今年仲春，有新安江似孫居士見余《據評説》，乃云："某昔於北京覓空印《正量論》，其徒謂板已燬矣。"余問道衡作此《證語》將證誰耶？若證肇公，則道衡歸結出量不識肇公立論之旨。若證空印，而空印之駁既非，則道衡之證亦非。若證我幻有老人，則道衡又對薝蔔云未曾見老人之書也。若證道衡自家，而語中亦不見道衡之實證。如是，則教旨尚不知落處，而况知烏窠龍潭會通德山之意，乃混引證乎？余懼一人傳虚於前，則萬人傳實於後，以誤將來，其事非細，故據肇公之據以評之耳。若欲備知空印之訛謬，則我幻有老人《駁》、《釋》二書最詳盡矣。

時有同人上座問曰："教家謂'動静二相，了然不生'，只忘得聲塵。當盡四假，方得寂滅現前。而《肇論》引'法無去來，無動轉者'，[②]以證'物各性住

① 引自《幻有傳禪師語録・附雲棲大師書》，《乾隆大藏經(新文豐版)》(153)，頁678上。

② 《肇論》："《放光》云：'法無去來，無動轉者。'"《大正新修大藏經》(45)，頁151上。

於一世’爲物不遷。所云動静雖一，其趣有别。和尚今引《楞嚴》‘動静二相，了然不生’，以證‘物各性住於一世’爲物不遷者，第恐諸方謂經論旨趣不同，亦謂和尚不識經論之旨矣。”

余曰：然。老僧誠不識經論之旨，但取其“動静二相，了然不生”之意以證肇公“余則謂之不然”之旨耳。蓋肇公“余則謂之不然”者，因常人生時作生之相，死時作死之相，以生自生相，死自死相，故成兩物交謝，有流動之相者。無他，以其不知從本來無有生相，本來無有死相，本來無有生滅可滅，是則寂滅現前。老僧所謂“動静二相，了然不生”者，此也。非謂離了生死之相，别有不生不滅之相。故肇公云“尋夫不動之作，豈釋動以求静？必求静於諸動”①耳。所謂不釋動以求静，豈非動即静也者？正如生死即涅槃也。所謂必求静於諸動，豈非静即動也者？正如涅槃即生死也。静即動可謂活静也者，正所云不住涅槃也。動即静可謂活動也者，正所云不住生死也。故曰：既活動者，則不以動爲動也；既活静者，則不以静爲静也。既不以動爲動，則不以生死爲生死矣；既不以静爲静，則不以涅槃爲涅槃矣。既不以生死爲生死，不以涅槃爲涅槃，則覿體現前，正古人所謂“隨順世緣，無罣礙涅槃生死等空華”。② 老僧所謂“動静二相，了然不生”者，此也。據肇公之意，即就世人生老病死，春温夏暑秋凉冬寒，以至成住壞空，刹那刹那交謝迭遷流動之相無有間然。故謂“物各性住於一世”爲物不遷，即《楞嚴》云“根塵同源，縛脱無二。識性虚妄，猶如空華”。③ 到此則覓心識尚不可得，又誰更有塵等四假推窮而方盡哉？

同人曰：“是則觀音從聞思修，反推窮源，寂滅現前，超越世出世間。而肇公是與世同流，當體寂滅現前，超越世出世間。和尚則是即新新不住，息

---

①　《肇論》，《大正新修大藏經》(45)，頁 151 上。

②　《大慧普覺禪師語録・示吕機宜(舜元)》，《大正新修大藏經》(47)，頁 901 下。

③　《大佛頂如來密因修證了義諸菩薩萬行首楞嚴經》，《大正新修大藏經》(19)，頁 124 下。

息不停，根塵同源，寂滅現前，超越世出世間，始知‘動静二相，了然不生’正肇公‘余則謂之不然’之旨。可謂極盡，誠不可思議也已。”

余曰：若如此，上座豈但同人，直是同天同地、同古同今、同成同壞、同生老病死、同新故、同因果，各性住於一世，爲物不遷矣耳。

復有法海上座，謂余引“妙性圓明，離諸名相，本來無有世界衆生”①證從本以來一妙真法界者，乃性空之教，非性住之教。

余曰：我但取“妙性圓明，離諸名相，本來無有世界衆生”以證從本以來一妙真法界者，正所謂物各性住於一世，即妙性圓明。苟非圓明，即不得物各性住於一世。以其物各性住於一世，故謂妙性圓明。而肇公以“物各性住於一世”爲物不遷者，正據“妙性圓明，離諸名相，本來無有世界衆生”以證常人迷本圓明，自生虚妄，見有生死交謝，寒暑迭遷，有物流動耳。故曰“余則謂之不然”者，爲物不遷也。故余引“妙性圓明，離諸名相”以證從本以來一妙真法界是物各性住也。若不各性住於一世，則實相常住之性即有不遍之處，而一世一世各有自性遷流，則不名“妙性圓明，離諸名相，本來無有世界衆生”矣。唯世世不住，故吾亦住無住相。以住無住相故，謂之妙住。以妙住故，則世世實相，世世常住，故物各性住於一世爲物不遷。如昔行昌禪師問六祖曰：“弟子常覽《涅槃經》，未曉常無常義，乞和尚慈悲，略爲解説。”祖曰：“無常者，即佛性也。有常者，一切善惡諸法分别心也。”行昌曰：“和尚所説大違經文。”祖曰：“吾傳佛心印，安敢違於佛經？”行昌曰：“經説佛性是常，和尚却言無常。善惡諸法乃至菩提皆是無常，和尚却言是常。此即相違，令學人轉加疑惑。”祖曰：“《涅槃經》吾昔聽尼無盡藏讀誦一遍，便爲講説，無一字一義不合經文。乃至爲汝，終無二説。”行昌曰：“學人識量淺昧，願和尚委曲開示。”祖曰：“汝知否？佛性若常，更

---

① 《大佛頂如來密因修證了義諸菩薩萬行首楞嚴經》，《大正新修大藏經》(19)，頁138中。

説甚麽善惡諸法乃至窮劫無有一人發菩提心者？故我説無常正是佛説真常之道也。一切諸法若無常者，即物物皆有自性，容受生死，而真常性有不遍之處。故吾説常者，正是佛説真無常義。佛比爲凡夫外道執於邪常，諸二乘人於常計無常，共成八倒，故於涅槃了義教中破彼偏見，而顯説真常、真樂、真我、真浄。汝今依言背義，以斷滅無常，及確定死常，而錯解佛之圓妙最後微言，縱覽千遍，有何所益？”行昌忽然大悟，説偈曰："因守無常心，佛説有常性。不知方便者，猶春池拾礫。我今不施功，佛性而現前。非師相授與，我亦無所得。”①據此，可見空印執性空，豈非確定性空，認方便爲實證、爲死煞法。於實計空，以昧肇公物各性住於一世，時時現前，事事無别爲物不遷者矣。若如汝謂“妙性圓明，離諸名相”定是性空，而非性住，則圓明了知不繇心念得，時時受用，息息不空，以成妙覺圓明，常住法性海中爲物不遷，而契從本以來一妙真法界者，敢保無有日矣。

鑒侍者問曰："空印以因明論駁肇公向有今無爲因，不遷爲宗，犯二種過：一曰法自相相違因；二曰法差别相違因。自相相違者，謂不遷言常，向有今無是無常，於肇公嘗言自相相違，故空印駁其自相相違也；法差别相違者，謂肇公言陳則‘向有今無是無常’，意許則‘向有今無成性住’，故空印駁其法差别相違也。今和尚須明判肇公不犯此二過，則肇公正宗正因方成真能立也。”

曰：此空印迷倒不能解肇公立論之旨，汝何亦隨迷逐迷以此爲問也？蓋肇公立“物不遷”，非確定死常爲不遷，故據“生死交謝，寒暑迭遷，有物流動，人之常情。余則謂之不然者”以爲立論之旨，據引“法無去來，無動轉者”以爲證論之繇，據“尋夫不動之作，豈釋動以求静？必求静於諸動”②者以爲

① 《六祖大師法寶壇經》，《大正新修大藏經》(48)，頁359上—中。
② 《肇論》，《大正新修大藏經》(45)，頁151上。

論證之當然，據"人命逝速，速於川流"①者以爲出論之本旨，據梵志"吾猶昔人，非昔人"②者以爲證，肇公不同世人之見可見。肇公從始至末，唯據爾我人人分上，生不至於死，死不至於生，幼不至於老，老不至於幼。童顔時童顔，老顔時老顔；烏頭時烏頭，白頭時白頭。正是隨流認得性，無喜亦無憂。故謂向有今無，今有向無，各各性住於一世，爲物不遷。又何嘗於肇公分外另據箇别法爲不遷，而有法自相相違因，更有法差别相違因哉？且因明論以隨自樂爲所成立性，是名爲宗。而肇公既立"物各性住於一世"不遷爲宗，即以向有今無亦各性住一世以爲因，何嘗宗因相違哉？若據空印立確定死常爲不遷，而空印自不能常住不死，則豈非真犯法自相相違因乎？故肇公不敢違於自相，乃據"人命逝速，速於川流"故立各性住於一世不遷爲宗，以從生至死刹那刹那不住，故立向有今無以爲因。據此可見肇公立各住不住無二相故，豈有犯法自相相違因，及法差别相違因，而不成真能立哉？

鑒曰："和尚各住不住曾無二相，則知肇公於向而向，於今而今，爲物不遷，故以向有今無爲因，元無法自相相違，亦無法差别相違。而空印逐有，爲有逐無，爲無以駁肇公，迷己爲物而不自知，失肇公意。鑒則不自相相違，而墮法差别相違矣。"

曰：汝見肇公物不遷乎？肇公立"物各性住於一世"爲物不遷者，蓋爾我人人乃至凡稟有情之類皆各性住於一世，無有遷動，故謂近而不可知者，其惟物性乎？試指目前，唯一天地、一日月、一山河，一切衆生，無不同此一天地、一日月、一山河，而各各見一天地、一日月、一山河，乃至盡人盡物，豈非各性住於一世，無少無剩，無欠無餘，争之不少，讓之不多，而性稟各性住於一世而不遷，非造作之所得也。故《金剛》云"是法平等，無有高下"③者，無

① 《肇論》，《大正新修大藏經》(45)，頁151中。
② 《肇論》，《大正新修大藏經》(45)，頁151中。
③ 引自《金剛般若波羅蜜經》："復次，須菩提！是法平等，無有高下，是名阿耨多羅三藐三菩提。"《大正新修大藏經》(8)，頁751下。

他，蓋天地、日月、山河、人物，皆繇爾我各各分上成立也。故《楞嚴》云："汝既見物，物亦見汝。體性雜亂，則汝與我并諸世間不成安立？"①據此，可見一人則一世界，萬人則萬世界，乃至無窮無數人則無窮無數世界。而肇公立"物各性住於一世"爲物不遷者，豈可得而思議也哉？

鹽梅問曰："和尚指出人人目前有一天地、一日月、一山河，某甲徹見人人之物不遷矣。敢問和尚之物不遷與釋迦老子之物不遷是同是别？"

曰：汝之不遷，即我之不遷，即釋迦老子之不遷。汝若遷，則見我遷，亦見釋迦老子遷矣。若見釋迦老子不遷，即見釋迦老子世界亦不遷，我之世界亦不遷，汝之世界亦不遷。則我適來所自説者，乃同時各性住於一世而不遷。今與汝説者，乃先後各性住於一世而不遷。當知先後各性住於一世者，乃肇公不遷之旨也。然雖有先後同時之不同，總之有人則有世界。人若無，誰主世界？亦不出《楞嚴》所謂"則汝與我并諸世間不成安立"，而誰見有先後哉？故肇公云"如來功流萬世而常存，道通百劫而彌固。成山假就於始簣，修途託至於初步"②者，此也。

牧雲問曰："空印謂：'若昔因不滅不化者，則衆生永無成佛之理，修因永無得果之期。'③據此，則空印以因滅故得果，衆生滅故得成佛，乃無因矣。何反駁肇公爲'宗似而因非，有宗而無因'也？敢問和尚何以立量破之？"

曰：當立量云：衆生是有法，以決定成佛得果性住爲宗因，云不滅不來故。同喻如聚落迷人，異喻如斷見外道。何也？蓋衆生者，乃成佛之本因，但因迷故爲衆生，故肇公謂"因不昔滅"耳。"因不來今"者，只因悟故。悟中無迷，迷不來悟，故爲佛果耳。正如《楞嚴》佛告富樓那："譬如迷人於一聚落惑南爲北，正在迷時，倏有悟人指示令悟。富樓那，於意云何？此人縱

---

① 《大佛頂如來密因修證了義諸菩薩萬行首楞嚴經》，《大正新修大藏經》(19)，頁111下。"雜亂"應爲"紛雜"。

② 《肇論》，《大正新修大藏經》(45)，頁151下。

③ 《物不遷正量論》，《卍新纂大日本續藏經》(54)，頁914下。

迷，於此聚落更生迷否?”富樓那言:“不也，世尊。”佛言:“富樓那，十方如來亦復如是。此迷無本性，畢竟空。昔本無迷，似有迷覺，覺迷迷滅，覺不生迷。”①密雲曰：以其覺不生迷，故謂因不來今也。如此，則正如古人云:“昨夜夜叉形，今朝菩薩面。菩薩與夜叉，不隔一條線。”②然既“昨夜夜叉形，今朝菩薩面”，則可見夜叉時爲夜叉，菩薩時爲菩薩，則豈非果不俱因，因不昔滅，各性住於一世，爲不遷之致矣。據此，則又豈可謂衆生永無成佛之理，修因永無得果之期？此見空印於衆生外另立箇宗，另立箇因，故昧肇公正宗正因，而妄駁爲“有宗而無因，宗似而因非”。及以向有今無爲斷常偏見，則又豈非空印自駁，自成斷常外道之偏見乎？則見道衡亦於衆生外別立“江河競注即濕之静流，洶涌奔波隨風之動浪”③爲比量，而不識《華嚴》“情與無情共一體”，豈非教旨不通乎？《楞嚴》云五陰、六入、十二處、十八界，及地水火風空見識皆如來藏，妙真如性，本無生滅。《金剛》云:“如來者，即諸法如義。”④試問道衡唤甚麽作異喻，而更謂洶涌奔波隨風之動浪，殊不知以事事法法唤作同喻，尚涉參差，何況於一法分爲二喻乎？

肇心問曰:“和尚此説祇明衆生成佛之因，而未明昔因不滅、不化、不遷而行業湛然者也。意果何如?”

曰：汝何不省衆生迷之，則從無始來，輪迴生死，無有休息。諸佛悟之，則證真常、真樂、真我、真浄，亦無有休息。故得湛然不滅、不化、不遷者也。

---

① 引自《大佛頂如來密因修證了義諸菩薩萬行首楞嚴經》，原文爲:“佛告富樓那:‘譬如迷人於一聚落惑南爲北，此迷爲復因迷而有？因悟所出?’富樓那言:‘如是迷人，亦不因迷，又不因悟。何以故？迷本無根，云何因迷？悟非生迷，云何因悟?’佛言:‘彼之迷人正在迷時，倏有悟人指示令悟。富樓那！於意云何，此人縱迷，於此聚落更生迷不?’‘不也，世尊！’‘富樓那！十方如來亦復如是。此迷無本，性畢竟空，昔本無迷，似有迷覺，覺迷迷滅，覺不生迷。’”《大正新修大藏經》(19)，頁120中。

② 《五燈會元·常德府文殊思業禪師》，《卍新纂大日本續藏經》(80)，頁435中。

③ 《物不遷正量證論》，《卍新纂大日本續藏經》(54)，頁910下。

④ 《金剛般若波羅蜜經》，《大正新修大藏經》(8)，頁751上。

《楞嚴》云："一人發真歸元，十方虚空悉皆消殞。"①消殞者，即發真歸元也。悉皆者，即該世界也。何世界之不真哉？據此，則可見真之與妄，在人不在世界。唯其在人不在世界，故肇公觀之爲純真。唯其純真，故不言空有，而但云物各性住於一世爲物不遷。此無他，蓋元與世人行履無二無别，但與世人所見不同。故龐居士云："日用事無别，唯吾自偶諧。頭頭非取捨，處處弗張乖。朱紫誰爲號，丘山絶點埃。神通并妙用，運水及搬柴。"②而清涼乃謂此生此滅，無容從此轉至餘方，爲濫小乘。空印謂因不昔滅，衆生永無成佛之理。嗚呼！何其昧哉！竟不出肇公所謂"所造未嘗異，所見未嘗同"耳。何者？若苟無容從此轉至餘方，則無古今。既無古今，則可謂無容從此轉至餘方。既無容從此至餘方，則無三世諸佛先後出世而興教化。然既先後出世而興教化，則可見有古有今。古今既有，豈非古不至今，今不至古，以成古今？故物各性住於一世，爲物不遷矣。而空印謂因不昔滅，衆生永無成佛之理，而竟不審肇公意指三世諸佛已悟真常、真樂、真我、真浄，爲一大事因緣故出現於世，開導衆生同佛知見，亦證真常、真樂、真我、真浄以爲因，故曰："如來功流萬世而常存，道通百劫而彌固。"從悟而始，故曰："成山假就於始簣，修途託至於初步。"③而空印昧之，反以種種異旨駁肇公，至因不昔滅謂衆生永無成佛之理者，豈非空印作大妄語贓誣肇公斷佛種子乎？即此則昧"三世諸佛唯爲一大事因緣故出現於世"者，亦成妄矣。空印此語之過，爲罪不小。嗚呼！密雲而不據以評之，其可忍哉！

達澄問曰："和尚謂《楞嚴》'動静二相，了然不生'處便是寂滅現前者，眼固超越。獨'如是漸增'，文不次銷，教下人未必甘服。"

---

① 《大佛頂如來密因修證了義諸菩薩萬行首楞嚴經》，《大正新修大藏經》(19)，頁147中。

② 《龐居士語録》，《卍新纂大日本續藏經》(69)，頁131上。

③ 引自《肇論》："是以如來功流萬世而常存，道通百劫而彌固。成山假就於始簣，修途託至於初步。"《大正新修大藏經》(45)，頁151下。

曰：老僧誠未入講肆，固不識經文次第。但據老僧杜見，“如是漸增”至“寂滅現前”，雖逐一推破一重，出一種見，不過釋成“所入既寂，動静二相，了然不生”耳。故曰“聞所聞盡”，即“入流亡所”底意。“盡聞不住”，即破“聞所聞盡”底意。“覺所覺空”，即破“盡聞不住”底意。“空覺極圓，空所空滅”，即破覺所覺空底意。“生滅既滅”，即無“空所空滅”。無“空所空滅”，故云“生滅既滅，寂滅現前”；“寂滅現前”，即釋成“所入既寂，動静二相，了然不生”。蓋“寂滅現前”即“動静二相，了然不生”，所入寂滅。所入寂滅，故云“諸法從本來，常自寂滅相，不可以言宣”。① 古人疑而不決，因鶯啼忽悟云：“春到百花開，黄鶯啼柳上。”故老僧引“動静二相，了然不生”，以證肇公“余則謂之不然”非翻有作空爲極致，必物各性住於一世爲物不遷。即《楞嚴》“根塵同源，縛脱無二。識性虚妄，猶如空華”，②到此則覓心識尚不可得，又誰更有塵等四假推窮而方盡哉？此乃觀音與肇公自悟自證。無涅槃可證，無生死交謝、寒暑迭遷寂滅之境。故曰：“忽然超越世出世間。”③雖漸增獲二殊勝應身而爲説法，亦不出以自悟而悟人耳。

時有智菴禪人踊躍作禮云：“物不遷旨幾乎晦矣。何期今日復顯露哉？某甲諦看空印《正量論》，足知他一片硬執。其中善辯不少，支離愈多。必以性空性住死殺爲駁，正無過中求過，乃其痼疾也。又看道衡《證論》，似乎雙騎馬，抑人揚己爲得，殊不知出自心幸之疚，所謂濁水中立，清水中擾者也。及閲幻有老人駁語、《性住釋》，如鏡當臺，如指諸掌，誠一大藏之鍵鑰，信乎雲、憨二師之贊也！其駁語中指他錯認‘遷’字，乃點出空印病根，

---

① 引自《五燈會元・本嵩律師》：“昔有僧因看《法華經》至‘諸法從本來，常自寂滅相’，忽疑不決。行住坐卧，每自體究，都無所得。忽春月聞鶯聲，頓然開悟。遂續前偈曰：‘諸法從本來，常自寂滅相。春至百花開，黄鶯啼柳上。’”《卍新纂大日本續藏經》(80)，頁 139 下。“不可以言宣”一句應爲誤添。

② 《大佛頂如來密因修證了義諸菩薩萬行首楞嚴經》，《大正新修大藏經》(19)，頁 124 下。

③ 《大佛頂如來密因修證了義諸菩薩萬行首楞嚴經》，《大正新修大藏經》(19)，頁 128 中。

所謂一子差，滿盤錯也。今和尚據實而評，使人人向一天地、一日月、一世界既見同時之物不遷矣，又向和尚與釋迦老子邊更見先後之物不遷。今日始知人不遷則物不遷，人若遷則物亦遷。彼空印等繇自遷故不見肇公之不遷也。”

余曰：然。肇公謂“所造未嘗異，所見未嘗同”①者，無他，蓋人自不返己，以見他人死爲滅，故見世界亦滅矣。殊不知於自己分上看得無滅時，則世界亦無滅矣。如此，則見有人則有世界，是知世界因人而住。故肇公云：“苟能契神於即物，斯不遠而可知矣。”②

布侍者問曰：“達磨未來，肇公因看《維摩經》先有自悟之機，即造《物不遷》等論。而羅什證曰：‘吾解不謝子，辭當相揖耳。’遠公見亦曰：‘未曾有也。’③及其臨刑，説偈曰：‘四大元無主，五陰本來空。將頭臨白刃，猶似斬春風。’④所以宋時靈隱濟禪師遂收入《五燈會元》，未見非之者。獨有清凉貶之，空印駁之，而我龍池祖翁爲達磨三十八代嫡孫，乃力證肇公爲是，何教家與宗門所見不同如是耶？夫教外别傳從來自有長處，必見不差。今乞和尚明判，一則使肇公吐氣於千古之下，一則使時人刮目於千古之上，顧不美哉！”

曰：若據正眼觀之，本來無有世出世法，故世尊初悟乃曰：“普觀一切衆生，皆具如來智慧德相，但以妄想執著不能證得。”⑤肇公據此即曰“生死

---

① 《肇論》，《大正新修大藏經》(45)，頁 151 上。

② 《肇論》，《大正新修大藏經》(45)，頁 151 下。

③ 鳩摩羅什與慧遠所評見於《高僧傳》：“因出《大品》之後，肇便著〈波若無知論〉，凡二千餘言，竟以呈什，什讀之稱善，乃謂肇曰：‘吾解不謝子。辭當相挹。’時廬山隱士劉遺民見肇此論，乃歎曰：‘不意方袍，復有平叔。’因以呈遠公。遠乃撫机歎曰：‘未常有也。’”《大正新修大藏經》(50)，頁 365 上。

④ 《景德傳燈録》，《大正新修大藏經》(51)，頁 435 上—中。

⑤ 此句雖被引爲出自佛經，但原文未見，相同語句最早出於元僧念常所撰《佛教歷代通載》：“故世尊初成正覺，歎曰：‘奇哉！我今普見一切衆生，具有如來智慧德相，但以妄想執著而不能證得。’”《大正新修大藏經》(49)，頁 616 中。

交謝，寒暑迭遷，有物流動，人之常情"者，豈非執著之謂耶？又云"余則謂之不然"者，豈非破執之謂耶？然但破衆生情見，則衆生即如來智慧德相，非離了衆生另有所謂如來智慧德相，故云："人之所謂去，我則言其住。人之所謂住，我則言其去。去住雖殊，其趣不别。"①如此，則但破世人之見，不破世人行履，所以道"所造未嘗異，所見未嘗同"耳。古人云"依前只是舊時人，不改舊時行履處"②者，即所造未嘗異者也。又古人云"依前元是舊時人，只改舊時行履處"③者，即所見未嘗同者也。是即所謂物各性住於一世爲物不遷者也。當知肇公據盡大地人所共本爲立論之端，故余謂肇公以"人命逝速，速於川流"立宗因者，以其盡大地人皆然耳。縱諸佛亦據一切衆生皆具智慧德相，非離了人命逝速，故曰："得意毫微，雖速而不轉。"④夫如是，則肇公意豈同清凉謂"此生此滅無容從此轉，至餘方而濫小乘"⑤者之見哉？不見百丈侍馬祖行次，見野鴨飛過，祖曰："是甚麽？"丈曰："野鴨子。"祖曰："甚處去也？"丈曰："飛過去也。"祖乃搊丈鼻，負痛失聲。祖曰："又道飛過去也。"丈有省，却歸侍者寮大哭。同事問曰："汝憶父母耶？"丈曰："無。""被人駡耶？"丈曰："無。""哭甚麽？"丈曰："我鼻孔被大師搊得痛不徹。"同事曰："有甚因緣不契？"丈曰："汝問取和尚去。"同事問大師曰："海侍者有何因緣不契？至寮中哭，告和尚爲某甲説。"大師云："是伊會也，汝自問取他。"同事歸寮曰："和尚道汝會也，教我問汝。"丈呵呵大笑。同事曰："適來哭，如今爲甚却笑？"丈曰："適來哭，如今笑。"同

---

①　此處所引與《肇論》原文略有出入："是以人之所謂住，我則言其去；人之所謂去，我則言其住。然則去住雖殊，其致一也。"《大正新修大藏經》(45)，頁 151 下。

②　語出《高峰原妙禪師語録》："元來只是舊時人，不改舊時行履處。"《卍新纂大日本續藏經》(70)，頁 690 下。

③　此句在各燈録中所引之處甚多，但原文多爲"不改舊時人，祇改舊時行履處"。如《古尊宿語録》，《卍新纂大日本續藏經》(68)，頁 212 下。

④　《肇論》，《大正新修大藏經》(45)，頁 151 下。

⑤　引自清凉澄觀《大方廣佛華嚴經隨疏演義鈔》："觀肇公意，既以物各性住而爲不遷，則濫小乘無容從此轉至餘方。"《大正新修大藏經》(36)，頁 239 中。

事罔然。[1] 密雲曰：百丈適來哭，如今笑，豈不是物各性住於一世耶？而清凉謂濫同小乘者，豈不如同事者罔然耶？何况空印知肇公落處哉？又次日，馬祖陞堂，衆纔集，丈出卷却席。祖便下座，丈隨至方丈。祖曰："我適來未曾説話，汝爲甚便卷却席？"丈曰："昨日被和尚搊得鼻頭痛。"祖曰："汝昨日向甚處留心？"丈曰："鼻頭今日又不痛也。"祖曰："汝深明昨日事。"丈作禮而退。[2] 密雲曰：既昨日鼻頭痛，鼻頭今日又不痛者，又豈不是物各性住於一世者耶？而祖曰"汝深明昨日事"，丈作禮而退者，又豈不是悟底人方曉得悟底人者耶？如此，則可見肇公謂物各性住於一世爲物不遷，非座主所知者明矣。又何怪乎空印、道衡等依語生解，要如肇公、百丈活卓卓地露自己眼目出於文字之表者，其可得哉？

布作禮云："方知物不遷矣。"

密雲曰：老僧説到者裏，覺口乾。汝去點茶來我喫罷。

答唯一禪人 附原問

文云：道衡引澄師以性空爲不遷之因，以斥肇公物各性住爲非。和尚舉《華嚴》、《圓覺》等經云"第有性空之文，而未見有連著爲物不遷者"，而轉斥其性空之因爲非者。和尚意謂往往教中性空之説若前若後，并無不遷之成文，以故性空未即可爲不遷之真因。故云：但見"是法住法位。世間相常住"，常住即不遷義，法住即性住義。故物各性住實不遷之正因者。彼必難云：既性空之説無連著"物不遷"三字之文，不可以爲不遷之真因，則是法住法位之説亦未見有連著爲物不遷之文，而獨可爲彼之因乎？若約常住義而立不遷之宗，約法住義而

---

[1] 《五燈會元》，《卍新纂大日本續藏經》(80)，頁 71 上。

[2] 《五燈會元》，《卍新纂大日本續藏經》(80)，頁 71 上—中。

立性住之因者，則我所謂諸法性空者，而諸法孰非常住？常住既即不遷，而性空獨不可爲彼之因乎？如是，則成俱成，破俱破，何偏責耶？

又云："試問空印除如來常住性外以何爲宗？以何爲因？"者，和尚意謂據《楞嚴》云"生滅去來，本如來藏，常住妙明，不動周圓，妙真如性"，如是，則無一法而非常住性者，更有何法爲宗？又復有何法以爲因乎？故斥其責肇公之宗似而因非，有宗無因之失，而獨不知宗因有法，雖有三名，實在一法上成立，非離有法之外另立一法爲此之宗，又另立一法爲此之因。如因明所云"聲是有法"，即於聲上立常爲宗，又即於聲上立其無質礙爲因。故雖有三支，其實一體。故不可以"唯有常住，更無餘法"作宗因爲責。又若謂一切法皆常住性，故不應更立宗因，則前所立"人命逝速"之宗因又當何如？

又云："據此則見空印以性空爲宗"者，彼《正量》云："言性空者，《大品》云'色性自空，非色壞空'，①'色前際不可得，中際、後際不可得'，②又云'色即是空'，結云'此不遷因也'。"③今言彼以性空爲宗，則責之不當。

又云："豈非於如來常住性外另立箇性空爲宗"，而斥爲外宗邪宗者，亦似不然。何故？設欲立宗因，亦不必離常住性外而另立，如前因明所説。又既斥彼爲邪外，彼受我之責，而反難云："既是一切法皆常住，性豈離常住外更有箇外宗邪宗，而不屬一切之所收乎？"又云："若不出常住性而見有外邪者，無有是處。"若斥我於常住之外另有箇外宗邪宗，則自反招其責。又若以一切法皆常住故，竟不許立宗立因，

---

①　此處注爲出自《大品》(《摩訶般若波羅蜜經》)，實出自《維摩詰所説經》："色即是空，非色滅空，色性自空。"《大正新修大藏經》(14)，頁551上。

②　《大般若波羅蜜多經》，《大正新修大藏經》(7)，頁205中。

③　《物不遷正量證論》，《卍新纂大日本續藏經》(54)，頁913上。原文無"結云"二字。

> 一毫動著不得，是則壞世間相而談實相，豈如《法華》"是法住法位，世間相常住"，及《楞嚴》所謂"常住妙明，不動周圓，妙真如性"哉！

老僧《據評説》蓋爲道衡但和會性住性空無二致，而出理立量則不能發明肇公立論端本，所以云一往觀來似出清凉空印之右，及諦觀其出理立量，則自是道衡之物不遷，非肇公之物不遷。若其出理立量果證肇公立論端本，則老僧不敢作《據評説》矣。道衡云："若準論立量，應云物是有法，不遷爲宗，因云各住真空即寂之性故。"①然真空即寂之性是一也，物乃衆多之物，而云各住，則物自物而真空即寂之性，自真空即寂之性矣。又云："同喻如江河競注即濕之静流，異喻如洶涌奔波隨風之動浪。"此可見道衡不知肇公立論之端本矣。蓋肇公據物各性住於一世而不遷者，則與世同流，故得不遷，故云："觀聖人之心，不同人之所見，得也。"②何者？人則謂少壯同體，百齡一質，徒知年往，不覺形隨，而道衡以隨風之動浪爲異喻，豈不可笑者哉？又爲斯論有明文，乃真能立也。是則物乃性家之物，性乃即物之性，若性有箇家，豈多性住於一性家者乎？益可見物自物，性自性，如是論即物之性，即又何嘗即哉？且舉一物而全體即性，語斯性而無物不備。則轉見性是一也，物是衆多之物。故云語斯性而無物不備矣。然既謂語斯性而無物不備，則衆物共一性，又豈可舉一物而全體即性哉？如是論即又何嘗即？故老僧謂自是道衡之物不遷，非肇公之物不遷也。世人但見生死交謝，寒暑迭遷而流動故，成變異生死，輪迴不息。肇公則不然。見生時也自相現，死時也自相現；寒時也自相現，暑時也自相現；乃至少壯老病等與寒暑之世同流，步步自相現，步步不同時。是則老僧深證，明肇公於生死寒暑變異之相證變異之身，順世而任運，非思議之可測，古人所謂"唯證乃知難可測度"。③ 故老僧謂物性乃然，非推之使然，故謂物各性

---

① 《物不遷正量證論》，《卍新纂大日本續藏經》(54)，頁 910 下。"若準論立量"原文無"量"字。

② 《肇論》，《大正新修大藏經》(45)，頁 151 中。

③ 《永嘉證道歌》，《大正新修大藏經》(48)，頁 395 下。

住於一世而不遷，正世尊云“天上天下，唯我獨尊”。何則？天上時天上獨尊，天下時天下獨尊，乃至處王宫、出家、雪山、波羅奈説法四十九年、自少壯老，經歷寒暑，以至涅槃，無非獨尊。而以手摩胸，普告大衆云：“汝等於我紫磨金色之身瞻仰取足，莫令後悔。若謂吾滅度，即非吾弟子。若謂吾不滅度，亦非吾弟子。”①則何有生滅去來之相？故《楞嚴》云：“生滅去來，本如來藏，常住妙明，不動周圓，妙真如性。”老僧據“是法住法位，世間相常住”爲連文者，非謂連有“物不遷”三字爲連文也，但其二句文義具有“物各性住於一世而不遷”耳。蓋“是法住法位，世間相常住”者，即是山河大地，乃名也；有成住壞空，是山河大地各性住於一世之位，體相也。萬象森羅，乃名也；有生住異滅，是萬象森羅各性住於一世之位，體相也。人命，乃名也；有生老病死，是人命各性住於一世之位，體相也。故謂“是法住法位，世間相常住”耳。世有前世、後世、今世，皆世也；年有春、夏、秋、冬，皆年也；月有初、中、盡，皆月也；日有朝、暮、中，皆日也；時有初、中、末，皆時也。於體雖有久近延促之不同，無非世之别名耳。且天地萬物，人亦一物也。一物而有生老病死，各世不同時，然隨據一名，則物在其中。老僧所謂人命者，豈非物也？逝速者，豈非各性住於一世也？則逝速即該生老病死四法之位，位位不同時。生法則住於生時之位，老法則住於老時之位，病法則住於病時之位，死法則住於死時之位。然則生老病死雖各住於一世，而隨據一法，則人命在其中，故肇公謂物各性住於一世而不遷者也。今老僧直據人命立量，云人命是有法，定各性住於一世不遷爲宗，因云：死不至生，生不至死，故同喻如川流，異喻如兔角。是則老僧深明肇公直據一切衆生具稟本然之物性，無住而住，新新不住，息息不停，與世同流，無非斯物，不易不遷，一定之理。正《楞嚴》云：“生滅去來，本如來藏，常住妙明，不動周圓，妙真如性。”且生若不妙而有質礙，則無有老；老若不妙而有質礙，則無有病死。是生老病死皆無住相，故謂“生滅去來，本如來藏，

① 《五燈會元》，《卍新纂大日本續藏經》(80)，頁 31 上。

常住妙明,不動周圓,妙真如性"。則三世一切衆生皆具生滅去來爲一命而不易,故肇公謂物各性住於一世而不遷者也。唯如來悟此本來物性如是相,故云:"普觀大地一切衆生,具有如來智慧德相。"請上人試看一切衆生皆具如來智慧德相,則烏用性空而後具哉? 又《楞嚴》云:"幻妄稱相,其性真爲妙覺明體。"①又何用性空空妄相而後妙覺明體哉? 故老僧謂於如來常住性外另立個性空爲不遷,乃外宗邪宗也。而上人引空印法師《正量》云:"性空者,《大品》云'色性自空,非色壞空'。"此但見色,色不自色,故空,故謂"色性自空,非色壞空",此唯顯色空而未顯如來耳。又云:"色前際不可得,中際、後際不可得。"亦唯顯色空。又云:"色即是空,此不遷因也。"則可見空印法師另執據箇性空爲不遷者無疑矣。且肇公云:"性空者,諸法實相也。"②見法實相,故云正觀;若其異者,便爲邪觀。而空印但據性空作不遷之因,而不見諸法實相,得非邪觀乎? 玆據老僧杜見如是。然上人定知肇公物各性住於一世,乃人命逝速、生老病死各性住於一世之位,而位位乃人命之體相故不遷,即《楞嚴》所謂"幻妄稱相,其性真爲妙覺明體"無疑矣。又豈以法法性空爲不遷? 又豈以常住看作死常死住耶? 則老僧據人命逝速,只於人命一體上立有法宗因,而上人又何疑哉?

答達澄禪人③　附來書

受昭見和尚《據評説》,即和尚以脚跟下事貫徹《肇論》、《楞嚴》、《法華》等經,親見肇公立地處,故引百丈野鴨因緣證之,則和尚與肇公、

① 《大佛頂如來密因修證了義諸菩薩萬行首楞嚴經》,《大正新修大藏經》(19),頁114上。

② 《肇論》,《大正新修大藏經》(45),頁150下。

③ 達澄受昭,"通州人,不言姓氏。嘗參天童悟,充西堂,未幾忽棄去"。《五燈全書》,《卍新纂大日本續藏經》(82),頁723上。

百丈把手共行,無二無别矣。故謂清凉空印未得活卓卓地,但是尋言數寶之類。據此,昭謂和尚説法自繇則得,第恐天下人擬。和尚有二過:一則教下人見之,必言:"將謂宗門有多少奇特,元來不出吾教中意旨。"遂令其眇視教外别傳,反墮尋言數寶之類;二則宗門下人見之,必疑曰:"《肇論》物不遷旨既與教外别傳同,而百丈有再參馬祖機緣,天童和尚若只引到者裏,則不與教外别傳同也?若謂是同,則天童和尚似非正傳人也。"何故?若只如此,討甚教外别傳耶?此係法門大事,故昭敢問,惟和尚判明,息天下後世之疑。

來書謂老僧《據評説》有二過,老僧不覺失笑。何以?若教下人果真證到活卓卓地,斷不若上人疑宗門下有多少奇特,亦不疑元來不出吾教中意旨,而眇視教外别傳,反墮尋言數寶之類。若如上人如是見者,則死墩墩地逐塊之類,如是之人又烏足爲語哉?且宗門下初無多少奇特,故僧問百丈:"如何是奇特事?"丈云:"獨坐大雄峰。"僧禮拜,丈便打。① 又謂宗門下人必疑《肇論》物不遷既與教外别傳同,而百丈有再參機緣,老僧只引到者裏,而謂老僧似非正傳之人。若如上人見者,又烏足謂宗門下人?正逐塊死墩墩地耳。苟真證,則活卓卓地,則前參、再參,自然超過。縱看馬祖震喝,百丈耳聾,黄檗吐舌,正若水火不相然,可謂活卓卓地,故百丈云:"宛有超師之作,方堪傳授。"②此亦百丈老婆,軟款按之,猶恐無民不能盡法。若老僧見黄檗吐舌,即直棒打出。何則?以今時人多學弄虚瞞人,法久成弊,故須變革通塗,因時救弊,則不爲死墩墩地。如謂"脚跟下事"及"把手共行,無二無别"等語,雖根本之言,正正知見障却,非絶情詮活卓卓地。然而老僧誠不知奇特不奇特,教内教外,同與不同,旁出正傳,一任諸方亂言,於老僧何有哉?上人疑則别參。

① 《指月録》,《卍新纂大日本續藏經》(83),頁 477 上。

② 引自《古尊宿語録》:"丈云:'見與師齊,減師半德。子甚有超師之作。'"《卍新纂大日本續藏經》(68),頁 14 上。

又答

據和尚此説則美矣，恐諸方見之必猶疑和尚。曰：據天童和尚言，自證活卓卓地，則前參、再參自然超過者，還超得物不遷否？若超，方見過於人，奈自言相違。未超，則與趁塊無二，亦自言相違。如百丈再參者，古德云："一喝耳聾三日後，江西從此立宗風。"①天童和尚却言爲死墩墩者，則古今天下宗門大老如達摩面壁、黄檗吐舌、臨濟瞎驢邊，乃從上的的相承者，皆是死墩墩逐塊之類也。然則天童和尚同物不遷之活卓卓，與此死墩墩却又何别耶？且古云"明得盡大地無纖毫過患，始是轉句，不見一色，始是半提，更須知有全提時節"②者，則謂是死墩墩知見障者，可耶？謂是物不遷活卓卓物各性住，又可耶？如此，則足見反以物不遷爲的的相承之事者，豈非脱似趁塊弄虚瞞人也？或俱不然，唯和尚再辯以示諸方。

接上人書，見汝於汝外另有物不遷，故有超不超之難，竟不見肇公自證不遷無生死交謝等，故謂物不遷乃三世諸佛、歷代祖師自證境界，不繇他得者，故老僧據自證非從佛祖及我老和尚邊得，乃自從本以來物不遷，故不知超不超之意，不知教内教外、旁出正傳，只活卓卓直指人各各自證，活卓卓地爲物不遷的的相承，不從人得，非離了自證外别有所傳爲相承。若别有所傳爲相承，非本分衲僧，則從人得，若從人得，非活卓卓地，則物遷矣。故有超師之作方堪傳授。如上人寫古人意思來證老僧自言相違，於老僧分上何有哉？老僧没氣力一一分析，但俟天下後世據評而已。

---

① 語出《指月録》："馬師一喝大雄峰，深入髑髏三日聾。黄檗聞之驚吐舌，江西從此立宗風。"《卍新纂大日本續藏經》(83)，頁476上。

② 《指月録》，《卍新纂大日本續藏經》(83)，頁624下。

又答 附來書

受昭直據盡天下後世本自證不從他得者，不平被人熱瞞，云物各性住，活卓卓地，今物自在，今人命逝速，速於川流，如此閒言語惑亂，亦未敢妄立問辭，唯據肇公與和尚爲天下後世疑難，言物各性住於一世，乃悟的人方知。如百丈云："昨日鼻痛，今日不痛。"同物不遷。因問再參又如何，復云："若自證活卓卓地物不遷，則前參、再參自然超過。"因難再參，尚自言超物不遷還超否？今又言本自證非從人得爲物不遷，謂三世佛祖自證亦肇公言物不遷同。如此待天下後世據評。昭且謂天下後世人直斷之，任其自證者自評。昭謂若據本自親證者，如言"物不遷"、"活卓卓是法住法位"、"昔物自在昔"、"人命逝速，速於川流"、"物各性住於一世"等，盡是魔説，莫怪觸忤和尚。受昭觀從上古宗門大老如德山、臨濟，唯據正經一條棒入門喝，但接獨脱的便休，則天下無有不甘服者。若據今之好奇誇博造論題篇以冀虚名者，豈唯反招天下後世貶剥，恐斷慧命之基，又始於此矣。或因機感激，十①不得已，則依經論出佛旨，如中峰幻大師之立言，則教下人眼正，出類者見之自服，以救教下人，理當如此。若衲子者，他自尚平常，誰重葛藤耶？今和尚祖幻大師救道衡之弊而立言引經答問如此者，烏憚天下後世學人之不服哉？何則？理能伏豹耳。

據老僧見，肇公獨創物不遷，似出教乘之外者。何也？不見六祖示衆云："吾有一物，無頭無尾，無背無面，無名無字，諸人還識否？"②又問南嶽云："甚麼物，恁麼來此？"③非肇公先與六祖所示暗合者乎？故老僧據百丈

① "十"，疑當作"實"，蓋聲借字。
② 《六祖大師法寶壇經》，《大正新修大藏經》(48)，頁 359 中。
③ 出自《六祖大師法寶壇經》："懷讓禪師，金州杜氏子也。初謁嵩山安國師，安發之曹溪參扣。讓至禮拜，師曰：'甚處來?'曰：'嵩山。'師曰：'什麼物？恁麼來?'曰：'説似一物即不中。'"《大正新修大藏經》(48)，頁 357 中。

"昨日鼻頭痛，今日鼻頭又不痛"，不離鼻頭；雖不離鼻頭，乃有昨日、今日，痛、不痛，時時不住。正肇公生死等不離身，雖不離身，乃有逝速等時時不住，息息在在，是他出身處，故物各性住於一世爲物不遷。時時不昧，故得時時自在，正"那伽常在定，無有不定時"，①正乃三世諸佛歷代祖師自證不易一定之理。故老僧謂苟真證到活卓卓地，則前參、再參自然超過者。若非自證不遷，不從他得，何爲真證自然超過者乎？故老僧真證即自證，自證即真證，初不從他人分上説。且前參、再參乃百丈分上事，於人人各各自證物不遷上有何交涉？又於真證物不遷人分上亦何曾另有箇物不遷超不超哉？故老僧謂汝於汝外另有箇物不遷，故有超不超之難。竟不見肇公自證"不遷"、"無生死交謝"等，故謂物不遷。且老僧前答示上人自證者，初未嘗言同不同，今汝加"同"字臟誣老僧，且就上人"同"字亦有何過？同則佛佛道同，何異肇公物不遷哉？異則各各自證，於肇公何有哉？據此足見肇公所謂物不遷，非汝境界矣。何也？不見道：悟，則事同一家，三世佛祖、肇公、老僧是也；不悟，則萬别千差，即汝是也。直饒汝謂直據直斷，若據本自親證，益見汝學老僧自證之意，逐塊數寶之類。若真如肇公親證物不遷，則不謂"如言物不遷活卓卓是法住法位，'昔物自在昔，今物自在今'、'人命逝速，速於川流'、'物各性住於一世'盡是魔説，莫怪觸忤和尚也"矣。老僧試問：汝離了汝命逝速等，别指箇本自親證出來看作麽模樣，是上人超肇公、老僧。若指不出，正古人謂"離世覓菩提，恰如求兔角"。② 六祖、南陽所謂外道者，汝之是也。

又汝言德山、臨濟惟據正經一條棒入門喝，但接獨脱的者。老僧道汝未夢見二老自證不遷在，古云："若唤作棒喝，入地獄如箭射。"③豈據棒喝爲正

---

① 此句常被注以經文言句，但皆未明以出處。

② 出自《六祖大師法寶壇經》："佛法在世間，不離世間覺，離世覓菩提，恰如求兔角。"《大正新修大藏經》(48)，頁 351 下。

③ 出自《五燈會元》："興化於大覺棒頭，明得黄檗意旨。若作棒會，入地獄如箭射；若不作棒會，入地獄如箭射。"《卍新纂大日本續藏經》(80)，頁 424 中。

經哉？若以棒喝爲正經，正逐塊之類，又烏足爲語哉？且棒喝獨脱乃老僧據以用説，語録備載，何足爲過老僧哉？

汝又言若衲子者，他自尚平常，老僧道汝也未夢見平常即不遷不易一定之意。若離了不遷别有平常，是人不墮於無記，即放於無忌憚。故老僧斷據三世諸佛歷代祖師自證不易一定之理爲物不遷之旨，盡汝伎倆來也跳不出不遷耳。

又答 附來書

據受昭直下親證乃廓然無物者，固非知解，物不遷道理可雷同，而廓然無物者，則無證、無説、無示，又何辯論之有？唯恐後進不知古人方便一類，迷指爲實，即據不遷道理之説，妄認山河大地爲自己，便作究竟，必盲瞽晚學拈拂子指露柱教人認物爲己。既彼此自賺平生，復致斷佛慧命，良爲可傷，故不忍坐視，聊爲之辯。曰：《肇論》一書文言雖繁，指其要，但明即俗即真而已矣。故以緣會即實相立宗本，次列四章。演其義，則《物不遷章》以動静不二解，《不真空章》以物非物解，《般若章》以知無知解，《涅槃章》以有無不二解。此四釋文雖殊，而理致一，其意蓋明真俗二諦名異法不異也。此道理即諸經教所明事理無礙法界義。則物不遷大意如此，如不然，非肇論旨矣。而言物不遷義似出教乘者，豈唯未知教意，亦未識《肇論》，足可見矣。夫肇公自證境界未止如此，有名相模寫不及者在。何以知之？肇公曰："聊復寄心於動静之際，豈曰必然？"①又曰："名象絶於内，稱謂淪於外，内外冥寂，圖度絶矣。"②又曰："庶通心君子，有以相期於

① 《肇論》，《大正新修大藏經》(45)，頁151上。

② 此句乃依文意轉引，出自《肇論》："無有無之相，則無數於外。於外無數，於内無心，彼此寂滅，物我冥一，怕爾無朕，乃曰涅槃。涅槃若此，圖度絶矣。"《大正新修大藏經》(45)，頁159下。

文外耳。"①據此則肇公未嘗有不遷物與人認，亦未嘗有不遷名教人執。故言肇公有一定不易物不遷教人認者，乃數寳趁塊，未知肇公也。未識其人，但執其言而救之，正謂蛇添足，良可笑也。且佛果大師曰："教乘以參而不雜，混而不一爲極則。"②若據衲僧本分，著實未在。又曰："證到事理無礙法界，法界量未滅不可説禪。"③即引雲門曰："明得盡大地無纖毫過患，始是轉句。"④昭曰：此與即俗即真物不遷道理無二。禪人初有省者，竪拳頭、指露柱，百丈鼻痛處同。不意傳曹溪正脉者，見識只如此耶？若果然，則臨濟曰"正法眼藏向者瞎驢邊滅却"未夢見在。何故？若曾夢見，斷不作者去就矣。又曰："不見一色，始是半提。"昭曰：此已非法界量可攝，則不可以事理無礙物不遷道理雷同，故妄認雷同者，足知法眼未明，故不能辯，乃知解宗徒墮在法界量中。故又曰："更須知有向上全提時節。"昭曰：者裏且唤甚麽作物遷不遷？閑言語何處著？動不動道理何處得來？故百丈再參，方徹證到者裏，則對黄檗不言扭鼻事，但曰："被馬大師一喝直得三日耳聾。"故向者裏妄認有物名不遷者，不知已與事理無礙，道理雷同，已錯過了也。返言，若證物不遷，則超過者裏，足見被法界量障，未到者裏，妄言超過，乃增上慢。人以受昭直下親證廓然無物，則雲門指的，百丈再參的，一時洞達。故知無可超而廓然無物，即百丈再參，即雲門全提時節，無別有。人人分上事且作麽生超？而法界自銷，又作麽生一定不易？此無可超者，乃宗門歷代諸祖徹證印定，斷

① 《肇論》，《大正新修大藏經》(45)，頁157上。

② 未見於佛果禪師之語録中。

③ 引自《指月録》："蓋法界量未滅。若到事事無礙法界，法界量滅，始好説禪。"《卍新纂大日本續藏經》(83)，頁691上。

④ 受昭所引内容直到下文"更須知有向上全提時節"，見於《雲門匡真禪師廣録》："直得乾坤大地無纖毫過患，猶是轉句。不見一色，始是半提。直得如此，更須知有全提時節。"《大正新修大藏經》(47)，頁557上—中。

無错謬者。故初祖據此則曰："廓然無聖。"①六祖據此則曰："本來無一物。"②南嶽徹證此則曰："説似一物即不中。"③馬祖據此則曰："不是佛不是物。"④黄檗據此則曰："大唐國裏無禪師。"⑤受昭據此,故曰：若據親證,如言物不遷等盡是魔説。噫！"鵝王擇乳,(數)〔素〕非鴨類",⑥而知解宗徒烏能知此哉？且知解宗徒以妄認有物可證,故時時似有物在目前,則閑暇認定物時,放妄無記不來,或涉事覺照不來,則不沉無記茫然,便流放無忌憚。故用己度人,若直下親證,廓然無物則無得。故無失則無無計,無無忌憚,一切時中,常然若此。故曰："本來無一物,何處惹塵埃。"則日用隨緣放曠,任意蕭然,自非庸流可測。者的指出非知解不遷道理可雷同,廓然無物,及受昭直下親證者,如向者裏擬執名認物索模樣者,即與劈頭一頓痛棒,而受昭此生已幸矣,自知與世不耦,故無如何若何之心,則遯世無悶,不求人知,不樂人肯。而妄人以浪言加之者,譬如香郎擎丸,擬遮杲日,但只可笑,烏足驚人？不信昭已數番分明指出百丈再參消息無證明者,尚訩訩之聲,足見今天下便無法眼精明之人也。則誰可與語者？故今而往不復辯。

奉化僧來,得上人稿一册,老僧目之終章,誠爲真可憐憫,復何言哉。何

---

① 此公案多見於宋代禪宗語録,如《景德傳燈録》："帝又問：'如何是聖諦第一義？'師曰：'廓然無聖。'"《大正新修大藏經》(45),頁219上。

② 引自《六祖大師法寶壇經》："菩提本無樹,明鏡亦非臺;本來無一物,何處惹塵埃？"《大正新修大藏經》(48),頁349上。

③ 引自《六祖大師法寶壇經》："師曰：'什麽物？恁麽來？'曰：'説似一物即不中。'"《大正新修大藏經》(48),頁357中。

④ 馬祖此句各家語録多有引録,如《景德傳燈録》："故江西大師云：'不是心不是佛不是物,且教爾後人恁麽行履。'"《大正新修大藏經》(51),頁445中。

⑤ 引自《古尊宿語録》："黄檗示衆云：'汝等諸人盡是噇酒糟漢,恁麽行脚,何處有今日。還知大唐國裏無禪師麽？'"《卍新纂大日本續藏經》(68),頁323上。

⑥ 引自《古尊宿語録》："不見古人道：'一句語中須具三玄,一玄中須具三要。'古人恁麽道？意在於何？鵝王擇乳,素非鴨類。"《卍新纂大日本續藏經》(68),頁323上。

則？一章總之不出老僧前示上人，若真證活卓卓地，則前參、再參一時超過。次則老僧直提上人，謂汝於汝外另有箇物不遷，故有超不超之難。又老僧指上人離了汝命逝速外别指箇本自親證出來看作麽模樣。如是，則老僧那句未嘗全提上人？今則老僧更問，汝命逝速外别指箇廓然無物出來看作麽模樣？若指不出，則一千二百七十餘言無一字不虚。故老僧作《據評説》時，則據論中"人命逝速"出理立量一定不易不遷之旨。汝今謂老僧未知肇公，未識其人，則老僧何故即據論中"人命逝速"出理立量者乎？而老僧問汝，離了"人命逝速"外别指箇受昭上人出來看作麽模様。若指不出，切莫謂老僧未知肇公，未識其人。且老僧謂上人外另有箇物不遷，故有超不超之難。今汝反謂僧另有箇物不遷，汝試爲老僧指出來看作麽模樣。若指不出，則莫謂老僧另執有箇知解物不遷道理好。又離了汝命逝速外，唤甚麽作瞎驢？又唤甚麽作者裏？又唤甚麽作百丈耳聾？又唤甚麽作向上全提？又唤甚麽將棒打及喫棒者乎？又唤甚麽作廓然無聖？又唤甚麽作本來無一物？又唤甚麽作説似一物即不中？又唤甚麽作不是心不是佛不是物？今上人離了人命逝速，特出異計作廓然無物，擬似廓然無聖，而未夢見達磨在。何則？達磨但無聖，未嘗無物。故六祖示衆云"吾有一物，無頭無尾，無背無面，無名無字"①者，只爲發明者一物而説耳。時神會不惺己物，而謂"諸佛之本源，神會之佛性"，故六祖云："汝向後只成箇知解宗徒。"今汝但采"知解宗徒"四字以斥老僧，而不據六祖"吾有一物"以證肇公物不遷，則汝未夢見肇公、六祖在。何也？但看汝謂"無别有人人分上事，且作麽生超而法界量自銷"者，老僧即不然。若據人，則法界量從人而起。何則？既見是人，遂見佛是佛，菩薩是菩薩，緣覺是緣覺，聲聞是聲聞，天是天，阿修羅是阿修羅，地獄是地獄，餓鬼是餓鬼，畜生

① 引自《六祖大師法寶壇經》："一日，師告衆曰：'吾有一物，無頭無尾，無名無字，無背無面。諸人還識否？'神會出曰：'是諸佛之本源，神會之佛性。'師曰：'向汝道"無名無字"，汝便唤作本源佛性。汝向去有把茆蓋頭，也只成箇知解宗徒。'"《大正新修大藏經》(48)，頁 359 中—下。

是畜生，則差别之相森然滿目，法界量何銷之有哉？據老僧據六祖“吾有一物”則人也一物，佛也一物，菩薩也一物，聲聞也一物，緣覺也一物，天也一物，阿修羅也一物，地獄也一物，餓鬼也一物，畜生也一物，如是，則不見有佛、菩薩、緣覺、聲聞、天人、阿修羅、地獄、餓鬼、畜生及鵝王鴨類差别之相，則差别之名言於是乎絶矣。故老僧寧甘鴨類不能擇乳，而法界量於是而銷爲一定不易不遷之理者矣。斷不及鵝王眼華於命外另有箇廓然無物作窠窟，以躲根①不唯死墩墩地自誤誤人，墮落空亡。肇公云：“不存無以觀法者，可謂識法實相矣。”②然則直饒汝換了面目來，也换汝命逝速不得。此乃肇公據物各性住於一世而不遷之端本也。

又　答　附來書

前書所辯已甚分明，已的指出廓然無物乃直下親證，如向者裏擬執名認物索模樣者，即與劈頭一頓痛棒。今猶向者裏求索模樣，有棒打伊可不自憐愍哉？翻前翻後，一任徒自迷惑，以此待天下後世人評。

老僧據論中“人命逝速”即肇公謂“物各性住於一世而不遷”，乃四聖六凡各具之物，但三世諸佛、歷代祖師實證，故得不遷，不涉凡聖等種種名相之模樣，即古人目《華嚴》爲純真法界之談者是也。斷不如汝特出異計，立知解，謂受昭直下親證，廓然無物，落空亡外道之模樣。老僧更問汝：離了汝命逝速外，别指箇甚麽作頭而謂劈頭與一頓棒？此非汝欺瞞老僧擬取勝於老僧乎？汝還欺瞞得天下後世識者乎？汝還欺瞞得自己乎？汝欺自己執廓然無物，則汝未夢見棒頭落處，正喫棒未有了日在。故老僧前言：“離了汝命逝速，唤甚麽將棒打及喫棒者？”不著“痛”字，乃老僧有意示汝

① 躲根，又作“垛根”、“探根”，意爲停止而不再進步。如《大慧普覺禪師語録》中有載：“上堂。僧問：‘有佛處不得住時如何？’師云：‘住則垛根。’進云：‘無佛處急走過時如何？’師云：‘起動闍梨。’”《大正新修大藏經》(47)，頁825下。

② 《肇論》，《大正新修大藏經》(45)，頁150下。

故也。今老僧不得不分明斷汝未夢見“百丈鼻頭今日又不痛”與“三日耳聾”在，宜緩緩學老僧打人好。何則？汝殊不知只者“痛”字令人認識神爲自己，其事非細，故不得不發明與天下後世人共知。汝未到百丈親證之地，妄執前參再参有不同，而不知鼻頭耳朵落在甚麽處，足見汝學古人直下親證。廓然無物，擬引達磨“廓然無聖”以類汝“廓然無物”。且廓然無聖但無聖之名，何嘗無達磨本物？若無達磨本物，則又攙箇甚麽出來？又將箇甚麽踏蘆渡江？又將箇甚麽面壁？又將箇甚麽負履西歸者乎？據是，則可見汝立廓然無物乃特出異計，誠知解耳，又何曾夢見達磨廓然無聖？則汝説箇劈頭與一頓痛棒，皆是學相似語、相似打。至於自謂直下親證，皆非正證，乃學證者矣。故老僧既作《據評説》，又豈可不據不評不説與天下後世，使敢學汝亂説亂做，妄謂直下親證廓然無物，妄謂超過六祖“吾有一物”及肇公“物不遷”者？而老僧據“人命逝速”，證肇公“物各性住於一世而不遷”及六祖謂“吾有一物”。是“唯佛與佛乃能究盡諸法實相”，[①]故肇公云“見法實相故云正觀，若其異者便爲邪觀”，[②]是以老僧不得不據與天下後世明眼者評之，足見汝謂“直下親證，廓然無物”，乃落空亡外道之類者耳。

故老僧前指汝：“離了汝命逝速外，别指箇本自親證出來看作麽模樣，若指不出，則古人所謂‘離世覓菩提，恰如求兔角’。[③] 六祖、南陽所謂外道者，汝之是也。”是以老僧據前評後、評後證前者，乃前後不異，始終一貫，不易不遷，一定之理。只爲汝轉生異計，加廓然無物妄超汝命逝速之外，不知益證汝落空亡外道，故老僧復指汝：“離了汝命逝速外，别指箇廓然無物出

---

① 引自《妙法蓮華經》：“止，舍利弗！不須復説。所以者何？佛所成就第一希有難解之法。唯佛與佛乃能究盡諸法實相，所謂諸法如是相，如是性，如是體，如是力，如是作，如是因，如是緣，如是果，如是報，如是本末究竟等。”《大正新修大藏經》(9)，頁 5 下。

② 《肇論》，《大正新修大藏經》(45)，頁 150 下。

③ 引自《六祖大師法寶壇經》：“佛法在世間，不離世間覺。離世覓菩提，恰如求兔角。”《大正新修大藏經》(48)，頁 351 下。

來看作麽模樣。若指不出，則此章無一字不虚。”今汝猶謂己的指出廓然無物乃直下親證者，則汝斷於身外另計執名認廓然無物，擬欺瞞老僧耶？是則老僧不得不據古謂“觀身實相，觀佛亦然”，①又謂“身心一如，身外無餘”。② 况世尊云“天上天下，唯我獨尊”，又言“吾今此身即是常身”。③又龐居士謂馬大師云：“不昧本來身，請師高著眼。”④故老僧不敢昧一切本來身，凡有來者即棒之者，直指本來身也。豈若汝身外别生異計廓然無物，欺瞞一切有身者，謂認名執物索模樣者，即與劈頭一頓棒，務要如汝認廓然無物之名以爲證而然者也？若務要一切有身者認廓然無物，則不唯迷頭認無，抑見汝枉直作曲，故謂執名認物索模樣者，即與劈頭一頓痛棒，則是責罰棒也。責罰棒者，乃務要枉直從曲者也。如是，打人則不唯虚謬，誠瞎棒矣。汝敢以虚謬瞎棒而擬直指之棒，正不知直指之棒，棒棒直指一切有身者，故佛言“吾觀一切衆生如同一子”⑤者是也。是以老僧不敢欺瞞一切，即古人所謂“棒打石人頭，暴暴論實事”，⑥是則老僧斷不同汝落空亡外道，執計箇廓然無物以取自勝，擬瞞誤一切有身不得實相法身證者。且永嘉云“幻化空身即法身”，⑦則豈可於身外另計箇廓然無物，迷頭認無，同汝墮落空亡外道之類。豈似法身覺了無一物？古所謂“處處

---

① 引自《文殊師利所説摩訶般若波羅蜜經》：“復次，舍利弗！汝問：‘云何名佛？云何觀佛？’者，不生不滅，不來不去，非名非相，是名爲佛。如自觀身實相，觀佛亦然，唯有智者乃能知耳，是名觀佛。”《大正新修大藏經》(8)，頁728上。

② 出自南陽慧忠語録，如《古尊宿語録》中：“南方禪客問國師：‘此間佛法如何？’國師云：‘身心一如，身外無餘。’”《卍新纂大日本續藏經》(68)，頁323上。

③ 此句見於多種注疏，皆標爲出自《大般涅槃經》，但經中未見。如《大方廣佛華嚴經疏》中：“《涅槃》云：‘吾今此身即是常身。’”《大正新修大藏經》(35)，頁884下。

④ 引自《古尊宿語録》：“又問：‘不昧本來身，請師高著眼。’師直下覷。”《卍新纂大日本續藏經》(68)，頁4上。

⑤ 此句大意，出於諸種經論，但文句皆有不同，如《大乘本生心地觀經》：“如汝所説，如來世尊憐愍衆生，平等無二，猶如一子。”《大正新修大藏經》(3)，頁312下。

⑥ 引自《大慧普覺禪師語録》：“上堂舉：僧問趙州：‘如何是不錯路？’州云：‘識心見性是不錯路。’師云：‘棒打石人頭，嚗嚗論實事。’”《大正新修大藏經》(47)，頁823中。

⑦ 引自《永嘉證道歌》：“無明實性即佛性，幻化空身即法身。”《大正新修大藏經》(48)，頁395下。

真，處處真，塵塵盡是本來人”，①故六祖謂“本來無一物，何處惹塵埃”，即肇公所謂“實相自無，非推之使無”②者也，即龐居士云“寧可空諸所有，慎勿實諸所無”。③ 且空諸所有者，即幻化空身，即法身也。實諸所無者，即汝計箇廓然無物者是也。何則？汝謂二六時中常然，若此廓然無物，而龐居士則謂“日用事無别，唯吾自偶諧。頭頭非取捨，處處弗張乖”。④ 今汝不會老僧據人命逝速，却於身外特出異計，另立箇廓然無物，得非取捨而張乖乎？蓋龐公“唯吾自偶諧”，故無取捨張乖。汝計箇“廓然無物，二六時中常然若此”者，乃汝離了汝身，墮在無計、無忌憚而妄作、妄爲、妄説，妄引先聖“不是心，不是佛，不是物”，而未嘗云“不是身”。又妄引“説似一物即不中”，殊不知發明“甚麼物，恁麼來”者之意。益可見汝於身外另計箇廓然無物，自誤誤人，落空亡外道，斷不可信者也。

① 《大慧普覺禪師語録》，《大正新修大藏經》(47)，頁 821 中。
② 《肇論》，《大正新修大藏經》(45)，頁 150 下。
③ 《龐居士語録》，《卍新纂大日本續藏經》(69)，頁 134 中。
④ 《龐居士語録》，《卍新纂大日本續藏經》(69)，頁 139 上。

密雲圓悟禪師天童直說　卷六

門人道忞述繇并録

辯天初説[1]

說繇

辯天者何？辯泰西夷人所立之天主教也。何辯之？辯其闢佛而不知佛也。然則我國何以有是教也？自利夷瑪竇者唱也。瑪竇於萬曆初年入廣畧，稱重譯慕化，貢獻方物，其國人善製器，器多奇巧，於是得逗留中國不去矣。瑪竇死，其徒來自廣畧者日衆，乃即留都洪武崗，建事天堂。指所事之天主名曰耶穌，謂漢哀帝時降神生西洋者也。一切人物皆繇是主所生，宜敬事，可即還天堂，不則天主且怒，不可救。至矯以《詩》、《書》"昭事上帝"等語，遂大誘中國人。日有風聞大宗伯沈公漼[2]慮之，上疏極言其事，乃得旨放逐。未幾，賫緣復入，今江淮河漢間多有其人，而廣、閩尤

① 據《聖朝破邪集》，此文撰寫日期爲崇禎八年(1635)八月五日。

② 沈漼，字銘縝，浙江湖州烏程縣人，萬曆進士，曾任禮部侍郎，反對利瑪竇傳播天主教。事迹可見於《明史》卷二百一十八本傳。

甚。天香黄居士[1]者，閩人也。有沈宗伯之慮，而無其力，乃負其書來告中州人士，冀有以距其説也。繇是叩師，師於座間明其妄執之非，天香遂以是意請爲説以辯之，師因筆此。

天香黄居士擬辯天主教，持其書以示予。予觀其立天主之義以闢佛，則知彼不識佛者果何爲佛，又烏足與之辯哉？但彼云"不佛者置之不辯，亦非度盡衆生我方成佛之本願"者，則不惟不識佛，亦且不識衆生。何故？我佛睹明星悟道云："奇哉！一切衆生皆具如來智慧德相，但以妄想執著不能證得。"[2]今利夷等惟不能自證得，故執天主爲天主，佛爲佛，衆生爲衆生，遂成迷倒，故有人我彼此是非之相，此乃彼之病根。所以我佛云："不能度無緣者。"正以彼自執爲天主故也。苟彼不自執爲天主，則自然不執佛爲佛，不執一切衆生爲衆生，方始識我佛之旨，亦識度盡衆生之義。今彼以妄想執著而欲闢佛，是則自暴自棄自闢自矣。經云："外道聰明無智慧。"[3]余固知其聰明，故聊示鞭影。儻彼尚執情不化，然後徐申其説以與之辯。

辯天二説[4]

説繇

師《初説》既出，恐彼教中人不聞不知，特遣潤公遍榜武林，索其辯論。

---

① 黄貞，字天香，福建漳州人，崇禎會元顔光衷之門人，曾發起結集《聖朝破邪集》批判天主教。

② 此句雖注爲出自佛經，但經文中未見相似語句，相近文句最早出於元僧念常所撰《佛教歷代通載》："故世尊初成正覺，歎曰：'奇哉！我今普見一切衆生，具有如來智慧德相，但以妄想執著而不能證得。'"《大正新修大藏經》(49)，頁616中。

③ 引自《永嘉證道歌》："二乘精進勿道心，外道聰明無智慧。"《大正新修大藏經》(48)，頁396下。

④ 據《聖朝破邪集》，此文撰寫日期爲崇禎八年(1635)九月望日。

得二旬餘日不報。後八月念一日，有夢宅張君湉①者，毅然直持天教之堂以告曰："湉嘗遊二氏之門第，未入其閫奥。向聞大教倡乎敝邦，欲領教而未得也。頃有自四明來者，持《辯天初説》一紙。湉讀之，乃與大教辯學之説也。且聞大教中屢徵詰辯，故敢將以請教，以決所疑，以定所趨。"彼主教傅姓汎際②者對曰："妙！妙！向來原有這個意思。"遽接讀之，沉吟再三，似不甚解。適我存李先生③之子以引人入教在座，乃爲之解説，不覺愕然面赤，率爾問曰："黄天香是何處人?"曰："不知。"曰："何從得此?"曰："得之於友人處。"曰："何不教者僧來者裏面辯?"曰："此人乃一方知識，現在寧波，何得來此？乞先生出書爲辯可也。"曰："善。"且曰："吾將治行江右，亦留一篇於此。然吾尚有伏先生等在焉，亦足以與之辯明也。"既而張君告辭曰："儻先生稿就，湉當過領。"曰："諾。"隨以《辯學遺牘》一册贈之。後三日，往問曰："書成否？湉特來領。"司閽者拒之，不復使入。乃曰："此僧去歲曾來會中與辯，不勝，發性而去，今又何必來辯？且《初説》中都是他家説話，有何憑據？況自亦有許多我相執著不平之氣，實非欲與我辯者，不過恐其徒歸依我教，故作是説以遮之耳。若與之辯則成是非，故不與之辯也。"曰："既不與辯，請買其書得乎?"曰："我教中書不賣錢者，唯真歸向天主，然後與之一二。不然，縱欲求之，不可得也。"張君以其事來言，師復筆此。

據張君親述如此，則見汝非不辯也，不能辯也。不能辯者，蓋義墮而莫可救也。唯義墮而莫救，故詞窮色沮，遁形露矣。然汝不能辯而余復置之而

---

① 即張廣湉，錢塘人，雲棲株宏俗家弟子，曾作《闢邪摘要畧議》。

② 傅汎際（1587—1653），葡萄牙人，明末來華天主教傳教士。譯有《寰有詮》、《名理探》。

③ 李我存，即李之藻（1571—1630），杭州人，萬曆年進士。與利瑪竇交往密切，爲明末著名的學者，天主教徒，與利瑪竇合作編譯了《同文算指》、《經天該》、《新算法書》、《天學初函》以及《坤輿萬國全圖》。

不辯，則曲直終不分矣。故汝不能辯而我必辯之。夫辯者曷憑乎？憑理也。曷據乎？據理也。故以理爲憑，以理爲據，則以我辯他可也，以他辯他亦可也。今汝但謂“都是他家説話，有何憑據”，然則我説無憑，汝説應有憑，何不以汝説而辯我乎？汝不能辯，則汝説必無憑而我説有憑矣。我之所憑者何也？至理也。至理也者，天下萬世不易之道也。故余《初説》謂汝妄想執著者，以汝不達大道之元，但逐名相，故執天主爲天主，佛爲佛，衆生爲衆生，而不知佛者，覺也，覺者，悟也。人人覺悟則人人皆佛矣，又何間於天人群生之類哉？故佛無定形，在天而天，處人而人，不可以色相見，不可以音聲求，以其即汝我人人從本以來具足者也。以汝我從來具足者不自覺悟而乃闢之，非自暴自棄與？今汝反謂余有許多我相執著不平之氣，然則總不以理論。唯汝教是從，隨汝迷倒，而後謂之無我相與？是大不然矣。夫理直氣壯，理屈詞窮，此必然之勢也。《傳》不云乎？“自反而不縮，雖褐寬博，吾不惴焉。自反而縮，雖千萬人吾往矣。”[①]故余謂汝我相執著者，據理而斷也，自反而縮者也。汝之謂余我相執著者，唐塞之言也，自反而不縮者也。且汝初對張君，則曰：“妙！妙！向來原有者箇意思，吾將治行江右，亦留一篇於此。”既而則曰：“然吾尚有伏先生等在焉，亦足以與之辯明也。”洎其卒也，則謂：“若與之辯則成是非，故不與之辯也。”嘻！俄爾之頃，貌言情態何變幻錯出之若此也？且汝輩之來倡教於此土也，必確有一定之見，更無二三其説而後可以約天下之歸趨也。如云“鐘不考不聲，石不擊不光”，“共相怋恤，深相諍論，孰是孰非”[②]者，非汝利氏《辯學遺牘》之言乎？今汝又謂辯則成是非，抑何前後彼此互相矛盾者耶？夫天下之理同於大通，大通而後是非泯，是非泯而後諍論息。故我大聖人之嘆一切衆生皆具如來智慧德相者，蓋親證大通之道也。汝既恐辯則成是非，則何不反諸己躬而自證其大通之道乎？自證大通之道，則

① 《孟子集注・公孫丑章句上》，《四書章句集注》，中華書局，1983年，頁230。

② 利馬竇《復蓮池大和尚〈竹窗天説〉四端》，後收入利馬竇《辨學遺牘》，明天學初函本。

不見有人我彼此聖劣之相，一道平等，浩然大均矣。見不出此，徒詭譎其情形，遮護其短陋，何庸也？且汝有大誡十，其第八曰“毋妄證”，自釋云：“儻人本無是事而故誣陷之，如此者妄。”今余住天童，不逾甬東者五載矣。其去歲不過武林，江南北之人塗知也。况有來汝會中與辯不勝而發去者乎？故誣陷人以本未嘗有之事，妄耶？不妄耶？夫余其彰明較著者也。若夫渺茫之地，恍惚之間，其爲妄證又安可勝計耶？故余謂汝所立之誡、所述之言、所勒之書，皆妄也。汝若不妄，則應與聖賢經常之道互相表裏，何妨與天下之人共知共見，而必欲真歸向天主者而後與之一二也？夫聖賢立言，所以載道也。聖言之言之所載之道，非一己之道，乃天下共相率繇之道也。故六經，孔氏不以私其家。五千四十八部，釋氏不以私其黨己之徒。藏之名山大川，散之通邑大都，聖天子頒之辟雍庠序，與天下之臣民世守之。高祖、成祖定爲南北二藏，任天下之自信者請焉弗禁也。唯聞焚香、白蓮等教，其説妖妄，非入其教者不得預聞。今余又不知汝書果何書，汝教果何教，而謂外人縱欲求之不可得也矣。

辯天三説①

説繇

季秋之望，師《二説》復出，如前致榜武林。而夢宅張君仍持告天教之堂，坐移刻，始有范姓者出，乃中國人，蓋遊淇園楊公②之門而篤信天教者也。張君具言前事，以《二説》示之。范君接得，竟不目即内諸袖，乃曰：“凡有書，出來無不收，然必不答，實告於公，此是教中大主意。”張君曰：“公言誤矣。此非釋氏生事，蓋因貴教中言‘理無二是，

① 據《聖朝破邪集》，此文撰寫日期爲崇禎八年(1635)十二月八日。

② 楊淇園(1562—1627)，即楊廷筠，字仲堅，別號淇園，浙江杭州仁和縣人。初爲佛教徒，後結識利瑪竇，改信天主教。撰有《代疑篇》、《代疑續篇》、《天釋明辨》、《號鸞不并鳴説》、《西學十誡詮釋》及《聖水紀言》等。

必須歸一’，索辯之言不一而足。且曰：‘辯者，吾所甚願也。’故天童和尚爰出《初説》欲與辯決，而貴教傅先生又面許酬答，後竟食言。頃《二説》來矣，今又曰不答，且曰百説千説一總不答。何先後矛盾之甚耶？”范君曰：“教中雖有歸一之説，然而佛教與天教原是不同，必不可合者。蓋佛教雖重性靈，而偏虚不實。唯我天教明言人之靈魂出自天主，則有著落，方是大全真實之教。且佛教以天堂地獄教化衆生，而我天教亦以天堂地獄教化衆生，如兩醫者爾，我如病人隨服一醫之藥，唯其療病而已，何必是此非彼？况又欲合衆醫爲一耶？如病不瘥，則更醫可也。”張君曰：“此是病者分上事。夫醫者之理豈有二哉？”范君曰：“理雖不二，亦未見有病人請二醫於家，使其争論而合爲一者。”張君曰：“若是則并行而不悖，胡爲貴教著書排佛，毁佛形象，何也？”范君曰：“教門不同，自然要如此。”張君曰：“此即以是加彼，彼或以是報此，則終無歸一矣。”范君曰：“然敝教皈依者，必先與講明天主大義，至再至三，然後受教。其進若此之難，故其出教亦不易。不似學佛之徒，倏進倏退，故彼欲化我，雖是好心，而我輩斷斷無舍天教而復皈依佛者。昔蓮大師嘗著《天説》四條，欲辯天教，尚且不勝，豈今天童更有過於雲棲者乎？故不必空費許多氣力。”張君反命致詞，師復筆此。

據張君，親持《二説》往告，西人不自面言，而假見我國之范君，且以必不答爲教中大主意。匿其貌，愎其詞，凛乎截乎，若示我嚴城堅兵無自而入者，蓋欲以含沙之計陰肆其鬼蜮之懷，如去歲曾來會中與辯不勝之説，或矯誣於異日，或揑造於他方，窮其心志，不過以之惑世行奸耳，豈明教辯學之意哉？抑當事者之有憂，余身林下老且死，何必與之計論？第據范君之言，則余又不可以不辯也。

范君謂：“佛教雖重性靈，然偏虚不實。唯我天教明言人之靈魂出自天主，則有著落，方是大全真實之教。”靈魂出自天主且存後論，佛教偏虚不實，余言不足重，則我皇祖《御製心經序》蓋論之詳矣，爲范君陳之：皇祖之訓曰：

“二儀久判，萬物備周，子民者君，君育民者法。其法也，三綱五常以示天下，亦以五刑輔弼之。有等凶頑不循教者，往往有趨火赴淵之爲，終不自省。是凶頑者，非特中國有之，盡天下莫不亦然。俄西域生佛，號曰釋迦。其爲佛也，行深願重，始終不二，於是出世間，脱苦趣；其爲教也，仁慈忍辱，務明心以立命。執此道而爲之，意在人皆若此利濟群生。今時之人罔知佛之所以，每云：‘法空虚而不實，何以導君子、訓小人？’以朕言之則不然。佛之教實而不虚，正欲去愚迷之虚，立本性之實，特挺身苦行，外其教而異其名，脱苦有情。昔佛在時，侍從聽從者皆聰明之士，演説者迺三綱五常之性理也。既聞之後，人各獲福。自佛入滅，其法流入中國，間有聰明者，動演人天小果，猶能化凶頑爲善，何况聰明者知大乘而識宗旨者乎？如《心經》，每言空不言實，所言之空，迺相空耳。除空之外，所存者本性也。所謂空相有六，謂口空説相、眼空色相、耳空聽相、鼻空嗅相、舌空味相、身空樂相。其六空之相，又非真相之空，乃妄想之相，爲之空相。是空相，愚及世人，禍及今古，往往愈墮彌深，不知其幾。斯空相，前代帝王被所惑而幾喪天下者，周之穆王、漢之武帝、唐之玄宗、蕭梁武帝、元魏主燾、李後主、宋徽宗。此數帝，廢國怠政，惟蕭梁武帝、宋之徽宗以及殺身，皆繇妄想飛昇及入佛天之地。其佛天之地未嘗渺茫，此等快樂世嘗有之，爲人性貪而不覺，而又取其樂，人世有之者何？且佛天之地，如爲國君及王侯者，若不作非爲善，能保守此境，非佛天者何？如不能保守而僞爲，用妄想之心，即入空虚之境，故有如是。斯空相，富者被纏，則淫欲并生，喪富矣；貧者被纏，則諸惡并作，殞身矣。其將賢未賢之人被纏，則非仁人君子也；其僧道被纏，則不能立本性而見宗旨者也。所以本經題云《心經》者，正欲去心之邪念以歸正道。豈佛教之妄耶？朕特述此，使聰明者觀二儀之覆載、日月之循環、虚實之孰取，保命者何如。若取有道、保有方，豈不佛法之良哉？色空之妙乎？”①

---

①　密雲圓悟所引此《御製心經序》，又見宗泐《般若波羅蜜多心經注解》，《大正新修大藏經》(33)，頁 569 上—中。

於戲！皇祖蓋聰明睿智開物成務之大聖人也，使先佛之道無當於理，皇祖豈肯偏黨不公而獨謂其教實而不虚耶？夫聖人之道必折衷於聖人方始歸一而可行可遠，豈聖人之所然而我反不以之爲然乎？不然聖人之所然者，則與聖人之見左矣。與聖人之見左，抑豈聖人之徒也哉？范君殆將賢未賢之人，則亦聖人之徒也。聖人之徒必以聖人爲師，周公不曰："文王我師也。"若以道論皇祖，則亦范君之師也。范君不師皇祖之言，而師夫皇祖所未折衷之人，而其人又其心行大有叵測者，蓋亦異於周公矣。

況謂"人之靈魂出自天主方有著落，始是大全真實之教"，無論其愚迷横計，即一出言之表，立教之端，且不可爲訓，而況其拯世而化人耶。何也？靈魂者，蓋生死之大兆也，即我先聖呵爲識神者，是亦即世俗人罪夫見事不清詆爲魂靈者是也。以此爲端，以此爲表，教可知矣。然則范君與西人蓋全不知靈魂何起，性靈何歸，又烏怪其業識茫茫而作此外道魔説耶？夫唯性始無變易，魂則有動摇，既有動摇，則有遊逸，既有遊逸，則有起滅，既有起滅，則惑斷惑常，禍且彌運，詎不亦生死之大兆乎哉？納民於生死大兆之中，反尊之爲教主，可乎？不可乎？故靈魂出自天主，斷然必無之事。今且問范君，天主其有靈魂耶？其無靈魂耶？若無靈魂，天主且屬烏有，何以靈魂出自天主？若有，則天主之魂應是渾然至善之體出者，既然，則爲所出者莫不皆然。今一家之内，一鄉一邑之間，何以智者、愚者、仁者、暴者萬有不齊，至於莫可窮詰？而況殊方之外，異俗之人哉？然則天主何不一體同觀，平等化育，乃使其覬有餘矜不足者之自古至今相凌相奪而長此厲階耶？偏小虚妄，君當自擇，而大全真實之説，余不知其於義何居矣。

若我先聖人之教則不然，明而號於人曰："奇哉！一切衆生皆具如來智慧德相，但以妄想執著故不能證得。"據其"皆"之意，豈非大者乎？據其"具"之意，豈非全者乎？據其人人皆具本有之性靈而告之，則盡虚空遍法界之類無乎不同，無乎不合，豈非謂之至大、至全、至真、至實、至公之道者哉？昔者我大聖人之既證此道也，復大觀乎群生生死往復之元，廣而導之，誨而不倦，故上極成其聖道，下極諸趣苦樂之相，莫不示其所以然，如良醫之治疾，明其症候，示其寒熱，投之以劑，無不霍然者也。夫天堂地獄，衆生業力所召，非夫病者所受之症候，所感之寒熱乎。而天教唱言皈依者陞天堂，不則地獄而已，簧鼓愚民，欣上厭下，捨此趨彼，則己以病而加諸人矣，反以兩醫爲喻，抑何自昧而昧人耶？故范君謂佛教以天堂地獄教化衆生者，亦妄也。佛蓋知夫天堂地獄之所繇來，故據人人本性之實爲教，引而復於昭曠之原耳。何也？一切衆生所以輪轉三界，流浪四生者，蓋業感爲其累也。業感之累，始於妄想之所因，妄想之因，始於不達本性之故。以其不達本性，著於前境，緣境爲識，循識爲業，繇業得報，故有六道種種差別之異果。果識爲因熏發，現行而輪迴，於是乎不息矣。然此如如正體無始無終，不自天來，匪從人得，故曰："無所從來，亦無所去，故名如來。"①但迷之則生死始，悟之則輪迴息。使天主苟不自悟，則亦浮沉三界之人耳，烏能以靈魂與人哉？使三界之人而苟自悟，則不妨隨處作主，遇緣即宗。在天而導夫天，處人而導夫人，非天人而命。夫天人命夫天人者，而天人無以命之。然則所謂天主者，蓋名也，虛也。而名乎天主者，非虛也，本性之實也。本性之實則無物不同，無物不然。然自得其然，非有所以使之然；同自得其同，非有所以使之同。無使而同，是之謂大同；無使而然，是之謂大然。窺之不見其際，探之莫測其源，包乎天地，貫乎古今，精日精月，靈鬼靈神，出入乎死生，主張乎天人。主張乎天人者，而天人惡得而主張之哉？出入乎死生者，而死生惡得而出入之哉？至哉！妙乎本性之實也！范君不務本實，徒羡虛名，執妄想之空相而甘心於天主天堂之樂，非皇祖所謂"爲人性貪而不覺，而又取其樂者"乎？愚及世人，禍及今古。洋洋聖訓，臨爾有赫，奈何其不懷明畏，乃有所隕越耶？無論三界無安猶如火宅，范君不宜俾晝作夜，畏日趣冥。然天堂亦非幸至之鄉，未有身行十不善道之業而能高踞六欲之境，而況其四禪八定者乎？夫身有不善業者

① 《金剛般若波羅蜜經》,《大正新修大藏經》(8)，頁 752 中。

三，曰殺、曰盜、曰淫；意亦有三，曰貪、曰嗔、曰癡；口則有四，曰妄言、曰綺語、曰兩舌、曰惡口，皆絶人天之路之業者也。而殺盜淫爲首，殺尤首矣。貪嗔癡則其所自起者也。范君既謂天教亦以天堂地獄教化衆生，而反恣情縱欲，謂一切衆生固當食噉，蓋天生以養人者。天何頗耶？害性命以育性命，天道至仁，豈然乎哉？唱是説者，不過以口腹者乃生人之大欲存焉，故投其所欲以要人耳。行地獄之因，希天堂之果，豈非天堂未就，地獄先成者乎？

據是，則身行明示尚乃如此，如謂必先講明天主大義至再至三然後受教，其進若此之難者，則余又豈能測其講明何義而非私傳暗授不可知之説者乎？夫教者，導也，所以導人而證道者也。故非道莫導，非千岐而一致，萬類而一得之道，不可以爲道。性命之道，千岐而一致，萬類而一得者也。何人無性？何人無命？聖人無性命以與人者也。導之使各證其本有皆具之性命而已。以性命爲教導，則亦以迷悟爲進退。悟者爲進，迷者爲退。然悟亦無所得，迷亦無所失，故進亦無方隅，退亦無處所。總天下萬類之含靈，唯日進退出入於性命之中，聖人慮其昧而不覺也，故多方而啓迪之，於是乎有權教焉，有實教焉。實之所以示頓也，權之所以示漸也。漸者，漸見此道也。頓者，頓悟此理也。頓漸之示，幾之所繇别也。權也者，有顯權，有冥權。聖人顯權之則爲淺教，爲小道，與其信者爲其小息之所也。聖人冥權之則爲異道，爲他教，爲與善惡同其事，與夫不信者廣爲其方便得道之緣也。是以道妙天人而天人莫能測者也。然則聖人之道之教固已彌綸三際，旁礴萬有者矣，豈以從己者爲私人而徬徨於進退失得之間哉？夫余所以與天教辯者，非求勝之而使人之從我也，畏夫人之不知道而昧己也。昧夫己則逐夫物矣，逐夫物則妄念生焉。未有妄念動於中得爲仁人君子，而不罹夫殞身喪富之禍者也。何也？覬夫人，矜夫己，而不悟平等之理也。不悟平等之理者，不達本性之實也。達夫本性，則無欠亦無餘，無智亦無得矣。以無所得故無所求，匪無求也，求自本心而已。

匪無得也，得自本性而已。所以先德云“不著佛求，不著法求，不著僧求，常禮如是事”，[①]則皈依之義蓋可知矣。故范君謂余“彼欲化我，雖是好心”，夫子之説君子也，余豈敢當哉！謂“我輩斷斷無捨天教而復皈依佛”者，無乃駟不及舌與？夫佛者，覺也，覺盡本性而無餘覺者也。故名大覺，亦名正覺。其覺也，匪一己之覺也，與萬靈同禀，是覺而特先證其覺者也。人不禀是覺則無是人矣，物不禀是覺則無是物矣，范君不禀是覺則無是范君矣。無人無物無范君，則天地世界且空荒絶滅矣，誰爲名天名佛名教化名皈依者哉？夫范君即今能藏竄范君乎？范君能迴避范君乎？如不能藏竄、不能迴避也，則范君行皈依佛矣，范君住皈依佛矣，范君坐卧皈依佛矣，自有范君以來固無劫無生無時無處而不皈依佛者也。乃至謂“斷斷無捨天教而復皈依佛”者，亦皈依佛矣。魚龍死生在水而不知水，衆生終日在覺而不知覺，可不謂大哀耶？惟人有覺而不自證其覺，有大聖人者，先證我所同然之覺，復不敢自私其覺而欺夫人之不覺，實而示之，權而教之，多方淘汰而啓牖之，必使其超然契證直趨乎真際而後已。聖人何如心哉！聖人何如人哉！我與聖人同禀是覺而不自知其覺，則我之負於人多矣，復不欲夫聖人之我覺，而狎之侮之排之毀之，則是欺夫聖人矣。聖人與我同覺者也，欺夫聖則欺夫自矣，自不可欺而聖人固可欺乎？今閭巷之人欲以言而辱人，必亦思曰：“彼福德人也，不可辱也，辱則折吾福矣。”夫佛者，聖人之聖人也，以非生死而示死示生，以非天人而示現天人，與物同然而莫知其所以然，其古神靈睿智博大盛備之聖人乎！視閭巷福德之人爲何如哉？然則毁者之不特折福也明矣。余蓋重有憂焉，故不敢以不辯。

若夫范君謂“豈今天童更有過於雲棲乎”者，則斯言也殆庶幾夫其近之矣。何也？一切衆生皆具如來智慧德相者也，豈獨余無過於雲棲？即極古之聖者神者謂之盡其性則可，謂之過夫人則不可也。范君不聞乎？孟子曰：

① 語出《古尊宿語録》，《卍新纂大日本續藏經》(68)，頁 19 中。“僧”原文作“衆”。

“何以異於人哉？堯舜與人同耳。”①故余盡觀大地，無人不同，無人不合，所以不敢欺夫西人，卒惓惓與辯者，豈有他哉？正欲共明此無過夫人之一事耳。西人惟求過人，遂忘當世有不可欺之賢哲，自心有不可昧之寸靈，一味誣人以顯己，飾詐以驚愚。如范君謂雲棲嘗著《天説》四條欲辯天教尚且不勝，至謂余亦不必空費許多氣力之類是也。夫印土被難，奘師救義，況利集馳遍計之説，雲棲無義墮之詞，所不滿余意者，第未折衷於群生皆具之性本耳。然亦就機而談，即事而論者也，豈能盡雲棲之萬一而遂謂之不勝耶？且問范君，利氏曾與雲棲面質乎？曾與雲棲往復難問乎？概夫未之聞也。及按二人卒化之年，則利氏先雲棲五載矣。雲棲以是春出説，即以是秋入滅，説未出而預辯何物？鬼魖得能譸張爲幻耶？子曰：“視其所以，觀其所繇，察其所安，人焉廋哉？”②使范君與天下之人之從之者之皆審此意也，詎不愈於余之辯之也夫？余蓋終以是意，望夫范君與天下之人之從之者。

與孟白李居士説

庚辰六月望日，忽得孟白李居士作《覺浪語録序》云“予長庚昔嘗參訪禪門諸尊宿，或指示，或商確，或機鋒，或棒喝，然未有如今覺浪大師之奇迅超絶、殺活縱横無不妙叶者也。蓋師於世出世法已經透内聖外王先佛後祖之微，故其神發秘旨，光闡玄猷，不特爲學人衲子點眼刳心，直當與儒師宗匠返魂奪命”云云，不覺致貧道失笑，何也？貧道雖是陽羨山中一樵夫，初未嘗讀書，但玩返魂奪命之意，據奪者即强奪之義，既奪其命，則獨其魂，既獨其魂，則無其命。非以證稱覺浪之奇迅超絶、殺活縱横無不妙叶者，皆魂作祟乎？若貧道則直謂：返魂復命，魂命莫二，命外無餘，始契天命

① 《孟子・離婁下》，參《四書章句集注》，中華書局，1983 年，頁 300。
② 《論語・爲政》，參《四書章句集注》，中華書局，1983 年，頁 56。

之性，而命嘗在無生無滅，又何更有魂守舍念？故曰："窮理盡性，以至於命。"既至於命，又何用重奪本命耶？然則試問居士，本命又向誰奪來耶？所以謂凡有血氣者，莫不尊親，故吾佛世尊始悟便曰："普觀一切衆生皆具如來智慧德相，但以妄想執著不能證得。"初祖謂二祖曰："汝當闡揚，弗輕未悟，一念迴機，便同本得。"①據是，則何待於世出世法、内聖外王、先佛後祖，及"植聖尊正别傳法印宗盟諸著作，始知古今衡鑒豈，非特顯覺浪一人我相之私"，能以欺奪人人之本得耶？即周濂溪雖有重奪本命之説，不過以顯得此僧力自契其本得，苟契本得，則據本而攝末，所以馬大師謂"龐居士待汝一口吸盡西江水，即向汝道"，而龐公曰"日用事無别，唯吾自偶諧。頭頭非取捨，處處没張乖"云云，何嘗謂返魂奪命、以魂作祟而無不妙叶乎？據是抑可見居士雖參諸尊宿，妄謂商確，何曾得實確來？徒誇得指示機鋒棒喝，又何曾夢見指示機鋒棒喝的旨來？如此説話，正喫棒未有了日在，無怪居士見覺浪便謂人莫及其作用，此不過世諦中互相推重、沽名要譽者所爲也。

又云師人法説中有云"治世之道，以堯舜爲正始，文武爲正終，則删定作述獨孔子能始終一貫，集衆聖大成，不則堯舜文武之道亦支離而失其渾全矣。至於出世之宗，以達磨爲正始，五家爲正終，若不有如孔子者出，則此宗猶未免於散滅也"，即此足見大師以宗門孔子自命，誠當仁不讓也。居士胡不思古德云"威音王已前，無師自悟即得。威音王已後，無師自悟盡屬天然外道"，此正爲誡吾宗門下人須與師覿而當仁不讓，親相印過，始可取信於後人，爲後人之師範。如永嘉因看《維摩經》已悟佛心宗，往參六祖，親承印可，此則可謂當仁不讓者也。居士又不思孔子曰"夏禮吾能言之，杞不足徵也。殷禮吾能言之，宋不足徵也。文獻不足故也，足則吾能徵之矣"，此孔子蓋爲生夏殷過去之時，不足徵信于時人故也，而生正當於周之時，故曰"周監於二代，郁郁乎文哉！吾從周也"。今覺浪從那一宗以

---

①《景德傳燈録》，《大正新修大藏經》(51)，頁219下。

孔子自命誠當仁不讓耶！且洪武乙丑間，有閩中學士沈公士榮著《續原教論》中云“自五代至宋而禪分五燈，各立宗旨，解悟異途，心學微矣。而諸方大匠力拯頹風，傑出叢林人亦不少，至四燈與宋運俱終，獨臨濟一宗尚流今日”云云。而我太祖高皇帝曾有諭沈公云：“古智人有爲身而修身，吾不知修者誰也？或曰身爲神而修，或云神爲身而修，因是之辯惑之而更惑。果身修神歟，抑神修身歟？吾不知二修之道，但見古人遺迹，欲求身易而不艱于生，身後不忘其名，亦未知果爲身耶、神耶？或曰終神也。夫神，天命也。命也者，氣也。氣之所以含情抱性，樞於意焉，所以修者爲神而修身。若全首領於終世，則神靈矣，未有殘肌膚異身首而爲神之善者。邇來閩中有士習安神之道，云東馳西奔，詢及儒釋道三宗，必欲達之，妙己之虚靈。審當求之時，若病篤而尋名方，可見求之切歟！朕與之論，惟儒術或可或不可，因朕不識儒之與，故云如是。引談空之語，皆諸方舊云，懷抱甚博，然迷於是而已，不變矣。再引道之清虚，與較之，未免膚不及肌耳。嗚呼！善哉！君子雖未至三宗之奇，有心若是，豈不謂學之足矣。聃云：‘居善地，心善淵。’今之人頑，肯近斯三宗者，豈不全首領而妙虚靈者乎！此即智人也。”觀此聖論之意，則見沈公於儒釋道三宗之書無所不覽，故我太祖高皇帝謂其懷抱甚博而學足，贊云“善哉君子”者，正見其可與言而特諭之也。若是則沈公凡所著述立言，一皆有據，豈無故而著《續原教論》？論中無故而謂“四燈與宋運俱終”乎？是則元公黄居士作《禪燈世譜序》中，謂“自大陽之後，投子繼之，則曹洞亦分源于臨濟”者，正與沈公此論相符矣。據是可見覺浪正孔子生於周之時，而以夏殷之禮僭類孔子耳！豈可如孔子生當周之時，而以周禮徵信于時人哉！又可見覺浪妄假孔子之名，以孔子自命而居士亦妄稱覺浪爲當仁不讓及與儒師宗匠返魂奪命也。且既不據命又指什麼爲仁，而謂當仁不讓耶！居士不看聖論中有云“或曰終神也，夫神天命也”云云，又何嘗説著箇魂字來，况更謂返魂奪命乎？

然此非貧道無因而妄生事好辨也，蓋因居士於戊寅秋令雪印禪人馳書云：“長庚往在長安，幸侍幻有先師法座，唯是時先師號一心也，今將三十餘年每以長隔法音爲恨，去歲黄檗以直師從大師法座來，以先師語録見示，有與不佞問答二則，乃知先師不忘不佞，而不佞自暴自棄之至此也。始知幻有之即一心耳，兹將與師往復緣繇詳敘一紙，書之語後，以呈大師。大師法席宏開，爲海内第一尊宿，先師眼光尚在。不佞今年一病，瞑去一十三日，幸而再甦，善惡境界已經遍歷，欲擬秋間一謁法座，大師肯以先師激揚未盡之旨一爲拔度否也？謹因同參山僧雪印、若愚、冰輪俱欲趨侍法筵，惟希大加垂慈，亦後來透網之金鱗也。敢因風便，附裁申布，總恃先師不忘後學意耳。”又書先師語録後云：“余于辛丑壬寅間，在長安得見一心和尚於慈因寺，同參諸公爲合金買小菴于貫城坊後，僅蔽風雨，趨謁者輻輳，師多所酬答。是時蔡槐庭方主西方，師與蘇雲浦論産難公案，未有投契，而獨許余入室爲竟日之談，内録中猶有二則。余是時注添爲郎十二載，每以差出差歸，故事師最久。一日别師歸，師問余有何疑，余舉九峰不肯首座因緣，問畢竟明何事，師竪起拳頭，余擬議，師曰：‘公不要開口，且細参去。’又數年入都屢相過也，一日過師坐次，有一内監老僧者先在，師從容謂余曰：‘聞公俸深將外轉，老僧亦將還荆谿，相信一場公案未明大事未了，空自懡㦬，大非我意也。’余因請益，師曰：‘向年舉的公案記得否？’余曰：‘和尚今日拳頭在那裏？’師厲聲曰：‘没有。’余曰：‘和尚拳頭今日失却鼻孔，元止半邊。’師遂變色轉面向壁，余亦趨出。内監僧曰：‘大師如何者般待者位居士？’時余在堦下聞師厲聲曰：‘者箇人放鬆了，不奈他何，且拿住索套兒，不繇他三年五年不來尋我。’内監僧趨出送余曰：‘和尚是好意。’余曰：‘大機大用，只怕承受不來。’無何，余果轉外藩，特去辭師。值師外出，時兩僧在中堂看經，一僧傍立，余因與兩僧敘數年與師相往復因緣，未竟傍立僧瞠目大聲喝曰：‘恰值大和尚不在。’余驚起汗出，而旁僧已去，余遂於佛前禮拜而行。後來宦遊問一心師不知踪迹三十餘年矣，祗聞密雲大師得教於幻有和尚，出世天童，爲宇内法席第一。近黄檗以直師自天童歸，攜《幻有禪師語録》，支浮師見之謂余曰：‘見有與公問答二則。’余茫然曰：‘此尊宿向未承事也。’及借讀之，則知幻有即一心，而更號耳。向所刻一心禪師語，亦存什一也。當日三年五年之語，今三十餘年矣，大負我師，不覺泣下。日者爲無念大師書請塔銘於天童大師，不允所請，依然轉身面壁，家風也，其父子間門庭教範可想也夫，可敬也夫。”①所以貧道復居士書云：“雪印禪人至，接大居士教諭，并得大居士與先師往復因緣，已即付梓，但未有印出，故不及附上。”然至謂“日者爲無念大師書請塔銘，貧道不允所請，依然轉身面壁，家風也，其父子間門庭教範可想也夫，可敬也夫”，此大居士不特謗先師，亦謗貧道也，猶居士空白懡㦬，大非先師意也，此已證居士自未實證的確之旨，然其書尚未刻出，今復見居士作《覺浪語録序》之説，益證居士未得諸尊宿指示商確之意，不得不隨識神之所轉，故貧道不惜口業一一爲居士道破，倘能瞥地知非，庶幾不負先師一段婆心也。如云：“蘇雲浦問世尊救産難因緣如何會？”先師云：“公私兩利。”蘇云：“弟子看湛堂語，洎雪竇頌甚難會。”先師云：“多了者兩轉葛藤。”蘇云：“湛堂方便畢竟作麼生？”先師云：“有甚難會？即使其婦傳語至便生，或傳語至不生，莫不皆承世尊之力。或不然，即使其婦便産也，與世尊没交涉；便不産也，與世尊没交涉。”貧道但録此以見先師意，然則蘇雲浦不契，且置試問居士又作麼生會？

---

① 此段“幻有禪師語録後序”可見於《幻有傳禪師語録》，《乾隆大藏經》（新文豐版）（153），頁679中—頁680中。

密雲圓悟禪師天童直説　卷七

門人通雲、通門編

判　語　上

杭州府推官黄　①爲考定宗派事：余閲《景德傳燈録》直載天皇悟得法于石頭，而法眼、雲門俱列青原宗下，此確案也。乃《五燈會元》復稱荆州有兩道悟，一住城西天王寺，一住城東天皇寺，遂疑龍潭爲天王法嗣，而歷引塔碑以證之。然僅小注於旁而不敢徑换其宗派，蓋以雲門、法眼之嗣未嘗認馬祖爲師翁也。近閲密雲上人新刻《禪燈世譜》，直改天皇悟爲天王悟，而雲門、法眼皆列南嶽宗，余心疑之而無以難也。丁丑夏四月初旬，密雲寄我《雪峰廣録》一册，舟中無事，展玩終篇。及讀至雪峰、玄沙答閩王一段因緣，内稱："山僧自從先德山、石頭以來傳此秘密法門。"②然後信《景德傳燈録》之有據也。天

① 黄端伯（1585—1645），爲崇禎元年進士，歷任寧波府、杭州府推官，曾參三峰法藏、無明慧經。

② 《雪峰廣録》今不存。據密雲後文意，密雲所寄《雪峰廣録》，應爲宋本《廣録》重刻。崇禎十二年（1639）林弘衍所集《雪峰義存禪師語録（真覺禪師語録）》録有宋本王隨等序，應爲依《雪峰廣録》所重刻。此處"秘密法門"一句可見於《雪峰義存禪師語録（真覺禪師語録）》，《卍新纂大日本續藏經》（69），頁 79 中。

皇果爲馬祖之子，則雪峰何不徑稱“先德山、馬祖已來”，反稱先“德山、石頭已來”耶？細考丘玄素天王道悟碑文，稱天王悟參馬祖，後結廬荆門，節使怒其路隘不通，抛師于水，旌旆纔歸，遍衙火發，唯聞空中聲曰：“我是天王神。”節使供養府西，額號天王寺。此天王悟之始末也。符載碑文稱天皇參石頭得悟，隱居當陽紫陵山，靈鑒請居城東天皇寺。又稱荆南城東有天皇巷存焉。再考龍潭崇信禪師機緣，初悟和尚爲靈鑒請居天皇寺，師家于寺巷，日以十餅饋之。既與靈鑒請居及城東天皇巷之言前後相合，而天皇爲師安名，崇信始末甚詳，則龍潭之爲天皇嫡子明矣。故雪峰、玄沙二老自稱爲石頭以來，而雲門、法眼兒孫亦謂爲青原、石頭所自出。蓋雪峰之望天皇，僅隔二世，故親承其法而的言之。吕夏卿、張無盡雖疑道悟爲馬祖之兒，然宗門以爲誤，此公論也。今密雲欲以私意擅移，直須抹殺。《雪峰廣録》始得，而《五燈》所載悟和尚爲靈鑒請居天皇寺及師家于寺巷饋餅、安名一段因緣，徑從删去，然後可以證成密雲之説耳。密雲既認雲門、法眼爲南嶽宗，遂謗青原爲“回互當頭，語忌十成”，不若六祖覿面提持南嶽“甚麽物，恁麽來”耳。頌青原曰：“聖諦不爲階不落，還似情存捨兩頭。卧龍若解翻身轉，始可全提向上儔。”①又曰：“青元老喫廬陵飯，米價猶來似不知。端的見他何大意，莫教辜負兩行眉。”②乃知密雲以生滅是非心誣謗先德。惜哉！惜哉！余集生③先生曰：“密雲私意不過要抹殺曹洞一宗，偏舉臨濟，於是牽扯雲門、法眼爲南嶽宗，而謗青原爲功行邊説，不爲誣曹溪爲剩語多知見耳。”噫！密雲浪稱爲臨濟兒孫，不識臨濟宗旨，漢月、頂目已言之，獨是埋没古人以欺當世

---

① 《密雲禪師語録》，新文豐版《嘉興大藏經》(10)，頁 55 上。

② 《密雲禪師語録》，新文豐版《嘉興大藏經》(10)，頁 55 上。

③ 余集生，名大成，法名道裕，號石頭，桐城人，《明史》作江寧人。萬曆三十五年(1605)進士，無異元來禪師法嗣。參見《南海寶象林慧弓詷禪師語録》，新文豐版《嘉興大藏經》(35)，頁 701 中；《明史》(第 21 册)，中華書局，1974 年版，頁 6432。

學者，余不知老漢是何心行也！夫雲門、法眼不認馬祖爲本宗，而密雲以己意輕改，將誰欺乎？余觀《天童全録》，好駁諸方以衒其長。如壽昌、雲門、博山、崆峒，肆口譏毁。至於三峰、瑞光、受昭辯難，尤識者所不忍聞。然不意輕謗古人，如青原、曹山輩亦遭詆毁，是何心行哉？初擬以雪竇禪院暫請住持，然永明、明覺皆雲門、法眼兒孫，密雲既謗二家祖宗，則此地固非其所樂住也。特示右仰知悉。崇禎十年五月十三日，告示發奉化縣雪竇寺張挂。

丁丑十二月十七晚，傳聞元公居士給告示于雪竇，爲考定宗派事，師不信，即夜發足至雪竇親目，果有之。師乃爲判曰：

據示中云："四月初旬，密雲寄我《雪峰廣録》一册，舟中無事，展玩終篇。及讀至雪峰、玄沙答閩王一段因緣，内稱：'山僧自從先德山、石頭已來傳此秘密法門。'然後信《景德傳燈録》之有據也。"此密雲敢不服元公居士，并服雪峰之言爲的案，則前二碑俱不可爲據矣。然閲全示所説，猶見居士智眼昏迷，不能原密雲之存心，第恐疑誤天下後世，故據以辯之。即如居士因密雲所寄《雪峰廣録》，見答閩王一段因緣内稱"山僧自從先德山、石頭已來傳此秘密法門"，然後信《景德傳燈録》之有據者，只此一句因緣以釋古今之訛，可無疑矣。何也？元公居士欲據《雪峰廣録》以定宗派，却不省因密雲故得有據。密雲未得《雪峰廣録》以前，自宋歷元至今五六百年，俱無證據，亦未見居士措一辭以辯其訛。今因密雲所寄，而元公居士始有考據，則元公當感密雲方見居士之心，乃反據密雲所寄《廣録》因緣爲密雲之罪證，得不致密雲又與元公駁辯乎？又若密雲刻《雪峰廣録》，或删去閩王一段，而元公居士别於古録得之，始可證密雲之心行。今居士不感密雲所寄得考宗派，反謂密雲之心行，不知果密雲之心行耶？果元公之心行耶？若密雲果用心行，則不唯不寄居士，且隱匿而不刻行於世矣。即《雪峰廣録》，密雲但出刻資，實未細閲。若細閲，則寄《廣録》時必述此因緣以告夫居士而共正之。即於密雲何損？於元公又何益也？《禪燈世譜》已刻行六年矣，係道忞、吴侗編集，元公居士爲敘其卷端，密雲曾無干一字。若曰“抹殺二宗”，恐元公居士亦難辭責。

且二宗之訛，其來久矣。吕夏卿撰《雪竇明覺禪師塔銘》，亦直謂雪竇爲大寂九世孫，又何嘗旁注崇信因緣於其間？據是亦可見前訛之據爲據，故致無盡、夏卿及今道忞、吴侗與元公之訛耳。而元公不原密雲之心，竟以官出示，張挂雪竇深山。既曰“爲考定宗派”，當挂杭城理刑之前，當刻傳於天下後世，以見居士爲法之心。乃挂雪竇深山，與誰考定乎？即雪峰、青原於密雲何疏？而南嶽、馬祖於密雲何親耶？總之不出釋迦老子之兒孫，豈有親疏存於胸次者哉？又謂密雲既認雲門、法眼爲南嶽宗，遂謗青原爲“回互當頭，語忌十成”者，亦古燈録中所載之不一，非密雲以回互爲貴也。豈密雲獨爲謗青原、曹洞乎？據元公此説，亦當盡情抹殺古燈録，始可肆居士之謬説。即雪峰答閩王謂“山僧自從先德山、石頭已來傳此秘密法門”，然後信《景德傳燈録》之有據者，亦總遮不得密雲道六祖覿面提特南嶽“甚麽物，恁麽來”耳，亦飾不得青原問六祖曰：“當何所務即不落階級？”非功行邊而何哉？此亦不論晚參久學，咸謂務爲功行邊之問也。故六祖亦隨他問，乃曰：“曾做甚麽來？”曰：“聖諦亦不爲。”祖曰：“落何階級？”曰：“聖諦尚不爲，何階級之有？”①又非袛爲出脱功行而言哉。所以密雲謂：“聖諦不爲階不落，還似情存捨兩頭。卧龍若解翻身轉，始可全提向上儔。”此居士謂功行邊者不妨具眼。至於“青原老喫廬陵飯，米價由來似不知。端的見他何大意，莫教辜負兩行眉”之偈，居士謂密雲“以生滅是非心誣謗先德。惜哉！惜哉”者，袛恐識者見，反惜居士也。更引余集生居士謂“密雲私意不過要抹殺曹洞一宗，故牽扯雲門、法眼爲南嶽宗”，則見集生、元公二居士見事不清，不唯誣謗密雲，亦誣謗青原。何以？試問二居士，袛如張無盡、吕夏卿亦牽扯雲門、法眼爲南嶽宗，二居士又作麽生？且五百年前，大陽寄皮履與浮山遠録公，要伊代接者，是誰抹殺曹洞宗？而

---

①　青原公案可參見《六祖大師法寶壇經》，《大正新修大藏經》(48)，頁 357 中。

浮山代續乎？夫五宗歸根復本固無彼無此，而各宗其宗，則用處不同，故初祖曰："一花開五葉，結果自然成。"據五葉，則此葉非彼，彼葉非此。不獨青原下雲門、法眼、曹洞於南嶽不同，即南嶽下臨濟、(爲)〔溈〕仰亦各各不同。密雲縱從前人之訛而扯雲門爲南嶽下，要且南嶽下有溈仰宗絶無人傳於世，豈密雲抹殺故致乎？又如雲門、法眼二宗，今亦無傳者，又誰抹殺而致乎？故密雲直謂居士智眼昏迷者，此也。

至於居士作嗟聲云："噫！密雲浪稱臨濟兒孫，不識臨濟宗旨，漢月、頂目已言之，獨是埋没古人以欺當世學者，余不知老漢是何心行也！"此則見居士斷密雲之不錯，但密雲之心行非居士之心行，故以是非生滅心行以錯斷密雲，争教密雲不掩鼻暗笑居士？密雲誠不識臨濟宗旨，但不識居士又以何爲宗旨？切莫如矮子看戲，隨人上下，韓盧逐塊耳。又謂："余觀《天童全録》，好駁諸方以衒其長。如壽昌、雲門、博山、崆峒，肆口譏毁。至於三峰、瑞光、受昭辯難，尤識者不忍聞。"此又見居士未到識者田地之言。如漢月、頂目，業已辯明《七書》、《三録》矣。如壽昌謂"倏爾沾嘗曹洞水，似酪涼心"①之意，且就青原謂"聖諦尚不爲，何階級之有"，②即石頭云"寧可永劫受沉淪，不向諸聖求解脱"，③豈别有水與壽昌沾嘗而涼心乎？如洞山雖立五位及《寶鏡三昧》等，中未嘗言個心字於其間。又德山云："我宗無語句，實無法與人。"④又云："若論此事，直得三世諸佛口挂壁上，更

---

① 《壽昌無明和尚語録》，新文豐版《嘉興大藏經》(25)，頁 676 上。

② 語出《六祖大師法寶壇經》："行思禪師，生吉州安城劉氏。聞曹溪法席盛化，徑來參禮，遂問曰：'當何所務，即不落階級？'師曰：'汝曾作什麽來？'曰：'聖諦亦不爲。'師曰：'落何階級？'曰：'聖諦尚不爲，何階級之有？'師深器之，令思首衆。"《大正新修大藏經》(48)，頁 357 中。

③ 語出《古尊宿語録》："思和尚令石頭送書與讓和尚：'回來與你一箇鈯斧子住山。'石頭纔到，便問：'不求諸聖，不重己靈時如何？'讓云：'子問太高生，何不向下問。'頭云：'寧可永劫受沉淪，不從諸聖求解脱。'便歸去。思云：'書達否？'頭云：'書亦不達，信亦不通。去日蒙和尚許箇鈯斧子，便請。'思垂下一足，頭便禮拜。"《卍新纂大日本續藏經》(68)，頁 165 下。

④ 語出《景德傳燈録》："雪峰問：'從上宗風以何法示人？'師曰：'我宗無語句，實無一法與人。'"《大正新修大藏經》(51)，頁 318 上。

有一人呵呵大笑。若識此人，參學事畢。”①又何嘗有水與人沾嘗凉心來？豈非不識青原、曹洞宗旨，而妄嗣青原、曹洞乎？又如仰山謂：“高峰一覺主人公畢竟在甚處安身立命？”②而雲門頌曰：“四大無我心如風，箇中誰是主人公？廓然撲落元無物，始悔從前錯用功。”③據是，則仰山以主人公爲安身立命，雲門反謂“箇中誰是主人公”以致瑞白④撥主人，豈非雲門、瑞白皆抹殺主人公，而不思石頭云“謹白參玄人，光陰莫虚度”⑤者，正叮囑常不昧其人，則光陰不虚度耳。《寶鏡三昧》則曰：“臣奉於君，子順於父。不順非孝，不奉非輔。潛行密用，如愚若魯。但能相續，名主中主。”⑥夫君臣父子非據人者乎？此非念念常與人俱相續無間，名主中主乎？所以曹山辭洞山，洞曰：“甚麽處去？”曹曰：“不變異處去。”洞曰：“不變異處豈有去耶？”曹曰：“去亦不變異。”⑦又非常在其中乎？而雲門、瑞白不唯撥置主人公，竟以“元無物”錯用功爲結案。即如雪峰謂“山僧自從先德山、石頭已來傳此秘密法門”，博山反謂“德山入門便喝，《傳燈》所載，曾打幾人”者，又非誣謗德山、石頭、青原乎？是則可見壽昌、雲門、博山、瑞白皆妄衒其長，妄嗣爲兒孫，故密雲不忍混濫，據其不到青原、石頭、曹洞、德山本地，一一爲青原、石頭、曹洞、德山出手，力救其宗以待夫天下後

---

①　語出《宏智禪師廣録》：“舉德山圓明大師示衆云：‘及盡去也，直得三世諸佛口挂壁上，猶有一人呵呵大笑。若識此人，參學事畢。’”《大正新修大藏經》(48)，頁 22 下。

②　仰山，即雪巖祖欽，又稱仰山雪巖。從無準師範處嗣法，高峰原妙爲其法嗣。此句語出《高峰原妙禪師語録・通仰山雪巖和尚疑嗣書》：“和尚却囑云：‘從今日去，也不要你學佛學法，也不要你窮古窮今。但只飢來喫飯，困來打眠。纔眠覺來，却抖擻精神。我遮一覺，主人公畢竟在甚處安身立命。’”《卍新纂大日本續藏經》(70)，頁 690 下。

③　雲門，即湛然圓澄(1561—1627)，又稱雲門圓澄。從大覺方念嗣法，曾住餘杭徑山、嘉禾(嘉興)東塔寺、紹興雲門顯聖寺等。此句出自《湛然圓澄禪師語録》，《卍新纂大日本續藏經》(72)，頁 799 上—中。

④　瑞白，即瑞白明雪(1584—1641)，又稱百丈明雪、弁山雪。從湛然圓澄嗣法，曾住越州雲門顯聖寺、越州紹興延慶寺、越州蕺山戒珠寺、湖州弁山龍華寺、湖州白雀寺、天台護國寺、贛州崆峒山、贛州南雲山慧燈寺、南昌洪都百丈山。

⑤　《景德傳燈録・南嶽石頭和尚參同契》，《大正新修大藏經》(51)，頁 459 中。

⑥　《人天眼目・寶鏡三昧》，《大正新修大藏經》(48)，頁 321 中。

⑦　《景德傳燈録》，《大正新修大藏經》(51)，頁 336 上。

世識者證據耳。密雲既爲法門功臣，亡身弘法，豈懼夫今者罪焉？

又謂："初擬以雪竇禪院暫請住持，然永明、明覺皆雲門、法眼兒孫，密雲既謗二家祖宗，則此地固非其所樂住也。"前謂"密雲既認雲門、法眼爲南嶽宗，遂謗青原"，此謂"密雲既謗二家祖宗"者，居士心行昭然，密雲復有何説？但一頌中意且不識，只顧考定宗派，眼目安在？若曰"暫請住持，此地固非其所樂住"者，據是，則密雲益不信居士陋言至此。何以？吾佛世尊示生王宫，棄之而乞食，爲後兒孫之榜様，雖密雲有雪竇之諾，蓋因主僧請之再四，仍以請書付還，曾未開覽。且無往而非道場，豈密雲以雪竇爲樂住哉？孔聖亦云："賢哉回也！一簞食，一瓢飲，在陋巷，人不堪其憂，回也不改其樂。賢哉回也！"①是則居士讀書且不知要，況復混入我法中而出此示者？亦何昧之若是耶？永明有頌曰："擲却閻浮似草鞋，更無一物可開懷。"②今居士特示如此，得非謗永明乎？此但據示中大概言之，至於鄙刻中論及壽昌、雲門、博山、崆峒等事，再一一揭而刻出，使夫後世學者知密雲存心有據，亦不枉居士一番頒示之力也。

判元公居士與佛音③書　原書附

前閲天童頌青原公案，貶剥古人，路見不平，拔劍相助。及閲《正法眼藏》中達磨安心語，不覺釋然，乃知吾輩俱落是非隊中，各有没量罪過。天童刻書以謗古德，海岸④張示以謗天童，未免各負墮也。禪丈法門龍象，幸與法光上人商而焚之。天童主張身見，大啓學者之疑。偶閲頌古中處處皆是者箇説話，吾師能爲天童掃其踪迹乎？費隱、木

① 《論語・雍也》，參《四書章句集注》，中華書局，1983年，頁87。

② 語出宗鏡禪師述《銷釋金剛科儀會要注解》："擲却閻浮似草鞋，更無一物可開懷。靈明一點輝千古，超日月光歸去來。"《卍新纂大日本續藏經》(24)，頁682中。

③ 佛音，即佛音曇，早參漢月法藏，後從頂目弘徹嗣法。

④ 海岸，即黄端伯，又號海岸道人。

陳自是靈利漢子，當不訝端伯之饒舌也。《天皇考訛》已録，似余集生大居士，上座幸取而觀之。舟次草白，不盡。

元公五月十三給示，佛音七月得書，而佛音初不知法光乃雪竇主僧，遂不尋訪，亦不令貧道聞之，意欲爲居士掩飾。不料臘月貧道獲示，據其大略疏明付梓，而佛音始知法光爲雪竇主僧也，即以元公書正月傳至山中。貧道展讀，不覺失笑，乃知世間事皆自天緣，不繇人計。居士若書雪竇法光，則七月間貧道本不聞見，則自然懡㦬而過，更誰與居士理論哉？然居士既已張示，豈能免天下人齒頰，謂居士天童之踪迹乎？欲隱而彌露，總不若大家據款結案，刻行天下，果孰是而孰非，一任諸方簡點去。况天下至正至公者，道也。故曰《正法眼》凡先覺言句皆曰"公案"，如公堂至正至公之案，共見共知，豈容掩飾于其間。如居士謂"天童頌青原公案，貶剥古人"者，此前説已明。至謂"天童主張身見，偶閲頌古中處處皆是者箇説話，吾師能爲天童掃其踪迹"者，蓋見居士迷而未解也。何謂？世尊初生時即曰"天上天下，唯我獨尊"，非處處皆是者箇説話乎？未離兜率已降王宫，未出母胎度人已畢，非處處皆是者箇説話乎？如《華嚴經》云"唯一堅密身，一切塵中現"，①非處處皆是者箇説話乎？如云"處處真，處處真，塵塵盡是本來人"，②非處處皆是者箇説話乎？龐居士曰"日用事無别，唯吾自偶諧。頭頭非取捨，處處弗張乖"，③非處處皆是者箇説話乎？總而言之，處處若離者箇，則盡是迷頭認影漢，又何足與語哉？居士能爲世尊諸祖掃其踪迹乎？殊不思天童獨據人而不據迹，故與一切人同而無異者，豈若壽昌謂"倏爾沾嘗曹洞水，似酪凉心"者，非迹乎？博山謂德山"入門便棒，曾打幾人"④者，豈知人人皆人而棒棒棒人乎？雲門謂"四大無我心如風，箇中

---

① 《大方廣佛華嚴經》，《大正新修大藏經》(10)，頁 31 下。

② 《祖堂集·大慈和尚》，《大藏經補編》(25)，頁 623 上。

③ 《龐居士語録》，《卍新纂大日本續藏經》(69)，頁 131 上。

④ 語出《無異元來禪師廣録》："如德山入門便棒，《傳燈》所載，曾打幾人？"《卍新纂大日本續藏經》(72)，頁 328 上。

誰是主人公”，①以致崆峒②不據人而撥主人公。又若漢月、頂目據玄要而不據人，反謂天童不識玄要，豈非墮于勝負乎？即居士考定宗派，以官勢出示，此今古未見未聞，非居士墮于勝負乎？蓋居士以是非勝負存於胸次，未醒身迹之所以，故不能契“身心一如，身外無餘”③之旨也。猶居士理民詞必據善惡之迹，據善惡則賞罰自明矣。然善惡繇六根意識起，造善惡之迹，能以身心一如者，則善惡之迹自泯矣。故六祖謂“一者善，二者不善，佛性非善非不善”，④所以謂：“不思善，不思惡，那箇是明上座本來面目？”⑤既非身，更喚甚麽爲本來面目乎？即居士曾問貧道臨行一句作麽生，貧道云：“走。”此貧道有法與居士乎？居士既非身，又將甚爲臨行乎？如《華嚴經》云：“佛身充滿于法界。”⑥既非身，誰能充滿法界乎？如張拙云“一念不生全體現”，既非身，又指甚爲全體乎？如西祖謂“在胎爲身，處世爲人”，⑦既非身，又喚甚麽爲在胎處世乎？如太祖《御製心經序》云“二儀久判，萬物備周。子民者君，君育民者，法其法也，三綱五常以示天下”⑧者，居士既非身，焉用其法？亦能掃三綱五常踪迹乎？又云“其爲教

---

① 《湛然圓澄禪師語録》，《卍新纂大日本續藏經》（72），頁 799 上。

② 崆峒，即瑞白明雪。

③ 語出《景德傳燈録・南陽慧忠國師語》：“師曰：‘我此間佛性全不生滅，汝南方佛性半生半滅半不生滅。’曰：‘如何區别？’師曰：‘此則身心一如。心外無餘。’”《卍新纂大日本續藏經》（72），頁 438 下。

④ 語出《六祖大師法寶壇經》：“一者善，二者不善，佛性非善非不善，是名不二。”《大正新修大藏經》（48），頁 349 下。

⑤ 語出《六祖大師法寶壇經》：“惠能云：‘不思善，不思惡，正與麽時，那箇是明上座本來面目？’”《大正新修大藏經》（48），頁 349 中。

⑥ 此處所引較非經文原句，故難確定精確出處，相似經文可見於《大方廣佛華嚴經》：“得廣大念佛三昧門，見一佛身結跏趺坐充滿法界。”《大正新修大藏經》（9），頁 690 中。

⑦ 語出《景德傳燈録》：“波羅提即説偈曰：‘在胎爲身，處世名人。在眼曰見，在耳曰聞。在鼻辨香，在口談論。在手執捉，在足運奔。遍現俱該沙界，收攝在一微塵。識者知是佛性，不識唤作精魂。’”《大正新修大藏經》（51），頁 218 中。

⑧ 宗泐《般若波羅蜜多心經注解・御製心經序》，《大正新修大藏經》（33），頁 569 上。

也，仁慈忍辱，務明心以立命。執此道而爲之，意在人皆若此，利濟群生”①者，既非身，更唤甚麽爲明心立命，執此道而利濟群生乎？孔聖云：“自天子以至於庶人，壹是皆以修身爲本。”②居士能爲壹是掃其身迹乎？又云：“凡有血氣者，莫不尊親。”③既掃其身，居士又指甚麽爲血氣尊親乎？所以仰山囑高峰“抖擻精神：我者一覺，主人公畢竟在甚麽處安身立命”者，正此之謂也。居士皆能掃其踪迹乎？若爾，是居士埋没古人以欺當世學者明矣，安得反謗天童爲埋没古人以欺當世學者？余又不知居士是何心行也。所以《正法眼藏》中《達磨安心法門》云“迷時人逐法”，④非壽昌、雲門、博山、崆峒、居士等不據身命人，而逐别法以混正法眼，令天下後世以何據而出生死乎？“解時法逐人”，非天童惟據身命人者乎？所以天童别雲門曰：“四大無我無心風，箇中無二主人公。廓然撲落非他物，十方世界現全容。”據天童“十方世界現全容”，則天童已張示於天下人久矣，何待居士張示爲謗天童乎？雖然，謗天童，非天童，又何損於天童？正所謂“把火燒天徒自疲”，⑤非居士其誰也哉？

復元公黄居士　附來書

向見《雪峰廣録》，始知德山爲江西青原宗，於是有疑於《禪燈世譜》所刊，特爲考正。然天童刻書以謗古德，海岸張榜以謗天童，其義一也。但宗派既經駁定，不如削去爲佳，毋使天下作家疑大師爲杜撰長老

① 宗泐《般若波羅蜜多心經注解・御製心經序》，《大正新修大藏經》(33)，頁569上。

② 《大學》，參《四書章句集注》，中華書局，1983年，頁3。

③ 《中庸》，參《四書章句集注》，中華書局，1983年，頁38。

④ 語出《正法眼藏》：“達磨大師安心法門云：‘迷時人逐法，解時法逐人。’”《卍新纂大日本續藏經》(67)，頁582下。

⑤ 語出《永嘉證道歌》：“誰能向外誇精進，從他謗任他非。把火燒天徒自疲，我聞恰似飲甘露。”《大正新修大藏經》(48)，頁396上。

也。近奉李孟白先生之命，請覺浪師重建圓通，而開先廢刹未修，欲屈徑山①爲宗主。大師聞二老行化，必爲歡喜贊揚也。先德主張此事，嘗遣兒孫到處遍参。今諸方各唱玄風，互成互奪，正不讓古人耳。不孝卜廬匡阜，與黄龍白鹿爲鄰，遥想天童一段孤風，形神俱往，安得移至黄崖門下，再話平生乎？

戊寅九月廿一日，了然禪人至，接居士手諭，謂"向見《雪峰廣録》始知德山爲江西青原宗，於是有疑於《禪燈世譜》所刊，特爲考正。然天童刻書以謗古德，海岸張榜以謗天童，其義一也。但宗派既經駁定，不如削去爲佳，毋使天下作家疑大師爲杜撰長老也"者，殊不思貧道之杜撰皆因唐之聞人歸登、權德輿、丘玄素、圭峰密，宋之張無盡、吕夏卿、達觀穎、覺範洪及夢覺堂《重校五家宗派序》等之杜撰以謗古德者而來，豈貧道之無因而爲杜撰乎？居士既爲作家，必有先定古今之眼，則當先考正駁定，不當從木陳所請而爲之序，又何待貧道刻《雪峰廣録》以送居士，於是始疑，始爲考正駁定乎？居士不能先考正駁定，又從而爲之序，則居士已杜撰以謗古德矣，安得以杜撰長老獨加貧道分上，而居士反爲作家，爲非杜撰不謗古德哉？

且自古及今未見有張榜以定宗派者，此皆居士之斬新杜撰，反謂貧道爲杜撰長老而自爲作家，豈非居士之心行昭然乎？是則居士當先削盡古人之杜撰，然後削貧道之杜撰，方爲理順。且見居士非杜撰以謗貧道，此則世間之杜撰不杜撰也，否則不若索性容古今大家，不背達磨"一花開五葉，結果自然成"之收花爲一果，又分誰杜撰誰不杜撰？是爲真不杜撰之道，又不違世尊正法眼藏之宗。正法眼藏豈有二眼二宗？而居士駁定青原宗、南嶽宗，豈得爲世尊、達磨之宗旨哉？此貧道唯據悟旨爲正、爲宗、爲不杜撰，故曰："悟則事同一家，不悟則萬别千差。"據是可見自若不悟，則與五家、達磨、世尊之旨總没交涉，故不若居士以彼此宗派爲是非、爲考正駁

① 徑山，即湛然圓澄。

定、爲宗旨、爲不杜撰也。此因居士以杜撰加貧道，故貧道有溯流尋源之説，不識居士以爲何如？又謂貧道“聞覺浪、徑山二老行化，必爲歡喜贊揚。先德主張此事，嘗遣兒孫到處遍参”者，而貧道素未有教人遍参不遍参，但任其去來而已。然亦未嘗敢妄奪人之正眼，豈有不互成之理？顧獨羅籠於門下以話平生哉？縱居士不知，亦豈敢掩諸方禪者之耳目乎？如謂“遥想天童一段孤風，行神俱往”，則見居士已移於天童門下矣。又見居士未證到古人之“江山千里雖云隔，目對靈光與妙音”，[①]何嘗有往來間隔，有話再話之相？而居士乃云：“安得移至黄崖門下再話平生乎？”且居士欲移天童於黄崖門下，則徑山、覺浪皆黄崖門下客耳。此亦居士之杜撰也，豈不發作家之一笑哉？

---

①　語出北宋富弼公案，見於《居士分燈録》：“時聞修顒（華嚴修顒）法席之盛，往質所疑。見顒登座，顧視如象王，回旋已微有得，因執弟子禮，請爲入室。顒見即曰：‘相公已入來，富弼猶在外。’弼聞汗流浹背，即大悟。尋以偈寄圓照本曰：‘一見顒公悟入深，因緣傳得老師心。江山千里雖云隔，目對靈光與妙音。’”《卍新纂大日本續藏經》(86)，頁 593 下。

密雲圓悟禪師天童直説　卷八

門人通雲、通門編

判　語　下

師偶至侍者寮，見博山《宗教答響》。師問侍者曰："汝看何如者？"云："此蓋借教顯宗，隨機引導之説也。"師曰："不然。教外單傳，蓋自世尊初生，一手指天，一手指地，已露了也。後至摩竭陀國云'我寧不説法，疾入於涅槃'，又一露也。復云'尋念過去佛，皆説三乘法'①等者，此則怪他不得。何也？過去佛典刑已滅，未來佛典刑未出，無可徵，故以漸引導可也。今自世尊拈花默顧大衆，迦葉破顔微笑，繇是祖祖相承，咸有言句，後來學者尚多卜度思惟，至德山、臨濟，單以棒喝接人，始稱拈花默顧之旨。然亦在師者之妙，非學者自能耳。故龍潭默過紙燈連吹滅而激發德山，黄檗連打三頓不措一辭而臨濟致疑。若也隨機引導，不能覿面提持，則一大藏教具存，又烏用知識哉？"

師坐次，衆僧侍立，有議及博山《歸正録答書》中有"見知聞知，先後一

---

① 以上佛陀所説二句皆出自《妙法蓮華經》："我寧不説法，疾入於涅槃。尋念過去佛，所行方便力，我今所得道，亦應説三乘。"《大正新修大藏經》(9)，頁 9 下。

揆”①之説。一僧云:“既是見知聞知先後一揆,則古人何必謂悟了須是見人始得?”師曰:“你不見玄策禪師勉永嘉云:‘威音王已前即得,威音王已後,無師自悟,盡屬天然外道。’”②僧云:“某甲曾見壽昌塔銘,叙其訪雲棲、無言、達觀諸老,無不推譽,唯最後參五臺瑞峰和尚③乃有機緣請益,遂相印契,復呈偈頌,峰深肯之。看他如是參歷,應嗣瑞峰,然瑞峰與龍池和尚同嗣笑巖,未審壽昌何據遂嗣曹洞?”師曰:“《歸正録》以雪庭裕④居少林,授受相傳,‘至我壽昌先和尚,實曹洞正傳’者,便是他證據了。”僧云:“他但道‘至我壽昌先和尚,實曹洞正傳’,而不曰的嗣曹洞何人。且《壽昌語録》亦無機緣與洞上何人相契。”師曰:“或者機契因緣在於疑難,不欲分明舉似。抑或因其曾遊少林,後人便以爲證據。”僧云:“者樣正是他書中所謂‘門庭相紹’了,與其謂‘心髓相符’之意豈不違背?””師曰:“大約此書出於一時倉卒之言,未嘗簡點。你看他始謂‘馬大師印心後尚侍嶽師一十五載,日益玄奥’,又謂‘見知聞知先後一揆’,則不但自語相違,衹恐誤賺天下後世承虚接響之徒隨例顛倒,恬然不覺,遺害非小爾。”

小參云:老僧打鼓集衆,無他,有一不平事與諸人評之。老僧去秋過宜興,有瑯玕曹居士以博山《歸正録》見老僧,中間多杜判今人用棒喝者,有云:“德山入門便棒,《傳燈》所載曾打幾人?”老僧但笑而未論,今復見有雲怡陳居士問:“未開口已前爲甚麽便棒便喝?”博山答:“作賊人心虚。”復頌云:“大人用處不尋嘗,捉賊應須驗正贜。不似而今盲瞎漢,亂拈拄杖

---

① 引自《無異元來禪師廣録》:“蓋宗乘中事,貴在心髓相符,不獨在門庭相紹。故論其絶者,五宗皆絶;論其存者,五宗皆存。果得其人,則見知聞知,先後一揆。絶何嘗絶。苟非其人,則乳添水而味薄,烏三寫而成馬,存豈真存?”《卍新纂大日本續藏經》(72),頁 327 下。

② 《六祖大師法寶壇經》,《大正新修大藏經》(48),頁 357 下。

③ 五臺瑞峰,即三際廣通,笑巖德寶法嗣。無明慧經曾參瑞峰。事迹可見於《五燈全書》,《卍新纂大日本續藏經》(82),頁 290 上。

④ 雪庭裕(1203—1275),即雪庭福裕,萬松行秀法嗣,少林寺中興之祖。事迹見於《五燈全書》,《卍新纂大日本續藏經》(82),頁 256 下—257 上。

作商量。”①殊不知單傳直指自二十七祖般若多羅尊者讖囑達磨東來之意以傳二祖，二祖傳三祖，三祖傳四祖，四祖傳五祖，五祖傳六祖，故六祖因南嶽讓和尚呈悟之後囑云：“西天二十七祖讖汝曰：‘震旦雖闊無别路，要假兒孫脚下行。金雞解銜一粒粟，供養什邡羅漢僧。’汝向後出一馬駒，踏殺天下人，應在汝躬，不須速説。”②所以南嶽以磨磚激發馬大師，大師遂出百丈海，海出黄檗運，運得臨濟玄，建立正宗，故成臨濟宗。丈次出潙山祐，祐得仰山寂，共相唱和，成潙仰宗。大師次出天王悟，悟出龍潭信，信出德山鑒，鑒出雪峰存，存得雲門偃，成雲門宗。存次出玄沙備，備出羅漢琛，琛得清凉益，成法眼宗。然雲門、法眼二宗《傳燈》謬收青原下，據《雪竇顯禪師塔銘》敘爲馬祖大寂九世孫，逆溯以上，雪竇嗣智門祚，祚嗣香林遠，遠嗣雲門。雲門既嗣雪峰存，玄沙亦嗣雪峰存，二宗皆屬馬大師無疑矣。雖四派同宗，而接人機用不一，唯臨濟以棒喝直指最爲親切，而雲門相通。蓋雲門初從睦州，推門折足，從此悟入。睦州乃嗣黄檗故也。所以南院打僧，僧不肯。到雲門會裏舉不肯因緣，其時有傍僧云：“南院當時棒折。”那僧聞，大悟。③ 足見雲門與臨濟相通不遠。洎後五祖演參圓照本禪師請益，僧問興化：“四方八面來時如何？”化云：“打中間底話。”本云：“此是臨濟下因緣，須問他家兒孫始得。”演乃參浮山遠，遠囑參白雲端，云：“此老雖後生，吾不識他，但見他頌臨濟三頓棒話有過人處，必能了子大事。”④

---

① 《無異元來禪師廣録》，《卍新纂大日本續藏經》(72)，頁 275 中。

② 所引文句與原文有出入，見於《古尊宿語録》，《卍新纂大日本續藏經》(68)，頁 3 上。

③ 南院慧顒公案可見於《景德傳燈録》：“師乃打之，其僧不肯。其僧後於雲門會下聞二僧舉前因緣。一僧云：‘當時南院棒折。’那僧聞此語忽然大悟。”《大正新修大藏經》(51)，頁 298 下。

④ 法演公案可參見《五燈會元》：“僧問興化：‘四方八面來時如何？’化云：‘打中間底。’僧作禮。化云：‘我昨日赴箇村齋，中途遇一陣卒風暴雨。却向古廟裏避得過。’請益本，本云：‘此是臨濟下因緣，須是問他家兒孫始得。’師遂謁浮山遠禪師，請益前話。遠云：‘我有箇譬喻説似你。你一似箇三家村裏賣柴漢子，把箇匾擔向十字街頭，立地問人：“中書堂今日商量甚麼事？”’師默計云：‘若如此，大故未在。’遠一日語師曰：‘吾老矣，恐虚度子光陰，可往依白雲。此老雖後生，吾未識面，但見其頌臨濟三頓棒話，有過人處，必能了子大事。’”《卍新纂大日本續藏經》(80)，頁 391 中。

據此足見圓照本雖雲門六世的孫，尚不敢輕自主張棒頭下事。今博山自謂曹洞下兒孫，却云“大人用處不尋常，捉賊應須驗正贓”。博山已自商量不少，乃云“不似而今盲瞎漢，亂拈拄杖作商量”。博山既見打人者爲亂拈作商量，則博山眼花眼未開在，抑見博山尋常拈棒皆學亂拈。如是，則盲瞎亂拈作商量，博山一擔擔了猶自不知，反謂拈棒打人者作商量，不信博山何得自昧若此？可不令人好笑？

且云“德山入門便棒，《傳燈》所載曾打幾人”者，更試評之：既曰“入門便棒”，豈可以數限哉？《傳燈》所載但據實證者載之，曾不見有可打不可打者以分之，若見有可打不可打者，則德山不當入門便棒，抑且自失一隻眼豈可爲人？且入門便棒，德山分上事；實證不實證，學人分上事。

又《歸正録》云“古之所是，今之所非”者，則見博山轉轉眼花，故見古今有二道，古人今人有二人。既有二道二人，則博山弗及古人，不當判今人與古人去遠。既與古人去遠，則不當評今人打人非古人打人。且問博山：古人打人棒棒打人，今人打人棒棒打在甚麽處？試爲分析看。若分析得，許博山爲天下人歸正。若分析不得，博山且聽老僧歸正，莫分作古今是非人我可也。現前大衆，已後慎勿輕發亂言，取笑識者。切囑切囑。

因深侍者問：“湛和尚頌臨濟道：‘我於先師處三次問佛法大意，三次被打，如蒿枝拂相似。如今更思一頓，誰與下手？’時有僧出云：‘某甲下手。’濟拈棒度與。僧擬接，濟便打。湛和尚謂：‘三頓直如蒿枝拂，一喝從教三日聾。黄河水是源頭濁，此道方知異别宗。’何稱揚見徹如此？”

師云：“若如此頌，臨濟之道豈至今日？”

深云：“何謂？”

師云：“汝但看他‘直如’、‘從教’四字，則何曾夢見來？汝要見古人舉示本意，試看他道‘如蒿枝拂相似’，乃今謂‘直如’，豈不成死煞法？又若臨濟止領喫棒底意，則不合云‘如今更思一頓，誰與下手’云云者，豈如‘直如蒿枝拂’死煞哉？又如伊謂‘從教三日聾’，則黄檗聞舉不當吐舌，如此，則黄檗豈如伊所見謂‘從教三日聾’而已哉？又不見百丈徵黄檗云：‘子莫承嗣馬祖去麽？’檗云：‘不然，今日因師舉見馬祖大機之用，尚不識馬祖。若承嗣馬祖，則已後喪我兒孫。’百丈乃可，云：‘智與師齊，減師半德；智過於師，方堪傳授。子宛有超師之作。’”①汝又作麽生會？深擬議，師連掌喝出。

史清都居士舉湛和尚《語録》：“僧問雪庭師婆子抱僧燒庵話，庭云：‘感恩不盡。’湛云：‘恁麽説話，入地獄如箭。’”乞師判斷。

師云：“只道‘入地獄如箭’令人疑著，老僧不妨肯他衹後一評。既謂雪庭答話於境起愛想，可謂婆子抱時亦愛想耶？”士曰：“畢竟如何？”師打一拂云：“汝若會得，自然感恩不盡，亦知婆子落處。”士曰：“忽有抱和尚時如何？”師云：“只向他道：‘瞞老僧不得。’”

一晚同妙行、②求如③圍爐次，二人語及雪庭師頌高峰和尚無夢話云：“‘一捺捺倒爬不起，渾身墮在爛泥裏。忽然枕子笑呵呵，咄！喫瓔珞粥④

---

①　百丈公案可見於《古尊宿語録》，《卍新纂大日本續藏經》(68)，頁 14 上。

②　妙行，僧侣，事迹不詳，曾住太陽山，見《五燈全書》：“(虎丘香嚴道安静禪師)入太陽山，禮妙行尊宿，爲剃度。師即以法海嗣席。因妙逝，師爲料理塔事竣。”《卍新纂大日本續藏經》(82)，頁 422 中；《密雲禪師語録》中記載時爲西堂，曾與沈求如居士問法於密雲圓悟。

③　求如，即沈國模(1575—1657)，字求如。晚明清初士人，早年習陽明學，《清史稿》中有載：“其所學或以爲近禪，而言行敦潔，較然不欺其志，故推純儒。”曾參密雲圓悟，見《布水臺集》：“姚江求如沈子者，久參天童，以理學孝行爲時宗尚，與師最爲方外知交，故姚江人士嚮師如求如沈子，而師亦愛姚江人士礪名行、敦節義，納交姚江人士亦如求如沈子，師之不忍舍姚江人士，尤姚江人士之不忍去師也。”新文豐版《嘉興大藏經》(26)，頁 363 上。

④　瓔珞粥，又作“纓絡粥”，即野菜粥，因野菜根葉相連如瓔珞，故禪門稱爲“瓔珞粥”。如《永覺元賢禪師廣録》：“春墾半畝畦，秋收一擔粟。每挑野菜根，和作纓絡粥。”《卍新纂大日本續藏經》(68)，頁 14 上。

底不是你。'湛和尚云:'若如此頌,高峰不值半文錢。他分明道"浩浩中作得主",豈有不知吃粥底是我?'湛和尚乃有頌别云:'四大無我心如風,箇中誰是主人公。廓然撲落元無物,始悔從前錯用功。'"師笑云:"亦未盡在。"求如云:"師意如何?"師云:"高峰分明道安邦定國,豈存有四大無我有我,更有心如風耶?且風無形狀,豈無動摇?既有動摇,豈爲安邦定國耶?"求如云:"乞和尚頌之。"師頌二頌云:"無夢無想主何處?白汗出身念無起。枕子落地笑呵呵,伸手元在縮手裏。""四大無我無心風,箇中無二主人公。廓然撲落非他物,十方世界現全容。"

丙子冬,有僧持瑞白語上師,中有警菴李居士請問徑山、雲門及師所頌高峰主人公話。瑞白判竟,李合掌曰:"大師之語萬古明鑒,有何妖魅敢潛本形者哉!"師目至此,乃判云:

老僧目李居士謂"有何妖魅敢潛本形者",誠萬古明鑒,又烏用老僧與雲門、瑞白分析哉?然恐有不若居士之高鑒,則未免隨雲門、瑞白者,不得不略與之一理也。如瑞白判老僧"白汗出身念無起,箇中無二主人公"、"非他物"、"現全容",以此"宛有一主人公在",豈不是"浩浩作得主"、"是喫粥喫飯的",豈不是雲門所撥的?據瑞白此判,益證雲門撥本形箇中主人公墮空落外無疑者,真可謂非父不生其子,正同坑無異土者矣。何故?瑞白以不揣雲門判不惟不識高峰"浩浩作主"是未悟已前事,正不識雪庭之頌。蓋據仰山詰問所囑高峰悟後之意,故作空夢空想,謂"四大無我心如風,箇中誰是主人公。廓然撲落元無物,始悔從前錯用功"耳。殊不見仰山詰問高峰曰:"正睡著時,無夢無想無見無聞,主在甚麼處?"及高峰無言可對,無理可伸,故復囑曰:"從今日去,也不要你學佛學法,窮古窮今。但只饑來喫飯,困來打眠。纔眠覺來,却抖擻精神:我者一覺,主人公畢竟在甚麼處安身立命?"①而高峰"經及五年,一日寓庵宿睡,覺來正疑此事,忽同

① 語出《高峰原妙禪師語録》,《卍新纂大日本續藏經》(70),頁 690 中—下。

宿道友推枕墮地作聲，驀然打破疑團，如在網羅中跳出。追憶日前所疑佛祖誵訛公案、古今差别因緣，恰如泗州見大聖，遠客還故鄉，元來只是舊時人，不改舊時行履處。自此安邦定國，天下太平，一念無爲，十方坐斷”。①據是，可見湛然又何曾夢見仰山詰問所囑與高峰悟底，及雪庭頌意來？乃妄肆判人以誤瑞白者，無他，蓋未嘗自悟箇中本分主人公，亦未曾經真師承鍛煉故也。且仰山惟囑高峰“主人公畢竟在甚麽處安身立命”，而瑞白尚死據湛然判意爲然，妄謂老僧頌意“宛有一主人公在，豈不是雲門所撥的”。然則瑞白何不看洞山問僧：“名甚麽？”僧曰：“某甲。”洞曰：“如何是闍黎主人公？”曰：“見祗對次。”洞曰：“苦哉苦哉！今時人例皆如此，祇認驢前馬後②底將爲自己。佛法平沉，此之是也。賓中主尚不能分，何況辯得主中主？”僧便問：“如何是主中主？”洞曰：“闍黎自道取。”曰：“某甲道得即是賓中主，如何是主中主？”洞曰：“恁麽道即易，相續也大難。”遂示頌曰：“嗟見今時學道流，千千萬萬認門頭。恰似入京朝聖主，祇到潼關即便休。”③信如瑞白所判，則老僧固不足言，抑先洞山已在所撥數中，不識雲門、瑞白輩復何憑仗指以爲所從出之祖耶？撥却宗旨，稱他兒孫，乃自不知羞，反謂不惜眉毛爲老僧頌出曰“有主初進步，無主末後功。有無俱打脱，石女撞金鐘”者，而老僧却請瑞白摸取眉毛始得何也？試問瑞白眉毛祇是打初進步而有故謂“有主初進步”耶？抑瑞白即今末後眉毛曾向甚麽處去了而謂“無主末後功”耶？又且瑞白眉毛還曾向瑞白道有主無主、初進末後、“有無俱打脱，石女撞金鐘”耶？豈不是瑞白忘本逐末，作此妄想妄説，而不據本分事舉揚示人者？則何怪夫費隱謂瑞白：“道從金粟來底以棒喝接，從博山來底以言句接。”恁麽則以棒喝爲虚套，本分事未夢見在

---

①　《高峰原妙禪師語録》，《卍新纂大日本續藏經》(70)，頁 690 下。

②　驢前馬後，禪宗常用語，指盲從他人言行，而無自己特有之見解。如《大慧普覺禪師語録》中：“如今人似有似無。或於師家口頭認得，麥裹有麪，飯是米做。便向麥裹、米裹求解覓會。須要師家知道我已得這箇道理，生怕師家不知。如此等輩，只認得箇驢前馬後。”《大正新修大藏經》(47)，頁 916 上。

③　《五燈會元》，《卍新纂大日本續藏經》(80)，頁 263 中—下。

耶。何故？本分事即人人本具箇中主人公，瑞白、雲門既撥箇中主人公，又將甚麽接？接又接箇甚麽？豈不是棒喝言句皆無著落？既無著落，則又説甚麽“若唤作棒喝，入地獄如箭射”？又何知“若唤作棒喝，入地獄如箭射”，“唤作棒喝，入地獄如箭射”者，正見人不知棒喝落處，定不薦主人公故也。若引尸棄佛偈“身如聚沫心如風”以證雲門“四大無我”句，則又不審語脉來處。蓋此偈因上“起諸善法本是幻，造諸惡業亦是幻”。繇起心作善，動念造業，二種幻心之因以感幻果，故曰“身如聚沫心如風，幻出無根無實性”者。只説得一半，那一半須自悟始得。不見六祖謂道明禪師曰：“汝不思善，不思惡，正恁麽時，那箇是明上座本來面目？”明良久曰：“某在黄梅二十年，實未惺自己面目。今行者即吾師也。”①

寫至此，忽憶老僧住廣慧時，瑞白雖居會下未久，曾邈老僧真請贊，蓋有意承嗣老僧者。一日，老僧唤至室中問伊佛果别先雲門諸佛出身處，云：“‘薰風自南來，殿閣生微凉’，②汝作麽生會？”今雖忘了他底話，然當時不愜老僧意。次日復唤至室中，問伊：“興化道：‘我未向紫羅帳裏撒珍珠與汝等諸人去在，胡亂喝作麽？’③汝作麽生會？”他答曰：“是拂迹耳。”亦不愜老僧意。以兩次不契，怕伊他日鈍置老僧，故聽伊别去。後受雲門付囑，將謂他有實證處。以今驗知瑞白實未惺自己面目，則免他道老僧是伊

---

① 語出《六祖大師法寶壇經》：“惠能云：‘不思善，不思惡，正與麽時，那箇是明上座本來面目？’惠明言下大悟。復問云：‘上來密語密意外，還更有密意否？’惠能云：‘與汝説者，即非密也。汝若返照，密在汝邊。’明曰：‘惠明雖在黄梅，實未省自己面目。今蒙指示，如人飲水，冷暖自知。今行者即惠明師也。’”《大正新修大藏經》(48)，頁 349 中—下。

② 語出《大慧普覺禪師語録》：“後來在京師天寧，見老和尚陞堂。舉僧問雲門：‘如何是諸佛出身處？’門曰：‘東山水上行。’‘若是天寧即不然，如何是諸佛出身處？’‘薰風自南來，殿閣生微凉。’”《大正新修大藏經》(48)，頁 883 上。

③ 語出《景德傳燈録》：“魏府興化存獎禪師問僧：‘什麽處來？’曰：‘崔禪處來。’師曰：‘將得崔禪喝來否？’曰：‘不將得來。’師曰：‘恁麽即不從崔禪處來。’僧喝之。師遂打。師謂衆曰：‘我只聞長廊也喝，後架也喝。諸子汝莫盲喝亂喝，直饒喝得興化向半天裏住，却撲下來氣欲絶。待興化蘇息起來，向汝道未在。何以故？我未曾向紫羅帳裏撒真珠，與汝諸人虚空裏亂喝作什麽。’”《大正新修大藏經》(51)，頁 295 中。

師，豈可不謂幸哉？况瑞白謂“天童執風爲有動摇倒之盛矣”者，則《楞嚴》何以曰“覺明空昧，相待成摇。摇明風出，故有風輪執持世界”？① 又《圓覺》何以曰“動轉歸風”？② 據是二經，不知謂風有動摇倒之盛耶？執風無動摇倒之盛耶？天童智識暗短，或有識者證明未可知也矣。

至于判“直如從教”四字之説，則瑞白全不識文義句意，但只以口舌與人翻覆取勝爲事者，故老僧情知汝誠不知天童死殺法與雲門及汝死殺法。天童活法且不與汝説破，臨濟用處亦不與汝指出，但據黄檗問百丈：“馬祖有何言句？”丈曰：“老僧被馬大師一喝，直得三日耳聾。”黄檗聞舉，不覺吐舌。豈若湛然“從教三日聾”以“從教”二字一訂訂殺？則黄檗當謂“某甲亦得三日耳聾矣”，何以黄檗聞舉不覺吐舌耶？據黄檗以并湛然，則死活了然。據是，豈不是瑞白不識文義句意者？又何識他人自己死法活法耶？何也？以雲門、瑞白不識百丈耳聾，不在馬祖喝處，黄檗吐舌不在百丈聾處。如謂天童果見活法，則見一切治世語言皆爲活法，豈雲門四字不爲活法者乎？益可見汝不識死活矣。何也？《法華》曰：“一切治生産業，皆與實相不相違背。”③則得活法。若與實相違背，則非活法矣。不看當時有陳尚書請古雲門齋，纔見便問：“儒書中即不問，三乘十二分教自有座主，衲僧行脚事如何？”門曰：“曾問幾人來？”書曰：“即今問上座。”門曰：“即今且置，作麽生是教意？”書曰：“黄卷赤軸。”門曰：“此是文字語言。作麽生是教意？”書曰：“口欲談而辭喪，心欲緣而慮忘。”門曰：“口欲談而辭喪爲對有言，心欲緣而慮忘爲對妄想。作麽生是教意？”書無語。門曰：“見説尚書看《法華經》，是否？”書曰：“是。”門曰：“經中道：‘一切治生産業皆與

---

① 原文無“摇明風出”一句，引自《大佛頂如來密因修證了義諸菩薩萬行首楞嚴經》，《大正新修大藏經》(19)，頁120上。

② 引自《大方廣圓覺修多羅了義經》：“我今此身四大和合，所謂髮毛、爪齒、皮肉、筋骨、髓腦、垢色皆歸於地，唾涕、膿血、津液、涎沫、痰淚、精氣、大小便利皆歸於水，暖氣歸火，動轉歸風。四大各離，今者妄身當在何處？”《大正新修大藏經》(17)，頁914中。

③ 引自《妙法蓮華經》：“諸所説法，隨其義趣，皆與實相不相違背。若説俗間經書、治世語言、資生業等，皆順正法。”《大正新修大藏經》(9)，頁50上。

實相不相違背。’且非非想天幾人退位?”書復無語。門曰:“三經五論師僧拋却,特入叢林十年、二十年,尚不奈何,尚書又争得會?”書禮拜曰:“某甲罪過。”①此便是古雲門用實相活法的意旨也。以此并汝謂老僧數卷語録皆是死殺法者,并汝道雲門不過繞路説禪,乃至謂老僧吹毛求疵,“弁山不得已,亦只得據款結案,將自己門前雪一掃,其他人瓦上霜則何敢言哉”者,皆是言語翻覆耳。言語翻覆者,皆是死語。死語者,死殺法也。老僧“白汗出身念無起,箇中無二主人公。廓然撲落非他物,十方世界現全容”即據本分,初未嘗有異説,則不惟數卷語録,自出世來説話皆據本分而不别説。别有長處,則何更用掃耶? 頃聞瑞白往虔州隱崆峒,别號止先。不審瑞白還諱得止先也。無還潛得止先本形也,無如潛止先本形不得,切莫道老僧頌意宛有一主人公在,是雲門所撥的。且又不審止先以何報老僧哉?

丁丑春有僧自紹興來,持梅山僧歷然②普説一紙呈師,蓋爲瑞白飾辯者。師目之,乃判云:

據者師僧,老僧似未識面。衆中有道在育王曾喫老僧痛棒一頓,以不瞥地發憤而去。老僧總來忘却。且又出語輕佻,似不必與之計論。恐其賺誤他人,故不得不一爲明之。如老僧前判雲門、瑞白者,皆的據仰山、高峰詰問呈悟底元文元案,若離元案别説異端,總爲虚妄之言。然則歷然何不看仰山所問所囑,一則曰“主在甚麽處”,一則曰“我者一覺,主人公畢竟在甚麽處安身立命”。及高峰驀然打破疑團,則曰“如在網羅中跳出,如泗州見大聖,遠客還故鄉,元來只是舊時人,不改舊時行履處”③者,豈非特爲發明主人公安身立命處故? 而雲門反謂“箇中誰是主人公”,瑞白則謂老僧

① 雲門公案可參見《古尊宿語録》,《卍新纂大日本續藏經》(68),頁 120 下。

② 歷然,即歷然浄相,越州人氏,嗣法於瑞白明雪。

③ 此公案本卷内多有引述,部分引用未依原文,皆參見於《高峰原妙禪師語録》,《卍新纂大日本續藏經》(70),頁 690 下。

底頌是則"宛有一主人公在，豈不是雲門所撥的"者，一訂訂煞，則墮空落外之案是伊口款，抑何干老僧之意哉？今歷然衹圖出脱雲門、瑞白，乃不顧仰山、高峰問囑呈悟底元文元案。如高峰未落枕子以前雖則喝咄機鋒不讓，但衹知用喝咄，而實未知喝咄落處。古人所謂"你者一喝尚未有主在"者是也。以其無主，故被仰山問箇"主在甚麽處"，直得無言可對，無理可伸，平日喝咄到者裹用不著矣。而歷然反問老僧衹如高峰到者田地可識得主人公也未？可知是喫瓔珞粥的，也未可曉得喝咄也未？可許天童説高峰"浩浩作主"是未悟已前事也未？老僧要問歷然，既是高峰悟了果然識得主人公，則仰山幸是不曾問他别的，恰好問他主在甚麽處，因甚無言可對、無理可伸？所謂識得的主人公又向甚麽處去也？且仰山因高峰不懂，若果别有話説，尚許歷然亂統。他分明向道："從今日去，也不要你學佛學法，窮古窮今，但只饑來喫飯，困來打眠。纔眠覺來，却抖擻精神：我者一覺，主人公畢竟在甚處安身立命？"①恁麽叮囑，可容歷然别説異端，擬混得老僧也未？蓋歷然錯認喝咄爲機鋒不讓，故不識雪庭"咄！喫瓔珞粥的不是你"底出身利人句，錯認雪庭出身句爲能喝能咄，故妄判高峰"浩浩作主"是已悟底事，蓋欲證成雪庭同於高峰喝咄，以顯老僧錯處，不知歷然自未夢見喝咄落處，故用處不同，豈不是與高峰同病，同一未醒正睡著之夢者耶？以其睡夢未醒，故無夢見高峰未悟時事，又何況高峰悟底源頭耶？歷然要夢見高峰悟與未悟底事麽，老僧不妨爲你一一指破，以待天下後世明眼人簡責你去。如高峰前打破拖死屍之疑者，衹不過認得箇能拖底影子，正歷然所謂能喝能酬機不讓者，所以日間浩浩地作得主，睡夢時亦作得主。正睡著無夢無想、無見無聞時，則者能作主底影子無著落處矣。此正雲門、瑞白、歷然所證底境界，故曰"心如風，箇中誰是主人公"，曰"元無物"，又曰"無主未後功"，又曰"我王庫裏無如是刀"，又曰"實證到啓口不得底田地"者是也，以未曾實證本分主人公，故不得覿體現前。

---

① 《高峰原妙禪師語録》，《卍新纂大日本續藏經》(70)，頁690下。

高峰到者裏却去不得，可見畢竟高峰與歷然、瑞白、雲門輩迥然不同。直待五年枕子落地，徹證本分底主人公，“如在網羅中跳出，然後自此安邦定國，天下太平，一念無爲，十方坐斷”，豈非所謂“演若達多，識自本頭，即一切所作皆息”①者哉。此則高峰罷業忘功底事，便是高峰悟底源頭，以歷然未曾夢見，故乃妄意圖度，不妨趁口道箇“坐斷報化，②當處無爲，到者裏罷業忘功”云者，是歷然徒知罷業忘功，而不知罷業忘功之所以。且既謂坐斷報化，豈遂無坐斷者耶？然則所謂坐斷者，畢竟是甚麽人？若離了本分底無二主人公，别有所謂坐斷者，是則迷頭認影，又安得當處無爲而罷業忘功者哉？又且不的證本分底主人公而妄意罷業忘功，是亦猶之乎演若迷頭，不必識自本頭而别求息迷之方，有是理哉？據此，則高峰悟底源頭果老僧未夢見耶？抑雲門、瑞白、歷然輩未夢見耶？繇歷然未夢見高峰悟底源頭，故無夢見老僧底頌意，乃反謂“又那希罕天童從新頌箇‘無二主人公、非他物、現全容’”，倒誇雲門“四大無我心如風”底頌爲超方越格之眼。老僧不信歷然曾不思忖者般説話，正是座主奴掉下者。謂之超方越格，則凡修聲聞乘如解空之輩皆可稱爲坐斷報化者，又道甚麽祖師門下客耶？且據“箇中誰是主人公”，故元無物，據元無物，故無主人公，據無主人公，故則“箇中”二字亦虚設之辭。以此爲罷業忘功，豈不正是豁達空、撥因果，莽莽蕩蕩招殃禍者？則其所患底病又與漢月何異？蓋漢月謂六祖“本來無一物”是斷見外道，高峰謂“如在網羅中跳出”，而雲門則頌道“箇中誰是主人公”，益可見漢月、雲門、瑞白、歷然輩總之都未證本來真

---

①　此爲《大佛頂如來密因修證了義諸菩薩萬行首楞嚴經》中演若達多之事迹。室羅城中演若達多以鏡照面，愛慕自身容顔，但嗔責不能自頭視自容顔，故心狂亂，四處奔走。佛陀依此因緣爲弟子講説萬法非自然非因緣之理：“汝但不隨分别世間、業果、衆生三種相續，三緣斷故三因不生，則汝心中演若達多狂性自歇，歇即菩提，勝净明心本周法界，不從人得，何藉劬勞，肯綮修證？”《大正新修大藏經》(19)，頁 129 中。

②　坐斷報化，禪門常用語，意爲遮斷一切差别對立相，悟入平等一如之境界。如《圓悟佛果禪師語録》中：“見處透脱聞處精明，一念返本還源，即具頂門三眼。萬里更無纖翳，千聖齊立下風。坐斷報化佛頭，直得壁立千仞。”《大正新修大藏經》(47)，頁 717 上。

常、真樂、真我、真浄底主人公故。何得以香嚴“擊竹忘所知”、六祖“本來無一物”爲比況，曰：“終不然。六祖、香嚴也，是墮空落外者。”豈不益證雲門爲墮空落外，以一味無本據故。蓋六祖唯據本來，故無一物。香嚴偶抛瓦礫，證“動容揚古路”，故忘所知。然則歷然何不看香嚴因潙山問：“我聞汝在百丈先師處問一答十，問十答百，此是汝聰明靈利，意解識想，生死根本。”此似歷然之病者也。“父母未生時，試道一句看”，嚴被問直得茫然，此亦似歷然謂“啓口不得”是父母未生前的，斷不是驢前馬後認門頭的。殊未知本分主人公，誰更認父母未生前之門頭來？然則歷然不及香嚴自嘆曰：“畫餅不可充饑。”遂將平日所看文字燒却，曰：“此生不學佛法也。”此正似仰山囑高峰曰“從今日去，也不要你學佛學法”的意。後憩止南陽忠國師遺迹，偶除草次，因抛瓦礫擊竹作聲，忽然大悟，作頌曰：“一擊忘所知，更不假修持。動容揚古路，不墮悄然機。”①正與高峰枕子落地，驀然打破疑團，如網羅中跳出者無異也。何者？一跳出，一動容，豈兩物耶？可見歷然以不識香嚴“一擊忘所知”正仰山謂“無夢無想無見無聞”的所知耳。乃删去一“所”字，謂“擊竹忘知”，擬顯老僧尚知有無二主人公，非他物現全容，而證雲門“四大無我心如風，箇中誰是主人公”、“元無物”是忘知的意。殊不思只者“四大無我”云云者，正在無二主人公外作夢想的所知。不信請看香嚴次句“更不假修持”，豈不是承上起下。“動容揚古路”是酬潙山問“父母未生時試道一句”的“一句”耳。若分開，據“動容”，則豈非老僧“十方世界現全容”者耶？據“揚古路”，則豈非六祖本來者耶？又那像歷然謂“啓口不得”的爲父母未生前者耶？而歷然意謂“本來無一物”似雲門“箇中誰是主人公”、“元無物”者，既謂“無主人公”、“元無物”，豈不抑見歷然未夢見本來人在？又不看先仰山謂香嚴曰：“和尚贊嘆師弟發明大事，你試説看。”嚴舉前頌，仰曰：“此是夙習記持而成，若有正悟，別更説看。”嚴又成頌曰：“去年貧未是貧，今年貧始是貧。去年貧猶有卓錐之地，

① 香嚴禪師公案可參見《指月録》，《卍新纂大日本續藏經》(83)，頁547下。

今年貧錐也無。”仰曰：“如來禪許師弟會，祖師禪未夢見在。”請歷然看：錐也無，仰山尚道“祖師禪未夢見在”，及至香嚴復有頌曰：“我有一機，瞬目視伊。若人不會，别唤沙彌。”始爲首肯。① 即此三頌，試問歷然取那一頌、那一句、那一字爲證，而謂雲門之頌正契香嚴“擊竹忘知”耶？然則歷然若會得香嚴道“若人不會，别唤沙彌”者，要會僧問洞山“如何是主中主”，洞曰“闍黎自道取”者也不難。則不敢教老僧到洞山“恁麽道即易，相續也大難”上著一隻眼，方好行棒行喝者。而歷然不知，衹因向者兩句上著倒，故亦如者僧不薦洞山的“闍黎自道取”是覿面唤醒者僧故道耳。而歷然自失一隻眼，反認洞山“恁麽道即易，相續也大難”的門頭，自墮驢前馬後之類中也不知。不信，則請歷然試看洞山“闍黎自道取”又何曾教者僧認伊説的門頭户底耶？衹因者僧不自領，不解轉身通氣，故曰：“恁麽道即易，相續也大難。”蓋曹洞有“言語不通非眷屬”②者，此也。歷然若向“闍黎自道取”得，始好稱曹洞的兒孫，則不枉老僧爲汝一番。然則歷然何不正好道箇“某甲無啓口處”？不然，更道箇“某甲不是賓中主”。若能道得者兩轉語，方好與老僧相罵。不然，則老僧却摇手曰：“未是我同流在。”汝又如何？然則“闍黎自道取”是洞山道底主中主，與老僧道底“白汗出身念無起，箇中無二主人公。非他物、現全容”，請歷然指看那一句一字不自老僧自道取者？而瑞白謂“豈不是雲門所撥的”，既撥老僧自道取的主人公，豈不干撥洞山之“闍黎自道取”的主中主耶？反問老僧：“洞山説的頌的那一句落在雲門、弁山③所撥數中？請天童指出看。”老僧不信歷然昏迷至此。不見洞山啓口便問者僧“如何是闍黎主人公”，終又答“主中主”，曰“闍黎自道取”，是則洞山始終惟爲指者僧自主人公的意者。據此，豈非者僧自不領薦，反謂“某甲道得即是賓中主”，豈不可見者僧食到口邊不解

---

① 香嚴禪師公案可參見《景德傳燈録》，《卍新纂大日本續藏經》(80)，頁191上。

② 語出《禪門諸祖師偈頌·洞山价禪師新豐吟》：“工夫不到不方圓，言語不通非眷屬。”《卍新纂大日本續藏經》(66)，頁724上。

③ 弁山，即瑞白明雪，因曾駐锡湖州弁山龍華寺而得名。

喫，倒推到洞山分上去，故曰："恁麼道即易，相續也大難。"正是苦屈之辭耳。遂示頌曰："嗟見今時學道流，千千萬萬認門頭。恰似入京朝聖主，〔衹到潼關即便休。〕"[①]豈不似雲門自不反朝自面，倒向外認"四大無我心如風"之門頭，而致瑞白、歷然輩死執撥主人公爲然，而亦不反顧自面，更認"恁麼道即易，相續也大難"上去著倒，豈不是認門頭，墮驢前馬後之類中？然則老僧一一指雲門、瑞白、歷然俱錯認門頭者，却請歷然指老僧那一句一字是誣洞山處？更指雲門、瑞白那一句一字撥意正合洞山頌意？更指洞山那一句一字説意正合雲門、瑞白撥意，而謂撥正撥著認門頭者耶？且歷然前既不許老僧説高峰"浩浩作主"是未悟已前的事，則此即不當説高峰"浩浩作主"是"見衹對次"者矣。以"見衹對次"的即認驢前馬後的，豈認驢前馬後的而歷然反親自證據爲已悟後的事者耶？無論妄判雪庭"喫瓔珞粥的"同於高峰"浩浩作主"爲水乳不分，抑自語翻覆相違，自相敵破，豈非妄意圖度，趁口亂道之驗者哉？

又云："衹如枕子撲落悟的，還許伊認麼？還許伊諱麼？其奈認也不得，諱也不得，所以道智不到處切忌道著。道著即頭角生。據此，則天童死抱的主人公向甚麼處著落？"此又見歷然之昏迷未懂者。老僧道：若更有著落處，則二主人公。二主人公，則非死抱者。非死抱，則業識茫茫，無本可據者矣。故高峰悟主人公安身立命，如在網羅中跳出者，豈無認者耶？"追憶日前所疑佛祖誵訛公案，古今差別因緣，恰如泗州見大聖，遠客還故鄉"，豈無認者耶？"元來只是舊時人，不改舊時行履處"，豈無認者耶？"自此安邦定國，天下太平，一念無爲，十方坐斷"，豈無死抱的主人公者耶？既"一念無爲，十方坐斷"，豈更有處所著落耶？如南泉問道吾曰："闍黎名甚麼？"吾曰："宗智。"泉曰："智不到處作麼生宗？"吾曰："智不到處切忌道著。"泉曰："灼然。道著即頭角生。"三日後泉復問智頭陀："前日道'智不到處切忌道著，道著即頭角生'，合作麼生行履？"吾便抽

① 此頌原文闕失末句，據《五燈會元》卷十三補。

身入僧堂。① 何嘗無身入僧堂耶？又若無認，則又何見得“智不到處切忌道著，道著即頭角生”耶？老僧道：只因歷然還有認著南泉、道吾問答的門頭了，而不省歷然無二主人公耳。又殊不思老僧“白汗出身念無起，箇中無二主人公。十方世界現全容”，則誰來與汝更道智到不到者耶？

又謂：“據天童此判，不唯不知雲門頌意，抑且埋没尸棄佛之‘身如聚沫心如風’者。”則老僧前已引六祖謂道明“不思善，不思惡，正恁麼時，那箇是明上座本來面目”以證瑞白之錯，老僧何嘗埋没尸棄佛全偈之文旨？而歷然猶更作是説者，則抑見歷然、瑞白輩皆以偷心竊取古人今人相似之語爲證，而不顧尸棄佛之“幻出無根無實性”的結歸之旨，以致人不避隨善惡業識而幻生，則又説甚當處寂滅者耶？何不看張拙謂：“光明寂照遍河沙，凡聖含靈共一家。”唯據“一念不生全體現”以證，故謂之“光明寂照遍河沙”。據“寂照”，故見凡聖含靈一一無不是全體現的光明，故共一家耳。是以據“全體現”故則一念不生，既一念不生則誰更有“心如風”耶？據是，則可見雲門的“心如風”者，豈不是下句謂“六根纔動，被雲遮却”。雲門的全體不現，故不識雪庭上兩句是據全體現故曰“一捺捺倒爬不起，渾身墮在爛泥裏”者，而瑞白、歷然又不審尸棄佛上兩句之意，皆祇認第三句相似之語可以爲證者，又不審末句之“幻出無根無實性”的結文之義也。殊不思縱使一切含靈各隨先世善惡業緣而感報之不等，若不發明非善惡之全體，而不死抱，則依舊起善造惡，定隨善惡業緣以感果者無疑矣。如其發明“一念不生全體現”而死抱，故則能隨願現隨類身化其同類者，是禀菩薩全體之力，故謂之“幻化空身即法身”，可謂之“當處寂滅，寂滅現前”，皆繇死抱全體作主之力，“故獲二殊勝。上合諸佛同一慈力，下合六道同一悲仰”，②

---

① 南泉公案參見《萬松老人評唱天童覺和尚頌古從容庵録》，《大正新修大藏經》(48)，頁 270 下。

② 此段語出《大佛頂如來密因修證了義諸菩薩萬行首楞嚴經》：“生滅既滅，寂滅現前，忽然超越世出世間，十方圓明獲二殊勝：一者上合十方諸佛本妙覺心，與佛如來同一慈力；二者下合十方一切六道衆生，與諸衆生同一悲仰。”《大正新修大藏經》(19)，頁 128 中。

則能出生入死，千態萬狀而不迷矣。如其死抱之力不足者，則自救尚不可得，能救他人者，無是理也。故老僧斷不敢信雲門、瑞白、歷然之撥主人公爲超方越格的手脚也。而老僧老昏，請歷然高明當深思之，慎勿恣其護短私心以致誤人誤己者可也。不信則請看：能有幾人如世尊生下時即云"天上天下，唯我獨尊"者？亦豈非死抱之力以致哉？而歷然、瑞白反敢務以尸棄佛之"起諸善法本是幻，造諸惡業亦是幻。身如聚沫心如風，幻出無根無實性"者以證雲門"四大無我心如風，箇中誰是主人公。廓然撲落元無物，始悔從前錯用功"，是撥老僧"白汗出身念無起，箇中無二主人公。廓然撲落非他物，十方世界現全容"者。則世尊之"天上天下，唯我獨尊"，亦在雲門、瑞白、歷然所撥數中？則雲門、瑞白、歷然非墮空落外者則誰當信矣？何也？纔生時即謂"天上天下，唯我獨尊"，豈不是老僧"十方世界現全容"的無二主人公耶？歷然又何不看龐居士問石頭曰："不與萬法爲侶者是甚麽人？"頭以手掩其口。士又持此語問馬祖，祖曰："待汝一口吸盡西江水即向汝道。"士於言下大悟。復到石頭，頭問："自見老僧後日，用事作麽生？"士曰："若問日用事，直下無啓口處。"乃呈偈曰"日用事無别，唯吾自偶諧。頭頭非取捨，處處勿張乖。朱紫誰爲號，丘山絶點埃"者。① 是則龐公自據啓口不得處而啓口，以通啓口不得的無二主人公之意也。然則據世尊則"唯我獨尊"，據龐公則"日用事無别，唯吾自偶諧"乃至"丘山絶點埃"者，則豈更存有旋嵐偃嶽而静不静等耶？故老僧先爲雲門判："高峰分明道安邦定國，豈存有四大無我有我，更有心如風耶？"而復云："且風無形狀，豈無動摇？既有動摇，則豈可謂安邦定國耶？"又且據瑞白既謂風當處寂滅則不可説有風矣，而更説甚麽心如風耶？據是抑可見雲門因有心故説如風者，則似心不寂滅而風寂滅也。若心與風一則不寂滅，一則寂滅者，則法喻之不齊矣。豈若世尊之"天上天下，唯我獨尊"，馬祖

---

① 此處所引公案多有删略，可參見《龐居士語録》，《卍新纂大日本續藏經》(69)，頁131上。

之“一口吸盡西江水”，忠國師之“身心一如，身外無餘”，老僧之“無二主人公”？則誰更來與雲門謂四大無我有我，更有心如風耶？又誰更來與瑞白道風寂滅不寂滅者？又誰更來與歷然説啓口得不得者？父母未生以前摸著摸不著的驢前馬後之二見耶？故六祖據佛言：“善根有二，一者常，二者無常，佛性非常非無常，是名爲不二。一者善，二者不善，佛性非善非不善，是名不二。蘊之與界，凡夫見二，智者了達其性無二。無二之性，是名佛性。”①據是，則可見雲門“無我”、“心如風”豈非於四大中有二風大，一風大無我，一風大有我，故心如風耶？是則豈非於蘊之與界如凡夫見二者耶？豈若智者了達其性無二，則馬祖之“一口吸盡西江水”，忠國師之“身心一如，身外無餘”，世尊之“天上天下，唯我獨尊”，老僧之“無二主人公”者哉？豈像歷然謂“弁山説風無動摇，爲對天童説有動摇”？而歷然胡不思天童先斷開道：“豈存有四大無我有我，更有心如風耶？”故復據雲門之“心如風”故説有動摇，若無動摇，則歷然、瑞白、雲門又向何處見風而説心如風耶？故於前判引《楞嚴經》云：“覺明空昧，相待成摇，摇明風出。”以證弁山之錯謂風無動摇者。

又謂雲門頌“元無物”者爲對“喫瓔珞粥的”，則馬祖“一口吸盡西江水”豈雪庭“喫瓔珞粥的”？又非口耶？而歷然謂爲對待而言爲非，而不據其實，反引行昌“因守無常心，佛説有常性”爲證，竟不思行昌問六祖《涅槃經》中“常無常義”，祖曰：“無常者，即佛性也；有常者，即一切善惡諸法分别心也。”曰：“和尚所説大違經文。”祖曰：“吾傳佛心印，安敢違於佛經？”曰：“經説佛性是常，和尚却言無常；善惡諸法乃至菩提心皆是無常，和尚却言是常。此即相違，令學人轉加疑惑。”祖曰：“吾昔聽尼無盡藏讀誦一遍，便爲講説，無一字一義不合經文。乃至爲汝終無二説。”曰：“學人識量淺昧，願和尚委曲開示。”祖曰：“汝知否？佛性若常，更説甚麼善惡諸法，乃至窮劫無有一人發菩提心者？故吾説無常，正是佛説

① 《六祖大師法寶壇經》，《大正新修大藏經》(48)，頁 349 下。

真常之道也。”[①]據此，則歷然若知真常的佛性，則見“身心一如，身外無餘”。身本來是道，道亦本來是身。則更説甚麽善惡諸法，乃至窮劫誰有一人更發菩提心？衹因人自不知而不循其本，故起諸善法，造諸惡業，則有發菩提心者，故六祖説佛性無常，正是佛説真常之道耳。又且“諸法若無常者，即物物皆有自性，容受生死，而真常性有不遍之處。故吾説常者，正是佛説真無常義”，[②]其文似倒，而旨不出佛性非常非無常，非善非不善，故能安立常無常、善不善等諸法。故常無常、善不善皆無自性容受生死，而人自起常無常、善不善等之情念，故隨常無常、善不善業識容受生死，而真常性實未嘗離，而人自未嘗循其現前故。故六祖説“常者，正是佛説真無常義”也。故復斷云：“佛比爲凡夫外道執於邪常，諸二乘人於常計無常，共成八倒，故於涅槃了義教中破彼偏見，而顯説真常、真樂、真我、真凈。汝今依言背義，以斷滅無常及確定死常，而錯解佛之圓妙最後微言。縱覽千遍，有何所益？”行昌忽然大悟，説偈曰：“因守無常心，佛説有常性。不知方便者，猶春池拾礫。我今不施功，佛性而現前。非師相授與，我亦無所得。”[③]而歷然唯引“因守無常心，佛説有常性”二句，可以證成瑞白、雲門爲對之説，而無實意，又益見歷然之用偷心，一味竊取相似之語，以掩雲門、瑞白之非，故不引其全偈耳。如下云“不知方便者，猶春池拾礫”者，正揀其“因守無常心，佛説有常性”之對待故。我今不施者兩種無常有常之功，則我本具正覺之佛性而自現前，正如始覺合本之謂。佛不從他人别有所得，故曰：“我今不施功，佛性而現前。非師相授與，我亦無所得。”蓋據其本有之性，自乘其力。總之不出世尊纔生時即曰“天上天下，唯我獨尊”的，又誰與雲門謂“四大無我心如風，箇中誰是主人公”、“元無物”，而瑞白、歷然遂死認撥主人公爲然者哉？且謂“無二主人公”落常見，則世尊

① 行昌問法於六祖公案，參見《六祖大師法寶壇經》，《大正新修大藏經》(48)，頁359上。

② 《六祖大師法寶壇經》，《大正新修大藏經》(48)，頁359上。

③ 《六祖大師法寶壇經》，《大正新修大藏經》(48)，頁359中。

亦落常見矣。據是，則見歷然殊未思歷然、瑞白、雲門的對待，及枕子撲落，并不是心、不是佛、不是物，是箇甚麽不甚麽？薦得不薦得？在棒不在棒？在喝不在喝？在飯不在飯？在撥不在撥？於高峰分上亦如臘月扇子。① 何也？不見道"如網羅中跳出"耶？何况於老僧"十方世界現全容"的無二主人公，而有交涉也哉？故世尊謂"天上天下，唯我獨尊"，以據"唯我獨尊"故無二主人公。非他物，四維上下現全容，故喫飯不作喫飯用，棒不作棒用，喝不作喝用，説話不作説話用。故世尊謂"説法四十九年，未嘗道著一字"者，此也。故古人道"終日説話，未嘗道一字。終日行路，未嘗踏著一片地。終日穿衣，未嘗挂一縷絲。終日喫飯，未嘗咬著一粒米"②者，亦此也。則徑山之"咄！喫瓔珞粥的不是你"者，豈在高峰分上而埋没殺高峰來？而歷然衹顧亂扯高峰的前後一無指的處，志望遮掩雲門、瑞白之非，殊不知反遮掩歷然的面耳。

又歷然自未到忘筌的時節，故無有本據以作證明，焉知老僧"白汗出身念無起"、"無二主人公"、"非他物"、"現全容"何嘗據别人的意來説者？又誰更有筌可忘也哉？豈不是明明向歷然道，而歷然尚不知，又何曾夢見老僧密指潛行的處來？若會得老僧密指潛行處，則不敢道老僧"不知是甚麽眼目，是甚麽肺肝"，是誰不識羞者？蓋老僧自知羞，故不敢以别法遮掩，唯曰"白汗出身念無起，箇中無二主人公"等語，與佛祖言語何處不契？而歷然妄作種種語，皆自無本可據，一味使滑頭，弄虚瞞人，反責老僧"死抱的主人公向甚麽處著落"。若據歷然，則佛言"吾今爲汝保任此事，終不虚也"③

---

① 臘月扇子，禪門用語，指無用之物，也引申爲禪宗無事安閒之境界。如《大慧普覺禪師語録》："如此説話，於了事漢分上，大似一柄臘月扇子，恐南地寒暄不常也。"《大正新修大藏經》(47)，頁 920 下。

② 語出《圓悟佛果禪師語録》："則二六時中，雖終日喫飯，不曾咬著一粒米。終日著衣，不曾挂一條線。終日説話，不曾動著舌頭。"《大正新修大藏經》(47)，頁 762 中。

③ 語出《妙法蓮華經》："汝等莫得樂住三界火宅，勿貪粗弊色聲香味觸也。若貪著生愛，則爲所燒。汝速出三界，當得三乘——聲聞、辟支佛、佛乘。我今爲汝保任此事，終不虚也。汝等但當勤修精進。"《大正新修大藏經》(9)，頁 13 中。

者,亦當無著落處矣。又何據以教人保任耶?豈不見歷然輩是真外道也。故瑞白、歷然做種種語言,務證雲門"四大無我"偈,而無死抱保任之意之功,正莽莽蕩蕩招殃禍者,反以爲然耶?據是,則豈不是歷然自説"是甚麼眼目,是甚麼肺肝,而自不識羞",則又何知老僧眼目肺肝與一切人及含靈的眼目肺肝無二無别者。無他,唯據無自欺,故"白汗出身念無起"以至"十方世界現全容"者,舉目了然,不假思議,以見一切人與非人蠢動含靈無不同體而現也。豈若歷然特做關目,卓拄杖曰"和盤托出大家看"而歸方丈耶?不信,則請歷然試指那一箇曾有隱處了?待汝特特和盤托出,而後大家看。據此,可見老僧"無二主人公"、"非他物"、"現全容"是全體現前、覿面全提的意旨,豈若雲門、瑞白、歷然撥主人公者之可并哉?

又如歷然謂"天童死抱的主人公向甚麼處著落"者,則曹山辭洞山,洞問曰:"向甚麼處去?"曹曰:"向不變異處去。"洞曰:"不變異處豈有去耶?"曹曰:"去亦不變異。"[①]據是,則曹山豈不至死而不變異者?又不是守死善道故死抱而不放逸耶?據是,則益見歷然竊嗣曹洞爲祖者,益證雲門、瑞白皆無師承的墮空落外之外道矣。又説甚麼"人平不語"耶?汝既未證與一切含靈同體同現,則顯然與一切有彼此、人我不同,反敢爲妄尊天下之具眼而謂"人平不語",亦不過學人説話,又何實據實驗處舉似天下爲證也哉?然且老僧判頌出於癸亥冬,雲門圓寂在於丙寅冬,已經三周四年。[②]雲門既判頌雪庭之頌而不判頌老僧之判頌者,且問瑞白、歷然:還是雲門識法者懼耶?還是老僧判頌不足判頌而不判頌耶?若不足判頌而不判頌者,致老僧判頌流行於世以誤後人,則雲門是法門中之罪人也。若雲門識法者懼而不判頌者,則今瑞白、歷然是爲不識法者,正"養子不及父,家門

① 《景德傳燈録》,《大正新修大藏經》(51),頁336上。

② 癸亥冬,即天啓三年(1623)冬季。湛然圓澄圓寂時日,見於《湛然圓澄禪師語録·會稽雲門湛然澄禪師塔銘》:"天啓丙寅臘月初四日(1627年1月20日),化于紹興府之天華寺。"《卍新纂大日本續藏經》(72),頁839中。

一世衰"①無疑矣。

偶一我徐居士到山以此與看，士曰："他謂和尚摸他頭腦不著在。他在山頂上，和尚還在山下在。如云：'堂中事作麼生？'一日無人接得，渠一日道即太煞，道只道得八成。曰：'某只如此，汝又如何？'曰：'無人識得渠，所以他説和尚封名立號則繇你也。'"老僧笑曰："只具'無人接得渠'、'無人識得渠'者，但無二人耳，接與識且置渠之一字又推到阿誰分上去耶？故貧道唯曰：'白汗出身念無起。'念且無起，豈更有接得接不得，識得識不得？若有接得，則有不用接得的在。若有識得，則有不用識得在。是則宛有二人者在矣。故貧道惟謂'白汗出身念無起，箇中無二主人公。廓然撲落非他物，十方世界現全容'，是則他家有接得接不得，識得識不得，於貧道何預哉？又且貧道'十方世界現全容'，又誰與他分辯山上山下，空劫今時者來？所以道'世出世間不二法'者，此也。"居士乃大笑曰："恁麼則和尚倒扶者小後生出頭了也。"老僧曰："貧道出世本爲證人扶人，又誰與他爭勝負人我耶？"於是擲筆。

有僧自杭州來，帶歷然判語。老僧看伊判云："我雲門頌'箇中誰是主人公'，謂身心乃幻，本非實有。"後又云："那曉得梅山是箇老實頭。"我且問汝：既謂雲門"身心乃幻，本非實有"，則汝身心亦幻，本非實有，又將甚麼作老實頭耶？豈非汝"老實頭"三字亦虛設之辭乎？據是，則可見汝普説判語種種言論皆虛設之辭矣。汝既不打自招，供出虛設的端繇，又烏用老僧更一一爲汝指正也哉？何以故？如汝問"只如仰山當時所囑，又不曾剖出真僞，唯徵箇安身立命處。爲甚天童頌'無二主人公'耶？今梅山道伊此頌若在别人則可，在高峰分上乃不合他元文元案而别説異端，故弁山、梅山全不甘你是實"者，汝何知老僧頌"箇中無二主人公"元不在高峰分

① 此爲破庵祖先偈，參見《禪宗頌古聯珠通集》："興化打克賓，猛虎驀腰騎。養子不及父，家門一世衰。"《卍新纂大日本續藏經》(65)，頁637上。

上？祇爲雲門不省仰山詰囑唯爲安身立命主人公，故不曾剖出真僞，而雲門反認身心虚僞，故別説異端，據“四大無我心如風，箇中誰是主人公”以“元無物”、“錯用功”爲結，煞煞定前二句是破身心、拂主人公，是認空、無相、無作斷見，故不合仰山詰囑高峰悟的元文元案。老僧當時不忍明破，祇曰：“亦未盡在。”仍就其“四大無我”而曰“四大無我無心風”是據“若見諸相非相，即見如來”也，“箇中無二主人公”是據“身心一如，身外無餘”也，“廓然撲落非他物，十方世界現全容”是爲雲門補全未盡的短處。則“箇中”二字爲不虚設，可合仰山詰囑高峰悟安身立命主人公的元文元案。故老僧勸汝慎勿恣其護短私心以致誤人誤己，使瑞白與汝竟認撥主人公爲超方越格的手眼，則曹洞立四賓主者果何爲耶？豈不令人好笑哉？蓋“四大無我”元是教意，即《金剛經》“凡所有相，皆是虚妄”，祇破得人認四大有我之見，是不了義教也。不但法師不以爲遵極，凡通教者誰不曉得是不了義教？此則教有明文判定的案，故老僧謂是“座主奴掉下”者，豈漫焉無證據哉？且汝何知雪庭“一捺捺倒爬不起，渾身墮在爛泥裏”正是安身立命的意？雲門祇欲過雪庭，而不顧自失作頌的手眼。蓋頌者，乃稱述前人之意。當時仰山唯爲主人公安身立命，而雲門破身命拂主人公，豈得稱爲頌古乎哉？

汝乃謂：“又那希罕天童重新頌箇‘無二主人公’。”我且問汝：祇如經中重説偈言非重新乎？儒家據經爲傳，非重新乎？汝既乖二教而説，非別説異端乎？汝又何知老僧頌“箇中無二主人公”端爲雲門認身命爲虚僞，“身心乃幻，本非實有”，而曰“箇中誰是主人公”，則人虚幻而“箇中”二字亦謂虚設。老僧據身實相故人命即實相，人命實相故則“箇中”二字亦指身命，故不虚設，正古所謂“箇中人”，即箇中無別人，人中無別箇。蓋人一無二，唯一箇人而已，又誰管汝迷頭別説異端夢話，謂頭上加頭，兩箇三箇，迷頭反認白日青天耶？而汝反謂“大抵天童自眼不明，故不識雲門頌意，而圖度六祖、香嚴二頌與雲門‘箇中誰是主人公，廓然撲落元無物’有別，故妄道梅山不識本來人。殊不知雲門頌意明明指出是爲釋能主之常想，真乃直證本來無物當體全空之意”者。豈不依舊與漢月謂“本來無一物是空”光景，爲斷見外道之見耶？汝何不看老僧前引六祖謂道明曰：“不思善，不思惡，正恁麼時，那箇是明上座本來面目？”汝今既謂“直證本來無物當體全空之意”者，則雲門與汝又何曾醒自己面目身命的本來主人公耶？可見汝離了自己面目身命本來的主人公，而别圖度説“直證本來無物當體全空”之異端耳。則汝謂“佛法大端，梅山既主其事”，皆離了汝自己的面目身命主人公，别指當體全空爲佛法大端，爲主其事，總與汝自己面目了没交涉矣。是則且問汝：果雲門與汝未醒自己面目，自眼不明，反認身心乃幻、本來無物、當體全空耶？果天童自眼不明，自證身命主人公本來面目耶？且汝謂“身心乃幻，本來無物，當體全空”，則維摩“觀身實相，觀佛亦然”，①你又如何耶？世尊謂“惟此一事實，餘二則非真”，②你又如何耶？“是法住法位，世間相常住”，③你又如何明明指出是爲釋能主之常想耶？石頭云“謹白參玄人，光陰莫虚度”，④你又如何耶？洞山謂曹山曰“如是之法，佛祖密付。汝今得之，宜善保護”，你又如何釋耶？“銀碗盛雪，明月藏鷺”，你又如何耶？“類之勿齊，混則知處”，⑤你又如何耶？“臣奉於君，子順於父。不順非孝，不奉非輔”，你又如何明明指出釋能主之常想耶？

---

① 引自《維摩詰所説經》：“爾時世尊問維摩詰：‘汝欲見如來，爲以何等觀如來乎？’維摩詰言：‘如自觀身實相，觀佛亦然。’”《大正新修大藏經》(14)，頁 554 下—555 上。

② 引自《妙法蓮華經》：“但以假名字，引導於衆生，説佛智慧故，諸佛出於世。唯此一事實，餘二則非真，終不以小乘，濟度於衆生。”《大正新修大藏經》(9)，頁 8 上。

③ 引自《妙法蓮華經》：“諸佛兩足尊，知法常無性，佛種從緣起，是故説一乘。是法住法位，世間相常住，於道場知已，導師方便説。”《大正新修大藏經》(9)，頁 9 中。

④ 語出《景德傳燈録・南嶽石頭和尚參同契》：“觸目不會道，運足焉知路。進步非近遠，迷隔山河固。謹白參玄人，光陰莫虚度。”《大正新修大藏經》(51)，頁 459 中。

⑤ 所引洞山公案可參見《五燈會元・瑞州洞山良价悟本禪師》：“師因曹山辭，遂囑曰：‘吾在雲巖先師處。親印寶鏡三昧。事窮的要。今付於汝。’詞曰：‘如是之法，佛祖密付。汝今得之，宜善保護。銀碗盛雪，明月藏鷺。類之弗齊，混則知處。’”《卍新纂大日本續藏經》(80)，頁 263 上。

“潛行密用，如愚若魯。但能相續，名主中主”，①你又如何耶？洞山云“吾今獨自往，處處得逢渠。渠今正是我，我今不是渠。應須恁麼會，方始契如如”，②你又如何唤作如如早是變了耶？曹山曰“不變異處去”，洞山曰“不變異處豈有去耶”，曹山曰“去亦不變異”，你又如何耶？世尊曰“天上天下，唯我獨尊”，你又如何耶？雲門道“我若見，一棒打煞與狗子喫，貴圖天下太平”，③你又如何明明指出狗子是爲釋能主之常想耶？馬祖道“一口吸盡西江水”，你又如何耶？龐居士道“日用事無别，唯吾自偶諧。頭頭非取捨，處處勿張乖”，你又如何耶？長慶道“萬象之中獨露身，唯人自肯乃方親”，④你又如何耶？古人曰“處處真，處處真，塵塵盡是本來人”，⑤你又如何明明指出是爲釋能主之常想耶？儒云“學而時習之”，⑥你又如何耶？“君子而時中”，⑦你又如何明明指出釋能主之常想耶？“己欲立而立人，己欲達而達人”，⑧你又如何耶？洞山云“正中偏。三更初夜月明前。莫怪相逢不相識，隱隱猶懷舊日嫌”，⑨再要如何叮囑耶？伊是藥山之的孫，豈不知藥山答石頭“千聖亦不識”？他便道“莫怪相逢不相識，隱隱猶懷舊日嫌”耶？又曰“偏中正：失曉老婆逢古鏡，分明覿面更無他，休更迷頭還認影”，⑩豈不可見汝猶認“本來無物，當體全空”之影耶？乃至

---

①　《五燈會元·瑞州洞山良价悟本禪師》，《卍新纂大日本續藏經》(80)，頁263中。

②　《五燈會元·瑞州洞山良价悟本禪師》，《卍新纂大日本續藏經》(80)，頁261上。

③　語出《雲門匡真禪師廣録》：“舉世尊初生下，一手指天，一手指地。周行七步，目顧四方云：‘天上天下，唯我獨尊。’師云：‘我當時若見，一棒打殺與狗子喫却，貴圖天下太平。’”《大正新修大藏經》(47)，頁560中。

④　語出《景德傳燈録》：“師(長慶慧稜)入方丈參。雪峰曰：‘是什麼?’師曰：‘今日天晴，好普請。’自此酬問未嘗爽於玄旨。乃述悟解，頌曰：‘萬象之中獨露身，唯人自肯乃方親。昔時謬向途中覓，今日看如火裏冰。’”《大正新修大藏經》(51)，頁347中。

⑤　《祖堂集》，《大藏經補編》(25)，頁623上—中。

⑥　《論語·學而》，參《四書章句集注》，中華書局，1983年，頁47。

⑦　《中庸》，參《四書章句集注》，中華書局，1983年，頁19。

⑧　《論語·雍也》，參《四書章句集注》，中華書局，1983年，頁92。

⑨　《五燈會元》，《卍新纂大日本續藏經》(80)，頁262下。

⑩　《五燈會元》，《卍新纂大日本續藏經》(80)，頁262下。

“兼中到：不落有無誰敢和，人人盡欲出常流，折合終歸炭裏坐”，①又豈不是汝認“本來無物，當體全空”之落無耶？且汝“常想”二字是取《肇論》中言“去不必去，閑人之常想”②者耳。我且問你：衹如下引云“菩薩處計常之中”，③你又如何明明指出是爲釋能主之常想耶？且汝謂“不忍下箇瞎字”，正見汝判總是文過飾非，汝何知衹因實證瞎字的旨，故無不漏綻於實證何可勝言耳。如汝謂“釋迦掩室於摩竭，浄名杜口於毗耶”，非漏綻實證耶？汝又何知雲門衹因眼見空華，故錯認四大無我？而瑞白云“無主末後功”，則汝又將甚麽爲主其事，爲佛法大端耶？此皆於“瞎”字外别作文過飾非之意耳。不見仰山問高峰“正睡著無夢、無想、無見、無聞時，主在甚麽處”，豈不是“瞎”字的主者乎？當時高峰若下得箇“瞎”答仰山之問，則知高峰真打破拖死屍之疑，而前之喝咄機鋒不讓皆有落處矣。何以故？死屍有甚麽見聞夢想耶？衹因高鋒茫然無答，則見他前來喝咄機鋒皆是弄虛欺瞞，無夢想見聞的死屍，正睡著的身命主人公，故囑之曰：“從今日去，也不要汝學佛法，窮古今，但饑來喫飯，困來打眠。纔眠覺來，却抖擻精神：我者一覺，主人公畢竟在甚處安身立命？”此仰山句句指他身命主人公。汝何不看高峰既無答，且願受仰山之囑，直經五年而打破疑團，則前之問答又何足挂齒？且汝何不思高峰是老僧的派遠祖，老僧若不確見伊實未打破拖死屍的意，而敢道伊是未悟已前的事耶？又因汝不信，以“能喝能酬，機鋒不讓”來證老僧，故老僧判語中亦曾一一分明，謂高峰只認得能拖的影子，汝又何知老僧所謂能拖之能，與汝能喝能酬之能有不同耶？何也？“能喝能酬”之能乃汝贊高峰之能也，能拖的影子乃老僧親見高峰實未打破拖死屍的意也。所以“能”字雖同，而意實别也。汝不知高

---

① 《五燈會元》，《卍新纂大日本續藏經》(80)，頁 262 下。

② 語出《肇論》：“是以言去不必去，閑人之常想；稱住不必住，釋人之所謂往耳。”《大正新修大藏經》(45)，頁 151 中。

③ 語出《肇論》：“故《成具》云：‘菩薩處計常之中，而演非常之教。’”《大正新修大藏經》(45)，頁 151 中。

峰只認得“百年三萬六千朝，反覆元來是者漢”①之能反覆的能，故亦能反覆，亦能舒機變態，能喝能酬，機鋒不讓。亦因昔日看古人因緣，學得樣子來，故能如是也。所以仰山徵他“日間浩浩，夜間夢想，作得主麽”，皆云“作得主”，亦只認能作主的能耳。及乎問他“正睡著，無夢無想無見無聞時，主在甚麽處”，則茫然無著落，故茫然無答。所以道他能喝能酬，機鋒不讓，是未悟已前事，非如後悟安身立命的主人公也。雲門未曾大悟，亦無真師承鍛煉，故不識仰山囑詰前後不同而混然一途，頌箇“四大無我心如風，箇中誰是主人公。廓然撲落元無物，始悔從前錯用功”耳。當時高峰若不遇仰山鍛煉，則亦同於雲門之見矣。何以見？雲門不識前後處，老僧不惜眉毛爲伊判出看：據“四大無我”故“元無物”，此即雲門破身命處，是不識仰山唯爲主人公安身立命也。據“心如風”故“從前錯用功”，是破高峰前作主也。雖分二意，但曰“箇中誰是主人公”，則混然一途，無分前後矣。且汝既謂不曾剖出真僞，則以“心如風”、“錯用功”破高峰前作主的猶且不可，况可以“四大無我”、“元無物”破仰山唯爲主人公安身立命乎？此則瑞白不識雲門頌意全無好處，亦混然一途，認爲撥主人公是爲主人公的師法。而汝亦混然一途，認雲門“箇中誰是主人公”爲對破高峰夢中作主之意。雲門頌意明明指出是爲釋能主之常想，而謂老僧主人公是踏高峰前作主的舊轍，汝何不看老僧啓口便曰“無夢無想主何處”，是明明據“無夢想見聞正睡著時主”的意而曰“白汗出身念無起”，豈非申明正睡著時的身耶？汝又何知老僧據“白汗出身念無起”者，正據身出汗時，不唯睡著身出汗時念無起，即青天白日身出汗時亦不因念起而出也。汝又何知正作念要出汗而汗不出耶？蓋念歸於身，則“身心一如，身外無餘”之别念也。汝反謂“既若無念，則誰知有白汗出身耶”者，此乃汝只知指白汗出身

①　語出《高峰原妙禪師語録》：“至三塔閣上諷經，抬頭忽睹五祖演和尚真贊。末後兩句云：‘百年三萬六千朝，返覆元來是遮漢。’日前被老和尚所問拖死屍句子，驀然打破，直得魂飛膽喪，絶後再甦，何啻如放下百二十斤擔子。”《卍新纂大日本續藏經》(70)，頁690中。

後事,不知正出汗的時無容你要出不出之意必之念也。故老僧安身立命據身命故曰:"無夢無想主何處,箇中無二主人公。廓然撲落非他物,十方世界現全容。""我爲法王,於法自在",①誰更有四大無我有我?更有心如風,及有主無主,有如是刀無如是刀之夢説耶?何以故?四大無我有我等總屬佛法知見故也,所以仰山囑高峰曰:"從今日去也,不要你學佛學法,窮古窮今。"可見雲門所説四大無我皆佛法門頭,正是仰山所忌的,而瑞白與汝反認"四大無我"爲是,而倒忌安身立命主人公爲漏綻,謂老僧"宛然有一主人公在",豈不是雲門所撥的?又曰"無主末後功",亦忌身爲本來人實相,故隨雲門之"身心乃幻,本非實有"而曰"真乃直證本來無物當體全空之意"者,皆是仰山忌的佛法門頭而已。門頭者,是房屋上的事。主人公是住房屋的人。既認人爲主人公,又豈認房屋上門頭户底耶?汝不認安身立命的主人公,則盡汝生平伎倆來辯,總只是佛法門頭户底的事而已,汝又何知佛法門户只爲要人見自己面目本來人故開也?所以道得魚忘筌者,唯證安身立命主人公,則一切佛法門頭户底都不用,故不挂齒矣。且瑞白謂老僧"宛有一主人公在,豈不是雲門所撥的",又曰"無主末後功",則汝父判汝祖"箇中誰是主人公"是無主人公矣。

汝乃謂"豈料天童不識頌中好處,反謂無主人公,起種種異端",不知汝與瑞白不識雲門頌意耶?果老僧不識雲門頌意耶?還是雲門不識仰山詰囑的意,而云"誰是主人公"、"元無物"耶?且汝既謂雲門頌出箇中已盡情吐露,正不應有夢想作主之能,是對破高峰夢中作主之意,真乃"直證本來無物,當體全空",則汝又指甚麼爲人,而云"心不負人,面無慚色"耶?且汝不知仰山囑高峰"我者一覺,主人公畢竟在甚處安身立命"者,是要高峰前作主的歸身命,故主人公得循身命本來人爲主而已。豈可無能主之常想

① 《妙法蓮華經》,《大正新修大藏經》(9),頁 15 中。

耶？如佛謂“經行及坐卧，常在於其中”①者，亦豈可空囑耶？豈若汝反據雲門“箇中誰是主人公”，明明指出是爲釋能主之常想，“真乃直證本來無物，當體全空之意”者？只因老僧謂汝未夢見本來人在，故汝不得不一圖度箇“本來無物，當體全空”之意出來，以糊瞞衆眼。汝不知説當體全空無物，則“體”之一字亦空，何况略去“人”之一字，則“本來”二字亦空無體之意矣。是則雲門謂“箇中誰是主人公”，瑞白謂“撥主人公”、“無主末後功”，并汝謂“真乃直證本來無物，當體全空，明明指出是爲釋能主之常想”者，可見汝及父祖之言皆無本據，唯事空言，又何怪費隱謂瑞白“言句棒喝皆無著落，徒爲門庭虚套”乎？汝又何知本來面目的人正據本來真實人體，所以《楞嚴》謂“一人發真歸元，十方虚空悉皆消殞”，②正指當體全真，本來真實人體而言耳。故龐居士云：“莫言全用空，空即是實貨。”③汝謂雲門“箇中誰是主人公”是爲釋能主之常想，證“本來無物，當體全空”者，豈不背真常真我的實貨，而反全用空耶？又争怪得汝以洞山“恁麽道則易，相續也大難”證作説不得主中主，而不識“闍黎自道取”是指當體乎哉？汝若不信，老僧更據僧問洞山：“寒暑到來，如何迴避？”洞曰：“何不向無寒暑處迴避？”僧曰：“如何是無寒暑處？”洞曰：“寒時寒殺闍黎，熱時熱殺闍黎。”④你又如何？洞山謂雲居曰：“天上無彌勒，地下無彌勒。”雲居遂問：“天上無彌勒，地下無彌勒，未審誰與安名？”洞曰：“被子一問，直得禪床振動。”乃曰：“膺闍黎。”⑤你又如何？又如洞山曰：“臣奉於君，子順於父。

① 此二偈句序應爲相反，參見《妙法蓮華經》，《大正新修大藏經》(9)，頁46中。

② 引自《大佛頂如來密因修證了義諸菩薩萬行首楞嚴經》：“汝等一人發真歸元，此十方空皆悉銷殞，云何空中所有國土而不振裂？”《大正新修大藏經》(19)，頁147中。

③ 語出《龐居士語録》：“莫怪純用空，空是諸佛座。世人不别寶，空即是實貨。若嫌無有空，自是諸佛過。”《卍新纂大日本續藏經》(69)，頁136上。

④ 《五燈會元·瑞州洞山良价悟本禪師》，《卍新纂大日本續藏經》(80)，頁261中。

⑤ 此爲洞山良价爲雲居道膺提舉南泉“天上無彌勒，地下無彌勒”之公案，《五燈會元·瑞州洞山良价悟本禪師》，《卍新纂大日本續藏經》(80)，頁266下。

不順非孝，不奉非輔。潛行密用，如愚若魯。但能相續，名主中主。”①汝敢道認得、名得、説得、行得？是鉢盂安柄，②倒據雲門“箇中誰是主人公”，明明指出是爲釋能主之常想，以證老僧“無二主人公”爲非耶？汝不思因雲門認“當體全空”，故老僧頌“無二主人公”正爲雲門補全當體的實意，而汝反要證以爲非，敢保汝辯到盡未來際無箇出頭的時節在。何以故？爲老僧已補足先占定故，汝再無可奈何已也。且汝既引《涅槃經》中“我王庫裏無如是刀”③來説，則汝立論自不可違此經之旨。而《涅槃經》云：“若言如來秘藏空寂，凡夫聞之生斷滅見，有智之人應當分别如來是常，無有變易。若言解脱喻如幻化，凡夫當謂得解脱者即是磨滅，有智之人應當分别，人中獅子，雖有去來，常住不變。”④據是，則老僧謂“箇中無二主人公”乃至“十方世界現全容”，正分别“如來是常，無有變秘”，分别“人中獅子，雖有去來，常住不變”也。而汝反謂是爲釋能主之常想，豈不與此經違背？則汝説“我王庫裏無如是刀”，自招款耳。經云“若言如來秘藏空寂，凡夫聞之生斷滅見”，而汝謂雲門“直證本來無物，當體全空”，豈不令人生斷滅見耶？雲門“身心乃幻，本非實有”，豈不令人謂得解脱者即是磨滅耶？又汝謂“有父母未生前本來面目爲證”，即於身命外别認有父母未生前本來面目，亦外道斷常之見也。六祖謂志道曰：“汝是釋子，何習外道斷常邪見，而議最上乘法？”⑤據汝所説，即色身外别有法身，離生滅而求於寂滅也。汝今所説，皆外道邪見，致人作斷滅見、磨滅想者，關係法

① 《五燈會元·瑞州洞山良价悟本禪師》，《卍新纂大日本續藏經》(80)，頁 263 中。

② 鉢盂安柄，禪門用語，指多此一舉，枉費功夫。參見《萬松老人評唱天童覺和尚頌古從容庵録》：“示衆云：‘現成公案，只據現今。本分家風，不圖分外。若也强生節目，枉費工夫，盡是與混沌畫眉，鉢盂安柄，如何得平穩去。’”《大正新修大藏經》(48)，頁 256 上。

③ 引自曇無讖譯《大般涅槃經》：“是諸凡夫次第相續而起邪見，爲斷如是諸邪見故，如來示現説於無我。喻如王子語諸臣言：‘我庫藏中無如是刀。’”《大正新修大藏經》(12)，頁412 下。

④ 曇無讖譯《大般涅槃經》，《大正新修大藏經》(12)，頁 410 下。

⑤ 《六祖大師法寶壇經》，《大正新修大藏經》(48)，頁 357 上。

門,爲害非細,故老僧出手以正其非,令人知安身立命主人公,了答真常真我之旨。而汝反謂老僧不識雲門頌意好處,老僧只識得佛説的正意,豈識得汝等外道之見耶?故老僧所説皆合了義教意,而汝所説皆執不了義教語,老僧無氣力廣引來證汝之是非,但略提一二,餘可知矣。

且汝前既云:"可許説高峰'浩浩作主'是未悟以前事也未?"則不信高峰前作主是未悟事也。而後乃謂:"又何消得枕子撲落,又悟箇甚麽?"豈不自語相違,自相乖戾,自相矯亂,無本可據乎?汝既前後語言翻覆無準,足見汝之理屈辭窮矣,又烏用老僧一一爲汝辯哉?若據老僧斷,則雲門認"四大無我"便是命根未斷,汝認"父母未生前本來面目"便是未斷命根,皆認驢前馬後的門頭户底知見,故爲命根不斷總未親證實悟安身立命的主人公故也。其高峰前喝咄亦未親證實悟身命,故老僧斷他但用喝咄而不知喝咄落處者,此也。今汝又改説喝咄是高峰喝咄的,且問汝:既都是高峰喝咄,因甚被仰山一拶便無言可對?此時喝咄的高峰又向甚麽處去了?直待五年方打破仰山所詰之疑團,如在網羅中跳出耶?汝既謂喝咄是高峰喝咄的,則又豈可謂高峰前作主非主人公耶?據汝所説,反證雲門"四大無我心如風,箇中誰是主人公。廓然撲落元無物,始悔從前錯用功"者,是精精胡説亂道矣。而汝前删去香嚴"一擊忘所知"之"所"字,及六祖"本來無一物"之"一"字,蓋汝欲證老僧有知安身立命主人公爲物,故老僧謂汝未夢見本來人在。今汝又謂"雲門'箇中誰是主人公'明明指出,是爲釋能主之常想者",是證老僧有知能主之常想也,故又謂"真乃直證本來無物當體全空之意"者,豈不見汝合前本來無物之意也?又改高峰前後兩箇"驀然"之"驀"爲"廓然"之"廓"字者,汝若再轉一轉來時,便證雲門之"廓然撲落元無物"是爲元據高峰兩箇廓然打破拖死屍之疑,及打破主人公安身立命之疑者。若據汝作如是心行,偷改字眼,失古聖人據道之所在。法如是,故理使然也,非强爲也的旨。則汝敢妄忝法門爲道人之心行,以致後人亦效汝之用心行爲善知識者,豈不令人不信佛法者?非汝之始而何哉？是則果老僧無理而生强辯耶？果汝無理而生强辯耶？且汝又何知六祖“本來無一物”，故洞山則謂“類之弗齊”者，即無物可類本來也；“混則知處”者，正香嚴謂“一擊忘所知”，唯己獨知之處，故洞山謂“混則知處”者，正一念不可忘，獨知則常在，安身立命主人公則自忘一切所知者矣。所以老僧若一一判斷，則汝一字都無本據之言，總只是欲糊瞞衆眼而已。自此任汝説夢，於老僧何交涉哉？何以故？爲汝自斷定雲門“身心乃幻，本非實有”、“直證本來無物，當體全空”，是無能主之常想，則作空夢空想的斷滅見、磨滅想，而老僧自證本來身命面目是常不變之主人公故也。

戊寅春，有僧持崆峒《判誣説》來。老僧目之，總爲掩飾矯亂不死之詞，固不足辯。第恐疑誤後人，就伊謂“弁山昔日至金粟居西堂輔佐時已知此老認識守常未曾了當”者。老僧即據住天台癸亥冬别雲門頌意未盡者曰“四大無我無心風，箇中無二主人公。廓然撲落非他物，十方世界現全容”者，要問弁山指那句那字是老僧認識處？汝當據實指出，方見汝道眼分明，辯别邪正。若指不出，是汝誣謗老僧、妄判老僧。汝若謂雲門“心如風”是認識者，則見汝做人端正不自遮掩，方爲天下之公論也。汝謂老僧認識何得欺昧若此，且云“伊要余承嗣。當時見濟宗無人欲允成嗣之意”者，益見汝誣謗老僧。汝謂雲門無人則可，何也？雲門謂“箇中誰是主人公”，此非雲門無人乎？而老僧“箇中無二主人公”，汝非反謗濟宗無人乎？况汝撥“主人”顯雲門“誰是主人”爲是，以證老僧“無二主人”爲非，及汝今“身心脱落，連主人公亦不可得”。若是，則雲門無人明矣。何得倒謂濟宗無人耶？如斯顛倒，欲天下謂汝是箇人者，吾不信也。何故？汝若是箇人，則斷不敢謂“身心脱落，連主人公亦不可得”也。據汝“身心脱落，連主人公亦不可得”者，意欲證雲門“誰是主人公”、“元無物”的計，故謂方始虚空粉碎，大地平沉以爲汝師資互相印證的宗旨，故錯認錯引洞山“恁麽道即易，相續也大難”，是洞宗“正中來”之語，不落名言，不容你情識測度者。今據洞山云“正中來，無中有路出塵埃”此二句可許汝混説老僧不識洞宗“主中主”的意，你猶可混判老僧爲暗昧。據汝不落名言，不容測度者，則洞山道“但能不觸當今諱”，[1]汝又作麼生消釋耶？以老僧觀洞山之意，非謂不落名言不容測度，但能不觸諱耳。猶當今之諱以“簡”字、“繇”字代之之意，斷不若汝强謂不落名言。若總不落名言，則洞山道箇“當今”二字及“君臣五位”之“君”字，已早落名言矣，汝又作麼生與之出脱耶？若是，非特當時者僧不領“闍黎自道取”爲主中主，即汝今亦不領洞山道“闍黎自道取”是答者僧主中主明矣。汝既不明洞山“主中主”，豈非竊嗣洞宗乎？老僧看汝全無些本領。前隨雲門“箇中誰是主人公”，後隨歷然謂老僧認著爲話端，豈不令老僧深生憐憫，故不免更爲汝據：僧問洞山：“三身中阿那身不墮衆數？”洞曰：“吾常於此切。”[2]豈非死抱則不墮衆數乎？是因汝謂老僧認抱“身外無餘”爲認識守常之外道，故據汝引“認著依前還不是”即證汝認“身心脱落，連主人公亦不可得”之意，亦爲引全偈明之：“禺中巳，未了之人教不至。假使通達祖師言，莫向心頭安了義。只守玄没文字，認著依前還不是。暫時自肯不追尋，曠劫不遭魔境。”[3]使如汝認身心脱落連主人公亦不可得者，豈非“只守玄没文字，認著依前還不是”者乎？以“恁麼道即易，相續也大難”是洞宗“正中來”之語，不落名言，不容測度，非汝“只守玄没文字，認著依前還不是”者乎？“暫時自肯不追尋”，豈非與長慶“萬象之中獨露身，唯人自肯乃方親。昔時謬向途中覓，今日看來火裏冰”，[4]此“火裏冰”又非認著乎？蓋汝不識認著之意者，只因汝未曾悟，故不省洞山五位等云：“正中偏，三更初夜月明前。莫怪相逢不相識，隱隱猶懷舊日

---

① 語出《五燈會元·瑞州洞山良价悟本禪師》：“正中來。無中有路隔塵埃，但能不觸當今諱，也勝前朝斷舌才。”《卍新纂大日本續藏經》(80)，頁 262 下。

② 《五燈會元·瑞州洞山良价悟本禪師》，《卍新纂大日本續藏經》(80)，頁 262 下。

③ 語出《景德傳燈録·寶誌和尚十二時頌》：“禺中巳，未了之人教不至。假饒通達祖師言，莫向心頭安了義。只守玄没文字，認著依前還不是。暫時自肯不追尋，曠劫不遭魔境使。”《大正新修大藏經》(51)，頁 450 上。

④ 《景德傳燈録》，《大正新修大藏經》(51)，頁 347 中。

嫌。”①此非欲人認相逢相識的非如昔日未逢未識的意。如“兼中至，兩刃交鋒不須避。好手還同火裏蓮，宛然自有衝天志”，②此“火裏蓮”又非認著乎？汝既身心脱落，連主人公亦不可得，又指甚麽爲“交鋒”、爲“火裏蓮”？又指誰爲“衝天志”者乎？據是，非汝違洞山旨，而錯判老僧安身立命主人公爲認識守常之外道？又如僧問洞山：“師尋常教學人行鳥道，未審如何是鳥道？”洞曰：“不逢一人。”曰：“如何行？”洞曰：“直須足下無私去。”曰：“秖如鳥道。莫便是本來面目否？”洞曰：“闍黎因甚顛倒？”曰：“甚麽處是學人顛倒？”洞曰：“若不顛倒，因甚却認奴作郎？”曰：“如何是本來面目？”洞曰：“不行鳥道。”③豈似雲門反破本來面目，而謂“四大無我心如風，箇中誰是主人公”。弁山復引尸棄佛偈“身如聚沫心如風”互相印證，以破老僧“無二主人公”，此非不識本來面目之旨而妄判乎？汝不見夾山問僧：“近離甚處？”僧曰：“洞山。”夾山云：“洞山有何言句？”僧云：“和尚道：‘我有三路接人。’”夾山云：“有何三路？”僧云：“鳥道、玄路、展手。”山云：“實有此三路。”那僧云：“是。”山曰：“鬼持千里鈔，林下道人悲。”④據汝“身心脱落，連主人公亦不可得”者，非汝坐此見解，豈不令老僧悲乎？

今老僧據“吾常於此切”并汝謂“認著依前還不是”，據洞山本來面目，斷汝“身心脱落，連主人公亦不可得”者爲墮空落外，孰不謂老僧斷汝至公之不錯也？汝謂“余若承嗣他，則辜負雲門，故奪回行脚”。汝又何知老僧從來無法與人？若有法與人爲師者，則違先聖之旨。況老僧唯是當機勘驗，曾不教人寫行脚來。今據汝行脚，略提數則以見老僧之意。其餘没有氣力一一爲汝分析，任你判到樓至佛與老僧何預哉？還要問汝既“身心脱落，連主人公亦不可得”，將甚麽面目到樓至佛？豈有無身心的面目乎？據老

---

① 《五燈會元·瑞州洞山良价悟本禪師》，《卍新纂大日本續藏經》(80)，頁262下。
② 《五燈會元·瑞州洞山良价悟本禪師》，《卍新纂大日本續藏經》(80)，頁262下。
③ 《五燈會元·瑞州洞山良价悟本禪師》，《卍新纂大日本續藏經》(80)，頁262中。
④ 《人天眼目》，《大正新修大藏經》(48)，頁319中。

僧看，則三世佛莫不現前，所以道“我見靈山一會，儼然未散”。① 汝引“見身無實是佛身”及“幻化空身即法身”，以證雲門“箇中誰是主人公”者，則見汝不識雲門只證得“見身無實”、“幻化空身”而已，又不省雲門未證到“是佛身”、“即法身”。故老僧初謂雲門未盡者，此也。不信汝試看：“了得身心本性空，私人與佛何殊別”，非結歸當人自己爲主乎？據汝引，倒證老僧“四大無我無心風，箇中無二主人公。十方世界現全容”非“了得身心本性空，私人與佛何殊别”者也。汝反謂老僧“宛有一主人公，是認識守常之外道”，則拘留孫佛、永嘉也是認識守常外道耶？是可見汝瞎引瞎證，汝自錯判尚不知。據“見身無實是佛身”、“幻化空身即法身”，汝試指那箇不是佛身法身而不儼然現前？豈像汝直待到樓至佛方纔辯明？若爾，則汝之見諦尚未出常流，果老僧誣判汝耶？果汝誣判老僧耶？又據汝謂“身心脱落，連主人公亦不可得”者，此又益證費隱謂汝“棒喝皆無著落，是應酬虚套”者無疑矣。汝既引《華嚴經》中“不能了自心，云何知正道？彼繇顛倒慧，增長一切惡”②者，是立判之端，何不連引“不見諸法空，恒受生死苦。斯人未能有，清淨法眼故。我昔受衆苦，繇我不見佛。故當淨法眼，觀其所應見。若得見於佛，其心無所取”，③此據功德慧，則得見於佛，其心無所取者，非佛心一如，佛外無餘，則了自心矣。豈若汝“身心脱落，連主人公亦不可得”者？則汝據何爲佛？何爲正道耶？又功德慧結云：“勝慧先已説。”而勝慧亦據“一切慧先説，諸佛菩提法。我從於彼聞，得見盧舍那”。④ 盧舍那即本身盧舍那，是則諸佛菩薩皆據“身心一如，身外無餘”爲了自心，汝則“身心脱落”爲了自心，非汝於身外妄見顛倒作此《判誣説》

① 此句乃記述隋天台智顗禪師誦《妙法蓮華經》之《藥王菩薩本事品》中“是真精進，是名真法供養如來”而入法華三昧前方便之境界。語出《大慧普覺禪師語録》：“智者自是陳隋時人，與釋迦老子相去二千年。如何因‘是真精進，是名真法供養如來’，便於法華三昧中，見靈山一會，儼然未散。”《大正新修大藏經》(47)，頁 884 上。

② 《大方廣佛華嚴經》，《大正新修大藏經》(10)，頁 82 上。

③ 《大方廣佛華嚴經》，《大正新修大藏經》(10)，頁 82 上、中。

④ 《大方廣佛華嚴經》，《大正新修大藏經》(10)，頁 82 上。

哉？且古有僧問安國師曰："如何是本身盧舍那?"師曰："與老僧過浄瓶來。"僧將浄瓶至，師曰："却安舊處著。"僧送至本處，復來詰。師曰："古佛過去久矣。"①此僧只知問本身盧舍那，不知用本身盧舍那，正可謂日用而不知。即若汝繇顛倒故於身外妄見身心脱落，不省本身盧舍那，無怪汝誣説老僧"宛有一主人公，是認識守常之外道"。汝謂老僧頌出在丙寅春非癸亥冬者，求如、妙行癸亥冬上天台，舉似老僧，并乞老僧頌出，故有别其未盡之頌二人。現在汝尚只欲糊瞞衆眼，作是遮掩妄説。且問汝：還遮掩得妙行、求如過麽？如引"因緣所生法，我説即是空。亦名爲假名，亦名中道義"，②以證雲門"四大無我心如風，箇中誰是主人公。廓然撲落元無物，始悔從前錯用功"者，正恰老僧初判雲門之亦未盡也。以雲門未到中道之義，祇頌得"因緣所生法，我説即是空，亦名爲假名"之意，而無中道之旨，故老僧爲雲門補全其意曰"四大無我無心風，箇中無二主人公。廓然撲落非他物，十方世界現全容"耳。今崆峒引來，一證雲門未到中道之義，二證老僧判雲門之不錯，三證老僧爲雲門補全其公案至矣盡矣，又烏用老僧與崆峒辯至樓至佛？直饒崆峒辯到盡未來際，又與老僧何預哉？然則更有末後一句，不免老僧爲崆峒説破，既曰"箇中誰是主人公"、"元無物"，又將甚麽辯到樓至佛也？

天童和尚判至公説　附余集生復黄元公書③

裕④曾見《禪燈世譜》一書不許龍潭嗣天皇，要硬差他嗣天王，又苦無所謂天王也，因於馬祖下添一天王，教龍潭兒孫之爲德山、雪峰者，領

---

①　《景德傳燈録》，《卍新纂大日本續藏經》(68)，頁104上。

②　語出龍樹菩薩《中論》："衆因緣生法，我説即是無，亦爲是假名，亦是中道義。"《大正新修大藏經》(30)，頁33中。

③　"余集生復黄元公書"一文，也收入崇禎刻本《雪峰義存禪師語録》，《卍新纂大日本續藏經》(69)。

④　余集生，即余大成，法名道裕，别號布衲，爲無異元來禪師之法嗣。

了他家雲門、法眼兩宗，辭了石頭一路，改上馬祖家墳，此等妖怪事，公然行之而不疑，竟亦別無攷信，不過以《五燈會元》天皇下小注所引兩僞碑爲據耳，冤哉！裕擬一駁正而未暇，及適法兄有辯見示，細讀一過，慶快平生。殆兩宗之靈實式憑之，以借手名筆，奮此誅魔之蕭斧，作彼僧史之董狐語云“功不在禹下”，正謂斯乎！即所據《雪峰語録》自謂“從先德山石頭以來，傳此秘密法門”，又欽山問德山云“天皇也恁麼道，龍潭也恁麼道”，①此二老皆青原五世孫，豈遂不能遠紀其祖，而一則系德山於石頭，一則屬龍潭於天皇，亦可見自家骨肉自敘其家譜，此非區區陌路人之口碑所可遙奪而旁撓明甚矣。又《古尊宿語録》載《鼓山玄要廣集序》云：“自少室之花開六葉，曹溪之派布諸方，爰出石頭，號純金鋪，蓋以格高調古，言嶮理幽，厥後子孫，行步闊狹，毫氂弗差，則有先興聖國師法嗣雪峰，乃石頭五葉也。”又書《廣集》後云鼓山晏得法於雪峰存，蓋石頭第六世云，據此不又一石頭家譜乎？他如明教嵩，爲雲門四代孫，去石頭十世矣，雖世系稍遠，然舉之者謂宋之高僧，北斗以南一人而已，著有《傳法正宗記》，力闢《付法藏傳》之謬，就中證據明文一出大經大論，仁宗覽至“爲道不爲名，爲法不爲身”，嘉歎不已，故一時韓歐諸巨公皆翕然歸之，而以此正宗。即以此定祖，迄今按其圖記，嗣石頭者，不曰荆州天皇道悟乎？嗣天皇者，不曰澧州龍潭崇信乎？以彼淵博大智，方將於五百年前爲達磨辯誣，何得於其十世祖不能自認，而必煩後代小學替他指述，②挽使向驢鞍邊覓阿爺下頷，可謂多見其不知量矣。所尤可怪笑者，是古人引作注脚，猶存闕疑之義，今則偏信僞碑，擅改龍藏，何其敢於僭誕無等一至此！裕抱不平，偶觸於雄辯，不覺拔刀相助爾。爾所謂“爲道不爲名，爲法不爲身”，亦自我輩今日事，無容旁委也。裕此日在横

① 《景德傳燈録》，《大正新修大藏經》(51)，頁340上。
② 據崇禎刻本《雪峰義存禪師語録》，“述”作“迷”。

山，耳目不遠，不知法兄近狀何似，且有嗣音相聞。不殫。

貧道傾得至公説，見《集生余居士復黄元公書》云“曾見《禪燈世譜》一書不許龍潭嗣天皇，要硬差他嗣天王，又苦無所謂天王也，因於馬祖下添一天王，教龍兒孫之爲德山、雪峰者，領了他家雲門、法眼兩宗，辭了石頭一路，改上馬祖家墳，此等妖怪事，公然行而不疑，竟亦别無考信，不過以《五燈會元》天皇下小注所引兩僞碑爲據者”，貧道但全録《五燈會元》小注云：“按《景德傳燈録》稱，青原下出石頭遷，遷出天皇悟，悟下出龍潭信，信下出德山鑒，鑒出雪峰存，存下出雲門偃、玄沙備，備再傳爲法眼益，皆謂雲門、法眼二宗來自青原、石頭。雖二家兒孫，亦自謂青原、石頭所自出，不知差誤所從來久矣。道悟同時有二人，一住荆南城西天王寺，嗣馬祖；一住荆南城東天皇寺，嗣石頭。其下出龍潭信者，乃馬祖下天王道悟，非石頭下天皇道悟也。何以明之？按唐正議大夫户部侍郎平章事節度使丘玄素所撰《天王道悟禪師碑》云：‘道悟，渚宫人，姓崔氏，子玉之後胤也。年十五依長沙寺曇翥律師出家，二十三請嵩山受戒，三十參石頭，頻沐指示，曾未投機。次謁忠國師，三十四與國師侍者應真南還謁馬祖，祖曰：“識取自心，本來是佛，不屬漸次，不假修持，體自如如，萬德圓滿。”師於言下大悟。祖囑曰：“汝若住持，莫離舊處。”師蒙旨已，便返荆門，去郭不遠，結草爲廬。後因節使顧問左右，申其端緒，節使親臨訪道，見其路隘，車馬難通，極目荒榛，曾未修削，覩兹發怒，令人擒師，拋於水中。旌旆纔歸，乃見遍衙火發，内外烘燄，莫可近之，唯聞空中聲曰：“我是天王神，我是天王神。”節使回心設拜，烟焰都息，宛然如初。遂往江邊，見師在水，都不濕衣。節使重伸懺悔迎請，在衙供養，於府西造寺，額號天王。師嘗云：“快活，快活！”及臨終時，叫：“苦！苦！”又云：“閻羅王來取我也。”院主問曰：“和尚當時被節度使拋向水中，神色不動，如今何而得恁麼地。”師舉起枕子云：“汝道當時是。如今是。”院主無對，便入滅。當元和三年戊子十月十三日也，年八十二，坐六十三夏，嗣法一人，(曰)崇信，即龍潭也。’城東天皇道悟禪師者，協律郎符載撰碑，乃與景德傳燈合。其碑云：'道悟，姓張氏，婺州東陽人。十四出家，依明州大德祝髮，二十五受戒於杭州竹林寺。初參國一，留五年。大曆十一年，隱於大梅山。建中初，謁江西馬祖，二年參石頭，乃大悟，遂隱當陽紫陵山。後於荆南城東有天皇廢寺，靈鑒請居之。元和二年丁亥四月十三日，以背痛入滅，年六十，坐三十五夏，法嗣三人，曰慧真，曰文賁，曰幽閑。今城東有天皇巷存焉。'唐聞人歸登，撰《南嶽懷讓禪師碑》，列法孫數人(於)後，有天王道悟名。《圭峰答裴相國宗趣狀》列馬祖法嗣六人，首曰江陵道悟。權德輿撰《馬祖塔銘》，載慧海智藏等十一人，道悟其一也。又吕夏卿、張無盡著書皆稱道悟嗣馬祖，宗門反以爲誤。然佛國白《續燈録》敘雪竇顯爲大寂九世孫，《祖源通要》録中收爲馬祖之嗣，達觀穎以丘玄素碑證之，疑信相半，蓋獨見丘玄素碑，而未見符載碑耳。今以二碑參合，則應以天皇道悟嗣石頭，以慧真、文賁、幽閑嗣之，而於馬祖法嗣下增天王道悟，以龍潭崇信嗣之，始爲不差誤矣。"①

然則自丘玄系乃至《祖源通要》，共有十家，皆言天王道悟爲南嶽之法孫，馬祖之法嗣。今集生居士曰"不過以兩僞碑爲據"，不識居士有何實據而證兩碑俱僞耶？小注中尚有聞人歸登、圭峰、權德輿、吕夏卿、張無盡、佛國白、達觀穎并《祖源通要》而八，居士謂"不過兩僞碑"，抹殺此八家，始得不然？即使兩碑果僞，彼八家具在也，居士又有何實據而證十家俱僞耶？古今作文，勒石專爲傳實以垂永久，居士反目爲僞碑，將使後人何所證據耶？或謂《荆州志》止有天皇悟，無天王悟，又係龍潭於天皇，似足證余居士之説，殊不知此志修於萬曆甲午，郡守涂嘉會敘曰"《荆州志》廢久矣"，即舊有志多闕略，無可考，末復有疑者闕之來者續之之句，此非舊志明甚，安知舊志之無天王悟耶？且丘玄素乃唐荆南節度使，撰《天王悟碑》，得自目擊，荆州果無天王悟，玄素能劈空駕虚揑出一天王悟耶？符載撰《天皇

① 《五燈會元》，《卍新纂大日本續藏經》(80)，頁 141 下—142 上。

悟碑》，列法嗣三人，曰慧真，曰文賁，曰幽閑，倘當時無此三人，載能劈空駕虚一一揑出耶？聞人歸登《南嶽讓碑》列法孫數人，有天王道悟名，豈亦劈空駕虚無端揑出耶？權德輿撰《馬祖塔銘》、《圭峰答裴相國宗趣狀》列馬祖法嗣，道悟皆與焉。果止有天皇道悟，無天王道悟，豈圭峰暨權德輿亦欲天皇道悟辭石頭路，上馬祖墳耶？即據《荆州志·道悟傳》中僕射裴公稽首問法，致禮勤至，師坐而揖之，裴公愈加歸向，繇是石頭法道盛矣。《圭峰答裴宗趣狀》列江陵道悟於馬祖法嗣，何不聞裴公有一言正其誤耶？且張無盡其時住於荆南渚宫，所以大慧爲湛堂求塔銘，有李商老贈詩云："落絮霏霏攪客心，鳴鳩歷歷唤春陰。未於蓮社添宗炳，先向蘭亭減道林。遠嶠雲屯鐘磬晚，諸天目斷薜蘿深。詩緣病癈苦無思，爲子送將聊一吟。"是則無盡於其住處難道一無考據逞臆著書，妄謂荆州有天皇道悟，又有天王道悟一嗣石頭，一嗣馬祖耶？據《丘玄素碑》，天王道悟，渚宫人。據《荆州志》，龍潭崇信，渚宫人。玄素又係荆南節度使，皆目擊其事，反不足爲證據，余居士去唐數百載，去荆州二千餘里，不許唐荆州有天王悟，公然抹殺無盡等八家，公然斥玄素與符載俱爲僞碑，何所考而云然耶？佛國白《續燈録》敘雪竇顯爲大寂九世孫，佛國乃雪竇三世孫，此雲門家兒孫也，獨非自家骨肉自敘其家譜耶？直饒鼓山晏、明教嵩自家骨肉自敘其家譜，適足證小注中集傳燈者，謂"雲門、法眼二宗來自青原、石頭，雖二家兒孫，亦自謂青原、石頭所自出，不知差誤所從來久矣"，非虚語也。居士縱能旁引，還能跳得出此語耶？至於《傳法正宗論》，更有可疑。據云："自昔預其從者，若牛頭融祖，若安公、秀公、一行大師、嵩山珪公，若南陽忠國師、江西大寂，如此諸公不可勝數。"[①]而特不舉石頭，必石頭非傳法之人則可，不然，是明教獨尊石頭，不與馬祖牛頭輩同預從者之數耳。蓋從與正對待乃旁出之别名，牛頭輩不必言，即如般若多羅答達磨偈："震旦雖闊無别

① 《傳法正宗論》，《大正新修大藏經》(51)，頁783中。

路,要假兒孫脚下行。金鷄解衔一粒粟,供養十方羅漢僧。”①此讖馬祖生什邡縣,出家羅漢寺,故六祖謂南嶽云:“西天般若多羅讖汝足下出一馬駒,踏殺天下人。”明教乃背般若、達磨、曹溪諸祖之讖囑,獨尊石頭爲正宗,而捺江西大寂與牛頭輩同預從者之數,是何心行耶? 若《傳燈》之入龍藏,必非宋真宗當日御駕親臨遍覓碑碣遺文者,特道原集成進覽,詔楊公大年裁正之云爾,則集之盡不盡全在道原分上。宋靈隱大川會五燈爲一書,議《景德傳燈録》於馬祖法嗣下不收天王道悟而誤以龍潭嗣天皇,廣引丘符等十家證成其説,致道忞信之,刻《禪燈世譜》謂大川鑿鑿可據也。但書以會五燈得名,述而不作,即《傳燈》有差誤,自應於小注中駁正。《世譜》係道忞編集,非其例矣。居士乃欲罪貧道以擅改,是何心行耶? 總之貧道自先笑巖、龍池以來嗣臨濟,而弗專臨濟之稱,但稱曹溪正脉某十某代,既同是曹溪兒孫,青原、南嶽何疎何親? 居士乃謂貧道私意不過要抹殺曹洞一宗,偏舉臨濟於是牽揞雲門、法眼爲南嶽宗。噫! 何見之陋也。即使雲門、法眼是南嶽宗,於臨濟何益? 曹洞何損? 即使雲門、法眼非南嶽宗,於臨濟何損? 曹洞何益? 貧道殺活縱奪,自在自繇,果欲捺曹洞,抬臨濟,難道雲門、法眼非南嶽宗,遂不敢捺曹洞耶? 況貧道原無固必,即《雪峰廣録》亦自貧道刻出,元公借此以張示居士,憑此以復書,貧道光明正大之心事,顯然白於天下萬世矣。書固不可盡信,如以《雪峰廣録》爲可信,則佛國白自敍家譜亦可信,如以《荆州志》爲可信,則丘玄素係荆南節度使,張無盡係荆州渚宫人,其碑其書亦可信。如以景德傳燈爲可信,則靈隱大川會五燈爲一書小注中辨兩道悟碑甚詳,又引八家爲證據,鑿鑿乎言之亦可信。貧道非必欲雲門、法眼兩宗辭石頭路,上馬祖墳也,第居士要證兩碑俱僞,須有實據然後可即實證兩碑俱僞,須將小注中其餘八家一一另有實據以證其俱僞,然後可。否則泛而目之曰僞,難道大川當日劈空駕虚捏出丘符兩碑,又劈空駕虚捏出《南嶽碑》、《宗趣狀》、《馬祖銘》、《續

① 《五燈會元》,《大正新修大藏經》(80),頁40下。

燈録》、《祖源通要》,并吕夏卿、張無盡所著書耶? 兩僞碑三字何言之輕,以肆一至此反覆求之未見,其爲至公請以質天下萬世之高明者。

判黄元公天皇道悟禪師考　附原稿

余閲《景德傳燈録》,明載天皇悟得法於石頭,而雲門、法眼俱係青原宗。此實録也,乃《五燈》小注,又稱荆南有兩道悟,一住城西天王寺,一住城東天皇寺,遂疑龍潭信爲天王法嗣,而引碑文以證之。然僅存疑案於旁不敢徑易其派,蓋以雲門、法眼之裔不肯認馬祖爲本宗也。近閲天童老人新刻《禪燈世譜》,徑改天皇悟爲天王悟而雲門、法眼並列南嶽宗,余心疑之而無以難也。丁丑孟夏,天童寄我《雪峰廣録》一編,偶閲雪峰、玄沙答閩王話,内稱"山僧自從先德山、石頭已來,傳此秘密法門",①然後信《傳燈録》之有據也。夫天皇果爲馬祖之子,則雪峰何不直稱先德山、馬祖以來,反稱先德山石頭以來耶? 細考丘玄素碑文,稱天王悟嗣馬祖,初住荆門,節使怒其路隘不通,抛師於水,歸衙火發,空中連呼天王神,節使供養府西,額號天王寺。末後添注崇信爲嗣,初無問答機緣。符載碑文稱天皇悟參石頭,靈鑒請居天皇寺,師家於寺巷,日以十餅饋之。既與前碑所載靈鑒請居及城東天皇巷之言合,而天皇爲師安名崇信,問答甚詳,則龍潭之爲天皇嫡子明矣。宋朝宗派序中稱天皇悟下得慧真,真得幽閑,閑得文賁,三世便絶。余考前代碑文未有載及三世者,而《五燈》又稱法嗣三人,曰慧真,曰文賁,曰幽閑,復合三世而爲一世,兩段不同,然則末後所稱法嗣某人者,果當時實録耶? 抑後人增入耶? 至於節使抛水及臨終一段因緣,乃曇照禪師事,《法眼語録》及《傳燈録》、《五燈會元》俱載之。照嗣南泉,住荆南白馬寺,法嗣一人,住霍山,載《傳燈録》,一字一句

---

① 《雪峰義存禪師語録(真覺禪師語録)》,《卍新纂大日本續藏經》(69),頁79中。

皆與碑文後段雷同，豈荆南既有白馬曇照，又有天王道悟，一地遂有兩人，兩人遂共一事耶？再查《圭峰答裴相國宗趣狀》，列馬祖之嗣六人，首曰江陵道悟，其下注曰兼禀徑山。夫天王悟未嘗參徑山，其參徑山者，天皇悟也。天皇參徑山受心法，留五年，後參馬祖重印前解，留二年，參石頭，乃大悟，則是圭峰所指者，乃天皇悟，非天王悟也。圭峰以馬祖曾爲天皇印法，遂列六人中，未究其在石頭處大悟也。且《傳燈》所載承嗣馬祖者，凡壹百叁拾捌人，其有機緣語句者，柒拾伍位，無機緣語句者，六十三位。圭峰何曾詳考而得其真乎？即《馬祖語録》中並無天王悟問答，而石頭、天皇、龍潭三尊宿所載機緣問答甚詳，大慧《正法眼藏》中兩載天皇問石頭及龍潭問天皇公案，未曾指天皇爲天王也。如謂龍潭非天皇之嗣，則住巷者何人安名者？何人指示者？何人將一概抹殺耶？余以曇照事考之，恐天王尚係好事者所撰，非原文也，再查《景德傳燈録》乃永安道原禪師所編，楊大年憶删定，永安承嗣韶國師，大年先參安公、諒公，皆法眼之裔，所以知天皇爲石頭之嗣，故敘入青原宗。即疑永安楊大年有訛，豈雪峰、玄沙亦有訛耶？後人不信雪峰玄沙之言而信張無盡、吕夏卿之説，噫！過矣！且石頭和尚《參同契》，法眼特舉以示人而雪竇爲之注，又何疑哉？欽山問德山云"天皇也恁麽道，龍潭也恁麽道，未審和尚作麽生道"，即欽山亦知龍潭嗣天皇矣。雲壑瑞禪師作《心燈録》，以龍潭出馬祖下，諸方沮抑不傳豈無故哉？天童既改雲門、法眼爲南嶽宗，遂判青原爲回互當頭，語忌十成，①不若六祖覿面提持南嶽，頌曰："聖諦不爲階不落，還似情存舍兩頭。卧龍若解翻身轉，始可全提向上籌。"②又曰："青原老喫廬陵飯，米價猶來似不知。端的見他何大意，

① "語忌十成"，乃曹洞宗語，如"傳曰：洞上宗旨，語忌十成"，見於《智證傳》，《卍新纂大日本續藏經》(63)，頁177上。

② 《密雲禪師語録》，《嘉興大藏經(新文豐版)》(10)，頁55上。

莫教辜負兩莖眉。”①且謂青原爲功行邊説不爲，曹山爲剩語多知見，噫！過矣！

德山示衆云：“浩浩地捏怪不休，稱楊稱鄭，我是馬大師宗徒，德山老漢且不是你輩隊人，我見石頭和尚不識好惡，老漢所以罵伊。”②《宗鏡録》載天皇和尚云：“只今身心即是性，身心不可得，即三界不可得，乃至有性無性，總不可得，無佛無衆生，無師無弟子，心空三界一切總空。以要言之，三界内外，下至螻蟻蠢動之者，悉在一塵中，彼此咸等，一一皆如是，各各不相妨，一切法門千般萬種，只明見性，更無餘事。”③

余閲諸方所舉，皆稱雪峰先年欲參臨濟，中途聞臨濟圓寂，始參德山。及考《傳燈録》，德山卒於咸通六年，臨濟卒於咸通八年，則是德山圓寂在先，臨濟圓寂在後也。雪峰之往參臨濟，其在辭德山遍參時乎？

壽昌師瑞峰，瑞峰師性天，與辨融、雲棲同參，《世譜》謂瑞峰參笑巖者，訛也。

戊寅六月廿六日，有臨海僧印明持得元公黄居士《天皇道悟禪師考》一紙，貧道閲前數段，不過是丁丑給示之意，向已詳辯《天童説》中，兹不復贅。至謂“壽昌師瑞峰，瑞峰師性天，與辨融雲棲同參，《世譜》謂瑞峰參笑巖者，訛也”，不識元公何所據而出此言耶？貧道今且據太史應賓吴公撰《雲棲塔銘》中述：“雲棲年逾三十而袈裟著身，於是南五臺性天理和尚有菩薩戒弟子矣”，④是則可見性天諱文理，雲棲諱袾宏，性天不過爲雲棲脱白受戒之師耳。又述雲棲“入辨融笑巖之室，猶不釋然，僑寓東昌，

---

① 《密雲禪師語録》中作“兩行眉”，嘉興大藏經(新文豐版)》(10)，頁55上。
② 《指月録》，《卍新纂大日本續藏經》(63)，頁569中。
③ 《宗鏡録》，《大正新修大藏經》(48)，頁942中。
④ 《雲棲法彙(選録)》，《嘉興大藏經(新文豐版)》(33)，頁196中。

而悟中之迷若掃”，[1]既曰“入辨融笑巖之室”，又豈可謂與辨融同參乎？

又雲棲《竹窗二筆》自述云“予入京師，與同行二十餘輩，詣辨融師參禮請益。融教以無貪利、無求名、無攀援貴要之門，唯一心辦道”[2]云云，即此益足徵雲棲入辨融之室無疑矣。而元公竟謂辨融與雲棲同參者，何反雲棲之自言哉？若瑞峰之嗣我笑巖祖者，是貧道嘗親聆先師言。余在笑巖老師會中時，同參受囑者有八人，唯於瑞峰兩相契耳。此蓋先師面命之言，既不足以爲據，而元公之脱空妄辯又反足以爲據乎？元公既謂瑞峰參笑巖爲訛，必當證其所以訛以示天下，則天下誰得而議哉？且試問元公居士“壽昌師瑞峰，瑞峰師性天，與辨融雲棲同參”者，有何機緣爲據耶？只如性天又嗣阿誰，有何機緣而證其非訛耶？倘或未究其來源，則是居士之妄揑妄言也。此固當代之人，歷歷可考，自不能明辨審詳，況天皇道悟之事，乃幾百年前疑案，欲爲彼考正而絲毫不爽者，不亦難乎？居士倘别得小注中碑銘實據，不妨一一刻出以定此疑案。若徒以欽山、德山輩之言爲證，則所謂道聽途説，第恐不能取信于天下後世矣。

---

① 《雲棲法彙(選録)》,《嘉興大藏經(新文豐版)》(33),頁 196 中。

② 《雲棲法彙(選録)》,《嘉興大藏經(新文豐版)》(33),頁 47 上。

密雲圓悟禪師天童直說　卷九

門人通雲、通門編

與徐一我[①]居士書

丁丑閏月念七晚正將眠睡時，木陳禪人持居士《逢渠解》至，即命燈讀訖。蓋據獨往而收盡諸方者，然貧道"無二主人公"又豈不該獨往哉？是居士與貧道之認本，不得不提以正其餘者矣。

復徐一我居士書

居士謂"禪門只要獨往，和尚不妨受麤受硬"。貧道道：正好與居士三十棒，直入千峰萬峰時，那與他分甚麤細硬軟也？與居士三十棒，說到死抱得力處太孤峭生也。與居士三十棒，既一路孤峭到底也。與居士三十棒，自少《逢渠解》旁貼不得也。與居士三十棒，否則疑殺天下咬乾橛漢矣也。與居士三十棒，何如何如也？與居士三十棒，然一一打居士三十棒的，依

① 徐觀復，原名徐顯，改名觀復，字徽之，號一我。浙江紹興府上虞縣人。萬曆三十八年進士，曾任廣東順德縣、福建仙遊縣知縣，後遷池州府推官，官至刑部、兵部、禮部主事。後因魏忠賢勢起，且母年老，遂退仕。

舊貧道自領,打不盡耳。

次韻四首　附來偈

翛然驀直上天童,一片晴嵐護晚峰。七十老人相對默,夜深窗韻自丁冬。

一菴深藏霹靂舌,一條白棒打不歇。森羅萬象自峥嶸,莫道烏龜便是鱉。

相將一味好醍醐,奈有旁提是野酥。擊碎玉壺還正命,前溪霜月映松梧。

片塵不涉已粧誣,况復煩諸低打都。醉倒街前唱花落,瞿曇還許識吾無?

山僧無德感天童,獨處乾坤萬象中。上下四維圓裹説,眼聞聲韻没丁冬。目對妙音不干舌,熾然常説無間歇。本來平等箇法身,誰是烏龜誰是鱉?分明一味好醍醐,無奈時人認野酥。一棒打醒還正命,孤明歷歷自非梧。從他亂扯作粧誣,一任旁人低打都。總與山僧没交涉,直饒不識不吾無。

又　復

貧道讀《逢渠解》至《公評》、《正解》二題,不勝喜躍。今時法門議論蜂起,只因不公不正故致如此。不意居士出此篇題,正諺所謂"路見不平,旁人剷削"者乎! 首云:"兩家須先看自己分上的錯,明了方好論得人。"又云:"凡頌只要頭腦不差便可兩存,無煩互破。"真可謂解《公評》之破題也。此非居士學識通明,何能有此議論。然而其中不無一二可議者,獨往子①手

① 獨往子,即徐一我居士。參見《密雲禪師語録》:"復爲太史同門友,所謂太平獨往子也。曾見師天童,于師言句不契,因自著《逢渠解》等書排諸方,故師與辯折亦幾萬言,見《直説》中。"《嘉興大藏經(新文豐版)》(10),頁 86 下。

中不律能照野狐妖魅，豈不能自照？能評邇杜宗師，豈不能自評？直是手口便捷，未免文勝於理耳。故貧道敢申數語，以正居士《正解》之未盡正，《公評》之未盡公者，正以居士是深心玄路的，能看自己分上錯的，故不敢似藏頭掩脚者淺淺相待，惟高明原之諒之，甚勿謂不勝不休也。蓋法門中事不辯不明，貧道所以一判再判者，乃不明不休，非不勝不休。即如手眼未至甚明而發言者，衹可謂之未到故不休，亦非不勝不休也。故永嘉云："圓頓教，勿人情，有疑不決直須争。不是山僧逞人我，修行恐落斷常坑。"①居士乃概謂之樹棘插籬，等於世法而忿之，益見居士之不深於道矣。且問居士《逢渠解》之出爲法門乎？爲争勝乎？若争勝，則爲尤而效之；若爲法門，則居士冠冕中人，尚謂佛法大綱不得不爲道破，况乎貧道不幸適當法門之無人，忝爲主張此道，又烏能已？是居士於己則是，於人則非。貧道不管居士評之當與不當，先請居士領八萬四千棒去，然後與居士款款公評耳。

何謂未盡公者？如謂貧道"初判雲門頌云：'高峰分明道安邦定國，豈存有四大無我有我，更有心如風耶？'自是尚嫌他著有，後却指爲墮空。既道'豈存四大無我有我'，自偈仍曰'四大無我'，豈不是錯者？"可見居士封言滯句，不明貧道之意與古人之意矣。何者？蓋雲門之頌屬於教義，而未盡至於了義教者也。不觀寂音尊者引百丈大師語云："夫教語皆是三句相連，初中後善。初直須教渠發善心，中破善，後始明善。菩薩即非菩薩，是名菩薩。法非法，非非法。總與麼也。若只説一句，令人入地獄。若三句一時説，渠自入地獄，不干教主事。故知古大宗師説法皆依佛祖法式，不知者以爲苟然。"②語夫初發善心者，是爲法也。中破善，則爲非法也。後明善者，非非法也。經云："若見諸相非相，即見如來。"③方始爲盡善也。又云："汝等比丘，知我説法，如筏喻者，法尚應捨，何况非法。"④是教捨初

---

① 《永嘉證道歌》，《大正新修大藏經》(48)，頁 396 下。

② 《林間録》，《卍新纂大日本續藏經》(87)，頁 253 上。

③ 《金剛般若波羅蜜經》，《大正新修大藏經》(8)，頁 749 上。

④ 《金剛般若波羅蜜經》，《大正新修大藏經》(8)，頁 749 中。

中善之筏而勿取，法非法相也。據是以配雲門頌意，衹道得次句破善而無明善意，豈不教人入地獄？故貧道開口便説"亦未盡在"，正謂渠執破善之筏，取非法相，而未至於盡善也。自是嫌他著空，何曾嫌他著有來？然而貧道亦不直指爲墮空，只以未盡該之。後因瑞白謂貧道"宛然有一主人公在，豈不是雲門所撥的"，貧道據他一箇"撥"字而責瑞白云："若爾，益證雲門墮空落外無疑矣。"則雲門之子若孫自證雲門墮空，非貧道指其墮空。居士自謂"嫌他著有"，貧道初未嘗嫌渠著有。夫初未嘗嫌而謂爲嫌，未嘗指而謂爲指，貧道見其誣人之罪，未見其公評也。至於自偈仍曰"四大無我"，則因雲門之未盡，而爲念箇補闕真言曰："四大無我無心風，箇中無二主人公。廓然撲落非他物，十方世界現全容。"乃據"主人公"以明善，而以"無心風"該初善，仍以"四大無我"該破善，是爲三句一時説，不著發善心之取法相，亦不著破善之取非法相。只前半偈已該三句，而"十方世界現全容"正所謂"即見如來"也。蓋雲門以"四大無我"三句一氣説下，殊無反轉元本的手段，便衹明得箇破相之義。而貧道别之，則句句轉身，層層深入，即船子囑夾山曰："汝向去直須藏身處没踪迹，没踪迹處莫藏身。我在藥山三十年，只明斯事的意也。"①所謂"鯨吞海水盡，露出珊瑚枝"②者，而居士不達其旨，亂扯經中"若取法相，即著我、人、衆生、壽者，若取非法相，即著我、人、衆生、壽者"③爲認主人公、認無主人公的樣子，竟將貧道主人公爲初句，雲門之無主人公爲次句，擬破貧道以圖取勝，是則居士但知其法非法對待的識神主人公，而不知貧道是超脱法非法之過量的主人

---

① 語出《古尊宿語録》："遂囑云：'汝向去直須藏身處没踪迹，没踪迹處莫藏身。吾二十年在藥山，單明斯事。'"《卍新纂大日本續藏經》(68)，頁 340 中。

② 語出唐代詩僧含曦所作《酬盧仝見訪不遇題壁》："長壽寺石壁，盧公一首詩。渴讀即不渴，饑讀即不饑。鯨吞海水盡，露出珊瑚枝。海神知貴不知價，留向人間光照夜。"《全唐詩》(第 12 册)，中華書局，1999，頁 9357。此句後常被禪門引述，如《宏智禪師廣録》："師在長蘆受請，拈疏示衆云：'言語道斷，文字性空。到這裏可謂：鯨吞海水盡，露出珊瑚枝。諸人還會麼？'"《大正新修大藏經》(48)，頁 1 中。

③ 《金剛般若波羅蜜經》，《大正新修大藏經》(8)，頁 749 中。

公矣。所以德山云:“若論此事,直得三世諸佛口挂壁上,更有一人呵呵大笑。若識此人,參學事畢。”①此“識”字豈非“認”之異稱?豈德山所識的亦取法相耶?又如雪巖參藥山,山問:“甚處來?”曰:“百丈來。”“百丈有何言句示徒?”巖云:“有時上堂道:‘三句外省去,六句内薦取。’”山曰:“三千里外且喜没交涉。”雲門、瑞白、歷然三句尚未盡透,敢謂是藥山兒孫?山又問:“更説甚麽法?”巖曰:“有時上堂,大衆立定,以拄杖一時趁散。復召大衆,衆回首,丈曰:‘是甚麽?’”山云:“何不早恁麽道?今日因子得見海兄。”巖於言下頓省。② 此則初不類教義之漸次,是謂教外别傳單提之旨,豈如雲門道“四大無我心如風”、“誰是主人公”、“元無物”,以致其子若孫死認撥主人公爲超方越格之句?若爾,則藥山何故道“今日因子得見海兄”而雲巖頓省?豈藥山所見,雲巖所省的亦是取法相者耶?故貧道謂尸棄佛偈只道一半,那一半須自悟始得,而歷然不解,猶謂貧道抹殺尸棄佛,此亦末如之何也已。誰料居士亦不解此義,而謂貧道錯争,教貧道不失笑也哉?

又云“雲門‘四大無我心如風’,明道身固是妄,心亦虚幻,故曰‘箇中誰是主人公’。既以‘如風’證虚幻,則説有動摇轉足爲信。天童誤會猶可,子若孫反争作麽也不是錯?各領二十棒去”者,又見居士語言錯亂,頭腦不清。貧道敢謂居士喫棒未有了期在。何者?蓋仰山囑高峰惟爲主人公安身立命,而高峰呈悟“如在網羅中跳出”,“如泗州見大聖,遠客還故鄉。元來只是舊時人,不改舊時行履處”,此正更三十年後,依舊山是山,水是水,故云“從此安邦定國”也。而雲門乃云“四大無我心如風”、“誰是主人公”,則茫然無主矣,豈得爲安邦定國?故貧道謂“高峰分明道安邦定國,豈存有四大無我有我,更有心如風”云云者,正謂雲門頌意與高峰不相當。而且之一字則正,意元不在動摇上,何曾誤會他來?據居士謂“雲門明道心亦虚幻,故説如

①　《指月録》,《卍新纂大日本續藏經》(83),頁568中。

②　文句與語録所載較有出入,且夾有密雲評議,參看《五燈會元》,《卍新纂大日本續藏經》(80),頁114中。

風”。貧道亦云:“心既虚幻,如風則有動摇,豈得安邦定國?”與居士初無有異,不知誤在甚處而謂爲錯耶? 且問居士,畢竟風有動摇是? 無動摇是? 若有動摇,而瑞白謂爲當處寂滅,則瑞白錯。若果當處寂滅,而雲門以證心之虚幻,則雲門錯。若雲門之意元不以風證虚幻,則是居士誤會而反謂天童誤會。貧道不知居士何據而作此亂説也。然今貧道但與居士八萬四千棒,不管居士道誤會也打,不誤會也打,誤會與不誤會也打。一任居士來,總與八萬四千棒。

又云“凡頌只要頭腦不差便可兩存,無煩互破”者。若論頭腦,先當看仰山所囑與高峰呈悟的頭腦清了,然後看兩家判頌誰當誰不當,方可論其差不差、錯不錯。如仰山詰囑高峰“惟爲主人公安身立命處”,而雲門乃云“誰是主人公”、“元無物”,便與仰山之頭腦不相當。高峰云:“如在網羅中跳出。自此安邦定國,天下太平,一念無爲,十方坐斷。”雲門乃云“四大無我心如風”云云,則又與高峰之頭腦不相當。夫既頌高峰,而不據其“主人公安身立命處”與“網羅中跳出”、“安邦定國”之意,乃反與他相違相破,其子若孫又死執撥主人公爲超方越格之句,則分明墮空落外矣,烏得謂之“頭腦不差”而可兩存者乎? 謂雲門之悟處真實,其如此頌之不真實何? 所以貧道别云:“無夢無想主何處? 白汗出身念無起。枕子落地笑呵呵,伸手元在縮手裹。”“四大無我無心風,箇中無二主人公。廓然撲落非他物,十方世界現全容。”直據仰山所囑與高峰呈悟的意而説。其云“念無起”,正一念無爲,一念不生也。“無心風”,正“外息諸緣,内心無喘,心如墻壁”①也。而居士謂爲可議,著云:“横槊突宫門。”貧道則謂一任居士踍跳不出,是則居士實不知貧道、雲門與仰山、高峰的頭腦差不差,而妄肆批判謂錯不錯,此則可謂瞎判,安得謂之公評? 何謂未盡正者? 如云:“男兒甫下地便知饑知寒,能視能聽,如西祖之對異見王者,豈不信有主人公?”是大不然。居士既云:“咄! 見抱何物照顧髑髏。”又謂:“知饑知寒,能視能聽。”則知居士髑髏尚未乾在。不見僧問香嚴:“如何是道?”巖曰:“枯木裹龍

① 達摩之偈,參看《少室六門》,《大正新修大藏經》(48),頁370上。

吟。”“如何是道中人?”巖曰:“髑髏裏眼睛。”僧不領,以問石霜曰:“如何是枯木裏龍吟?”霜曰:“猶帶喜在。”“如何是髑髏裏眼睛?”霜曰:“猶帶識在。”僧不領,又問曹山:“如何是枯木裏龍吟?”山曰:“血脉不斷。”“如何是髑髏裏眼睛?”山曰:“乾不盡。”遂示偈曰:“枯木龍吟真見道,髑髏無識眼初明。喜識盡時消息盡,當人那辯濁中清。”①非髑髏與當人主人公的樣子乎?居士謂“知饑知寒,能視能聽”,即此兩知兩能便是居士喜識未盡的消息,而與西祖的大有懸殊。祖曰:“在胎爲身,處世爲人。在眼曰見,在耳曰聞。在鼻辨香,在口談論。在手執捉,在足運奔。”②身人既非兩物六處,又不離身,則主人公之與身命豈可列爲二致哉?又云:“遍現俱該沙界,收攝在一微塵。識者知是佛性,不識者唤作精魂。”其“收攝在一微塵”,即仰山所謂無夢無想時主人公的安身立命處,此則“識者知是佛性”的意也。“不識者唤作精魂”,即居士所説的兩知兩能是也。且波羅提只説“在眼曰見,在耳曰聞”,初未嘗謂能見能聞,且不説“在意曰知”,知能即屬意識。居士以知能爲主人公,豈不令人以意識精魂爲佛性乎?如斯邪解,誤人不少,尚敢謂“邇杜宗師魔魅後昆”耶?

又云:“不管他妙容色的、偉衣冠的,現前一班兒盡情叱逐,使堂中静悄悄地、虚豁豁地,主人公靈然自在。”咄!寱語作麽。獨往子,既是到處逢渠,又何須將現前的叱逐了方道“主人公靈然自在”,豈鬧攘攘地、亂紛紛地主人公便不在耶?據是,益見居士學説髑髏,故作如是起倒分别,若果親證髑髏,則見一切無不是髑髏,則無人、我、衆生、壽者相,則方見居士一目平等之靈驗者矣。既如是分别起倒,則顯見居士都無本據,正是箇没師承的杜居士,而反謂他人是杜宗師。貧道敢問居士師承爲誰?即有師承,亦定是箇杜宗師耳。而其中如初説見争便喜,後却説忿,豈非自語不顧?既謂

① 所引公案與語録所載略有出入,參見《景德傳燈録》,《大正新修大藏經》(51),頁336下—337上。

② 波羅提之偈,下至“識者知是佛性,不識者唤作精魂”。參見《景德傳燈録》,《大正新修大藏經》(51),頁218中。

貧道"念無起"及"無心風"爲錯，自却説"試一念不生，有何佛何衆生"，豈不錯？瑞白親口自判箇"撥"字，而居士反謂弁山無主人公，不可謂撥，豈不是爲他藏頭掩脚？此類甚多，不能悉舉，聊舉此以該其餘。如是，則居士自錯，自頭腦不清，自藏頭掩脚，自掩鼻偷香開眼做夢，而反謂他人如此者，恐居士有忠信之名而無忠信之實也。一篇論議，大概引證古人處多是，自立論處多差，則知居士實未知主人公安身立命處，但據兩端，衷爲評解。雖多文彩，總是記得來的、學得來的、鬥凑得的，故爾語言錯亂，前後相違。貧道謂先領八萬四千棒去者，非漫然也。要之，雲門以不知主人公安身立命處，故云"誰是主人公"、"元無物"，瑞白、歷然不知主人公安身立命處，故死認撥主人公爲超方越格，居士亦不知主人公安身立命處，故云"不可説有，不可説無"。貧道則不然。直據箇本分主人公，將是非有無吞盡無餘，又誰有認也不得，諱也不得？又説甚周遮奉重？説甚内外親疏？直是十方全現，唯我獨尊。貧道如此臆説，不審居士還信得麽？若信得，不妨再款款公評。若信不得，一任相干貧道去，説長道短去。貧道老矣，不能更絡索也。

又　復

接居士九摺教論，其間支吾唐塞，甚謂受人挑鬥，則與漢月因貧道《七書》遂出潑濫之言何異？貧道前書於《逢渠解》尚無氣力一一指摘，况此歪扭胡纏，又誰能更與理論哉？但居士謂："窮其差根全在主人公之與身命，豈可列爲二致？句既是十方全現的主人公，豈在身内？若認作身命中，則身命去了，主人公隨去不成？"又云："此妄身心中那堪認得主人公？主人公别自有在。"是居士之定見斷然以主人公與身命爲二致，而身命外别有主人公也。則兩家是非都在一致二致之間。居士既已斷定，貧道又解作麽？只請就古聖之言證明而已。昔有僧問六祖曰："'諸行無常，是生滅法。生滅滅已，寂滅爲樂。'於此有疑。"祖曰："汝作麽生疑？"曰："一切衆生皆有二身，謂色身、法身也。色身無常，有生有滅；法身有常，無知無覺。未審何身寂滅？何身受樂？”祖曰：“汝是釋子，何習外道斷常邪見而議最上乘法？據汝所説，即色身外别有法身，離生滅而求寂滅。”①此非居士妄身外别有主人公，主人公與身命二致，現前一班，必須叱逐等見乎？而祖斥爲外道者何也？請思之。又忠國師問禪者：“南方知識如何示人？”曰：“彼方知識，直下示人，即心是佛，佛是覺義。汝今悉具見聞覺知之性，此性善，能揚眉瞬目，去來運用，遍於身中。挃頭頭知，挃脚脚知，故名正遍知。離此之外，更無别佛。”②此非居士所謂“知饑知寒，能視能聽”者乎？又云：“此身即有生滅，心性無始以來未嘗生滅。身生滅者，如龍换骨、蛇脱皮、人出故宅。即身是無常，其性常也。”此非居士謂身命與主人公一去一不去的意乎？而國師曰：“若然者，與彼先尼外道有何差别？”彼云：“我此身中有一神性，能知痛癢。”此非居士“知饑知寒”者乎？“身壞之時，神則出去，如舍被燒，舍主出去。舍即無常，舍主常矣。”此非居士“身命去了，主人公不去”者乎？“審如是，邪正莫辨，孰爲是乎？若以見聞覺知是佛性者，《净名》不應云：‘法離見聞覺知，若行見聞覺知，是則見聞覺知，非求法也。’”國師之語甚明，居士請思之。僧曰：“《法華》開佛知見，此復若爲？”曰：“經云開佛知見，尚不云菩薩二乘，豈以衆生癡倒便同佛之知見耶？”請居士看，可謂男兒甫下地知能便是乎？僧又問：“南方知識云‘見聞覺知是佛性’，應不合判同外道。”師曰：“不道他無佛性，外道豈無佛性？但緣見錯，於一法中而生二見，故非也。”又問：“佛性一種？爲别？”曰：“不得一種。或全不生滅，或半生半滅、半不生滅。”曰：“孰爲此解？”“我此間佛性全無生滅，汝南方佛性半生半滅、半不生滅。此間即身心一如，身外無餘，所以全不生滅。”此非貧道主人公與身命一致的意乎？“汝南方身是無常，神性是常，所以半生半滅、半不生滅。”此非居士主人公與身命二致的意

① 所引公案有删略，參見《六祖大師法寶壇經》，《大正新修大藏經》(48)，頁 356 下—357 上。

② 以下直到“若然者，即離過矣”，爲南陽慧忠公案，所引多有删略，且夾有密雲評議語。參見《景德傳燈録》，《大正新修大藏經》(51)，頁 437 下—439 上。

乎？僧曰："和尚色身那得便同法身不生滅耶？"師曰："汝那得入於邪道？《金剛經》云：'色見聲求皆行邪道。'汝今所見不其然乎？"此則色見聲求的樣子，而居士引以證認主人公者，不知何所取義？貧道即身是主人公，何嘗有色見？居士目四大爲妄身，正是色見聲求耳。如此義理尚看不明，豈得稱爲通玄路的了達者？僧曰："大小乘教，亦見有不生不滅中道見性之説，亦見有説身有代謝而神性不滅，那得盡撥同外道斷常二見？"師曰："汝學出世無上正真之道，爲學世間生死斷常二見？不見肇公云：'談真則逆俗，順俗則違真。違真故迷性而莫返，逆俗故言澹而無味。下士聞道，拊掌而笑之。'汝今欲學下士笑於大道乎？"僧又曰："若爲離得此過？"師曰："汝但仔細反觀陰入界處，一一推窮，有纖毫可得否？"曰："仔細觀之，不見一物可得。"師曰："汝壞身心相耶？"曰："身心性離，有何可壞。"居士請看，有箇妄身心否？師曰："身心外更有物否？"曰："身心無外，寧有物耶？"師曰："汝壞世間相耶？"曰："世間相即無相，那用更壞。"師曰："若然者，即離過矣。"請看離身外別有主人公否？可説得十方全現的主人公不在身內否？可有現前一班兒容汝叱逐否？據是，貧道正是"身心一如，身外無餘"者也。居士正是"於一法中而生二見，色身外別有法身，離生滅而求寂滅"者也。是非邪正，昭然在此，請居士看是誰差根？是誰邪解？若據六祖、國師之言，居士正是先尼外道，唯執神我斷常邪見。邪人説正法，正法亦是邪，則《逢渠解》中雖引證契經及古德公案，皆是居士邪解邪説耳。而所謂"獨往子到處逢渠，得原本契書，當陽呈出公驗，分明頭腦清楚"，若《公評》，若《正解》，若《銷題》、《附評》、《提辭》，及今《九摺書》等，皆據神我弄虚頭、説大話欺瞞天下而已，何曾以頭腦爲實據哉？且居士既自稱了達者，何不直據悟處説出示人？試問如何是居士的主人公？若道得一句恰貧道意，方可説是説非，若不能脱體道來，只顧掠人涕唾以爲己會，則莫道一本《逢渠解》九摺書，直饒盡生平學解，説到盡其生年，總是譫言夢語耳。於主人公有甚交涉？居士若信貧道之言，摸取自家頭腦，自見貧道所頌所論親切處。若於自頭腦未清楚，向太平山裏説妄話，誇爲了達者，則天下後世誰不見居士之肺肝？只辜負貧道八萬四千棒耳。

又　復

貧道與居士八萬四千棒者，將謂居士是箇漢故也。居士乃云："聞説頭腦要與我理論清楚。"正恰本懷。引"應無所住而生其心"來證主人公安身立命處，將謂貧道安身立命别有所住耶？貧道謂居士若要頭腦清楚，須自家摸取始得。何也？貧道據一箇本分主人公，十方全現，唯我獨尊，豈離身命别有頭腦而謂有所住耶？且經中"應無所住而生其心"者，當知即唯我獨尊、無二主人公之義。若更有住處，是二主人公而非獨尊主人公矣。豈謂認不得的主人公乃真主人公，而以"安於無安，立於無立"爲主人公安身立命處耶？貧道據獨尊不二的主人公發明仰山、高峰之旨，故曰："無夢無想主何處？白汗出身念無起。枕子落地笑呵呵，伸手元在縮手裏。"既"伸手元在縮手裏"，則何嘗在别處棲泊而謂有所住耶？"無夢無想主何處？白汗出身念無起"，是貧道於身外别無所證的旨。其後二句正顯高峰明得本身主人公，故得安身立命處。明得安身立命處，故從此安邦定國，天下太平。此高峰所謂"恰如泗州見大聖，遠客還故鄉，元來只是舊時人，不改舊時行履處"也。故西祖亦曰："在胎爲身，處世爲人。遍現俱該沙界，收攝在一微塵。"豈非即人即身即安立之義乎？即人即身即安立，則豈更别有所住而生其心乎？乃居士謂："你真箇要將主人公向何處安？何處立？"是貧道曾將主人公安於何處？立於何處乎？可見居士未曾夢見貧道的，又何曾夢見居士來？故貧道謂居士若要頭腦清楚，須自家摸取始得。且仰山唯爲高峰不知主人公安身立命處，特指"正睡著時無夢無想無見無聞，識心不起的時節"以詰高峰，正爲即人即身即安立的主人公本自呈露，初不待識心計度。若人於此會得，則主人公常自作主而無識心夢想等種種顛倒矣。故高峰謂"如在網羅中跳出，從此安邦定國，天下太平"也。今居士謂"豈真要他向睡著時討箇安身立命處所，正使他疑無所之，了到虚凝湛寂真體安於無安,立於無立”者,則不惟蹉過仰山爲高峰徹困處,且依舊認識心夢想邊事矣。且問居士正睡著無夢無想無見無聞時,可見有箇虚凝湛寂否?只此虚凝湛寂,便是高峰前此强作主的差根。居士認作真體。又曰“安於無安,立於無立”,有甚本據?既無本據,則居士已自墮於莽莽蕩蕩之中,烏能知主人公安立處?故必徹見貧道所謂即人即身即安立的主人公全體獨露,方得謂之安無所安立無所立耳。若見即人即身的主人公全體獨露,則自不須用識心殷勤奉出,但乘自悟力而行,自不於身外别作功用。不於身外别作功用,是謂罷業忘功。乘自悟力而行,是謂無功之功,非莽莽蕩蕩之無功。今居士不知主人公落處,而以識心妄計於妄身外别有箇虚凝湛寂的以爲真體。既不到罷業忘功,妄言安於無安立於無立,豈不是夢想顛倒的話?所以貧道謂“收攝在一微塵,即無二主人公安身立命”之義者,正恐夢想顛倒於身外别作功用,離當人而曰遍現,故收攝在無二處,始不被夢想之所壓殺,活卓卓地十方世界現全容也。且貧道偈既云“十方世界現全容”,則“遍現俱該沙界”自不消再舉得。何以故?“遍現俱該沙界”即“收攝在一微塵”,“收攝在一微塵”即“遍現俱該沙界”。故且恐隨語生解者聞説遍現,便作遍現解。如居士所云:“既是十方全現的,豈在身内?”殊不知十方全現而獨不現於身,有不現處豈得云遍?故貧道取收攝句,證無二主人公即收攝在無二處耳。大抵“微塵”、“一毛”等在衲僧門下不過“無多子”“者些子”之異稱,請問居士真認作甚麽塵,而説箇容得容不得?汝但一念不生,則全體一微如何分析?更説箇於中,豈不打做兩橛?是則貧道之“白汗出身念無起,十方世界現全容”即一微而遍現,即遍現而不出一微,故曰“伸手元在縮手裏”也。乃謂略不一,見居士失却眼矣。更謂:“豈惟頭腦差和身子在他方世界。”貧道據渾身一箇主人公而作頌,本豈離身别有頭腦?又既十方全現,豈更間於他方世界哉?於此可見居士未嘗摸著頭腦,又何知兩家頭腦差不差?雲門昧却頭腦撥主人公,貧道據頭腦證主人公,二意甚相反,豈有俱不差之理?據居士謂“認不得的是真主人公”,但認不得耳,非無主人公也,豈可以無主與有主俱説不差耶?既頭腦不差,則自無過者,是甚麽所在説麤説細耶？且是非有無皆因心風動故起念分别而有，貧道本分主人公初不干舉心動念，有何是非有無？故曰"無心風"也。

又高峰"安邦定國"即安身立命的意，據貧道之身而安身立命，故曰"白汗出身念無起"也，不知居士何據以爲麤莽？據居士謂："念無起、十方世界現全容，頭腦何嘗差？"則"無心風"與"念無起"有何分别？"白汗出身"與"現全容"有何分别？而生取捨於其間也。雲門頌意既非高峰安身立命之旨，則豈有無身命的頭腦，而謂頭腦何嘗差耶？居士既引西祖語及孩子知能來證，則主人公已信是有矣。復以"元無物"爲頭腦不差，何也？若謂妄身心無主，故曰"元無物"，高峰此時於妄身心外别認得箇主人公，故悔從前作主者誤，則今時的不是前時的了，高峰何以道"元來只是舊時人，不改舊時行履處"？既頌高峰而與相違，安得謂之頭腦不差乎？既其頭腦已差，所謂皮之不存毛將安附矣？又何從而論其板疊乎？既總無所取，則自不可存，又何須串合將來而爲兩存乎？據居士謂："身固是妄，心亦虚幻，箇中那堪認得主人公？"則下二句便當發明别有之義，以全一頌大旨。若以貧道頌下兩句合之，則一頌手眼全在。貧道於雲門何取而可爲兩存乎？兩家是非彰明較著，具眼者自當甄别，而居士混判，以爲兩家俱不差，使天下後世莫之適從，則主人公之旨被居士一混而皂白不分矣。乃反謂兩家一混可乎？且居士謂"忘了主人公，纔是真主人公"，何不看古人道："'欲識佛性義，當觀時節因緣。'時節若至，如迷忽悟，如忘忽憶。"①此可見不忘主人公，故主人公常自作主。如忘則莽莽蕩蕩，無本可據，所以古人道："暫時不在，便不堪也。"②此是貧道決定之旨，所謂"那伽常在定，無有不定時"③者。

---

①　《景德傳燈録》，《大正新修大藏經》(51)，頁264中。

②　語出《大慧普覺禪師宗門武庫》："祖一日問圓悟無縫塔話，悟罔然，直從方丈隨至三門方道得。祖云：'爾道得也。'悟云：'不然。暫時不在，便不堪也。'"《大正新修大藏經》(47)，頁956下。

③　禪門常用語，參見《大慧普覺禪師語録》："内不放出，則是内心無喘；外不放入，即是外息諸緣。内心既定，則諸緣亦定。故曰：'那伽常在定，無有不定時。'"《大正新修大藏經》(47)，頁884下。

貧道有決定之旨，一眼覷定、認定、抱定，故能十方全現、唯我獨尊。而居士謂“斷斷乎無認的主人公，無抱的主人公”，正不知安身立命處矣。不知主人公安身立命處，便混説箇無所住爲安身立命處，而以認不得爲主人公，此其所以頭腦不清也。至於“四大無我”就機爲雲門起死回生，故就其語而足之，非别無一語可以破善。若别語破善，即是貧道斬新别頌，何以見補闕之義？言“無心風”者，非一向説空也，豈可與“四大無我”同類并觀？蓋見四大有我也是心風，見四大無我也是心風，見有妄也是心風，見有真也是心風，凡舉心動念皆屬心風。“無心風”則心如牆壁，可以入道。故舉以該初善耳。且“該”之一字，略取意義，可死責其次序否？然則貧道“無心風”三字主人公全體呈露，何足證嫌他著有而以爲欺、爲錯、爲誣耶？即可見居士自未到者田地而標置壓人矣。何也？有無真妄皆夢想顛倒之説，非親見無夢無想無見無聞全體獨露之主人公者也。高峰只説“一念無爲，十方坐斷”，只一箇主人公，豈更有真心妄心、無我有我等之二見存於胸次？若有二見，便有是非，是非角立，豈得安邦定國？故曰“高峰分明道安邦定國，豈存有四大無我有我，更有心如風”者，正據高峰之原案原旨而斷其錯也。居士但見“豈存有”、“更有”二“有”字爲嫌他著有，而不看先説“無我”重雲門之著無，次説“有我”兼時人之著有。蓋謂雲門無我與時人有我，皆與無二主人公全没交涉。無二主人公，有無既不可説，豈更容分真分妄？所以雲門謂“心如風”，貧道豈不知其指妄心？正嫌他不據無二主人公，而猶存二見於胸次，昧却高峰悟的意旨，故直曰“無心風”以救之耳。今居士更爲雲門解曰“箇中”二字即指上妄身妄心，謂此妄身心中那堪認得主人公，可見主人公别自有在。則正是迷中倍人，[1]恐雲門亦未肯在。至三句之配，只因居士引“取法相非法相”二句以配認主人公與認無主人公，而不曉教旨有了義不了義，教語節級奢緩升降不同，故引百丈語

---

① 迷中倍人，即迷上加迷之意。語出《大佛頂如來密因修證了義諸菩薩萬行首楞嚴經》：“汝等即是迷中倍人，如我垂手等無差别，如來説爲可憐愍者。”《大正新修大藏經》(19)，頁111上。

以證其未盡，豈貧道無端以教限之，而謂落漢月三玄三要臼中耶？漢月無端引三法以配三玄三要，死板膠滯，不奉單傳之法式固矣，若乃三句之義出《金剛般若》，百丈揭之以誡説法之不了義者，寂音引之以證説法之無不了義者，皆必有爲而發，非以此傳授也。居士據扇子等語，鑿鑿證其不可以爲老胡絶望，將責寂音乎？責百丈乎？且居士既引"法非法"來配，則自出不得三句。既落三句套中，則自不可不了三句之義，故貧道特就而足之，以明其不了義爲居士發耳。豈死板要配三句耶？扇子等語自是古人機用，非有法式可依似也。雖然一喝尚入五教，此等語豈必無法式？"扇子踍跳上三十三天，觸著帝釋鼻孔"，①是貧道打居士八萬四千棒的法式。"盞子落地，碟子成七片"，是貧道枕子落地笑呵呵的法式。其"凡所有相，皆是虚妄"者，謂衆生之妄想執著而成相也，是初句；"若見諸相非相"者，破衆生妄想執著之相也，是次句；"即見如來"者，謂衆生全體如來，故世尊曰"奇哉！一切衆生皆具如來智慧德相也"，是三句。是則世尊睹明星時已摸著鼻孔矣。百丈、寂音、貧道同一鼻孔出氣，阿誰受捏住耶？若論祖師門下殺活自繇，即謂百丈捏住世尊，寂音捏住百丈，貧道捏住寂音，亦有何不可耶？如法眼謂"若見諸相非相，即不見如來"者，正即見法眼耳。如來謂"若見諸相非相，即見如來"者，即如來分上説耳。正所謂衆生諸佛不相侵，各自稱尊也。居士不知教旨了義不了義，教語節級奢緩升降不同，不知外道之語與佛相似，但認有無兼舉者爲是妙義。而以"認主人公"、"主人公却認不得"、"認不得的纔是真主人公"來配三句，不知此正外道無本據矯亂論義，豈全有三句耶？即就居士配之，亦止到得次句耳。其"認主人公"，居士意謂取相矣。"主人公却認不得"，豈不是取非相耶？"認不得的纔是真主人公"，豈非依舊取認不得的非相爲主人公耶？若認不得的

---

①　雲門公案語，可參見《無門關》："乾峰和尚因僧問：'十方薄伽梵，一路涅槃門。未審路頭在甚麼處？'峰拈起拄杖，劃一劃云：'在者裏。'後僧請益雲門。門拈起扇子云：'扇子踍跳，上三十三天，築著帝釋鼻孔。東海鯉魚打一棒，雨似盆傾。'"《大正新修大藏經》(48)，頁 299 上。

是有，則不可作第二句；是無，則不可作第三句。此皆外道妄計，豈可與佛説三句并耶？且居士既謂有真主人公，豈可認不得？既認不得，又何知是真主人公？此皆不曾親見主人公而暗中摸索之辭。若果親見，自能直據悟處説出示人，何須委委曲曲，左避右躲，作此惑亂語，又成甚麽直指來？惟其不曾親見，則胸中鶻突不能決斷，不敢説有，不敢説無，便混帳説道："忘了主人公，真見主人公。常不離主人公，認不得主人公。認不得的是真主人公。"且問居士：既常不離主人公，又何可忘了主人公？既忘了主人公，又説甚真見主人公？既真見主人公，又豈可謂認不得主人公？既認不得主人公，忘了主人公，又説甚常不離主人公？此正茫然無主，不能決斷，安得成主人公之義？故其説太極曰："指不出太極，把不出太極。"此非不曾親見太極乎？而於理不可無，故曰"要説不得無太極"，豈非約理推度之辭乎？以此太極之理推之，則世尊亦如是；以世尊之説推之，則主人公亦如是。豈非暗中摸索之辭乎？既約理推度，則離却約理便摸索不著，又何怪夫以不通義理，不聽人説道理者爲杜宗師哉？吾恐居士所解太極亦未必不杜也。貧道敢道：居士若親見居士，便親見太極；指得出居士，便指得出太極；把得出居士，便把得出太極。既指得出、把得出，自不消約度而言。要説不得無太極。何以故？居士本身太極全體呈露，初不待識心計度，此即所謂物物一太極也。今居士謂貧道"主人公之與身命豈可列爲二致"語爲差根，在此又云"此妄身心中那堪認主人公，主人公別自有在"，則豈非於物物外別尋一太極乎？何嘗會先儒之旨來？又如居士引子思謂"費中自隱"，不是另藏箇隱？"發時有未發"，不是先懸箇"未發"？此亦未會子思之旨。子思謂"君子之道費而隱"，[①]蚤已提出主人公了也。此正即人即身即安立之義。如何是費？"遍現俱該沙界"。如何是隱？"收攝在一微塵"。"君子之道，造端乎夫婦"，[②]"伸手

① 《中庸》參《四書章句集注》，中華書局，1983 年，頁 22。
② 《中庸》參《四書章句集注》，中華書局，1983 年，頁 23。

元在縮手裏”。“及其至也，察乎天地”，①“十方世界現全容”。貧道恁麽道還説得費中有隱麽？且先儒分明教人看喜怒哀樂未發前氣象，而居士但云發時有未發，不是先懸箇未發？則見居士日用中與喜怒哀樂打交輥，何曾夢見未發前氣象來？要知未發前氣象，上句云“君子必慎其獨”，②蚤已提出主人公了也。

且居士何不看永嘉曰“幻化空身即法身”，又何不看大慧曰“即此形骸，便是其人。一靈皮袋，皮袋一靈”③乎？據此及六祖、國師所斷，則居士身外别有主人公，正合先尼外道神我斷常之見。又如維摩云“觀身實相”，居士乃謂妄身無主人公。維摩云“法離見聞覺知”，居士乃謂知饑知寒者是主人公。是則與維摩正相反，乃擬攀爲同類，不知面皮厚多少。而反謂貧道斷慧命，落魔外，此非居士呵貧道，實呵六祖、國師、永嘉、大慧。貧道所謂亂説瞎判頭腦不清者，皆呵先尼外道，非敢呵一我居士也。且貧道爲法忘軀之念盡未來際無有窮已，豈因年逾七旬便隱忍而不言耶？貧道爲法門、爲居士之心至死不休，故見居士邪解邪説，抵死争論，不肯放過，要居士捨邪歸正，豈爲立門庭、争勝負耶？天下至公至正者道，若居士論議合道，貧道豈敢强抑？亦豈能强抑？今居士不信貧道，不過謂貧道不讀書，不通文理，不曉義路耳。難道古人都不可信？國師也是尊己抑人？六祖也是錯解誤會？永嘉、大慧、浄名也是信口胡柴耶？又謂從上祖師只教人自悟，居士曾悟也未？祖師所謂自悟，正教人摸取自家頭腦，不要似居士竊他人的以爲己會。至如玄策“無師自悟，盡屬天然外道”④語，爲醫三種人病。有一種自以爲悟而實未悟，必遇真師承點破方免自賺一生者；有一種自非不悟，而餘惑未盡，不經真師承鍛煉則不能徹自悟的源底者；又有一種非

① 《中庸》參《四書章句集注》，中華書局，1983 年，頁 23。
② 《中庸》參《四書章句集注》，中華書局，1983 年，頁 7。
③ 《大慧普覺禪師宗門武庫》，《大正新修大藏經》(47)，頁 952 中。
④ 語出《六祖大師法寶壇經》：“策云：‘威音王已前即得，威音王已後，無師自悟，盡是天然外道。’”《大正新修大藏經》(48)，頁 357 下。

不自悟，而不親依真師承，人則不識從上爲人本分的旨，出言吐氣不堪爲則未免喪我兒孫者。以此從古來自家大徹大悟的代不乏人，然皆一兩傳便不見影子。而惟曹溪正脉，上自拈華，下至今日，繩繩不絶，器器相傳，豈非真師承之驗歟？故西祖波若多羅懸記“震旦雖闊無别路，要假兒孫脚下行”①也，是則玄策深識利害，故爲天下萬世人指破。而居士乃認爲一時探拔語，責貧道之動舉師承，其誤賺人豈淺淺哉？且如貧道謂“自以爲悟而實未悟，必遇真師承點破方免自賺一生”者是甚麽樣人？如湛堂之與大慧是也。湛堂語大慧曰：“杲上座，我者裏禪你一時理會得，教你説也説得，教你做拈古、頌古、小參、普説你也做得，祇是有一事未在，你還知麽？”對曰：“甚麽事？”曰：“你欠者一解在囧。若你不得者一解，我方丈裏與你説時有禪，纔出方丈便無了。醒醒思量時便有禪，纔睡著便無了。如此如何敵得生死？”對曰：“正是某甲疑處。”②此因湛堂説破他的病根，故不得不説“正是某甲疑處”耳。然大慧自是箇識好惡的漢。今居士説也説不得，而自以爲悟，妄引世尊、維摩爲例，抵死不識好惡，自欺自賺，有甚麽了期？如居士謂“仰山詰囑豈真要他向睡著時討箇安身立命處”，豈非湛堂所謂“正睡著時便無禪了”之證？是則居士正不得者一解在，更説甚從上祖師止教人自悟？惟居士不能自悟，所執皆斷常之見，而以此證雲門，則雲門亦是二見外道，正恐已故之雲門叫枉耳。貧道有甚枉處煩居士叫耶？

貧道初判雲門，亦只言其未盡。自瑞白以“撥”字證之，則墮空矣。而居士以妄身心外别有主人公再證之，則落外矣。是越説清越露布也，安得謂之雪屈耶？且居士既引西祖來證，則西祖爲可信矣，而復爲雲門注解主人公離身别有，則“在胎爲身”之謂何？“處世爲人”之謂何？“六處作用”之謂

① 此爲波若多羅授記菩提達摩之偈讖，語出《五燈會元》：“却後二百二十年，林下見一人，當得道果。聽吾讖曰：‘震旦雖闊無别路，要假兒孫脚下行。金雞解銜一粒粟，供養十方羅漢僧。’”《大正新修大藏經》(80)，頁 40 下。

② 《大慧普覺禪師宗門武庫》，《大正新修大藏經》(47)，頁 953 中。

何？“即一微而遍現，即遍現而不出一微”之謂何？顧謂“既是十方全現的主人公，豈在身内耶”，又引《楞嚴》來證，亦錯認不了義。蓋海漚之喻與觀河之見等，皆是就機語，非了義語，直至後邊“生滅去來，本如來藏妙真如性”乃了義耳。居士於一法中妄生二見，故至此苟能身心一如，身外無餘，則主人公與身命本無二致。陰入界處了無一物可得，更説甚麽真心妄心？更説甚麽有我無我？更有甚麽來來往往的一班兒可叱逐？蓋居士惟忘了主人公，認不得主人公，故妄見有來來往往的一班兒，見有來來往往的一班兒，故謂不叱逐安得見真主人公。貧道則不忘了主人公認得主人公，故日用中只此主人公全體獨露，而不見有來來往往的一班兒。既不見有來來往往的一班兒，教老僧作麽生叱逐。又居士謂“極知浄染二途總出如來藏，豈煩惱不是菩提？無明不是大智？然必見主人後方得裕回轉大用”者，則知居士頭腦不清，一切道理皆將識心計度。何以故？既知浄染二途出如來藏，則現前惟如來藏，更不見染浄二途矣。乃云“浄染二途總出如來藏”，則現前祇見染浄二途，如來藏又在何所？居士作如是語，自謂極知，則凡居士所知者，豈不皆用識心計度？又如古人云“煩惱即是菩提”，則不見有煩惱矣。“無明即是大智”，則不見有無明矣。今居士謂“煩惱豈不是菩提，無明豈不是大智”，則依舊執定煩惱無明，何曾識菩提大智來？故曰“必見主人後方得裕回轉大用”，此可見居士不見主人，故作此冀望之詞耳。“於此不識，則古稱‘淫怒癡即戒定慧’者亦自不識，乃云‘理自不差’，則又豈非約理推度之詞？”且問居士，果見淫怒癡否？若見淫怒癡，則不可説即戒定慧。若不見淫怒癡，更説甚麽淫怒癡即戒定慧？以故居士但認得主人公，不忘了主人公，不待奉出，不待回轉，而主人公全體獨露，更有甚麽菩提煩惱、無明大智、淫怒癡、戒定慧、浄染等法來？故從上來，只貴覿面提人，不以一毫意識措於人分上。若如人家奴僕操權，將主人埋没在内，必待叱逐然後見，見了然後奉出，奉得出來然後行令。如許展轉周折，則是意識重新説夢，又成甚麽覿面提持，人人面目現在耶？且問奴僕既操權，主人既埋没在内不能行令，又教那箇叱逐？者般兒真見主人的又是那箇？那箇又奉他出來？向謂居士打作兩橛，今且成三箇矣。此正是與識陰打交輥，而所謂亂説瞎判，頭腦不清者。居士雖欲辭之，又烏得而辭之？既云"必待迴轉"、"必待奉出然後行令"，則未見主人公時總是識神用事，豈孩子知能便爲無過？而駁貧道云"認定是意識精魂，則孩子也須喫棒"。貧道道：灼然！孩子也須喫棒。若早喫棒，何至有今日之顛倒也。且孩子知能非意識用事，即是主人公行令矣。豈至長大復埋没耶？請問孩子曾見主人公也未？若見主人公則已悟矣，豈有悟而復迷之理？若不見，主人公尚在埋没，則全是者班占住六根門頭，豈容主人與知與能？若謂雖埋没而且知且能，又何可云"主人雖在，亦何能爲"乎？若以其不慮而知，不學而能爲非意識，則見色自然而悦，聞駡卒然而怒，皆不慮而知、不學而能者也，是則淫怒癡皆是良知良能，皆是主人公，居士又何言迴轉乎？居士讀得良知良能熟，便將來證主人公。看得太極説話熟，便扯來配真如佛性。貧道不讀書，不曉良知良能之説，但聞昔有人問道學先生良知良能是何物，門弟子皆笑之，其人不覺變色。道學曰："者便是良知良能。"此其所謂不慮而知、不學而能者乎？則于頔問紫玉："如何是黑風飄墮羅刹鬼國？"玉厲聲曰："于頔客作漢。"于不覺變色，此亦不慮而知、不學而能者也。而紫玉乃曰："者便是黑風飄墮羅刹鬼國。"①是則良知良能與黑風羅刹鬼國同箇不慮而知不學而能也？居士又作麽辨别，而謂知饑知寒、能視能聽者，便是主人公乎？貧道前書與今所論，皆是隨顛逐倒、將錯就錯之辭，居士乃指貧道以爲妙義。居士若不知是貧道將錯就錯，則是不細體人語脉而輕議妄論。若知而故説貧道以爲妙義，則是贓誣貧道闕心行矣。可見居士髑髏未至腐爛，猶存多生巧計於胸中耳。居士喜識未盡，髑樓未乾，故不信髑髏當人佛性，而以知能爲佛性，致有一班要須叱逐。貧道則不然。任箇枯髑髏抛擲，一切無不是一目平等，無有少異。不見妙容色的、偉衣冠的，乃至駝腰曲、背盲聾喑啞，千奇百怪，無不同箇髑髏，不須叱

① 語出道通禪師公案，參見《景德傳燈録》，《大正新修大藏經》(51)，頁 248 下。

逐，不須殷勤，但據頭腦向前，則此一班自不見有矣，况更有其用事者哉？故居士謂“窮其差根，全在主人公與身命豈可列爲二致”句，貧道見居士之差根亦在此句。此即貧道與居士消息相關處，又何待閉户静思然後消息相關乎？且貧道“十方世界現全容”有甚門户可閉？若閉户静思，則何異居士之意識活計？貧道“箇中無二主人公”有甚傍人可遣？若有可遣，又何異居士要將現前一班兒盡情叱逐乎？居士謂貧道信口胡柴，貧道誠然信口胡柴者也，貧道得在口談論之體，故不信意識而信口。凡有所説，只信口而已，豈若居士信意識用事，而要遣去旁邊閉户静思乎？是知能一語，足以盡居士之學識；挑門一疑，足以見居士之心行。其他如以西祖所云“識者知是佛性”之“知”例“知饑知寒”，以耆婆爲難敵等，皆取辦口給，只欲一時唐塞，不顧義理之不通，又烏能枚舉？衹如耆婆何嘗善敵，而謂其難下手。貧道云：灼然！誠難下手。唯世尊能下手，而耆婆罔知生處，則正是居士耳。只此耆婆一語，可見居士支吾唐塞，全無意趣矣。又云：“船子語上句交付阿誰？”謂反代雲門證者。居士不過以雲門“誰是主人公”、“元無物”是船子“没踪迹”三字意。至如“直須藏身”之“身”字又指甚麽？雲門何嘗有“身”字意來？豈可單截“没踪迹”爲雲門證乎？且船子下句唯恐人以“没踪迹”爲事，而不以“身”爲事，故云“没踪迹處莫藏身”，此尤身外別無所住之的證也。德山“口挂壁上”云者，居士意謂“諸佛口挂壁上”與“認不得主人公”之意同，故謂“先有人占去了”。殊不知“更有一人呵呵大笑”正貧道“枕子落地笑呵呵，箇中無二主人公”之一人耳。試問居士曾識此人否？若識，則莫道“豈容汝以識識”；若不識，且莫説瞎話。又云：“召衆，衆回首有箇甚麽？”正要居士恁麽思量是箇甚麽，此際更可思量否？一任居士疑著。更問居士如何是藥山見海兄的意？及雲巖頓省的意？若指得明，説得出，則不唯貧道點頭，亦教天下後世見居士不説瞎話夢話。不然，且請居士自省自見可也。

又《逢渠解》謂“梅山認‘相續大難’以爲道不得主之證，而天童要指‘闍黎自道取’爲各有主人之證，亦是偏執”者，何不看洞山道：“我在雲巖先師處親印寶鏡三昧。其歸結曰：‘但能相續，名主中主。’”①據是，則認“相續大難”語以爲道不得主之證。誠與囑語相反，更説甚洞山兒孫？天童指“闍黎自道取”爲各有主人之證，請問居士，離了居士又指甚麼爲各有主人之證？又曰：“正恐擬親即疏，總之不容易道。”則洞山何故道“如是之法，諸佛密付。汝今得之，宜善保護”乎？即如“臣奉於君，子順於父”難道也是“擬親即疏”乎？又曰：“禪以離得失是非爲妙，獨往子却要在得失場中、是非叢裏掀騰滚跌，自侈活計，不免罪過多端。”貧道則不然，直據本分主人公十方全現、唯我獨尊自作活計，誰更見有得失是非、罪過多端來？又瑞白謂“古人行過於解”，不知行若過於解，則不惟行爲邪行，解亦邪解矣。不見溈山問仰山曰：“《涅槃經》多少是佛説？多少是魔説？”仰曰：“總是魔説。”溈曰：“已後無人奈子何？”仰曰：“慧寂即一期之事，行履在甚麼處？”溈曰：“祇貴子眼正，不説子行履。”②蓋以眼正則行履亦正。所以大慧杲曰：“諸方説先定而後慧，非行過於解之癡定乎？者裏則先慧而後定，未悟時心識紛飛，悟了時方帖帖地。”③非繇眼正則行履亦正者乎？大慧以實悟爲見地，以帖帖地爲行履，皆據道之所在而説也。今古有何同異？而瑞白謂：“以予觀今時，祇貴子行履，不貴子見地。”是分行履見地爲兩義，愈見瑞白未嘗悟到帖帖地矣。居士見其文義通，便乃贊爲切中今時膏肓之病，殊不思無量劫來一切衆生膏肓之病，只爲他忘了主人公，認不得主人公，故生種種迷倒。瑞白既撥主人公，已是病上重增病了也，那堪更説箇“不貴見地，只貴行履”，以誤天下人盲修瞎煉，永無出頭之期哉。且瑞白既撥主人公，而斥今時人道理不知青黄者，何不看世尊示五方天王隨色摩尼珠，天王互説異色。世尊藏珠復抬手曰：“此珠作何色？”天王曰：“佛手中無珠，何處

① 語出洞山公案，參見《五燈會元》，《卍新纂大日本續藏經》(80)，頁263上—中。

② 《五燈會元》，《卍新纂大日本續藏經》(80)，頁186上。

③ 此句大意參見《大慧普覺禪師普説》：“諸方説静了方悟，我是悟了方静，不敢相瞞。未悟時心識紛飛，悟了方貼貼地。”新文豐版《卍正藏經》(59)，頁849中。

有色?”世尊曰:“汝何迷倒之甚。吾將世珠示之,便强説有青黄赤白色。吾將真珠示之,便總不知。”時五方天王悉自悟道。① 據此,則瑞白於瑞白外别指箇青黄道理,可謂之明道理者乎？而居士指爲所最快又何也？可見居士正如矮子看戲,隨人上下,自謂有達者之名,實未嘗有達者之眼,又何怪乎責貧道文理欠通,而不據宗旨之清不清以定人道眼之明不明耶?昔張無盡謂兜率悦云:“聞公善文章。”悦大笑曰:“運使失却一隻眼了也。某乃臨濟九世孫,對運使論文章,正如運使對某論禪也。”②貧道本陽羡山中一柴夫耳,誰來與居士比文義？居士以文義責貧道,先失一隻眼,却云:“露盡馬蹄,無大人相。”居士又來色見聲求矣。且世尊道:“奇哉！一切衆生皆具如來智慧德相。”正謂凡稟血氣者,無不同體,豈間馬蹄而非德相?是則居士被色見所礙,認不得本具的大人相耳。貧道則不然,見一切衆生無不是貧道同體,豈間於雲門、瑞白、歷然及居士等可棄而不摘其短,不補其闕哉？且貧道前後反復與居士論量,只爲居士的頭腦,故打亦打居士之頭腦不清,罵亦罵居士之頭腦不清,凡有所謂,無不爲居士的頭腦不清,豈有毫釐他意於其間？而居士疑之,至以書柬推尊等語忉忉説清,貧道至此自悔其失言。六祖大師云:“言下若相應,即共論佛義。若言不相應,合掌令歡喜。”③貧道何苦而進此逆耳之言,令居士如此扭捏？如今真要拜居士八萬四千拜,勸居士細審諦觀,摸取自家頭腦,再勿向外别説假道理話也。至囑至囑。

又　復

再獲居士七摺,其解路似可混真。然求之實理,總不出識心測度,且未論此中與大旨相違。即摺初敘意,便見涉世俗心,何曾有了達質直氣象。何

① 《五燈會元》,《卍新纂大日本續藏經》(80),頁 29 中—下。
② 《五燈會元》,《卍新纂大日本續藏經》(80),頁 379 中。
③ 《六祖大師法寶壇經》,《大正新修大藏經》(48),頁 361 上。

也？尊摺謂："禪使促歸，十不展七。"若言而合道，十展一也足；言不合道，縱展至千百皆爲矯亂。故貧道屢屢直言，實爲法爲人之心，非與居士分人我、角勝負。乃意度貧道必不肯便休，俟再來以罄，豈質直者之用心哉？且立言爲法，將使取信於千百世，何疑遲至兩月哉？若祇圖求勝一人，雖立刻數千言，不過成得箇世智辯聰，於法何益？又受禪投書即堅行不少佇者，正見受禪質直不欺，即貧道之不欺也。蓋爲筆頭伎倆居士所長，若惟圖快便不仔細體會貧道及古人意，便有蹉過，故使其即行，實欲居士退思而得，毋致倉卒錯亂也。乃云"幸使者不留，看一過且丢"，却是打頭便蹉過貧道意矣。復謂"是晚即體有不快，一場大病，危到九分九釐"者，此居士未危到十分，故留一釐命根，又作此七摺，不死矯亂，而謂"擇日撒手"，正見居士未證到古人"撒手似君無一物"田地。若真證到，有何擇日不擇日之可説？而反謂"别有造物者相留"，則自不能作主矣。可見《逢渠解》九摺等皆未撒手語，自誤誤人，誠爲不淺。至謂"前書原預留兩箇罅竇令和尚鑽。其一未疏明西祖收攝句意，和尚必猥云：'是波羅提過者。'"據此説何止兩箇罅竇，直句句皆罅竇耳。請問居士：西祖收攝句意畢竟作麽生？貧道覿面提居士，居士自不會，反謂貧道不提，蹉過多矣。更問居士一如"一靈"之"一"、"即法身"之"即"，同别定在甚處？謂不可以證一致。如馮濟川題壁間畫髑髏曰："屍在者裏，其人何在？乃知一靈不居皮袋。"因甚大慧别他？居士正如濟川初見，故謂："身命去了，主人隨去不成？"大慧别云："即此形骸便是其人。"非西祖謂"在胎爲身，處世爲人"乎？"一靈皮袋，皮袋一靈"，①非身心一致乎？"若身命去了，主人公隨去不成"，豈非一去一不去者之二見？又謂"此妄身心中那堪認得主人公，主人公别自有在"，如是分别批判，而猶謂斷然非居士意，則前後相矯亂矣。乃反引《圓覺》、《楞嚴》諸經來證，殊不知教有了義，有不了義，佛已親自説

---

① 語出《大慧普覺禪師宗門武庫》："師一日到明月庵，見壁間畫髑髏。憑（馮）濟川有頌云：'屍在逗裏，其人何在？乃知一靈，不居皮袋。'師不肯，乃作一頌云：'即此形骸，便是其人。一靈皮袋，皮袋一靈。'"《大正新修大藏經》(47)，頁952中。

明。《涅槃經》中迦葉菩薩問佛云:“我今定知如來世尊無所秘藏。如佛所説:‘毗伽羅論謂佛如來常存不變。’是義不然。何以故?佛昔説偈:‘諸佛及緣覺,及以弟子衆,猶捨無常身,何況諸凡夫?’今者乃説常存不變。是義云何?”佛云:“善男子!我爲一切聲聞弟子教半字故而説是偈。善男子!波斯匿王其母命終,悲號戀慕不能自勝,來至我所,我即問言:‘大王且莫愁惱、憂悲、啼哭。一切衆生壽命盡者名之爲死。諸佛、緣覺、聲聞弟子尚捨此身,況復凡夫?’善男子!我爲波斯匿王教半字故而説是偈。我今爲諸聲聞弟子説毗伽羅論,謂如來常存,無有變易。若有人言:‘如來無常。’云何是人舌不墮落?”[①]是則雖非《楞嚴》一事,其義實爲相類,故知《楞嚴》“皺者爲變,不皺非變。變者受滅,彼不變者元無生滅”。[②] 佛爲波斯匿王權教半字,而居士引以爲證,斯則似矣。祇如《涅槃》所謂“如來常存,無有變易。若有人言如來無常,云何是人舌不墮落”,居士又作麽生銷釋?《法華》云:“是法住法位,世間相常住。”豈非身與世間相皆常住乎?又云:“諸法從本來,常自寂滅相。”昔有僧疑不能解,忽聞鶯啼而悟,遂聯曰:“春到百花開,黄鶯啼柳上。”[③]豈非如貧道忽覺身與一切情與無情焕然等現乎?彼時貧道已與六祖、國師、世尊同箇印子、同一鼻孔出氣矣,豈若居士惟咬經文不了義處,不能會通了義之旨,於一法中妄分二見二相,遂謂“幻身幻心滅,故另有箇非幻不滅”、“諸幻滅盡,另有覺心不動”等,以致謂“身命去了,主人隨去不成”,此正是離生滅而求寂滅,乃斷常外道之見。即此證明居士之諍局已全輸矣,反要替貧道打箇和合,且誣人以四不通。貧道但據六祖謂“於色

① 《大般涅槃經》,《大正新修大藏經》(12),頁 391 上—中。

② 《大佛頂如來密因修證了義諸菩薩萬行首楞嚴經》,《大正新修大藏經》(19),頁 110 下。

③ 語出《五燈會元》:“昔有僧因看《法華經》至‘諸法從本來,常自寂滅相。’忽疑不決。行住坐卧,每自體究,都無所得。忽春月聞鶯聲,頓然開悟。遂續前偈曰:‘諸法從本來,常自寂滅相。春至百花開,黄鶯啼柳上。’”《卍新纂大日本續藏經》(80),頁 139 下。

身外有法身，離生滅求寂滅是斷常外道之見”，①則四句之義已全，豈在删去不删去哉？又謂“南僧謂身生滅者如龍换骨、蛇蜕皮、人出故宅，明道主人在身内，與國師引外道身中有一神性，身壞之時神即出去同，亦與和尚身内主人同”，貧道明説主人公之與身命不可列爲二致，正明即身命即主人公耳，豈於身内另有主人公，同國師所訶之外道見耶？居士道“真主人公不在妄身心内”，是則有箇真主人公，又有箇妄身心的，然二見二相，真無生滅，妄有生滅，非國師所訶“半生半滅半不生滅”而何？貧道引國師語“衆生癡倒，未便同佛知見”例甫下地知能，亦斷章取義云爾，居士認作南僧，語斥爲癡人逐塊，果國師逐塊耶？抑貧道逐塊耶？癡倒至此，是則名爲可憐憫者。又謂：“居士目四大爲妄身，和尚云是色見，古所云‘欲識佛去處，秖者語聲’，②是可謂聲求乎？”居士果證語聲是佛去處，則合西祖在口談論，即“在胎爲身，處世爲人。在眼曰見，在耳曰聞，在鼻辨香，在手執捉，在足運奔”，可見佛與身命元非二致。若見另有真主人公在色身外，則主人公自主人公，色身自色身，豈得謂色即佛色，聲即佛聲？既不能色即佛色、聲即佛聲，又豈可謂“欲識佛去處，秖者語聲是”乎？即此四，則果誰爲不通者？更謂識妄即真，同經破妄，還真殊不知見有妄可識，有真可即，及見有妄可破，有真可還，早已落二了也。若認得無二主人公，便全體主人公矣，何有來往一班兒可叱逐乎？若見有來往一班兒可叱逐者，不得謂“世間相即無相”，那用更壞“若見諸相非相，即見如來”也？惟認抱身命主人公“能爲萬象主，不逐四時凋”，方可謂“塵塵盡是本來人”。所以道“朱紫誰爲號，丘山絶點埃”，豈更有山河大地乎？古德因負薪墮地，悟而述偈曰：“撲落非他物，

---

① 語出《六祖大師法寶壇經》：“師曰：‘汝是釋子，何習外道斷常邪見，而議最上乘法？據汝所説，即色身外别有法身，離生滅求於寂滅。’”《大正新修大藏經》(48)，頁357上。

② 語出《古尊宿語録》：“傅大士云：‘夜夜抱佛眠，朝朝還共起。起坐鎮相隨，如身影相似。欲識佛去處，只這語聲是。’”《大正新修大藏經》(68)，頁165中。

縱横不是塵。山河及大地，全露法王身。”①居士單引後二句，豈知他全偈正顯負薪墮薪皆不離身乎？又謂貧道“局主人於妄身内，國師身心一如，空此身於真心内爲相去天淵”，是居士不惟謗貧道，且謗國師矣。貧道只云“主人公與身命豈可列爲二致”，何曾分甚内外？乃贜誣貧道一箇“内”字。國師“身心一如”下原有“身外無餘”句，既云“無餘”，則全收矣，那更分真分妄，分内分外，而贜誣國師空此身於真心内乎？此正居士執身外更有真心，故删去“身外無餘”一句，仍落真妄二身斷常外道之見，豈曾夢見身心一如來？且於身命外錯認名分，定面皮厚薄，業識茫茫，無本可據。豈知貧道自銅棺山頂，忽覺身與一切情與無情焕然等現，證知生佛平等，同箇面皮，是與張拙秀才“凡聖含靈共一家”同旨，何嘗見妙容色的、偉衣冠的、能趨走、能幹辦的，妄分乞兒侯伯名分差别哉？又引六祖偈，謂“以知五蘊法，及以蘊中我”指心也，貧道云：錯。“外現衆色相，一一音聲相”指身也，貧道云：錯。又單據“平等如幻夢”判識之爲妄也，貧道云：錯錯。“常應諸根用，而不起用想”，居士謂人執之爲識者，此轉之爲智。“分别一切法，不起分别想”，②居士謂人用之爲生滅者，此任之爲寂滅。只此四句，正居士之取捨耳。曰“識妄即真，乃所爲不必於色身外别尋法身”，殊不思見有妄有真，則已於色身外别尋法身矣。正所謂“盡屬情所計，六十二見本”③也。又浄名曰：“若行見聞覺知，是則見聞覺知非求法也。”④居士翻之曰：“若捨見聞覺知，是則無見聞覺知可爲求法乎？”依舊在見聞覺知窠裏，何曾夢見通達無取捨來？龐公云：“日用事無别，唯吾自偶諧。頭

① 語出《五燈會元・杭州興教洪壽禪師》：“同國師普請次，聞墮薪有省，作偈曰：‘撲落非他物，縱横不是塵。山河及大地，全露法王身。’”《卍新纂大日本續藏經》(80)，頁215下。

② 以上四句引自《六祖大師法寶壇經》：“以知五蘊法，及以蘊中我，外現衆色象，一一音聲相，平等如夢幻，不起凡聖見，不作涅槃解，二邊三際斷。常應諸根用，而不起用想，分别一切法，不起分别想。”《大正新修大藏經》(48)，頁357中。

③ 《六祖大師法寶壇經》，《大正新修大藏經》(48)，頁357上。

④ 《維摩詰所説經》，《大正新修大藏經》(14)，頁546上。

頭非取捨，處處没張乖。”豈非唯據龐公故無取捨張乖乎？若不認抱龐公，别起用想、分别想，取捨一切色像音聲相，則凡聖不平等，而龐公先自張乖矣，安得謂“唯吾自偶諧”乎？今居士丟開“不起凡聖見”、“不作涅槃解”，單據“平等如幻夢”判識之爲妄，正居士以己之夢想顛倒方六祖之不起不作者爲妄也。迷只迷悟的夢，悟只悟迷的夢，要之迷悟雖殊，皆夢耳。故不解六祖的“平等如幻夢，不起凡聖見”，正高峰所謂“依前只是舊時人，不改舊時行履處”，始契國師“身心一如”之旨。竟將“心”字謂“三界唯心”便錯矣，而謂“安有此身反不惟心”者，轉見分疏。此即居士於自身一法中生二見也，反謂貧道推見聞覺知於佛性外，不得爲一見。又疑認者不離見聞，抱者不離覺知。居士唯以識心測度，則見聞覺知是真正識陰。貧道則不然。分明道箇認抱身命爲主人公，豈更有見聞覺知可著而説箇離不離？涅槃諸行中嬰兒行爲最者，以嬰兒不能起住去來語言，故以爲喻也。豈可以甫下地知能便是乎？荷澤曰：“知之一字，衆妙之門。”圭峰曰：“知之一字，衆禍之門。”①亦各有所謂，豈著情念與不著，分識分性足以盡之乎？故謂“男兒甫下地便知饑知寒，能視能聽，如西祖對異見王”者，殊不細看西祖所謂“在胎爲身，處世爲人”，身與人本非兩物。“在眼曰見”乃至“在足運奔”，此六處總不離身，誠“身外無餘”之旨。豈似居士説箇“知饑知寒，能視能聽”，宛然有兩知兩能乎？《寶鏡三昧》云：“如世嬰兒，五相完具。不去不來，不起不住。婆婆和和，有句無句。終不得物，語未正故。”②正據五相完具的眼耳鼻身爲渾然佛性。若於五相完具外别有知能，已屬流注意識矣。引經“根塵同源”，以例甫下地五相完具之根，知見無見，斯即涅槃則可。而以知能即涅槃，寧不誤天下後世錯認識神爲佛性乎？乃謂貧道失却前此領悟。且問汝：從前領悟箇甚麽？即今又失却箇

---

①　所引與原文有所出入，語出《大慧普覺禪師語録》：“南泉道：‘道不屬知，不屬不知。’圭峰謂之靈知，荷澤謂之‘知之一字，衆妙之門。’黄龍死心云：‘知之一字，衆禍之門。’”《大正新修大藏經》(47)，頁 879 中。

②　《五燈會元》，《卍新纂大日本續藏經》(80)，頁 263 上。

甚麽？旁邊遮障者又是箇甚麽？若簡點不出，且莫亂説。汝今欲識天童和尚麽？量汝未夢見在。而謂誓作佛門内護，請問居士如何是佛門？若指得明，説得出，則許居士打破狐魅窟穴。不然，將謂將謂，元來元來，居士自道也。

昔洞山過水睹影大悟，作偈曰"切忌從他覓，迢迢與我疏"，正指水中影耳。"我今獨自往"，指洞山獨自往也。"處處得逢渠。渠今正是我"，是指前影因我而有。"我今不是渠"，唯指自爲獨往，故曰："應須恁麽會，方始契如如。"不然則背雲巖衹者是矣。所以前與居士云："蓋據獨往而收盡諸方。"然貧道無二主人公又豈不該獨往哉？據"獨往"而不據"逢渠"者，此也。而居士不細體洞山之意，故錯認他"處處得逢渠"的影子爲到處逢渠，而作《逢渠解》九搰七搰，混濫不清。惟不認抱身命主人，故迷頭認影一至於此。又謂貧道"與高峰元案頭腦不清，蓋緣認定仰山之一詰一囑爲睡著時真要尋主人公安身立命耳。仰山既曰'正睡著時，無夢無想，無見無聞，主在甚處'，非真要明主人公"。畢竟仰山是甚麽意？若不能明指，則居士不唯不會正睡著時的旨要，且向身命外别尋主人公，正所謂夢想顛倒，不免在見聞覺知識陰裏反覆也。至謂"高峰悟拖死屍時吐露消息"，據是，則居士自未曾悟拖死屍之意，故不見高峰爾時實未曾悟拖死屍之意耳。所以貧道曾向歷然道："高峰不過睹五祖真贊'百年三萬六千朝，反覆元來是者漢'，認他反覆之能，日間亦認能見能聞，夜裏亦認能夢能想，但於能上加力，故能作主耳。"居士謂他落在識陰裏者，似也。若謂他悟拖死屍，非也。何以見得？若果悟拖死屍，則死屍有甚見聞夢想？與正睡著時無夢想見聞的身命有何差别？而無言可對，無理可伸哉？不消道箇"某甲拖死屍去也"。日間見聞以死屍身命見聞，夜裏夢想亦以死屍身命夢想，是則夢想見聞元不與死屍身命交涉，豈不顯然"萬象之中獨露身，唯人自肯乃方親。昔時謬向途中覓，今日看來火裏冰"者乎？居士又謂"無夢無想、無見無聞外，斷别尋不出主人公"，若别尋不出主人公，則仰山只消道箇"正睡著無夢無想無見無聞”便了，因甚更問他主在甚處？豈不顯然要他會身命於有夢想見聞與無夢想見聞有無俱不涉的爲主人公乎？及見他無言可對，無理可伸，則又囑他“從今日去也，不要你學佛學法，窮古窮今，但只饑來喫飯，困來打眠”，豈非指他喫飯的口、打眠的身乎？猶恐他不會，故曰“纔眠覺來”，豈非指他眠覺來的身命乎？猶恐他放過，自不親證實悟，故又曰：“纔眠覺來，却抖擻精神：我者一覺，主人公畢竟在甚麽處安身立命？”正要他抖擻身命全體精神，非教他别有精神可抖擻也。居士謂“仰山以作得主，反釣他‘作’之一字能所宛然”，并謂“雲門會得此意，所以打頭破他作主之誤”。又據謂“恍然於騎的是牛，能騎、所騎，豈不宛然”，是則居士何曾出得能所？而責他“‘作’之一字能所宛然”，可見居士妄責高峰，雲門妄破高峰矣。單引忠國師徵南僧“不見一物可得”，何不看他道“身心一如，身外無餘”，非即仰山之安身立命爲主人公乎？所以貧道偈“白汗出身念無起”即“身心一如”，“十方世界現全容”即“身外無餘”，正國師所謂“王太子登位之後，國土盡屬王身”者是也。豈如居士不見身命，不容安身立命乎？又引古等法身如虚空，“縱令逼塞滿虚空，看時不見微塵相”，①試問居士還見法身虚空？不見法身虚空？若不見法身虚空，又説甚麽法身等虚空乎？若見法身虚空，則法身是能等，虚空是所等，何曾出得能所乎？試再問居士“看時不見微塵相”有眼看？無眼看？若無眼，又將甚麽看？若有眼，則豈有無身命的眼？汝眼又在甚麽處乎？蓋居士引來，不過證雲門第三句“廓然撲落元無物”爲明善耳，竟不思古人據法身等虚空，則有法身爲等，豈同雲門“元無物”乎？慧思偈“頓悟心源開寶藏”，此心源者身爲一切世出世間心之源頭，所以次句云“隱顯靈通現真相”，西祖謂“在胎爲身，處世爲人”，正隱顯皆真相耳。又云“獨行獨坐常巍巍，百億化身無數

---

① 慧思禪師偈，參見《景德傳燈録》：“偈曰：‘頓悟心源開寶藏，隱顯靈通現真相。獨行獨坐常巍巍，百億化身無數量。縱合逼塞滿虚空，看時不見微塵相。可笑物兮無比況，口吐明珠光晃晃。尋常見説不思議，一語標名言下當。’”《大正新修大藏經》(51)，頁431中。

量”，此即西祖“在眼曰視”乃至“在足運奔”六處作用，日應萬緣，總不離身，故成百億化身，謂之智身。正所謂“塵塵盡是本來人”也。所以又云“縱令逼塞滿虚空，看時不見微塵相”，即如《楞嚴》“身含十方無盡虚空”，豈更有微塵相可見？若更見微塵相，不可謂身外無餘矣。偈旨落處，豈同雲門“元無物”乎？且貧道唯據身命則有眉毛，居士主人公既在身命外，乃謂“與和尚眉毛綰結不隔絲毫”，且問居士身命外的眉毛在甚麽處？又謂：“在太平送行雲，招歸鳥。饑食寒衣，形影自伴。未嘗得一解，道一字。”不知即者“未嘗得一解，道一字”者，又非解道的字耶？其“饑食寒衣”，則見居士深自悔悟，不言“知饑知寒”矣。“在太平送行雲，招歸鳥”者，正見居士自既未悟，又無師承，故亂做亂説也。貧道即不然。不見馬大師因野鴨飛過問百丈曰：“是甚麽？”丈曰：“野鴨子。”曰：“甚麽處去也？”丈曰：“飛過去也。”師以手扭丈鼻，負痛失聲。師曰：“又道飛過去也？”丈於此有省。是則豈可於居士外别有行雲可送，歸鳥可招耶？至謂“古語有了義有不了義”，貧道亦作是説，但“身心一如，身外無餘”，貧道所謂了義也，而居士以爲不了義。“生滅既滅，寂滅現前”，貧道以爲不了義也，而居士以爲了義。觀音述“彼佛教我從聞思修，入三摩地。初於聞中入流亡所，所入既寂，動静二相了然不生。”於是進一見，脱一見。乃至“生滅既滅，寂滅現前”，①是次第漸證之説耳。請看《法華》“諸法從本來，常自寂滅相”，則豈有不現前者乎？《楞嚴》謂“生滅去來，本如來藏妙真如性”，豈可離生滅求於寂滅乎？直待生滅既滅，纔得寂滅現前，謂之了義，可乎？《楞嚴》云：“我以不滅不生合如來藏，惟妙覺明圓照法界。是故於中一爲無量，無量爲一。小中現大，大中現小。不動道場遍十方界，身含十方無盡虚空。於一毫端現寶王刹，坐微塵裏轉大法輪。”②即與西祖“遍現俱該沙界，收攝在一微塵”

---

① 引自《大佛頂如來密因修證了義諸菩薩萬行首楞嚴經》，《大正新修大藏經》(19)，頁128中。

② 《大佛頂如來密因修證了義諸菩薩萬行首楞嚴經》，《大正新修大藏經》(19)，頁121上。

同旨。據是,則“身含十方無盡虚空”、“妙覺圓明圓照法界”得非“身心一如”乎？不動道場於一毫端遍能含受十方國土,得非“身外無餘”乎？國師提“身外無餘”救南方之執身心爲兩,貧道亦提“身外無餘”救居士之執妄身心真主人爲兩,可見古今同然,所謂萬劫不易、無處不通者,此也。謂之不了義,可乎？貧道不曉教義,但聽天下後世明眼者斷而已。即使了義不了義果如居士説教外别行、單傳直指,居士正未夢見在,乃云“苟真箇執身爲心,别無有心,便是法身周遍,喫餅是喫法身”、“行脚人著甚來,繇帶一塊石走”的騃話。洞山所以有“闍黎莫向净瓶邊覓”之勅。不知此古雲門問疏山云:“衹如法身,還該一切也無?”山云:“法身周遍,豈得不該?”門云:“衹如净瓶還該法身也無?”此雲門設計欲换疏山眼睛,而疏山用頂門針驀頭針雲門曰:“闍黎莫向净瓶邊覓耳。”①雲門住後上堂,舉座主就《華嚴》講,請翠巖齋。巖云:“山僧有箇問,座主若道得即齋。”乃拈起胡餅云:“還具法身否?”此似與雲門問疏山“衹如净瓶還該法身”意同,主云:“具法身。”此正居士“見色便見心意”也,總免不得翠巖“與麼則喫法身”之點罰矣。雲門代云:“特謝和尚降重空筵。”②居士又作麼生會？又法眼未悟之先,被地藏道:“尋常論三界惟心,萬法惟識。”以手指石云:“片石在心内?在心外?”云:“在心内。”豈不與居士謂“三界中物皆是真心中物”同？則豈出得“行脚人著甚來繇,安片石在心中”③之點罰哉？又何省地藏用頂門針針法眼,而法眼不省者哉？反謂貧道“會得‘莫向净瓶邊覓’意,始不爲‘身心一如’、‘皮袋一靈’、‘幻化空身即法身’之槪所惑”,且問居士向甚麼處覓法身始不被惑？莫是色身外另有法身麼？“不可以身相見如來”似矣,試問居士只如世尊初生,一手指天,一手指地,周行七步,目顧四方,

① 《五燈會元》,《卍新纂大日本續藏經》(80),頁269上。

② 所引雲門文偃禪師公案有删略,參見《古尊宿語録》,《卍新纂大日本續藏經》(68),頁106下。

③ 所引清凉文益禪師公案有删略,參見《指月録》,《卍新纂大日本續藏經》(83),頁643中。

云:“天上天下,唯我獨尊。”將甚麽指天指地?將甚麽周行四顧,又將甚麽道箇“天上天下,唯我獨尊”耶?即《圓覺經》“如湯銷冰”,亦不過銷一切衆生及諸菩薩錯路的識見,非銷本來全體安身立命主人公也。妄謂“禪只有有病,無空病”,豁達莽蕩謂不是空病得麽?我太祖高皇帝《御製心經序》云:“每言空不言實,所言之空乃相空耳。除空之外,所存者本性也。所謂空相有六,謂口空説相、眼空色相、耳空聽相、鼻空嗅相、舌空味相、身空樂相,其六空之相又非真相之空,乃妄想之相爲之空相。”①又云:“今時之人罔知佛之所以每云‘法虚空而不實’,以朕言之則不然,佛之教實而不虚,正欲去愚迷之虚,立本性之實也。”②請居士細看,空相有六,只空其所取之相,何嘗無了眼耳鼻舌身口耶?其六空之相非真相之空,則又何嘗離了眼耳鼻舌身口另説真相,而謂妄身心外另有真主人公耶?是則居士謂“禪只有有病,無空病”者,蓋不知佛之教實而不虚,正欲去愚迷之虚,立本性之實故也。秖如洞山謂“臣奉於君,子順於父。不順非孝,不奉非輔”,汝試思臣不認君何以奉於君?子不認父何以順於父?而責貧道認拘爲過乎?且經云:“繇汝念慮使汝色身,身非念倫汝身何因,隨念所使種種取像,心生形取與念相應,寤即想心,寐爲諸夢。”③非認抱之力,則何能契無夢無想、身非念倫的主人公耶?總之貧道絶後再甦,頂門具眼。説認也得,説抱也得,嘻笑怒駡無非西來大意。居士業識茫茫,無本可據。説妄也不得,説空也不得,隔壁猜謎,無非識心測度而已。但請居士以頂門針,針自頂門,頂門一開,便知天童老漢不惜眉毛爲汝得徹困,始恰居士本懷。

---

① 《般若波羅蜜多心經·大明太祖高皇帝御製般若心經序》,《大正新修大藏經》(8),頁848上。

② 《般若波羅蜜多心經·大明太祖高皇帝御製般若心經序》,《大正新修大藏經》(8),頁848上。

③ 《大佛頂如來密因修證了義諸菩薩萬行首楞嚴經》,《大正新修大藏經》(19),頁154下。

又

前因居士九摺書，貧道唯據六祖、忠國師二古聖言以復，擬望居士自省，故不欲刻行。不意居士又將七摺并前書名爲《太平法讖》刻行於世，而貧道不得不據九摺未盡之意及七摺略一判之。今已梓成，特先寄上奉覽。不一。

復一我徐居士

庚辰季冬初三，化主持居士手教并《法讖》二册。貧道老邁，没氣力與居士更饒舌也。且復九摺有自悔其失言，復七摺有貧道屢屢直言實爲法爲人之心，非與居士分人我、角勝負云云。故今承示二册，總置之高閣，但有一言相爲：不可謂天下後世盡無人將《法讖》、《直説》并看，以見彼此存心用心有所不同。何也？據批判、著語、打棒以簡責貧道，殊不知却爲貧道證明本分。蓋貧道底説話行棒，無非爲指居士本分故也。是則豈不令貧道一笑哉？

與鴻寶倪居士　附倪居士答書①

前因居士道及貴同門一我居士，并教貧道開化之意，故有與伊幾句説話。共拙刻三種，命僧持上，統祈覽正。如云開化，不若居士以同類化同類，却勝貧道百倍，正所謂“應以宰官身得度者，及現宰官身而爲説法”。② 如是

---

① 倪元璐，號鴻寶。浙江上虞人。天啓二年進士，後官至户部尚書兼翰林院學士。崇禎十七年，李自成陷北京，勤王不果，遂自縊而死。答書附於密雲去信之後，以楷體、縮進二格標示。

② 《妙法蓮華經》，《大正新修大藏經》(9)，頁 57 中。

永爲道友，豈特一時之同門哉？今又得伊《法讞》二册，因有復言，并録上覽。

頃蒙杖錫垂辱，猬鶴皆知歌舞，此因緣非等閒也。元璐根器薄，當面錯過。然讀和尚書，微見鞭影。我用我法，更埋頭讀《大學》之道，一年來討和尚棒喫也。一我亦有性骨，只是拗于和尚。治拗應有法，何不偈與之華鬘，三尸蟲著身不得脱，立當乞哀還望和尚終悲憫之。順風颺謝，扇頭二偈。承請。都無是處主臣。

附録　《天童直説》與密雲圓悟、漢月法藏論諍再考*

成　慶

《天童直説》中收録的《七書》(卷一)、《後録》(卷二)、《三録》(卷三、卷四),是密雲圓悟從崇禎三年(1630)開始陸續發表的關於漢月法藏及其門人的評論。過去學界研究這一段歷史,多是間接引用《五宗救》與《闢妄救略説》中的相關部分,由於缺乏二人之間完整的書信文獻,很難復原密雲圓悟與漢月法藏及其門人辯駁過程之全貌。

關於漢月法藏與密雲圓悟之間的複雜關係,學界已有一定的研究梳理,如連瑞枝的《漢月法藏(1573～1635)與晚明三峰宗派的建立》一文,較爲清晰地論述了兩人互動的經過和細微心態。漢月法藏之所以在成名之後投奔密雲門下,是因爲他在悟道後發願復興臨濟源流,深信"威音以後,不許無師,恐將來未得謂得者",需借助臨濟師承取得合法性。而密雲作爲明末禪林的臨濟正傳,自然是漢月受法的不二人選,故有二人在金粟山廣慧寺的第一次會面。雖然密雲在這次會面中大贊漢月"悟處真實",漢月却感覺并不相契,并未立即接法。最終,天啓七年(1627),在各種複雜因素的作用下,密雲親派專使付於漢月僧伽黎(付法袈裟),但師徒之間其

---

* 原文發表於《宗教學研究》,2023 年第 1 期,此處爲節選。

實有非常曲折與曖昧的付法與受法的心理過程。①

從漢月法藏的悟道經歷來看,他因受到汾陽善昭的“三玄三要”偈啓發,并自感與惠洪覺範“臨濟宗旨”深契,故對恢復臨濟宗旨一事有非常强烈的承擔感。雖然密雲代表著臨濟法脉的正統源流,但是從悟道的内涵而言,漢月對密雲始終帶有疑慮,無法接納當時密雲凡事皆以“棒喝”接引學人的禪風。漢月早在萬曆四十四年(1616)開始提唱《智證傳》,好慕惠洪覺範“文字禪”的禪風,當他在泰昌元年(1620)完成《於密禪師提智證傳》之後,已在江南禪林享有一定的名望,與江南士人的交往也相當密切。因此漢月求見密雲,從一開始就非爲求密雲之禪法而去,而是帶有勘驗、試探的氣息。而密雲一方則因身處明末禪林諸家的競争氛圍中,對漢月有“收編”之意圖,故當對漢月相當賞識的曹洞宗湛然圓澄突然圓寂(天啓六年,1626),傳聞漢月可能會接湛然曹洞之法脉之時,密雲才會急派專使付法(天啓七年,1627)。同年,漢月委派行圓上人將自己在天啓五年(1625)完成的《五宗原》送至密雲圓悟處。此後,直至崇禎三年(1630)之前,密雲對此書并無任何的評論,并且在崇禎二年(1629),密雲親上鄧尉山天壽聖恩禪寺掃萬峰祖塔,還曾與漢月同堂説法,此間無半字明文提到《五宗原》。

《七書》中所收時間最早的内容,是密雲圓悟在崇禎三年(1630)春寫給漢月法藏的書信,言辭簡短,却頗值回味,已明顯流露出密雲的不滿。在此信中,密雲以“患痢”爲由,解釋并未詳讀《五宗原》,但語帶警示地提醒漢月莫爲“知解宗徒”。同年三月,密雲遠赴福建黄檗山,直至八月方返回浙江。因受黄端伯、祁彪佳之請,密雲於崇禎四年(1631)正月前往明州阿育王寺,漢月法藏還親往陪同送行,足以説明此時密雲與漢月之間仍維

① 關於密雲與漢月二人在付法問題上的曲折經過與細微心理,可參考連瑞枝:《漢月法藏(1573～1635)與晚明三峰宗派的建立》,《中華佛學學報》,1996 年第 9 期,頁 167—208;釋見一:《漢月法藏之禪法研究》,臺北法鼓文化出版社,2000 年,頁 9—39。

持著表面上相當緊密的師徒關係。此次明州之行,密雲受寺僧與地方檀越之懇請駐錫天童,黄端伯、錢龍錫、方震孺等士人相繼前來問法,對密雲大爲推崇。

雖然此時密雲與漢月之間并未有公開的争論,但各種質疑漢月的聲音已愈發激烈。崇禎三年(1630),天隱圓修收到漢月的書信及語録之後,在寫給密雲的信中毫不掩飾對漢月的不滿:

> 近因三峰連刺書來并所刻諸語,其間多譏棒喝,不知方今拈一條白棒横行天下者,舍吾兄更有誰乎?審之總不出他,自縛詐降,獨施冷刺之句。既欲爲濟下兒孫,何得心行如斯耶?所謂師子身中蟲,自食獅子肉,信然弟復書,已付剞劂。①

而在給漢月法藏的信中,天隱圓修委婉地指出他對《五宗原》的不同意見:

> 及觀所著《五宗原》,始於圓相,七佛由來,五宗各出一面。正宗先出,四宗相續,其餘旁出,莫不悉備者,蓋欲發明先輩抹殺五家宗旨,單傳拈花一事也。所云傳宗旨者,不悟宗旨;抹宗旨者,不知宗旨。夫既不悟宗旨,所傳何事耶?五家宗唱,若不本單傳之旨,又傳何事耶?然而五家雖各從一宗,莫不發明拈花旨趣;若抹殺宗旨,非魔即外,不待辨而自明矣。今公千辛萬苦參訂將來,猶恐後學反以圓相爲躲跟,奈何却成窠臼。②

崇禎五年(1632),因問法者衆多,密雲大部分時間皆忙於酬對士人,卷入的唯一一場重要争論,是關於道衡針對空印法師《正量論》所作的辯文,密雲作《據評説》駁斥空印法師對《物不遷論》之解讀。但此一時期,對於漢月法藏所引發的争議,他仍未公開置喙。

---

① 《天隱和尚語録》,新文豐版《嘉興藏》(25),頁 577 下。
② 《天隱和尚語録》,新文豐版《嘉興藏》(25),頁 575 下。

崇禎六年(1633)可以算是師徒二人關係的轉捩點,先是密雲在給天隱圓修的回信中對漢月"譏諷"棒喝一事表示不滿,同年漢月法藏遣派貫之給密雲奉供,密雲却借此事復信提醒漢月:"老僧猶願吾徒爲衆,當以直心直意、本色本分,不可私有别法加於衆,是老僧之所望也。"①

在給漢月的弟子弘徹的書信中,密雲明確地表達對漢月提舉惠洪覺範關於"三玄三要"的不同看法:

> 豈若汝執定三玄三要名言爲舉揚正法?汝敢爲臨濟兒孫?吾孫當深思之,得非心意識邊事,用時猶有微細生死無明障翳者乎?②

整體來看,《七書》所收録的内容是從崇禎三年(1630)到崇禎七年(1634)之間,密雲圓悟寫給漢月法藏的四封書信,以及寫給天隱圓修、頂目弘徹和劉墨仙(道貞)居士的書信。其中的内容雖然大部分是對漢月的批評,但口氣尚算温和。崇禎七年,《七書》刊行流通,次年,漢月法藏圓寂,《三録》(《三書》)則在隔年(崇禎九年)刊行流通,這恰與木陳道忞所寫的按語相符合:

> 此駁漢月藏公書也。屬藏公掩息之後而駁之者,蓋師頃始見其書也。凡二篇。不與《七書》并録而載於此者,因不直爲藏公之故也。藏公掩息矣而復駁之者,恐天下後世之惑其説也。③

據此按語,《三録》爲密雲圓悟在漢月法藏圓寂之後的評語,而正是《七書》、《三録》的流通,激起潭吉弘忍撰《五宗救》以回應,進而密雲又有《闢妄救略説》之作,以回擊弘忍。④ 根據弘儲在重刻《七書》、《三録》之序

---

① 《復漢月上座》,《密雲圓悟禪師天童直説》卷一,上海圖書館藏本。

② 《復頂目徹禪人》,《密雲圓悟禪師天童直説》卷一。

③ 《駁語一》,《密雲圓悟禪師天童直説》卷四。

④ 關於《闢妄救略説》的作者問題,學界仍未有定案,根據長谷部幽蹊的推斷,潭吉弘忍在《三録》刊行之後出版《五宗救》,并且直指《七書》與《三録》皆可能爲"好事者"僞託而作,而且在《闢妄救略説》刊行的同年,密雲圓悟異常忙碌,是否有能力撰寫,尚值得懷疑。不過《闢妄救略説》在密雲圓悟在世時就已流通,應能代表圓悟一派的立場與觀點。

文中的説法，“丙子(1636)丁丑(1637)，見此録廣布鄉邑。逮壬午(1642)以後，問之來學，禪林中流行漸少”①，從時間上看，《七書》與《三録》初期爲單行流通，而弘儲是在崇禎十五年(1642)將其合刻流通的。

不過令人不解的是，爲何在漢月圓寂之後，密雲不僅刊行流通批評漢月的《三録》，而且《三録》中的言辭相比《七書》要更爲直接與激烈。如指責漢月妄立五家宗旨時，如此批評道：

若不據五宗悟繇爲宗旨，别立異端爲五家之宗旨者，則致後世一味妄造怪異，穿鑿奇特言句爲宗旨者，無根妄誕，從漢月始。②

按照道忞的按語，《三録》中的兩篇駁論乃是崇禎八年漢月法藏圓寂之後所寫，而在此之前，密雲并未讀到漢月的著述，故而這兩篇駁論未能和《七書》一起刊行。

密雲在《七書》之後更進一步，刊行《三録》來專辟漢月之“五家宗旨”，似乎有步步緊逼的味道，也不符合常理。到底是什麽原因使得密雲在漢月身後繼續撻伐？

在《七書》中，收録有密雲在崇禎七年冬寫給漢月的《與漢月上座》書，這封信撰於回書劉墨仙之後，其主要内容仍集中在是否要立“三玄三要”的臨濟宗旨的問題上。密雲以“棒喝”來回應漢月立宗旨的意圖：

若據其要，則老僧唯以極麤一棒打，云：你唤作極麤一棒，入地獄如箭。故臨濟三度問佛法的的大意，則黄檗唯只打三頓，使其自悟而已。所以初祖云“吾本來兹土，傳法救迷情”者，豈不是唯以救迷情而已？何有别法傳人，謂之傳法者乎？觀汝始言則“無師不傳法，無法不明心”，末言則“法之密也固如此，而今人短闇，竟欲滅之抹之可乎”者，抑見你“有别法傳人謂之真師承”者，豈非外道也？③

---

① 《宗統編年》，《卍新纂大日本續藏經》(86)，頁296上。

② 《駁語二》，《密雲圓悟禪師天童直説》卷四。

③ 《與漢月上座七年冬》，《密雲圓悟禪師天童直説》卷一。

密雲與漢月的争執顯然并不在同一層面：密雲將“棒喝”視爲臨濟接人的唯一之道；漢月雖自認要復興臨濟源流，認爲臨濟一宗纔是真正的“密而不滲”，同時又認爲要恢復五家各宗宗旨與特色，方可談得上復興禪宗。漢月不認可“一悟便了”，還批評當時的棒喝禪風：“今之人欲將一棒一喝一當透綱宗，明大法，不亦見彈而思鳬(炙)乎？”①

正是因爲二人在認知層面有相當大的分歧，密雲在信中處處以“棒喝”呵斥漢月，却没有在“五家宗旨”上有深入的交流，因爲密雲顯然認爲任何“立宗旨”的努力都是違背了臨濟家風，并且對漢月的悟入處處表示懷疑：

> 因汝衹襲古人説過底套頭，而鬥湊刻出，爲你長處作張本，教壞人家男女，築一肚皮，障却正法眼藏不得現前，故老僧不得不説破耳。然則末後一句，老僧終不説破。②

密雲在崇禎七年冬所寫的這封信雖然言辭頗爲辛辣，但仍屬師徒教學的範圍之内，此時仍未見徹底決裂之迹象。但據《三峰和尚年譜》記載，崇禎七年十二月，漢月法藏給密雲回復了一封書信(《復天童悟和尚書》)，極有可能是爲回應同年冬天的密雲來信而作的。《密雲禪師年譜》中也有相關記載，崇禎八年，密雲“與藏公書萬言有奇，即今之《後録》也”③。從時間上看，自崇禎六年開始，漢月與密雲有密切的書信往來，議題均聚焦在漢月提唱的《智證傳》以及對臨濟宗旨的認識上。而崇禎七年十二月與崇禎八年的這兩封書信，應該是漢月圓寂前與密雲的最後一次交流。

漢月法藏的這封書信今已不存，密雲的回信則收入了《天童直説》，即卷二之《後録》。這封信顯然相當關鍵，因爲就在時隔二十六年之後(順治

---

① 《提智證傳序》，《於密滲提寂音尊者智證傳》，收入黄繹勳輯注《漢月法藏禪師珍稀文獻輯注初編》，上海古籍出版社，2024 年。

② 《與漢月上座七年冬》，《密雲圓悟禪師天童直説》卷一。

③ 《密雲禪師語録》，新文豐版《嘉興藏》(10)，頁 84 上。

十八年,1661),漢月弟子弘儲在給堯峰潛月的信中提及當年這封信的背景云:“當你師翁復天童老和尚書,實出不得已。”①根據弘儲的記載,漢月法藏這封復信“立言未免過激”,以至於書信成後,瑞光、蔡雲怡前來與弘儲商議此信。根據弘儲的回憶,當時瑞光與弘儲皆提議止住不發,而蔡雲怡則贊同發送此信予密雲,其理由是:

> 老人(漢月法藏)一生剛大,不愛身命,唱明綱宗,諸方横説竪説,總不與之計較,獨爲天童諍子者。祇冀天日一開,雲銷霧散,今若苦苦遏之不上,我知老人不能生矣!且父子間,不論是不是,有話要説盡,但使後日不流布諸方,於理原不害。②

漢月法藏這封書信是否要發出,在弟子中間引發如此大的争議,可以猜想其内容之敏感程度。但也可以據此肯定,漢月與密雲之間的矛盾在崇禎七年年底發生了非常急劇的轉折。按照一般的記載,《七書》是在崇禎七年(1634)刊行的,但是《七書》中所收録的密雲寫給漢月的最後一封信,標注的撰寫時間爲崇禎七年冬,我們很難想像同年就完成了《七書》的刊行。按照常理推斷,《七書》或許是在崇禎七年定稿準備刊行,真正的刊布與流通則是在此之後。

《天童直説》所收録的《七書》與《後録》,是密雲與漢月在崇禎七年冬與崇禎八年之間的來回通信。密雲在收到漢月於崇禎七年十二月所寫的信件之後,撰寫了長篇回復,“與藏公書萬言有奇”,即今日我們所見之《後録》。在開篇處,密雲就談到前一年刊行的《七書》:

> 前《七書》之刻,蓋見老僧從頭與汝惟理從上來佛法的的大意,綱宗大旨,即直指爾我一切人本來、本法、本色處,不從人得之正眼。③

---

① 《三峰和尚年譜》,《三峰藏和尚語録》,新文豐版《嘉興藏》(34),頁 211 上。
② 《三峰和尚年譜》,《三峰藏和尚語録》,新文豐版《嘉興藏》(34),頁 211 中。
③ 《復漢月藏上座》,《密雲圓悟禪師天童直説》卷二。

可見此信是沿襲《七書》之争論而來，而密雲在信中所摘引的漢月來信内容，能讓我們一窺漢月言辭之激烈程度：

適濟昌禪人持上人書至，讀之，謂老僧"逐句重翻，指辭摘字，若再來復我，我騎牛行歌於梅花之下"者。老僧道：不枉老僧整頓汝一番，故出此語，不蹈古人種種之窠窟矣。然而衹可閑思形於紙筆，若當機來，汝擬恁麽道時，則極粗一棒已到汝頭上矣。①

漢月以"騎牛行歌於梅花之下"表達對密雲批評的不以爲然，這種直截了當的不滿態度在過去的通信或交往中是難得一見的，從漢月於金粟山拜謁密雲開始，漢月基本以隱忍的態度應對密雲。在密雲六十壽誕之日，漢月領徒衆前往拜謁，"無一言，惟禮拜，徑去"，雖然不合常情，但至少維持表面的師徒關係。但在《後録》中，漢月似乎將其心聲盡發，其中提到崇禎五年密雲回復空印法師評《物不遷論》一事，就認爲密雲"以一棒評物不遷爲非者"，可謂非常直接的批評。

在信中，密雲引用了不少漢月來信中對他的指摘，如"絶滅祖宗，是法無所生，是無父之身"，引發了密雲非常嚴厲的反駁，言辭相當激烈：

足見汝假臨濟之名，反臨濟之道，滅臨濟之宗旨。一味顛顛倒倒，矯矯亂亂，靡所旨歸，便道將折竹聲打殺滕胡種族。則汝不惟風天下之格殺，亦見汝絶滅祖宗矣。且既打殺滕胡種族，因甚汝却倚高峰爲得心之師、覺範爲印法之師、臨濟爲真師？豈臨濟、覺範、高峰獨非滕胡種族耶？若非滕胡種族，則皆外道種族，而汝亦外道者也。則汝要建立宗旨，亦非滕胡種族之宗旨，乃外道種族之宗旨也。於我曹溪正脉本來本法不從人得之本宗本旨，又何預哉？如是，則見汝不識不明五宗正旨，不從人得本來本法本色之旨，一味妄假五宗之名，無有的實，無有根據，則汝豈不是於法無所生，是無父之身之逆者？老

① 《復漢月藏上座》，《密雲圓悟禪師天童直説》卷二。

僧可袖手坐視，不與整頓，使遺害天下後世乎？①

"假臨濟之名，反臨濟之道，滅臨濟之宗旨"，是密雲對漢月最爲嚴厲的指責，顯然，漢月的來信給予密雲極大的刺激，因爲他在信中大量引用的漢月信中的内容，幾乎都是對密雲所悟的質疑：

又謂老僧"所悟既淺，龍池又不見説有堂奥中深深旨趣，復得廣通作《笑巖集序》，一味抹殺臨濟五宗，數臨濟等傑法爲厥旁岐，呼臨濟所悟爲乞兒冒聖者，指三玄等法爲邪風，令天下後世截去臨濟，只接六祖，謂之挽真祖、迴邪風。此笑巖室中傳授廣通之秘旨。自廣通唱出，則龍池以爲得計，和尚以爲有憑，遂明目張膽，公然以抹殺爲事"者。老僧道：善哉言也。……②

漢月法藏對廣通所作《笑巖集序》的批評，其實早已出現於《五宗原》中，但是此時漢月認爲廣通不過是妄測其師笑巖德寶之真意，"終日聞笑巖語，見笑巖録，乃立妄論以誣笑巖，爲見外臨濟"。其時密雲與漢月尚有師徒名分，故漢月將廣通與笑巖德寶以及密雲圓悟劃清界限，認爲後者仍爲臨濟正統源流。但在這封寫給密雲圓悟的信中，漢月直接指責廣通"截去臨濟，只接六祖"的做法其實是笑巖的密意，甚至認爲密雲圓悟之師幻有正傳所悟既淺，又不能明辨笑巖德寶之錯謬，進而直斥密雲圓悟"公然以抹殺（臨濟宗旨）爲事"，甚至要求密雲將《笑巖集》毁版。這番言論引發了密雲的强烈不滿：

老僧與汝惟理論當與不當，尚不直教汝毁其板，况吾祖之事，而汝教老僧毁其板？使老僧從汝以逆祖，可乎？不可乎？據汝發此言，其絶滅祖宗，豈不益驗之於今日？③

---

① 《復漢月藏上座》，《密雲圓悟禪師天童直説》卷二。
② 《復漢月藏上座》，《密雲圓悟禪師天童直説》卷二。
③ 《復漢月藏上座》，《密雲圓悟禪師天童直説》卷二。

此外，漢月還列數密雲的諸多戒行不足之處，如在寺内偷存酒“乃至酒埕滿庫”，密雲辯解道乃因自己長期患痢，聽從了漢月建議的“以一味川牛膝用酒煮喫可愈”，故買酒入藥，并無掩飾之意。如此這般的舉師之過，已經突破了叢林師徒關係的倫理界限，并將自己所接的臨濟法脉盡數否定。密雲還以大量的篇幅回擊漢月所悟不實，引用諸家祖語，對“棒喝”作出申辯，并指責漢月接人出於私心，因看重劉墨仙之士人身份而虚相授受，僞作印證。

因此，密雲與漢月的争論從對“臨濟宗旨”的認知分歧開始，逐漸演化到戒行、見地乃至意氣的層面，從而脱離了正常的禪門論諍，最終激化爲師徒鬩牆的結局。

崇禎九年（1636），漢月圓寂之次年，密雲將《三録》刊行流通，更進一步地批駁漢月法藏。密雲文章的激烈程度，也使得潭吉弘忍在《五宗救》中引用趙高、李斯矯詔之典故來懷疑二書皆爲木陳道忞代筆，并非出自密雲圓悟本人手筆：

> 今法門之李斯、趙高出矣，《七闢》、《三闢》之僞書行矣，將使天童、三峰，上及臨濟之慧命，滅於旦夕，吾何感慕扶蘇之義，不一復請哉？①

《五宗救》後，便有密雲《闢妄救略説》刊行。但因《闢妄救略説》之流通長期隱晦，而且漢月與密雲的最後通信并無公開，故《七書》、《三録》被潭吉質疑爲木陳道忞代筆。但是如果結合《後録》中二人言辭上的交相攻錯，我們或可作出一個初步的論斷：漢月法藏與密雲圓悟關係的最終破裂發生在崇禎七年（1634）冬天至崇禎八年之間，最爲關鍵的導火索即這段時間内二人往來的兩封書信。漢月法藏率先僭越叢林師徒關係的界限，從各個方面向密雲發出挑戰，使得密雲圓悟不得不作出極爲激烈的回

① 《五宗救》，藍吉富主編：《禪宗全書》（33），北京圖書館出版社，頁231。

應，以至於引發《五宗救》與《闢妄救略説》的争論。直至崇禎十二年(1639)，在漢月門人弘禮、弘儲，以及周君謨、張二無、祁季超等士人的勸説下，密雲上堂"將從前葛藤，一時斬斷，祖孫父子一志同心，回挽道法"①，終於息止了這場持續數年的師徒之争。但是天童、三峰之間的僧諍未因此停歇，直至百年之後纔以雍正《揀魔辨異録》的介入而告終。

*　*　*

密雲圓悟與漢月法藏在明末的僧諍，最初來自漢月從自悟之境界，舉揚以惠洪覺範爲典範的禪教不離的禪門特色，但是又因他對接續臨濟正統有相當的希求，故在與密雲圓悟的師徒交往中，産生極其劇烈的思想分歧。

在過往對二人關係的研究中，由於主要引用《五宗救》與《闢妄救略説》内的相關文獻，只觀察到二人分裂後的情形，而對二人關係的演變與轉折缺乏詳細的了解。《天童直説》則完整地收録了從《七書》開始，密雲寫給漢月及其門人的通信，我們可以從中看到密雲對漢月的具體看法和態度的轉變過程。其中尤爲關鍵的，就是從崇禎七年冬到崇禎八年之間二人的通信。《天童直説》中的《後録》呈現出這個重要的轉折過程，漢月法藏在生命最後階段爲了捍衛自己的"五家宗旨"立場，不惜與密雲圓悟及其所代表的臨濟正統徹底決裂，讓三峰一門陷入非常尷尬的道統困境，同時也埋下了皇權最終介入三峰、天童僧諍的遠因。另外，從禪思想史的角度來看，漢月所接櫫的明代禪宗思想困境問題無法得到延續性的思考與討論，而清代禪門則延續著"反對文字"以及舉揚"棒喝"爲主流的禪林傳統。

---

① 《宗統編年》，《卍新纂大日本續藏經》(86)，頁299中。

後　記

2018年，當時還在臺灣佛光大學進行博士後研究的法幢法師聯繫到我，詢問是否能够點校明清禪宗的一部珍稀文獻——《密雲圓悟禪師天童直説》。此前，我的主要研究興趣其實是晚清民國佛教史，而在那段時間，我恰巧在寧波天童寺進行一個口述史項目，採訪了寺内70歲以上的出家僧人，因此對於二十世紀的天童寺的歷史有了較爲直觀的感受。正是這個無意中的因緣，我接下了點校《天童直説》的任務，其實也是想利用這個機會了解明清之際天童寺的演變。不過，當我正式啓動《天童直説》的點校整理與研究，突然感覺進入了一個非常有價值的新領域。

2016年開始，當時還在佛光大學任教的黄繹勳教授組織團隊在中國大陸、日本、越南等地，收集了大量明清禪宗珍稀文獻，很多文獻在目前已出版《嘉興藏》中均未收録，而且其内容非常重要，有助於我們重新理解明清禪宗史，如黄繹勳教授在蘇州西園寺和上海圖書館所發現的漢月法藏的相關文獻。隨著研究展開，我更是感受到單單是明清禪宗文獻的發掘本身，就是一項值得投入精力的工作。在上海古籍出版社編輯虞桑玲的協助下，我在上海圖書館、杭州圖書館等處，分别發現了數個不同版本的《天童直説》，乃至於在書稿即將截稿之時，還發現了一個非常重要的早期版本，而不得不重新撰寫“解題”部分。也正因此，我在2023年1月發表於《宗教學研究》上的《〈天童直説〉与密雲圓悟、漢月法藏論諍再考》一文中的某些判斷，也需要進行重新修訂。這種不斷發現新文獻而不斷推進研究的"法喜",貫穿在這幾年的研究過程之中,也深深感受到明清禪宗史研究領域的樂趣與價值所在。

2019 年 10 月,上海大學禪文化研究中心與臺灣佛光大學佛學研究中心合作舉辦了"禪籍研究的新材料、新視野、新方法"學術會議。那也是我第一次與黄繹勳教授見面,我們相談甚歡,在禪宗史研究的趣味與方法方面,有著非常多的共識。因此當黄繹勳教授從佛光大學榮休之際,2021 年,我向上海大學提出申請,聘請黄繹勳教授爲上海大學文學院兼職教授和上海大學禪文化中心的合作研究員,正式開啓"明清禪宗文獻的整理與研究"項目,而"明清禪宗文獻叢書(第一輯)"就是這個項目的初步成果。

最後,我要特别感謝上海寶山永福庵和上海古籍出版社對"明清禪宗文獻叢書(第一輯)"在出版方面的大力支持,也要感謝這套書的責任編輯虞桑玲,她的專業性讓人印象深刻,而且某些重要文獻的發現,都源自她的細心與耐心。

成　慶

2024 年 4 月 7 日

圖書在版編目(CIP)數據

密雲圓悟禪師天童直説校注 / 成慶校注. —上海：上海古籍出版社，2024.6
（明清禪宗文獻叢書 / 黄繹勳，成慶主編. 第一輯）
ISBN 978-7-5732-1165-1

Ⅰ.①密… Ⅱ.①成… Ⅲ.①禪宗—語録—中國—明代 Ⅳ.①B946.5

中國國家版本館 CIP 數據核字（2024）第 104936 號

明清禪宗文獻叢書 第一輯
黄繹勳 成 慶 主編
密雲圓悟禪師天童直説校注
成 慶 校注
上海古籍出版社出版發行
（上海市閔行區號景路 159 弄 1-5 號 A 座 5F 郵政編碼 201101）
（1）網址：www.guji.com.cn
（2）E-mail：guji1@guji.com.cn
（3）易文網網址：www.ewen.co
啓東市人民印刷有限公司印刷
開本 787×1092 1/16 印張 18.75 插頁 3 字數 251,000
2024 年 6 月第 1 版 2024 年 6 月第 1 次印刷
ISBN 978-7-5732-1165-1
B·1397 定價：78.00 元
如有質量問題，請與承印公司聯繫